能靜居日記

（二）

日記十

綠靜居寫記

八月丁巳朔日丁巳 十日丙寅 陰雨大風 昨夜下利無數 竟日

舟中倦卧涉覽書籍

讀方望溪集

記吳老人同官辨偽之新葬事觀之墅村令劉誤信家説於文以爲已奸事成

有一指嫁民嫁夫不葬之父母以爲葬時官奴婢擇鍾官畜以十万數玉則

爲女之婦民人瞻痛惜將爲此文以示同官之治官念男女爲犯其相奔者

罪男爲婦女夫歸不爲已甚也（惜詳理）其三條爲不備使葬例則隆洪僭以自文武國格不

貞盡用之鶴歸乎矣今易死者實罪隸罰惟設有司查核奸之下不可列乎娣氏

好反之中理固難免華陽也然媒氏之文義本無解難惜無爲未啟韶以謂足証

容甫（汪）釋媒氏文有之已男子三十而娶女子二十而嫁禮之大極不是過也内則

有故二十三而嫁則其有故不得過二十明矣（情理何足矣若）以此説遂謂過其父母 [redacted]

[redacted] 則奔爲有故也 奔則爲不用令此之謂者

所以古聖由國從句踏令制予十七不婦女母者見此媒氏之遠遊其人令代發
之自殺供身之不諒彼婚姻而為救民寫此生以為訓時値武通人之言足令疑
情冰釋矣吏與王之法惟恐失人之情故凡事恒婚姻必資者方須為議之不
者人必為各之深民乃甚也自我傳以已律人且欲以已所不能責之天下那有容
可得之責于人之謂何為勝並不察夫事乃原情由人之稟性厚薄之由夫堂
隨為教之非偽也競謹思固不得不然則祝歷聲為強死謹足配不同
不究則祝固而為身猶戒域人以為仁義者忍娼乳始生將意一夫目不
疏者[illegible]此好矣君子素其身之性書于自然豈吾可使衛摩不可使之發
儲聖人豈不樂那法之隆取不欲以偽就任則人之性本誠猶之以禮之未成為誠
[illegible]先表[illegible]為世世食彈則偽盛偏擬其言論則此戶乃材究其隱微則古人當
[illegible]而後之君子為學之此老莊放棄禮法之言所以中智士之心為禍甚也漢
安太甚也慕乎然實日聖人之一發矣

十日丁卯令藩閣[illegible]今日猶[illegible]

首戌取急下午兩時 鴻 禱 雨軒劉史、唐、孔、馮、錢、黃諸人 奉閻慕如來函
彼向事國接洽寧承林自去秋來蜀北率即意圖不軌于所屬城郭
墟舍所屬大陷三日書盡天下匠至主義篤蜀自全隨滯孫洞北天順五
載用寶石頂三眼翎等物賄吉帥在鳳陽東營臨淮間為帥在蕪春
城內閻任保札自未至赴京自言為下所迫借歸實出不得已頃為
麾下謝力不孫陶袁作書 自是篤四出役接翻吉帥權還二帥俱在安自也
此時已卸城千里往為亂糾西域圓見全袁隨降捷李世忠往抬議道
仍近所意定為在觀便惟不肯直之及且不于官兵接仗耳甚如園神秘密
泰本指納卸青后容嵋國事為苗仇敵不兩之苗不通也以東好為辭焉
出讀扶為帥為以重兩帥先已卸事領仍如輸誠求不[redacted]之寬人不敢
彼生費祀國土如何能地說卻弱[redacted]亂為能以北疑[redacted]四[redacted]及又於
當為有為苗據踞壽亳二邑地以對鳳陽[redacted]隋如[redacted]春如為害
首逆毛賊派屢和安境內平緩者同屢為有千里來帥有率萬人又曾為輔
上八月為帥大將與同錦根付北首接為密詞為尤盛云
閱書壬藏蔭四卷

長沙省解讀卷　番禺人

十三日巳正晴 [redacted] 旋丹初晚風頗不樂 善徵來 下午訪如岡 果儀王壽根 祥鴻軒來訪寒甚

二君自晚至夜 言晚事甚詳 前月中旬攜城至石牌巷拉柴買

癸未

閏卅一日撲東門外 [redacted] 長壽 廿六日 [redacted] 剋 六日撲西北 長壽人持東草 撐擲石丟擲

草埠壽 [redacted] 刻即 [redacted] 不東轅 [redacted] 失足 [redacted] 一

段黃棗壕墻 [redacted] 惠列之 [redacted] 槍 炮發不及 [redacted] 密 撬轉殺 [redacted] 如 壞 撐 搖為 鑽 八百擲 [redacted]

[redacted] 譣 [redacted] 計之 而又遠 隊不槍 賊死甚眾 乃退不已 [redacted] 積屍如山 改變

賊分兩路 去一處 改留死衛突 [redacted] 建撲一十二次 [redacted]

[redacted] 發方急 一男擲火包 係吾未能 持炮起回 擲時我營內迴地火藥

包黃東轅 [redacted] 二三處 守衛清潰 [redacted] 奔逃十餘丈 賊遇壕者止七八人 從領兵 親家國

叠見東急 親下所發 [redacted] 人倒地 潰手足 從領自我 營隊迴 鎗炮傷 [redacted]

[redacted] 賊足不及攻 共退擠為前鋒之眾 已走乃退 凡若 [redacted] 日一處 死者万數千人

我軍反者 [redacted] 乃以人用火藥十七丈 行人叔子五十万行 [redacted] 時城外隊 紫先已去

[redacted] 賊已去 [redacted] 力御 [redacted] 所為已

自陷溫北危亡 為仲師陵墳 [redacted] 至七日抄 北門地道

成驗庶四攻 [redacted] 本陸州守賊分反役城 前城 西北門擋城乃升 擲殺 [redacted] 地道上岸

我師肆擄入守城皆賤倒不能抵禦城上炮架已以戕殊鋪砲手皆上以防其逸[redacted]
[redacted]縋地而死逆目張朝爵[redacted]葉芸來子兄弟下落陳某某等死[redacted]殺賊足一万餘
人或係官眷屬同婆者安置入[redacted]女方係保出兵採出[redacted]右房屋燒燬
未燬金昌亦物盡寫不可勝計其士有一人以赤金七百兩者城中在可數之物
地而處不可兩者皆鍵走[redacted]極劇地窖割據以求財物惟偽藏[redacted]備皆帥川蓄
中者存糧十七條皆[redacted]無粉米蓋賊撓糧已久逼城偽目張朝爵私藏米五石餘
手屋頂餘者但見猶狂人肉價至五十文一兩割新死者肉亦四十文一兩城破入
賊屍盈中皆是人骨足有餘臟跡餘人指其[redacted]情無此城皆破樓賊死火燒無來撲
圍二次[redacted]不得退越日始退計[redacted]役城[redacted]前後陣誅賊不計外其因斃軍門殺之
橋跡到[redacted]槍林陣者四千餘類其內應者殺之自四日至今城外無賊營陸續來降之
亦皆殺之又八百餘人前日橋賊陸續投誠營?民死于炮火者一万數千人今?
陷後殺賊及百姓死三万餘人軍興以來蕩滌未有如是之酷者矣聞收城之日
放陷陷殺戮至[redacted]時城中香味月餘為旁用燭至今血腥之氣撲鼻不可當處
腐穢臭不可向邇也嗟乎茲一切城賀之[redacted]聞之心非一端非此也
並聞中宵...

十四日庚午　陰大風　晨　王壽帆大令來　錢茂卿觀察　下午到柳如(?)鄭李少山　杏

出。[illegible]莫君子思來訪　王又詣壽帆不遇　二鼓談至五鼓

十五日辛未　雨　中秋　晨至雲舍識晉銀變德成　承老雲臺臨安府　勤事諸人物樓葉

到黃君又過之　拙輕重當君晚餐　湘潭人丁酉孝廉　由上司之故　乃任大任　臨桂　舒術　北盛　方君仲瀚濂　黃君豹丞　共舟

飲宴　老謝(?)之歡飲　徒自夜二鼓始散　黃徽之　其子為孝子思先生　鄉亭

詩之乐　讀高三君詩集　詩人風氣　不為之　嗜也

十六日壬申　陰　夜晴月微　蹤(?)晚到　得回　謁程　太守　梧生　以瘦人　陳鶴　[illegible]

君　黃君　母　君　先生　更以其作　之意

讀三國志　晨　雨　丁亥　陳壽　陳留人　評論者　未成　傳　吳　時事　未有日　記　東籍　三　林居同志　史與鍾　部書　趙　浩　方三國　楊　同(?)　陸　[illegible]　陳　昌　林　宗　翰　克　家　呂

姜垂言去年冬正所得傳[illegible]隨以[illegible]如記憶之事曾得矣，比讀之而也
辛業將查[illegible]劉垂安逝[illegible]不果，頃與居于東閣盡其讀，寫[illegible]中向
義劉[illegible]而[illegible]茂苑深謀天三以失不到者矣

讀晉書陳壽傳

二丁爲適庭，分翼之日，諸葛亮以[illegible]求[illegible]禍，寧臣有無人士何用立傳甚而于當時推其之拄持以
所異，晉祖為葛為晉臣，宰事之間不得不微抑其辭，觀其上諸葛亮集表，五事微
折，徹後經似，而以爲[illegible]惋惜，則之不察可知，而皆暗即甚之，不帝聞，亦一時英[illegible]
傳於論者亦以為[illegible]重[illegible]甚於九泉[illegible]矣

魏書武帝紀

關東義師不進，操言之之王者以德霸者以力，曹[illegible]戰[illegible]興之人[illegible]袁紹舉[illegible]降國[illegible]
挾天子以令諸侯，此官渡之役，操之所以[illegible]勝，[illegible]其世事雖[illegible]于十年其言也足于
今日一時同盟其[illegible]識之夫英雄傳識偉度，豈待有所成立而後可知邪
操之[illegible]榮戰不利，歎[illegible]之，卒[illegible]戰[illegible]成事為貴不[illegible]所操耳
黃巾入[illegible]，[illegible]鮑信，勸劉岱固守，操此所堅壁清野耳，破得[illegible]于此
操迎帝，[illegible]許而後[illegible]，[illegible]此[illegible]，[illegible]以來[illegible]數年旱，蝗米貴，計其軍食惟有[illegible]

據為己有萬騎奏摩乃方作何安頓今乃知無時可經畧自世界以來以[illegible]時也

也田之性異大統之後兵來不已不可不有安知大統之後亦不能有也地利未足以據領其之所據

田皆世業不可得而奪也親戚之于郊許之策天時地利之便得其宜王業所基于是

乎在夫是合而後是兵聖人之言次第固不容踰

採募必嚴之擇所矣聊師之為人所置不可避戰之則必救之兵死地乃后可以一決其勝負以所戰死地之數[illegible]

士皆奮心也乃將者誘士卒鼓之死乃可以生矣之謂也後之將者多所其

出於者為此取債於為軍之至淺莫甚于是者矣

擇將治布士卒習兩為用兵御之多於討撲撲城自古攻城之術皆與乘疑其外一攻為

下其城事整固持用之下[illegible]者為正若將以者有常之法彼守城我守壁彼

所守為我所守可則我無勞為彼勞為逸加之師久則老兵疲則鈍既老且鈍為彼之方用

逸出兵突擊決勝之國不待外援矣

然而名將皆一戰為死地有天命非人力所及也

官度糧少擇謀選將女若新[illegible]固守[illegible]乃閉東義師記其遂其而往採營

笑之千萬反今之慮何以貫五十萬之于乃未而旅以兄從力之強且知糧乏切身為

不動者非大戰之量不能也採能用兵若之言來以定霸業者之機內斯其心者勝

當何敵之是云文若一二言能謂之先聖當入也耳

烏巢之事，操不能記矣，隨乃以為之機。如此惡戰不決，然乃淺矣。方操進軍，而以方人益發及因敵至，如遠騎抹未可謂之疎也。操軍雖眾而量如操之亡命自為，始垂兵以困敵，必審其敵之所以為人，不在乎困之實際之矣。

安于操破紹之後，稱引其臨之意，文王與一東自是川矣，家法而言，觀其所遺，實亡在是。觀操紹之事，竟以此當其突，實一戰耳，其自取之也。至鄭許之初，實觀模是兵食為晉霸業摩與克紹之後，假大戰而可疑敵，而主國以執論操之事，戰而于是，為成于是為止。前此國家論後此之豐後，切佛配而屬躍于世者，特當其後事而止，於安于此大書以著代傳之事而托之于天，是其識見之美矣。

七年之後之令，懷情可謂役用兵初起，紹皆為雖耶。

觀操紹之所以開譜張其事，中但指未數而已，不可為也。使紹得寸錄一旦之寸資，斷後持如何。

操攻鄴城，決漳水作圍，塹去周四十里以攻城，非不是情然也。觀其守者為自如人，本乎尚審才外援，不足畏，審紹守鄴，不可得其人而立圍，而守之者死而已。然操如去其下邑，拔其枝葉而後可以成功之事。其于初之未，獨要其亡命及其依附而追之，要其死之也，要方是者半後之鄴，然未出而有矣。孰謂操徒為猛厲，乃其慎如此，豈可及哉。

識者于此，冰一節，此須事殊不足錄。

操征烏丸袁熙等，集通海，以論運此海運之胼柳城疑即今奉天柳條邊，後射已有之。

建安十二年，曹操亡宜以採為要隘，雖射弱，冀既守險為內圍，自是之後，雖戰爭不絕，而採

意之所存矣。

萬物萬事，無有無量，如斗升斛石不可以度量之。然也，雖功業之盛，採之量不異以[redacted]齊

一海內，平其殺相，其志囿矣。如採之甚[redacted]陳為內圍，鞏固之後，聊以擴充[redacted]值蹤之

孫一舉克捷[redacted]之，驕意自東北自為而異方，撫死不[redacted]矜，其善力以待[redacted]之時，其議（荊之叢撫，成之時）

採數十萬之眾，即循天下為拿，其軍以從，而異族的所養，至于赤壁既[?]之，以採其

[redacted]陸不得，險山豈不足以守，為主軍先退，偏師旋通，及淮陽中，[?]之拿地，本自一撤，況

採之往以[?]，其星不權，其雖不捷，山豈若是之權，執不知其式，相得採之，平志採

志，固矣，其無宋蹈襲，初作于宣統，再夷于鄭[?]，三蹈于柳城，其天意耶，其人事

耶，二者皆有之，而三分之局成矣。

歷代禪讓[redacted]制策皆用大雜，訓讀如不傷，而似而讀之，事之一書宋策，其至言不假好新

義，作備採而待，業撫其所以採之，千年後，今讀者，粉飾為史，而載之，以為刪要

可也。

採女入宮，而伏隋禮，繡其由于適應之，串而不知其屬考之事之，本雖起于其為而未有，奉事且之

而偶使之不保妻子也操之出迺夫豈有犯三恩無為司馬氏即以其人之道還治之九
雖有知操之心亦猶邪悔耶
操十八年乙未之令吾知操無之不足矣夫亂世用人不論資品可矣事業粗成天
下覬覦之心既進吾人以霸術予奪任所欲四海之內兩無之土將不為所動計誰自
殺之後而世平盜權朝士豈執正操實然之此所以天懼於人事為已
二十年首翔有所和郡置一縣發其民甚諸諸蠻其死民稀務蜀并省以求實並為
財費經置之無用之鄉為操所笑矣
許下屯田不過為籌餉所以之專先見陳宮耳于荀彧識度使出其上章然戮之全身
吉本等亂家僮雜兵裁千人所欲謀大事見挾天子以攻操狂以操為何如人哉悔今
以禍操不能裁君之敵於為危矣
操識見粹才一時自當其匹於其志量之廣闊以視高祖之武體手段當高祖躬
取之後光武民隱之處以方位深有甚也附盛勝武好事如一轍二祖皆泰能任
節有此不以轉着操之堅守已有鼎第之爭舍死圍全其之寬過安固
而後至手擇克讓為南陽保表章師赤霍鑿隆中此勢不能第為後漢已矣
高祖有天下操能技堅執說以請請救光武至于納赤眉長安敗起北隴
在四海之內不不止豈操之操於園內為自宗高者可比哉於四年天下者
志於其所為其後不可以言之乎起隱也

十七日 晴 風日甚暖 訪黃鏡堂延我 祥鵬軒刺史來 訪楊曉峰 方國仲侍郎

曹來 姜徵來 下午 雷雨 [illegible]家 查植美 二十中識石為楊君廷 訪莫子偲先生 聞先生言 抵庭卿

批通鑑輯覽 注內考古地名甚多 據以言 [illegible] 黃子壽秘書 [illegible] 有 [illegible] 工 [illegible] 陽王諱

瀟玉閣 [illegible] 有才氣 在一居中 試舉 性安靜 [illegible] 耕雲 有氣量深沉 篤在

得 [illegible] 攜甲也 [illegible] 王子懷侍郎 [illegible] 有 [illegible] 人物 在京師

文帝紀

丕即位 改建安廿五年為延康元年 未即位而先改之 是尚為漢朝實魏臣矣 操功蓋世

亦操遇執臣節 [illegible] 丕不可觀 太守神器至不得以節名 雖其顯然 [illegible] 揉之心 抑何 [illegible]

此命於國 [illegible] 年 國之為亦再世 欲速則以速禍也 [illegible] 惜也

漢以寺人亡國 為魏首令求以為戒 [illegible] 事之非 [illegible] 矣 君人者無所 [illegible] 禍 [illegible]

亦宦官防放 魏戒閹尹為疆臣 稱 [illegible] 樹宗黨為同姓 [illegible] 朝 [illegible] 君子 [illegible] 有天下 [illegible] 目

惜 [illegible] 而已 [illegible] 不 [illegible] 其 [illegible] 一 [illegible] 卿以為 [illegible] 久 [illegible]

許芝說進表至引惶恐以為惶懼哉彰言又稱春秋大傳曰周公[illegible]至魚[illegible]踐右攝
體守文之君不害聖人受命為王又曰周公反政孔子無難之其言尤悖亂豈理律[illegible]免之
聞傳者效天下聖造作殺逆之言無疑者實是其人[illegible]指其深於千載前無疑
宗之世[redacted]為光武之夫猶自溢讖緯之(作)文而子孫之朝賊臣以之為口實哉知之
繼世[illegible]與
劉廙稱繼典午進表作佣未成而論書已至可畏哉
法堯禪舜可矣又必亂之其之降舜舜授受相率作偽以誑後人之國家
篡時諸傳自司馬至而已
至之辭禪至于四役群臣之奏不屬而止欲取那取之矣欲勝取那勝取之矣至
之近[illegible]人知之漢辭連篇將欲以欺誑代當時君臣者無不飾曲上端(僭作)諸言自畏不
容自飾以對妻子況奪人之國而又欲得至讓之名至[illegible]舜禹于已因無數
之偽不可無知其[illegible]已有至之謂矣而起于偽論之下即接如墳外所之[illegible]事為
書冊其偽辭[illegible]哉史[illegible]
元年戴陵諫獵丕怒論陵減死罪一等丕才不遠史臣惡而為雲石斜同之作史者
深惡之為善其建國初政即以游田之為戮辱諫臣以明起之不足非僅其耳
不一[illegible]于政而司馬氏借太后以廢詔主夫是其謂之感其為之滅魏也之始
此其之理其今之史[illegible]以為[illegible]其[illegible]哉丕不知陳氏之意由于失德為後世[illegible]

宦寺此由庚病但得其標耳前引書甚多矣

四年禁天下私仇此語亦甚美自漢以來韓為節俠父兄之仇不反兵為開可為甚至一面

之識者為紛紛抱雜豈不悖也民是以立家族之家達於寰宇專逞殺使其族人

命世但創為說獄訟時息州郡以安此殺之風國之弊修正年不改而益來蘇

有議之者此說則為風[redacted]習擣亂之豈平居里歸矣

丕好學能文觀其言論仰慕陳女之為人[redacted]不可謂其無善之人也然為

專為雷名不務發揮精微刻深佛老好與雅為徹所謂托偽書之流為文

義之所拘窒息於文雅遂失其本以所學致書為博不聞大道是以

前說之業自身為憲其理固如此也

十八日甲戌陰雨大風　李一霞生來識　李申甫觀察　餘榕川俟字歲　餘孟董孫慕數　善徵來代詞

君丹臣招至晴閣飲　梓潼軒刻史來　晡赴何君招同席[redacted]英君忍　善徵

歐陽君從案　李君申甫　方君仲勱　假穀　莊慕氏兄季清　為善欽堂在

表王霽雲[redacted]廣文處

明帝紀

太和三年之詔

嵩學子弓陽山人有所生嘿哉過矣禮大宗無子則小宗入嗣此亦常事以外藩天子於天下之后無子則當妙選宗屬任以社稷之重古聖人亦旁求他族但必本支同氣之親[redacted]欲殺身以惡當親之旁及抑但私禍之甚邪人恒私其所親此通習也立嗣而謂其所出多所從來此齊王早廢由此年僅久享天位我權臣得以肆其不究本原之所自徒理一派之說則于當日肉說靈之以廣其得邪

[redacted]叡帝葬山陽出以天子之禮此其[redacted]丕之所以必於之而[redacted]叡近[redacted]識矣讀史至此廟之文帝只慮之作遠廢孝之師舜蘭獅三讓書以詐僞[redacted]立二意也魏世今三年[redacted]

[redacted]釋筵即長實爲佞善矣

青龍二年李司馬懿諭蜀軍而爲作書勸之二三年尚未有田間孫朴之下畫而託多首矣不於其諸隱之言此與論者不動不足以爲顛覆之力其實窮矣

景初元年有司奏定廟號[redacted]叡制作想漢爲魏烈祖崇同高武之舞生而議廟號群譽亦此亦千古所罕不祥之甚君驕臣諂[redacted]為無禮似耶

魏之嗣君[redacted]叡多令群以智刊教[redacted]祖以學刊似[redacted]其使左右有輔弼之臣未必不能擅門戶而也且自祖父以來不求吉士周此社稷書為機事以諸君群下如君臣其國植之惡以[redacted]可識之逐而莫式匪之事二心[redacted]歆翔之積一朝[redacted]積而實大臣不言而心且及此其忠

之士人儒往早世以驕橫之習，未使土木之功踵，勳丟下夫挑之哉耶

十九日乙亥，陰，細雨，大風，甚寒，薄暮微雪（時薄暮時天色黃赤，山樹叢象，殊不作不然，似象後有接搨篤式）。仲良、善徽來，舟中一日未他往。

二十日丙子，晴，天氣晴朗，風微（午雨，風後作，下午復晴），自前日抄至今，北風狂吹，晝日間已數日，霧寒如初冬，無風稍止一二日。頗似作春，舟自今日上旬（陷於淺）風至今日矣。晨，顧叔晚來。仲良、方君仲斌、黃君禎、瑩孫君陶軒偕來。下午黃子君先生來訪，吾母二方。晚，前來寺，至同舟。

三少帝紀

西域獻火浣布事，晉書不以載

正始元年，曹爽以司馬懿為太傅，二年，吳遂侵邊，後之人乃斥劉姬為奪之權，而曹爽則傳

為仁人之柄，爽其名而才敗

孫權不能載人之事（手記此），觀曹爽之筆，獨錄何晏、孔乂奏，曰之不得其因也，是以世人之疑傳士之甚

書爽以死，對時論者皆希權勢之意，罪昏之可作為之不平，從而得之於世者身

為晉目，不得其言，諸錄其虛，無以傳讀者之情，乃並載孔乂者，所以亂其節，使時士莫大

寫曲不在親雖福之速覩者有之，獨言二子因斷，且紀述之史體矣

書操迎三帝，卻許年安反側之社稷，東征西伐，十有餘載，而卒讓冊三公，加九錫，禪

廷臣猶戚屬之在久而日可以勉報效者也拒捍諸葛亮章值其死日猶不效責
功德者惟遠來公孫氏耳其他皆勞其手王室也一旦兼權將稱于其手而朝士
爭趨奉之尚信降禮若不可以朝夕緩嗚呼魏之無人從此人矣操家豈知其
識逆戴事易衰乎地夫樹荊棘名秋日其剩又何怨焉
五年諸將校中郎郭循刺蜀費禕魏封其子爲侯魏爲中原上國力不足以戡蘇而
有穿窬之行其何能不南面稱天子哉此皆司馬氏所爲假託魏詔文以掩飾
政也
六年載軍士劉整等事降律可删
夫忠貴初入於節以私君群下豈不思以柔御剛以弱勝強平其如何韓捷鑄勢成
及其之役神之眷三日而植張以公之聽仍其何以回昭王之政於邦郅平至此而不可通
今作事一決遣居制之情自古王室之福其有甚于是者此之長比方今其傳
派以及魏朝至蜀何時爲根撤已及繼故無乎氏之情雖則不可無慨探其藩籬
之不善矣
於其好學及以論其學誠之宗主惜其識命不不遭逆隆暴斯可惜矣嚴然臣之專朝
二禍挾援之時險遇各群中與之主不失舊物之難險性之手難方將更作無鋼鐘
今之司馬氏之騎入有四而視何人君之恕爲之以錮構媾戰春何堂言以誠於權位之
盧熟然之事禍非非亦失又如言其三代而取保爲土壤唐西附功利則驕非於雄界

君主一二年月之後之居焯失之上而吉頗坐議主霸嗚呼悲矣
齊王高貴皆以無罪被弑作史者不能直辭而心痛傷之故皆載其讀書之遺一二
之事以見兩君之聰睿無道耳
昔師征儉欽高貴不能出時師遣黠猾微內無閑之者故坦然遠行而不懼及誕之反
天下震動而髦年已長不憤之心昭深知之已行而變生于內是司馬氏無種矣故逼
脅之宮以臨我陣于是髦愈憤而昭愈忌南闕之禍至髦卜其懼矣
臣子抽及君主被弑事已決裂至此尚何隱飾之有雖盡天下之紙墳以為辯論誠如撰
于以德徒揚識哲令後世切齒耳以為不如正告天下以救死之故曹氏無人司馬氏當代之揖棄
唐虞之文掃蕩鬼蜮之狀敲撲即位未假借禪讓猶愈于篡謀往來欺人欺已也自古王者以
法而霸者以力力既勝之勢無在下之理此亦天下所共知共諒也必推合三五比肩古聖曹馬自以為
智以吾觀之其愚至矣
山陽公夫人卿辛于高貴既弑之後魏氏之亂漢氏猶及見之使卿於黃皇室主之附劉當
含笑而入下泉矣

有司奏燕王尊崇之禮矣嗟呼斯亡國之政也以子臣父君子之所不忍聞雖而繼重而生猶而未聞以君禮事子也有父子而後有君臣父子之恩篤于君臣之義今使棄其毛裏之愛以正天地之分子南面而稱詔父稽首而奉書是瞽瞍朝舜誠見于今而大賢不尚以為野人之言矣魏之廷臣無禮若此不亡何待

荀顗拜晉王祥長揖世言祥為壯直以吾論之祥乃不如顗矣方魏之衰社稷傾頹在于旦夕祥自以為魏之三公即當助國鋤奸奠安天下不可則當隱身避位無效素餐又不能則亦隨波逐流自安庸劣三者之外無置足地也乃進不能効忠退不能潔己而復矯異于凡流思高拱揖讓以取盛譽嘗曰禪[illegible]于宗祏之淪胥國不若顗等尚不失其本心矣且數年之間典午即阼祥且北面而朝之矣不恥稱臣而恥一拜吾誰欺欺天乎

自建安始創農官至咸熙六十餘年矣法久則弊生晉文罷之誠能得時之宜耳見其時安定已久兵食充足無恃屯墾也司馬篡亂而興與曹氏一轍然而景象先旌布政優優則至之矣雖時會不同政令異亦由上之好惡殊別非獨時事使然也觀今年丁亥詔書歸于愛民思先文教藹拓有君人之言于以統一宇內獲數十年之治安豈無故哉

二十一日丁丑晴風微　晨起舟行至江心經揚灑中丑蕭石磯隨幫同坐

閱記兵船核有議書　同晚見少峯　過霞孫　雲之爲仲眆及彭九峯到大

劉君宣寶視發　書法唐太人　賓仰黃物象　二十日入直舟孫羅孫黃妙遷徹而庭謝嘉君

翁卿　只辦皖六大字在虎郎御之　左副仲才閣文毅兼家帥初年與楊

國傳時改拓陶氏全左捏之以是有奇見左多易涛尊一切只量鼎鼎　七年帥帥

以自奏偽左嘉史　齋黃之帥諾然為不能辨　及往左遣訟　領侍來訊　欽使為錢

雪琴帥之門生也　既出其帥及展解左事左既蠲事彙敘指其仲帥徒道經（寶琛）

先遣之撫才年進臣　潘伯寅　奏左才能以問帥之曲保之　奉旨嘉帥等理軍

事帥亦奏報帥左著作帥奉事毋詩封及日云問左為人才氣足高帥

雲貴之甚好某君借之年　玉律度有歸人生如左嗜問不應說

為道驚衆殊甚無所見金仍左宗棠云舟中退沒溢淺笑即之之

為學相靈了　滿帥二年會李前曾國至滿幅三寶悲帥難之　帥自除

請劑關土匪蕩確回亂緣陝捐墓無勇民以劫掠稱為擄護至

立敍之戰甚多人稱氏循服境内[redacted]鎮(傳誦)沿至帥所邑長望治事由是晉
遷忌之下戰鬥(三年陞至知府四年)四春[redacted](綠營長江上游)[redacted]石(諸港口陷)劉刺將死者掠之嘉勳為止
此還者西刃來見言將軍諱捺軍[redacted](長江)帥言我已自勳矣於言[redacted]去
是役[redacted](果紀遅)撻軍轉力死抵三今淮揚所統領[redacted]兵官黃[redacted](翼升)君本姓
鄧氏共醉為精官經帥[redacted](請撥)之職詢至留垣為(守)門[redacted](處)所屬淮奉令遂籍(營)第
淮揚水師戰[redacted]撥軍已下嘆金山城門察委失稱在黃人為下馬[redacted]曰舉
父母[redacted]里甚人皆喜[redacted]為在里郭其人惻不能庭黃楊德

二十日戊寅晴風如昨早飯後至東壁送行高後西泊。易安堂舟識楊君書
聊鴻君李葉[redacted]下午查審欽書
中飯之後同善徵哇范上岸見某縣中標南田山水一幅高秀豪極
二十一日己卯晴早發舟到樅城泊汀城汉門外大觀亭字的城畫橋名解成

君買城撤，但不可問矣。善徵來，今見子思先生來。曉老入城謁帥，善徵
亦去，帥與曉老談深多時久而去。曉老下榻所返問，意欲赴山西晉帥于翌日
識服，甚老亦二言，左右支氣北將時辭別，奔先殿，竹窮自誣至破爛數十
日為改國，今崩潰，多由忠憤，吾之此言問之，令人慚儒。思老來養
衛汝來譯甚美。思老先去。善徵亦在座，曉老言貴鄉欽若大臣四無書
沈人長矣，出身以[redacted]美，自幸于[redacted]，歷保[redacted]領兵，適林[redacted]大仲合
舉貢，隨官出[redacted]，畢為政，曾屢于楚之，修年又類非矣，其親兵為人猶曰孔勇
[redacted]人，先吾五十金糧精信[redacted]，二庄為玉柳問，吾民不容何人劉
章私方出人應，吾笑揚刀斫之不動，以吾是好男子識之精逼，即印吃了出世首
經為數寫出此，稽帥差[redacted]曰田與[redacted]欽差李好甚作雛，而天下安得平，詳試
然言今[redacted]為捕此武臣吾理大有寧天下，善國疑辦，算者問耳。善徵
言韓南侯觀察，甚屋怨人，以兵監中使勇學，錯不同平範，設的幽城矣
[redacted]數十枚，今且行且致，責其中的，又令垂簾抵擊，甚大而後下接錯不

用塞河子爲不滾方爲合式　將塘留于要緊地置水及浮泥令赤足跳舞安
中[redacted]又須令高踩要使步步踏實不鬆作爲合式此二條是所爲方法
兵部法　舟長年言[redacted]桅長寸舟長同桅闊寸存闊因則使用霜帽補後及桅發
則使橫風舟不甚側　默夫則速（抬坐艙桅比船入水深二尺五寸故不甚得浪撤）應平則穩　塞河用深水闊四五里中有
沙灘隔之舟深少頃刻舟從沙吸入[redacted]舟人甚畏之號曰神沙

二十四日庚辰　晨陰[redacted]雨午後晴　移舟至霧生洲　霧生洲甚高　來至舟即上岸
晉謁[redacted]（白御）年伯不晝接見　接書三日爲除（沖）宿地方官例送二十
七日爲令下係單尚留例　午後晚[redacted]登岸往卿處暑曉完議甚美矣
驗完并之　舟子以年言　湖口九江蕪湖三關皆稅船料　湖口量闊如蕪湖
量長九江（并）量長闊深爲核稅稅法九江最重湖口[redacted]每丈五寸繳文皆按
過關稅不論年月來往蕪湖[redacted]每年稅一次不問往過之數[redacted]丹不滿三丈者[redacted]
不稅　但以藝數爲定而已　惟鎮湖船皆按長短中梁及梢頭兩頭闊艙者
船名包料　其方形甚闊甚深而甚短皆以避稅也

二本諭

咸豐十一年七月十七日奉上諭 朕 皇考大行皇帝鞠育顧復恩
同昊天罔極 聖壽甫逾三旬 朕宮庭趨侍正冀壽長期頤日下上年為問
撫旋即調揆就從秋間巡幸灤陽 聖體素健猶勤乃因夏間勉策朱諭主
宵旰匪勞至本年春間因風寒鬱發痰疾六月間復患暑泄以致元
氣漸虧本月十六日子刻力疾召見載垣端華景壽肅順穆蔭匡源
杜翰焦祐瀛特命承寫硃諭立朕為皇太子朕痛哭受命哀迫戰兢方
冀慈躬轉危為安常承恩誨詎意氣李形於頃刻轉劇遽至大漸
於十七日寅刻龍馭上賓搶地呼天攀號莫及伏思 皇考御宇十有一年惕厲
憂勤萬幾鮮暇日不遑暇敬天法祖勤政愛民為務翦除賊氛簡拔人
材國計民生時廑 聖慮凡有血氣之倫罔不感戴恩圖不出于至誠朕之
痛曷能已為甚三年惟念付託至重責在藐躬而內外文武大小臣工其矢公忠
弼予郅治共贊之以共勉龍德申軍律迅殄賊氛以期吾翼贊心之治
撫綏民以仰副我 皇考在天之靈朕實有厚望焉至喪服之制欽奉 皇
考遺詔著依舊制二十七日為除朕仍當所不忍仍當恪遵古制持服三年以盡
區區哀慕之忱至于郊廟祭祀大典自不以國大事為稍異其禮節為

吳孜貴邊代翁寫犯僞詔禮部五名奏後鄉門查照定例學堂以候裁奏

下臣民應捐助劇仍照從前例持此面稟中外知之欽此

謹按兩宮大行皇帝崩尚未發遺詔遺旨新皇未登位而有此上諭者蓋因迎立年幼未奉懿旨

從臣竟莫知其何緣故也

二十五日二月己 晴 子還先生拜將近藏書中丹迎上來錢臣日見封贊帥門照

仍莫在府也互撤西門房屋頗多不華美此不甚大[redacted]門情況彩畫而已故大堂佳

猜仲帥為到晚老度侯又晚老任[redacted]雲房為覺敬評君薦孫安置

後將帥君義庭潘昌石甫先生子步迎帥至言明詞之居傑倩病急倍延晚來

晚老以欲見同乃至[redacted]季蒼甫潤帥名籍之一查閱見之將

月抄即帥去往回居哭晚老月觀節後房屋甚瞻大人靈枢又至

西偏高樓一躺藝亭增帥雲級之後同謁帥第況閱款塞同禁賊楊七

麻子瞿國寧殿西行輔王隨安性墓畫縣將領萬長看喀雅世二日擇後付打的

英王臣前黃羅四一帶[redacted]滿西訴境矣去後帥盡論史賜王君揚來謁王

君陽臣又訪方君伊將譯玉傅曉將量日盛既君根當面安足惠君相君

行得二十五在方將初身又問方君季國出下世有之嘗惜不已李國才

署名[redacted]閉得我可靈及不永年噫西丹將福如同李君少山來

讀書定更後去

二十八日壬午 午前陰雨 夜雪 午後晴 晨到晚 老虎(?) 巳刻見老山(?)來 昨偕同到城

外視戰壕 以少荃帥去 畢課 午刻 寸二老見 先訪營務處李中甫觀察

偕騎出城 偕陳安處 出北門（名集賢門） 過賊營二壕 據道旁土阜 視之 賊甚高

又半里許 一卡門 因城外之此濠 三重門以外為我壕 中阻小湖 名菱湖（東北隅） 湖中船

一里許 築一壕 據敵三面 為今官 架木橋渡湖 又一里餘 到內濠 廣二丈 深數

三四丈 渡濠 進土牆門 諸營羅布如棋 為年 西門 則去字後營 訪營

官陳君芳仙（雲仙） 湘鄉人 直[illegible]今[illegible] 不[illegible] 又弟[illegible]及羅君雨亭 [illegible]又

（則訪） 揆字（訪營）營官羅君 旋去 逢添湘鄉人 今依[illegible] 兵加勇歸 羅陳諸晤 老熟識也

又步至余騎步到曾沅帥處 晤吉字中營 營最大 寨千五百人 在城西

北隅 西門 集賢門來路 營盤十餘 步即到外壕 視內壕尤深廣 壕

已外又有一濠 接 賊廿三日攔撲至此 為吾東畢 背山築 城 間亦有[illegible]

收十具 [illegible] 為[illegible] 然後見 記之 接彼至 入吉字中營 登程[illegible]

遠鏡勝其簡陋（兩小山夾岸通）清溪至此五十餘里，今春飽看甕峯內，吾時目擊璞
林莽我所最愛也，隨遂仍過風後，我欲尋微跡之，徒以此程渴不復能（原）
逕甲未到城，仍過其寶門，訪李觀察，飯畢議讀周君福甫 宿桓
勢來　俄頃步男先生殺出大南門，步至舟，遇少霽門，石甚下見一魂窗
土人西嶺袋同踏山野僕歷中，西雨來殷鋒為炮（九）屢詐不他意寧乎此
王氏像撫沙深區之（克銅）鏹篋會老真附之，那不可解矣。是八年春苗匪之方
秋苗遍觀長濠，苗最於此而值二異，一致卒經彼方營時謝濠數十
餘里而此無統營區，遍逡濠情，且正當衝要二，苗寧深不及二丈，而營敵衝處
各殘階子以立，石以上不能開據，僅見黑以石（而此）壘不及丈，三濠內外營破戰敵
但不設寨備，其坑整而任捷，菁小濠安寬深，二層角梅坑並不得法，又大半異
亦（故）有二十三營佔飯食立辦，是不而飯而此間家在方探到城中飯畢又義
要事不及，俱而殘二通身親面華（假）聞此山田人不可辨認此五者最院勝
懈住後勝在南平一兩一將非俗然矣

十六日癸未雨 晨訪丁偶善徵 善徵已進城去偶與其家談少選 姚君慕
庭來 巳刻詣謝如午刻乘小舟回 姚慕庭來訪 曾觀察沅圃來談 昨
晡 黎君壽民福陽（湘潭人 筆之識之）見詢 詢如言本日奉札 撫帥已派 統帶吉字
中營候補知府陳守湜為前幫統領 老營湘後左右二營總兵李賓賢
為副 辛吉左營老新營副將朱惟堂朱寬義 吉中義字營撥帶
衛總兵張勝祿 吉中制字營副將周惠堂 長勝營參將朱隆章 嘉
字營副將武明良 親兵馬隊營參將衛游擊楊鎮南 共五千五百人
由湘城履任進發 無易兵 統帶湘副後營候補道劉連捷為後幫統領 率
以資帶領 字營 知府凌蔭廷 總兵羅逢源 幫帶護軍營副將
黃（思）榮 參將滕嗣武 共三千人 移守廬江 于初一初二日拔行 留吉字中
營 沅帥親兵 吉中營 義字 仁字 信字 和字 節字 知字 開字 共八營（四千八百人）防守皖城
李賓賢外甥李巨欣 最為善扎營 其紮營 擇地 相至帶親兵數人相度
地勢 既得 即堅立不動 俟隊伍圍接 立標 姚蔭而後 營 敵至 不搶 如凌
蔭庭字問樵 廣東出身 六品 善相度 皖省安圍 二人 如 朱隆章 字 武
紫石 號 勇

二十八日甲申 雨 赴沅帥招 先至曉老處候恩老來同往 沅帥亦來 得早去 由遇恩老來 曉老兩舅亦去

先過遇騎來往回府 劉觀察 郭秀寶 李觀察 惠甫 恩老 曉老 魏君柳門 並譚先生 雜姓

陳太守 吳方先及主共七人 飯罷 歸偶讀書較 熙 余下 帥並送程儀五兩 曉老路

盡殺負過此李申夫務

二十九日乙酉 陰雨 恩老善徵來 以其帥書之呈 促老德老詩 其言甚 借善徵

寄生到城中 欲識朱季雄 陸嶧 劉安處勺士 到營訪方存仲

頗辭行 將黎君劼氏 唐君劼人 致曉老 稍帥告辭 祈讀帥 後中意事

之說 是云此事甚簡 可以諭行自適 意在珠足感 莫逆楚湘諸過 赴約子

又奉孟辛 剛決能斷 有膽有識 燕山武勇 鎮密慶 今不何帥領之 又為

袁相君求保舉上見許 又告帥以輸姓 道之難見 本帥言此人五六回矣 己到

此以其往陳謀救之矣 辭帥出 到沅帥處辭行 席下暢談 如來同在霖生處

飯後歸 是日寄善徵霖生蜀信

莫祥芝 字九難 又字善徵 行九 道光丁亥年十二月十七日辰時生 世居貴州都勻府獨山州 僑隱居遵義府城內軒衕

曾祖 諱嘉能 母氏吳 祖 諱強 母氏蕭 鄉張 父 與儔 以孝廉人 十年 嘉慶戊午舉人 己未進士 二甲 庶吉士 歷 官四川鹽源縣知縣 遵義府教授 學者稱

室先妣氏唐氏李　承鐵下　之禘蓮　方蓮　秀蓮　友蓮　庭蓮　瑤蓮之生
生
芝　繼配李氏　繼室張氏　子祖科　女蓮湘
王積懋　字少香　號羅生　以四月二湘北武昌府江夏縣人氏　道光辛卯年十二
月二十日午時生
曾祖定銳來　妣氏陳　祖父希曦　廣東桂平縣　母氏秦　父氏　翰　道光癸未補　吉士　軍官　貴州布　政
游使覺　妣氏羅　承鐵下　二房劉氏　肥之彬　字印全　日二　弟國榮　字宜北
戴五銅
書張氏

九月戊申朔
朔日雨戊晴　祕如美　辰刻　出　盛　同日上　屋　剑　遂　辞　又　欽堂　昭戎
不過　五鼎　晚　老　　　　　　　行　　　君　梅　　　　　君　欽　　　　君
氏　方　君　仲　　　君　　　人　　　来　遂　　　　　　　　　　　李　未　見　　　
　　　　　　　　　　二　位　　　　　　　　来　　生　为　生　梢

初二日丁亥 雨晴 逆風 最難走 至晝始來遂 勇錢無及 橋 羞送郵 酒、 而以附
泥由人舊 未遠晚甚 已刻解維 至夜閘 三十里 到黃石磯泊

初三日戊子 密雨 順風 曉發黃石磯 辰已出陽湖 午到東流縣 晚泊上岸閑步
四母諸姪母海門 狂風甚 以致未過大雷驛 遠口雖江 中途 華陽鎮 西到
馬當山 住舟上岸 到馬當廟 二神為惟孫太子 聞其出雲甚不知何時矣
古晚 老游居 至夜乃返舟 市 鎮 亦定 墓

[redacted]

初四日己丑 晴 順風 已過小孤 風利不得泊 午過湖口 酉到潯陽 住舟 登
岸 訪海君 謂 知季團病 此係訛言 冤謠自創死也 已無 自即下世 母老子幼 可惜 、 而 閑
相君于前日廿六日 房門 胡君 尚在 已到潯 甥 補來 川沙 一等 作力
賤縮 自洋行返 自眼 晚 老母 上岸 小 瑞閣 胡潤 之 宗保 已 于 前日
廿六下世 郵 孫 張 當陽 縣 矣

初五日庚寅 陰 下午雨 到 晚 老母 逢 胡君 兼 但 六 府 到 鄂 也 午 候 丁

內湖北帥由宮遞領

藍山盛戎義方見振國史舟暫寓粵擬以為安身歸匡廬之游凡四年

至此所未到皆錄經界即由郵寄以呈事門省侯六弟撫順粵匡四蓮湘水紫

將臣為下並大草就帥雖不得相見臣亦心至且標明始末意甚留

此至以臣主人為重居停亦甚遠免之下午訪芳叔就談許舟

候何匡廬以歸為問程及如閱芳叔之下江臣奏與撫事因倘稿見示

訪次居涓甫知其有學者到部門以封其收內業者更其端稿後

日觀史東宮與會數美飭查重為撫據且之為作與序文大會調

爲之

蘇撫奏稿 七月十日 節錄

奏為議撫殿嘗試遂陸續並擬首二案先後據課歷中指控課滿軍事

云云臣督曾遇賢李周臣嚴蔣泰如李鴻章曹恭甫等頁為經理西歷

有年所需此年需陸續思燃發譯遣倘見此數案傳經奧兩

謝運司詢諭繳資諸勇據陞運至楚臣錯誤情形據集以奏報

是隨如後家數協辦細遣所過有續之處起程現佈並如擬進以

兔漕靈之祇因總管欲改則尺交奏遣並親南差待區司待寫票候案

成田寄華日往具稟，以均追程，建為收繳，至日後時自上年求減，近以赤
併以迅速奉行，并顧先徵，均課銀十萬兩，以資軍需，其二分爲之首
應指之處，分別詳細查核，定於十閏加時，歸吻合者，應由蘇局指撥
俾免詒誤，而符以輕轉轉輸等語

致安大人閣下

查那門基家宗洋華商採辦運至花旗國，往各海口寸東人家
爲今職九江新設碼頭，其那門日江洲，各路華葉協由東局日外
運至同樓，如載至五月，花旗不復據由接陸于那邑，所以花旗
出運洪中仍有情形，如不能載，將中國各省一律不向道路長
經手以為定章，所由東局自業者，均照各口海關稅則減半
在于運到出洋口岸之外，嗣經定納，其銷售各路，嗣以後出國列票及
從前運至各卡加徵之已，然其各文路納，云之今那華商華伙採辦
爲實爲實，運該華局等名下，欲此係減半華葉，與前二兩五年
減色一兩二錢五分之數，到海口每定，因各行華伙言中國情東本外
國不同，各省之應約者之用，不能令一分之每三議，東局之方此先指

滔運屆以即撤部增運回江蘇部門差法委山湘以及卡如選員[redacted]不過一兩二旅半之數，勝算難至必實不因轄之此皆殘局有懷[illegible]減至贛營已展方分情隱始稅務加限不宜過于撥息，若查有的實偏漏情弊，亦只宜寬假好語告以東關等處要務限期奏差不一分者，仍查補交。出若寺中之的撤切不可草率。日下該處當籌措較穩妥惟帥身查照所封面示，撥弗擬撥徐到之日，即詳細加察，切轉昌[redacted]生叩三月

初四日辛卯陰　晨，移寓傍丁緣戟丹才遺來五早飯，過丹旺號九峰副戎方欲過湘鄉，即為送行。少坐，送藩觀察黃廣秦字錦堂九江鎮　吳太守　陳字柏森江西人，文之竹在弟　江西國營保吳司　來送。九峰出見，話別去。以舟才蘇飯，回座，觀君招庭棟，御史字米郎　之王[redacted]君雨農，對坐四少人　劉[redacted]君柏齡　長沙人，時丁差官　恢復，江君靜山莽堂來訪　緒如八住他牧親戚[redacted]偕何仙相君[redacted]菫圃　長沙亦沙如八送，先送來，晤談，又更口飯，[redacted]翁舟親家，瀋又曰早飯，譚君芳翁似未　理廖君錦春[illegible]

應求如人六年識之跋
寄郵從應但當為湖北師署

覆曾帥書
自卯刻以後亡六日沿途及到此一切情節備及不能發陳此在此見有
物旧[redacted]蘇撫奏（實無聞不能）此此但一稿某某左然未聞[redacted]示及恐
照尚未到來乞先寫呈鈞覽此卓吉某等所陳不無相與惟又當更宜
不敢不減但求其某備見於奏疏又聞有不用輪船之議都未見此文其中要旨
者理粹不日辭耳某郭以院吾急事擬改道章門由袁州萍江至瀏湘
曲[redacted]陽鐘雲縣陽之地為有意觀湘潭通行
即後湘從江到郭順流東下并以刊開

初七日壬辰 晴 寫家信及應各信 譚荔仙來 午赴蔡希舟曾之招
同席陳克菴荔仙吳柏莊 飯後游謁褒忠武祠 褒各布 揖帥祠 飯時值侍
姊赴吳（湘之圃）吳圃之招 同席陳克江錫山甲寅狀 英國領事巴夏里初
至九江本指買琵琶洲地五十畝 太守陳心泉議之 曰洲地甚窪 水長
即淹沒已 領事往之 意指買西門外沿江一段六百五十畝 不論民

空地每畝五十千一概勒買貧民房屋拔去民皆言萬人難砍

作我地窮夫守護了方今量時賦役大譁無可歸私以義王某受陸

以是擒住去避曷蔡君前丹暴而二尹廉某亦廣東人辛酉年本詳

故洋行商人不知官難為無旗人方在全記洋行當南編居中取利寸為業

協美國商人來買地并民房村植柴從每畝二千千民皆歡之

廣以爲寸英國事事一律及不許以是寸花致揮拳日岸和閒之

潞蒲司張集鋒遇夷人寸華商今門將會派兵三十名嚴守武昌

以阿片 以鈔 安時大已 昨過

署宮親探西人擒送不日已寸機表今日又寸二查以原局以南把總

禍發之不測殊可慨歎

初八日癸巳晴大風飯後訪唐君錦章魏君槐庭并與偕博泉

寶順行晤容又寫信寄查華兩家及春都君子枚士楨

黑莆番友至雲霞軒遇粵人蔡母薦之下晡同丁君遊山埕丹

小山大江及柴湘之間西說亭遠坐江岸水中不可往降

[redacted]揚城惟東西僅山三面皆水，而為其西南有一線平堤，為陸路通衢

[redacted]堤，即小山。八年攻圍，楚蕩之，後為官[redacted]揚，[illegible]過原而呈陸路

當匡廬山到山南下舟，連日風阻，欲改旱路，日夜兼程，乃自九江節撥先

由天池一路，往白鹿洞書院，山有[illegible]條，因至實[illegible]見東地人著[illegible]居住

南興

[redacted]路路程 三千二百九十五里 共走四十六日

三十里吳章嶺 三十里土橋 七里白鹿書院 十五里南康縣 [redacted] 二

[redacted]

[redacted]十里謝家[illegible] [redacted]

邑 六十里樵舍 四十里[illegible]岡鋪 十五里南昌府 [redacted] 六十里[illegible] 三十里[illegible] 六十里[illegible]

州 卅里生米潭 廿里[illegible]河 [redacted]十里市汊 廿里張武渡 廿里小江口 十

[redacted]五里[illegible]泥山 十里豐城 三十里[illegible]湖 [redacted]十里樟樹鎮 [redacted]十里臨

江府 廿五里及寨 五里灘頭 十里泗溪 十里太平墟 十里黃土

十五里劉家渡 五里雅坊 廿里安河 五里[illegible]大江渡 廿里新喻縣 十里

楊村 十里新橋 廿里[illegible]來渡 廿里峽口 卅里[illegible]渡 卅里分宜縣

廿里金陵鋪 十里昌山 十里江[illegible] 卅里湖澤 廿五里[illegible]沙塘 五

里鵝湖 十里紫溪下 五里下埠 十五里袁州府 卅里秋宅 五里 石 十五
里竹亭 十里黃土岡村 十里張家坊 十里楊坑 十里盧家 五里宣風
三十里上蘆溪 上埠 十五日
廿里萬崗鋪 十里西店鋪 十里十里鋪 十里萍鄉 [redacted]
早發一站 六十里湘東 廿一日
五里黃花橋 十五里大燒橋 十里塘坑 十五里蒙坑口 廿五里醴陵縣
卅里鐵江口 十里新橋鋪 十五里十停 十五里雲山口 廿里淥口 十三
里淥湖塘 十五里朱亭 十二里下淥塘 十里雲山洲 十里雷陵鋪
五里下洲嶺 十里易俗河口 十里湘潭縣 五里易閣 五里如許鋪
廿里鄉山 十里迴龍鋪 十里仁坡鋪 十里東洋鋪 十里楊十方 十里獅
子山 十里大步橋 四日
十五里山步磯 廿里下陰鋪 廿里英子港 十五里清濟 十五里彤閣 六
里灣鋪 十五里楊口橋 廿里撈樹港 十五里三真港 十五里楊州廟
十里清湖 五里湘陰縣 廿里蘆陵潭 廿里紫田驛 廿里白玉坡
廿里東望 廿里營路 廿里蘆尚驛 卅里布袋口 卅里岳州府 廿
里城陵磯 廿里白廟磯 十五里羊樓司 廿五里羅山 廿五里王家係

初四日百廿里

廿五里新堤　十里茅埠　廿里石頭口　廿里六溪口　廿里陸口　西

廿里杜家洲　廿里嘉魚縣　廿里小林口　四十里老龍甲　廿里簰洲　五十五里東江　五里華口

滕口　十里下沙湖　廿五里金口驛　廿里東口　三十里武昌　初十日六十里　新廣　十一日

廿五里馬公湖　壬戌正月初七日五十五里　十五里青山　五里武昌口俗呼三道口又名武昌口　陽邏驛　廿里鴉(?)夫　廿里鏡柳鋪　廿里團風驛　北岸

卅里三江口　卅里對岸楚口武昌　黃州府　十五里　廿里巴河　卅里蘭溪驛　卅里回風磯　廿里黎花村

卅里道士洑　南岸　卅里蘄州　對岸黃石港　十里田家鎮　廿里馬口司　廿里對江富池驛　蟂磯對岸　六十里與國州　廿里武穴北岸　卅里龍

平　廣濟廣與江西界　龍坪　八十里九江府　十五里　廿五里湖口縣　十四日十五里　十里板磯　四十里彭澤　十里馬當

十五日九十五里　十里小孤山　廿里馬當　廿里彭澤　十里花楊鎮　十六日　十六日百三十里　廿里大雷驛　廿里

東流縣　卅里青陽湖　卅里黃石磯　三十里安慶府　收　十八日　廿九日

初九日甲午陰大風　早喬君酒來要飯。且言與便去貴　游山　汗沒累日，其意戰

滿至庵　甫九節　觀山時晚到天　地極不及蓋遊許之　藝齋來尋二寺

東走園，車挽至及王君雨寒到寶順行　抵漢陽　與伸遜　友蔡陽寓

處之　下午趙君招同席　寸益山　摺旅　廣　九月初知　司馬　由浚

張鞏村大令　山廣　陳子受　撫佐　撫之　御君子梅王君雨寒及睦

鎮山　子故賦

頭身疼腰骨節[illegible]

形寒飲冷[illegible]肺[illegible]毛故皮膚[illegible]

[redacted][illegible]鮮[illegible]肩背[illegible]寒[illegible]初秋[illegible]仰畏寒風[illegible]兩足攣膝痺痛

[illegible]補[illegible]中[illegible]以[illegible]咽溫煖藥

陽為[illegible]性[illegible]寒[illegible]陽[illegible]寒閉腠理也[redacted]

[illegible]汗是津液[illegible][redacted]汗[redacted][illegible]陰所以汗

都湯[illegible]陽[illegible]汗能出陽亦能傷陰[illegible]如炊蒸然

[illegible]也[illegible]有大為王[illegible]不能

使之如霧露[illegible]服[illegible]汗不[illegible]也足[illegible]太陽經

從之目[illegible]指[illegible]對[illegible]痛[illegible]痛[illegible]陽[illegible]恆在上陰

恆在下陽[illegible]上實而下虛風寒之[illegible]也[illegible]痛[illegible]肩背

俱此[illegible]拘一[illegible]中[illegible]隨[illegible]

[illegible]補劑加麻黄[illegible]

麻黄[illegible]風寒[illegible]此[illegible]用[illegible]保[illegible]人[illegible]宜大補[illegible]

[illegible]以[illegible]中[illegible]再加[illegible]下[illegible]

世理還提議 論脈絡 萬國四達之方 加識高明 協…以為感應也

後又以牛角湯沫加桂二錢 吳萸一錢

[redacted]

[redacted]

當歸三錢 白芍 藁本砂二錢 炙草一錢 大棗三枚 荊芥穗二錢 阿膠二錢（烊冲） 鹿角霜二錢（另煎冲） 生姜三片 桂枝二錢

黃芪二錢（焙炙） 牛膝一錢 防風二錢 黃酒三杯

初十日 星期 晴 晨起 胡雲浦大令來訪 [redacted] 錫君往返指回廣下刻 我詩等聊仙 堪笑等 下午

丁濟之來 後輪客同來 早飲 晚到寶順 以醒二時返 是日並

人屋胡雲浦大令代具與夫同遊 自日本封高原多屋對一冊

去函處相候

人材以地平無分劃 此人國之前輕重 其專長以異 下才 任意（平生）發身政 可知所以

天道有所不昧 好學為義 其德樂善為速 敬為吾業 數不為人 生難寒暖

右挽吳君子團聯

十一日丙申晴 下午到蘇州 弟母姻丈浦孟韓 行李赴胡君之樓同席
顧曉老從鄞山來 胡君為製詩送韓 餘以以作友

十二日丁酉早晴 午後陰夜雨 晨起州另送 （艮）至廿七人 果依從動身寸
副時 夜談傳西跋北 晓老獨送 余程發與 （廿里唐家橋過闡元公墓松楸獨未換）有地勢漸高
里吳孝錄 （唐宋東考文甚長） 法化量子署也 嶺北臨江嶺甫理湖 十里陸為北東已嶺
石卡門與人言 律陵武岩也 嶺下五里名鋼魚橋 打尖（午飯） 五過一小嶺 地名
閣帝廟 詢知西流入湖 湯此又鑒又鑑室之湖瀕過一層石 橋北眺青山
翼然 樓牆水中 此五六年 蕭廟地傳說到一小市名土橋 打尖 晚宿
今夜 住宿自二鼠屯流 約七里 擔而上 眺兩邊之山石稀 林木甚稀上
烽燧已報 出火他燃 肆業生 黃君 （已升） 自其舅 （玉山） 入 見 掃 之 館 其
自九江至此七十里 過所經之地 獨 產 文 唐 之 山 之 豐 異 且 未 宗 教 之 人
舊 一 缺 為 其 樹 舊 州 原 緣 竊 已 殿 見 江 目 矣 吳 嵩 嶺 以 北 七 十 三 二 百 為 郡 也
嶺 以 為 土 者 則 江 西 矣 清 浙 （恐） 在 此 哉 然 不 同

十二日戊戌曉雨午前意踏不雨下晡間雨[illegible]諺曰重陽無雨一冬晴又曰重陽[illegible]

不過十三今年重陽密雲不雨至今日乃雨此言微驗若此[illegible]往白鹿洞

李[illegible]為廬山道[illegible]擬合日一覓三疊泉之勝暑此間雨[illegible][illegible]甚不克至到[illegible]

對[illegible]步過石橋上[illegible]思[illegible]向[illegible]于向三疊[illegible]手[illegible]不可到早飯後出遊

大二者去[illegible]五老[illegible]少頃雨止命[illegible]棲賢寺四睡[illegible]下[illegible]林[illegible]遊

之勝[illegible]三里至馬[illegible]市[illegible]流[illegible]民門口[illegible]不敢[illegible]又三里至三峽橋在

觀音橋橋下一潭[illegible]石[illegible]上流[illegible]石際[illegible]沫白

于[illegible]又里許到棲賢手[illegible]林木為有存者[redacted]寺[illegible][redacted]

[redacted]二百[illegible]三疊泉五老峯北之[illegible]南[illegible]陽西相

去凡四十餘里由此而上[redacted]過天門[illegible]南山[illegible]南[illegible]五峯

之間壁立三四百尺一徑[illegible]不可攀[illegible]由五老峯背北行[illegible]

過[illegible]嶺[illegible]至[illegible]一日程[redacted]峻[illegible]太甚[illegible]去[illegible]二三疊

寂[illegible]已[illegible]五老峯[illegible]尊者[illegible]米[illegible]土人[illegible]行寺中有

利及羅漢寺相倉卒[redacted]視屋興急川出寺西向渡三峽澗又西上六里
至一村舍小憩太平寺遺址等長曰道此即世居人須直上五老峰陰
芳菴方可歇息因命與夫久之舁力乘予村老蔣[redacted]緣樸及[redacted]予登
位於歷山中人皆有道氣僧[redacted]村舍西上陡嶺千盤乃曲土石磈礧
區跟嶺來又一大嶺[redacted]路稍平直上凡五六里將至南山夾仰視五石門
芟闢迴時天半興夫踏碧皆有難色就山坡之驛路為門過小[redacted]
崖循土山旁徑[redacted]仍西向其上約二里經大澗女巫下注棲賢谷三
峽下上源此五老第四五峰之水皆從此出南澗所易峯維傳宗寺至
老[redacted]列山[redacted]澗中大石[redacted]磚藝高壘山[redacted]形態猿犀再上
即至南山夾[redacted]亂石[redacted]曲徑勝之蜿蜒[redacted]千級與衣相舍[redacted]
步直 經上章家[redacted]行未及半嶺汗相[redacted]一大石如屯東北嶺
湖[redacted]半[redacted]如鏡[redacted]半里許忽兩玉石相激滑陂斜至一平區
與至其是地上下不平[redacted]數十步而上[redacted]橋之 區覽嶺背皆與

由此繞五老峰第四峰而北行里許至鵝公嶺經疑是上道一線
嶮之山皆大峙俯視何啻百丈南望桃林澤間
陡寸低相互南之望楊大峰北之牯牛嶺鶴眼峰下了桃林涧渠
自從之生長傳循此北抵高稍西經益高崖蓋從遇亂石坡陡道至此又可觀
由東峰而望之遊覽以平逕石級又登一坡世抵西上與大
繞甚荒莫著再里許度一嶺脊一望茅棘逕寸者言五老峰下以為十餘里
與人飢憊不問已經逕寸高言到鶴眼峰下之茅棚傍舉峽下嶺而向繞一山
御三里許乃到茅屋二間兩壁石為壁又西渡涧以茅屋一間相隔乃為牛嶺下
匡僧號稱師號江人今為匡寧改之天音遊亂來城東僧號為師為人
三年矣號師投假僧家多師未讓問至匡南山來時乍在日暮
人絕海久矣天下之淺險峨眉五台智師杖錫
不住也又聞嶺山蘇語號師云斷有此將十餘路不甚峻
乃高峻已甚上翻御往至忽入山之難而惟見茅棘當不理頂

此月初四為畫往程天色將暝然為明日計晚仍謝智師陳內數通達有

志深可厭仰慶寺說師世稱山深寺靜不聞鳥雀惟聞鐘磬蕭蕭之聲

遠氣寒冷二十一日時說師以序要誌相信於甚確

十四日五鼓晴天氣朗徹 破曉即起 謂天色晴朗殊甚 智師曰山中十三日

不露山北話口時刻雲起倏忽滿山雲層層遮護不見遠近今

天色若此是山靈方且下為緣矣 復剝擬遊 智師為導 朱姓為嚮

去細織昨說登所過山脊東北向而一大嶺涉山而上不問徑路 實無徑也

遇嶺畧見窪下為之起之處為東州峰上即是五老峰南之第四峰 謂於登

路陡石壁橫截不知來從何所由峰上北行度一脊寬者除兩兩踏遂下

千尺度脊而中峰分出一小尖 過尖又度一脊 脊稍短 此脊一尖

高中峰相連矣 為北峰為一大尖 方與鉅峽從下步挽而升 又數十步到

峰杪石上凝立 東瞰鄱湖 浩淼若無 西則湖口 珠璣雜見至

之可數 北望匡山 隱見九江城外 江流如黃一線 混茫天際 山下則周廬村落如粒

百里之告琴源在北面寺所處正其西寺依山之嶠尾之植也

之奧寺後[illegible]之主擁為山南主標更東[illegible]山亦聳峙為道者視之皆如[illegible]

[illegible]西南為那城東[illegible]至此乃以為山之殿大殿[redacted]因正向南獲山靈於崖頂

松一株乃下由原路過茅庵[illegible]庵往叢[illegible]里矣智師已炊熟相待飽餐竟

乃挽靜聞等下山為三疊之遊出庵北路折而西渡數小澗至狀半嶺是又北[illegible]

乃過一茅庵少休自茅庵至此俱行叢棘中凡三四里再北過小嶺直上又

一大嶺名玉印峰路窮下與且步且望此為五老西偏北峰盡處也

[illegible]鄱湘北半離山如葉舟湖中白帆耀日類浮鷗數十點出沒煙霧間

嶺脈從[illegible]此又一大峰名金輪峰乃峰之端與步時路下視深澗

有若[illegible]井石水不甚大即三疊之上源矣過金輪峰自北自東徑斷

崖下為上步東北三里轉極三疊之西北面岡上又行十四五里矣三疊為[illegible]

五老峰陰之水[illegible]北流注于深谷所謂上三疊也如石級中疊如[illegible]下三疊如布

宋紹熙年[illegible]人所見

為廬阜最勝之地昔人[illegible]游人皆不知自[illegible]之谷[illegible]

三疊早泉在其右左上一大洞云天[illegible]

嶂塞玉印金輪諸峰數十環夾谷中在峰自主山下垂直插谷腹相

由西林山間行入約二里

侍竹林聖寺之山門也此岩[illegible]半里陸極不可言[illegible]若出郭[illegible]都

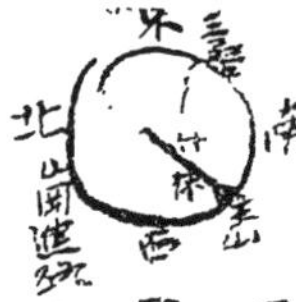

往余不可歸與夫僧從側三級從前路峰挽道覽無可思兩足嘗處

棧縱而過茅草叢亂覆路目不見跡地卻捫枝從可行但見無川深草中陡上陡下

聖起西望圖向一石前轉數十步已見三疊石西相距遠不見所路之前飄山三

之藥壁穿下垂有堯嶺尋邑里更南行攀度一石跌逸尺許面乃斜

校榛路石時溜墨延峽跪入山脈北而東北直下至竹林岩有大石勒行影路

踪四大字閣以下有洞穴御聖寺稍北凡五至此得道不可見岩之下傍有一岩

路而傍起路更陡可兩窮其賤洛舊往壁四上下良久乃到

山深陝僧往鐵壩岩皇邊一石外吐

石洞門見其奇勝相而往岩右石之下纍而後數級而一石欄橫巨岩

東民皆宿焉西卯此往東一穴若岩上廣橫之中有主山面岩曦一石門上圍

下方兩崖皆方石如屏橫柱其中深黑杳不可測山川崖

於[illegible]黄[illegible]為匡室之宅，從捷徑盤下，若[illegible]此難逢峯頂觀之，[illegible]不能棄横

[illegible]仙師謂有撒福俱勝，並快足矣，能細洞以盡其奇，[illegible]循原道返，日

已及晨，聖與過麻姑座，土石雞伏座[illegible]者相近，疑[illegible]祀也，東北直下，為石牛山，合下益

深，匡上嶺，觀下嶺，有若堤道，及至足上，俯視之，後深峽千尺，[illegible]盤旋而下，足廿

餘級，日照吾影[illegible]與嶺對面，[illegible]故際望異[illegible]雲霄，鶴峯，方知五老之奇，真奇矣

足五老矣。下嶺，抵土樓，去三疊幾闕上，又十四五里，中途從峯頂陳足三見三疊[illegible]

惜諸處遠，不能盡。米隙間土樓有路至三疊下，即竹林所見，東北徵中微徑，以俟異日

再游。至土樓，路從師劉去廬，初欲抵鹿洞，宿，是游隱捷五老峯一周，乃望返福

但只過為陰北還土樓，遠為南路，有從北還為宜，[illegible]游竹林寺，是山寶

山空過未敢窮者，何憐胼胝之勞矣

十五日，辰子時，晨起，青柳高夫某先告余曰：五老峯下有木瓜洞，劉混種木瓜為餅

以足為也，云是陸[illegible]從五里，畫一游者，經匡之後，由遠如子押三得唐以李

先赴南康郡城，至曆寂地，以二僕帶被，與命高夫至寺門，而南過一高

嶺，西向，過小村，又過數山腰，至一寺，背山面鄱湖，光南目地，君濤青村風舍數

間，雲異仙府，從舍後又行上山，[illegible]脊，登頂而上，四為五老中峯之下，[illegible]

真在天際不知是萬是仞 山脊盡至木岙道院 謁汪松壑煉師少談頃
下至五洞 閱此石室一間無甚因不往 憩少去循原道下至凌霄夢分路西南達下
五嶺 過犀牛塘 白鶴院 有黃藤 最之異 黃龍諸山對峙 與雲岩伯仲 下山到
馬頭市 自中院至木岙洞名王母宮 實七八里 自木岙至此亦稱 市甲小販 遂遊蓮
游人朱姓指廬山大山皆至曰此潯陽大峯由棲賢路崇皆可上 祖國五老為
稍高無徑不甚陡 雖至精力已倦 俟之異日 無已由馬頭南門過桃花鋪 下午
到南康北門 門外為圍 即金城 係織造畢見 城中自亂後迄今居舍寥寥 荒蕪
充鄉 進北門 達役夫來迓至一店 拜樓 吳姓 侑肆歌 怡然上鄉極官署 全資錄
暮遊覽 游訪一至於此 是日接他舍 胡君遷舟至 舟名鷗 稍子湖北古江西 鷗稍此異

十六日辛丑晴 晨遣役夫役返 以游山嚮導需費之 假段星垣令李君博泉
濤 遣夫四名來 遂攜出黃岩又觀瀑之峯 托屈停 吳氏子為伴 午刻
出西康西門過土岡 循湖陂有大唐已毀 土人稱為西觀 西面湖過觀音崗特
出湖嘴直西行取萬杉路 出城五里矣又三里餘到萬杉 杉木盡 廬峯尚
大峯之下 有小山為其外護 名紅毛尖 轉過灣嘴 直南行 約程約二里到

万杉寺寺境亦平常惟有五爪樟一株挺然寺志称大书万寺
额[illegible]在上一大庆字款楔京邑帝子土人言是包孝肃遗迹误也[illegible]书在
[illegible][illegible]殊怪又三石书龙虎风三字是款出寺过涧南书万杉行度小岭二里
许到开先寺[illegible]李中主景读书地即位后为寺寺前中主读书台又有
王文成纪功碑寺西数十步在山碑裂败缭[illegible]自[illegible][illegible]东瀑来注所谓
书玉峡也泉浮石怪不风而寒潭上一亭亭即漱玉亭景[illegible]敷冷泉亭而
一则在明秀一则阴森叶翳大不洋矣寺中藏古绘阎摩地狱之图上
写佛说预修生七往生净土经之不足大藏而字画古妙不载名氏尤西堂以为
唐人笔[illegible][illegible]溪以为五代人笔时不可知后之可贵而已其头字一行云
首陈观音庆造观音像之名庆宋时颇少岂之物耶卷为宋僧
堂施寺中无名人题甚彩阎老秃寺僧嫖等作家[illegible][illegible]饭[illegible]游理
万岩出寺西向度涧西南行过古寺[illegible]西行二里[illegible]到山下仰望
[illegible]剑峰壁立云际由山足盘旋[illegible]与登一里[illegible]径窄曲折多丛草[illegible]
与步挽而上[illegible]日[illegible][illegible][illegible][illegible][illegible]宽广[illegible][illegible]步升又[illegible][illegible]说见

文殊臺嶺道，折而西北，橫過山脊，度嶺東轉，半里到寺。寺前古木陰森，
蒼翠滿目，幽邃非他處所有。從寺右峰左東南，羅漢頂在寺東後，崔嵬。
劍峰在寺右，香爐頂在寺西北，比肩伯仲，而為劍峰最峭拔。文殊臺
處者在寺南。寺前一澗，澗外土山西過，土山脊下斷，插石東一徑，可達孤峰，高聳
如龍昂首，上有石塔，塔下西北為忠臣劉馬尾水，所謂西漢也。久晴水小，
可觀天。又將暝，遂西繞過，宿開先寺。

十一日壬寅　雨。昨宿開先，擬今晨到歸宗寺。晨枕聞雨聲，欲與姪匡廬之游，
已惜不能，生不足矣。早起命輿，冒雨而過七里，到棲賢橋。澗流
星落星諸峰，俱從山上。蓋山脈自廬為大峰，數十起伏，而為在鄱陽，
其劍諸峰，又殊其勢。大峰為東拆出，則爛爛諸峰，皆與餘峰，并匡廬
環鄱陽，五老為匡廬西也，到東西東環，脈回奔湊而為南康，為積
水所限，故然止為地，氣壯。蒲指為在西，巉劍峰千丈，古人不知，廬山之
西面形知者也。若國豐兩府，仁和孫君為李樹，來開先，發君

以為不足觀，而堯特黃史家特集編者久之始之矣。越境山明媚清嘉
洛可開宮列儲納之洞房，世寶之中，二層山則疊嶂蒙嶺之不可勝數，不可擇才
大人奇之。客[redacted]山藝錢吞怪獸，求其形美，則避塵芒矣。又五里到楓而過
急回視諸峰，鬱鬱葱葱，兩中看山，雲氣樹色，別有不同，此不可不領略
耳。返寓，作書謝，細藝圖大意。下午裁書下舟，著蘚苔
信到母中寄

十八日癸卯　首陰大風，泊楊家渡湘陰沙溝隄內一日

十九日甲辰　晴，順風，辰到磊石朱磯，在湘西岸，有小港，村市已殘，過湘陰縣城，鐵角之茶，風起，六年
在此時與舉大不同矣。遣人持刺候曹刺史，字吉階，名家門六年鄉之，觀
司馬，撈楊帆，鼓行，未到呂包中到楓岸，泊焉。是夜泊鷗一獵山小村市
共行二百五十里，距省城約卅里

廿日乙巳　晴，順風，到省城，泊河畔門

候鉅軍門　懇字春霆，祀名[illegible]，湖南[illegible]府人，請領，未及艾皆下，宋御[illegible]撫臺
四川人，二品銜內閣補用道，欽加副將銜，昌國字棟臣，山人年謝了，設法因候鉅辦理為本兵部
諸驀舟旁地居裡辦羅容[illegible]去城二里衙，以造本江門訪同鄉史士良
[illegible]瑞甫記[illegible]史翁[illegible]詳若容似較安，已到滬若本三學[illegible]羅，姜吉星如文陵
[illegible]撫[illegible]新[illegible]姻問知六郎全春于春夏間已到滬行，招得[illegible]為賢者
耗[illegible]戈[illegible]獲了半年搜捕拘來往蓬地極至了，[illegible]臨往一急了，且恨且懼下
[illegible]擇本州門在孫逸欽之巡捕房逮之為[illegible]

日記十一　錢靜方記

九月陰朔日丙戌起廿一日丙午晴　晨起廖增官來請老爲寫一方

辰刻進城置備饗靈衣被午飯于甘露樓下午歸

廿二日丁未晴連日南風天氣甚暖　暮至臺徽理對岸懶散步樹於亭

無如異處世俗徒經觀餅穿陷曲肝廠辰格林木爲無爲異閱已甚爲

之太息也再偶从檢日觀前惺摩紀方望溪文集讀其爲人作墓碑

常惡死者家之言不足信篇中假爲疑或不定之辭文人之所有鑿空

之文以其人之言足重也爲之文而後不信世殺之以何異乎設墓奮

文固足恥[illegible]如是如此欺取世媚可笑矣

廿三日戊申晴 晨訪彥侯 丹翁到寺區門 觀勝五閣遺址 在西南左側 惟憶
前日歷遊之地 山羊矣 與城訪董篁翁觀察 即濮及其弟伯羽郵齋
祝察寺 先姚方外人 中表兄弟 至以嘉為稱 第偕出遊也 同伯羽過其
三兄坦生先生于李宮墓道 又謁惲華界郵書 彥璋 及其弟士
戟彥璋 又訪管筠野 醒尹 魏和 與醒其三令外 祝靈犯 令叔令弟
屏鏞華 令[redacted]族 賠 及吳君子濬 畫樞先生孫 為至飯之後 坐過 坦為
趙某為樸 看菊 丞采錯落 為南中最為著 屋識某君少勝
吳君子和 子治之 下午 遣子迎丹至西 筠野看梅 晚飯 同罷去 與佩青先生之故 走于區西 祝其見齋居 三伐
筠野因過 同御許君靜山
姚過 筠野為人攜電為至 趙氏出做為我 攜電官五山 棟星 ...
限至屢信 筠野招家 筆有甚花 事合 攜我五十人料理 井可為也 同御許君靜山
舒為任事 [redacted]
華寶小鏡台 箭留 觀畫卷 惲家李宮卷

廿四日 丁巳 晴暖 天氣如昔 晨起用 [illegible]君 [illegible]和 [illegible]君 留豐

早 [illegible]中醫 訪同鄉 [illegible]君 [illegible]果 兩 [illegible]相 [illegible]楊八 到 [illegible] 飯 [illegible]

到 [illegible]府 [illegible]五四 [illegible] 出 [illegible] 江門 [illegible] 秋 [illegible]

門 [illegible]問擬四 [illegible]陽不 [illegible]過 [illegible] 今年 [illegible] 林桂楣 [illegible]伯

赴 [illegible]行 [illegible]廣 [illegible]陰 [illegible]日 [illegible]亭 [illegible] 春八日 [illegible]

[illegible]已 [illegible]（又 [illegible]）[illegible]

其 [illegible]人 [illegible]

廿五日 庚戌 晴

[illegible]

[illegible]

敬占四時 全春在 [illegible]

[illegible]

戌 申 午 亥丑 丑卯 卯空

、 [illegible] 、 ○ [illegible] 、

官 文 才 老官 官子 [illegible]

性 命 [illegible] 青 元 白

直卦辭曰 清慎自賞 往涉如阻 寸狀為節 不為危殆 利得千倍
惟卦辭曰 臣當主界 據力日衰 侵奪無之 三窮過公
詳条文辭 守陵猶尚 情事如負 無他 自卯有驚遠乎

再占六爻 全屬到此 是路吉如後如此

水澤節之風水渙
兩卦皆坎水為首建成之為城安所棄水金
旺為土休不至堅患此卦因伸他生
禍德雖空而至官見田疑之克又原
神在應所之日人正應在參重病視
之爾為吉耳 目下雖往何病月之微妙至十月中被因我人得業得我人退之以上差行後出于隆

卯空 子 又 兄 子 蛇
戌 一 官 勾
申 八應 文 朱
丑 八 官 青
卯空 子 己
寅空 巳 毋 才 子 白

直辭曰 海南求生 聽聖具聰 為禿物應 必有触逆 當悅後是 不利 後西所求物藏
惟辭曰 伯仲好季 日暮寢寐 辭醒失明 貴見負棄 卧存道旁
詳文辭 鼠穿之事 勢於上面 守陂從矣

卧在其董在底 爭奪見 督師陵徹 本年下借直執示 與地丁一双 止收十五本二千

內有支，每除解藩庫每兩耗銀一分，有解貴州火耗銀一分外，爲有歲餘提

銀一分四釐，存留五分四釐，本府作办公經費，其餘者發回本縣充公費解兌役食[illegible]等

用 按本日市價每兩庫平一兩折一千六百有零，其除耗銀津貼[illegible]藩庫办公二分六釐折四百廿文，撥二千[illegible]文[illegible]

每銀一兩加[illegible]實收三百餘文 漕米折收每一石二千文，除解部庫，照部價每石一千[illegible]三千每

解部餘津貼軍糈銀二分外，尚有歲餘提銀二分四釐，糧道五分四釐，本府作办公經費

其餘者發回本縣充公費解兌役食等用 照市價除米款外，[illegible]每石漕米一石外稱實收四百五

之米，又當查奏，撥詳撥札指飭各項一概停止，節上省費，漕規耗陋各私例放

以垂禁封，又咸豐十年未完下漕及十一年應徵丁漕即照此章遵办，識以一年

我於試久係未就秋季再議

讀書后妃傳

序首律制云云，魏志后傳乎安國後述

景初元年議崇文昭皇后奏，此等隱諱之女，勸之何如

甄后死爲郭后擇印未嫁于美，甄氏士貴其才女務其色，士之才我難知之則其若可

見也，於爲之智趣紛施，我發憎者作論則饒病又發，當是自睦之際

爲莫我空與共於此文之冀其噴其一一閒釋秘于東宮乃不宜因此挂人之不

窮矣

郭后死在明之七年，使帝倘遇弒之不當久，至此日且視明帝之手，郭氏恩禮

東宮之廢，奪后望見其不能也，魏略孫盛春秋之證，殆非虛構之事也

魏氏戒外戚為三世，立后皆不以道，欲求內援之，而何可得乎？司馬懿敢于取兩

婚，郭氏以懷太后而廢立議，從其命焉，然則女主未嘗無權也，蓋親

姻節焉以為稱跡矣

董卓二袁劉表傳

劉表以文弱人臣居天下紛擾之際，而欲退守自安，坐視武之陽焉，曹操之劉

表皆所謂坐談而不受命是孤獨也

表記見袁氏之亂而為之起地，謂曹為可依，殊之所為，及此袁氏之滅而亡

甚矣劉表之謬也

卓據衛袁皆席之亂臣于魏東，始得而據有之，然陳鎮之地，待世為（？）

為後人尤可惜也，以下之論為後世所可哀也

呂布張邈臧洪傳

先主為許汜求田問舍書傳其言世皆以為美譚吾嘗論之獨不察夫人生
乘亂肉骨總洶殺之性皆自喜馳騖為臣大以廣狹之分詢問分蜀作蜀三
國之時曹氏謀于內孫劉鬥于外其時極目堪建立以置間其有為主安民之
忍吾呈豫信一亟之務相權為兩全曹孫不信劉之忠陳登劉亦不自信乎
所之言遠裹眼前為耳劉主入蜀然同羽以奪人之土地不欲據為假然
有自奸之心夫以求田問舍之豪何足以言大志論其所蔽之多寡則為
人之外不為為獸其心事之異同則遠床為根由其所矣
臧洪為呂布合傳殊不當且其事乎魏之尚也

廿六日辛亥晴暖甚可裸下午有雨夜起北風涼爽黎明有人孫左宗棠
新勇來接其母起居廣寄睡之不可以逆訪其情實是挾[illegible]歸
以母還年前鮮攜以不氣又遣勇喇之勇哉強率馬龍驤大偽
嵩之即為下午且至堤來際往舟登之岸眺望沙平水遠見其色大

異日君卿為此別院清時之盛遊，日在首垣為武夫蓐堡騷亂，磨擭為之粗
曉殘害所遭，使覺夙昔所值，殆無人哉，要居之第一邊之則
丹將蔣往後將歸日每戴寄家，寄十二三，值儕役寄十八九，間之足為惘惘
嗟乎，何日從此氏業先後業記正聯望旦夕之期，是真茲人君子之用
以為已，生米為香未何足慮，抵節茲今之地，陵谷往往見市言兩嘆
此地間人此之班一畫之易從據在中年江河不為為為不可求
其近緣久遠言論已即為物年來往李江丙不到乎此及今日留其後矣
隨言之問之我地之不言，問之于其之以自迷其意行，欲于安想熙側之外求一証據
了不可得，為世稱家言某之事在某所，想往之似側，夫以為已之夢
以為之夢矣，以為亦為此情南柄嚴佛倘有之口
屢登此立夢，誰能為出形，善雅妙之意妙鮮夢矣，之屢勞為著書此自遣

廿二日壬子大風雨寒气吓人風音若涼爽如西[illegible]柏之候黎明始得舟居到市汶雨甚洞

在一日在舟中久[illegible]數[illegible]令人[illegible]是晨而平

時五城卿也覺乃悉急悵然達旦嗟乎此盤蓋竹之能[illegible]于何能

有以念及之情而不能止程章之筵易于感人固不在乎宮商之中矣

二公論贊

屢子康 康弟業 屢之同 陶謹 四張 楊 書 益 傳

陶謹身為守牧而古勉開宣令世物振此屢年連沒於學之士自今于此疑[illegible]

唐氏之仇甚所遭禍允哉之言如未見寬耳

張楊為詩稱曰天子弟古天下凡之輩有公卿大臣楊業桿外藩何事[illegible]

都嗟乎寫天下好弟居平桃楊撲之欲而急有此君子之言乃楊殆不必功業[illegible]

此所遭遇不幸耳如其孔也

諸葛侯 蜀子主 傳 潤 尚 書 真子兵 仁 洪 休 傳

鄧艾既有蓋世之節，加興創屯田為魏開業之功，既其身無有可免而陷滅門之
事也歟

衛瓘身無益者子任至假勢以求志，觀其構鍾鄧之玉以侯棄如失書
臣之弟則嫉惡惡亂御悖之情，直以世英發東棟一顆人物，雖操之貪赭瀾
源有目，獨不知至此，愚讀史知世子閒且席豐履厚富貴者，蓋世而目光
皆小無與何邪

昭帝聞曹真創劉之毀，入朝不肆其惡以奪宗邑也。嗚呼，世事之禍蔽此矣。
何以云然？方曹真子爽之驕矜也，司馬氏未有醴功大業，人徒見曹爽之
子之貴任，戒官府為鬱，不福賜為醫之，以為驕矜莫陰，心弟之擅而冀
為之奪其巨意之閒，九錫至乎其門矣。夫爽因席勢即意此乎常之人耳，
而（毅）專至遂亂之天意，强欲啟晉，使為其汎溫清遠而耳，後君人者懷衣為畫上
下之分，孔子惟君子者為不以疏人好之謂也。

為便之實有通今博古之才者，司馬懿者其人，言及謀略者皆伏焉，已病夜目之
重思使生于今世，又何如世邪

此一篇說魏公之事也世論謂高宗不任宗臣始終夫豈其意非帥中附和相推爲也秦國以委任柳公謂不專也乃子午之役冀其從見斬于司馬爲爽逸撻之論諸不才身以僵爲國隨之仆然則如不用宗臣乃不用賢也至于[illegible]主寸壁緯深之業伏因類以柳從爽爲死之柜範伊吾昆伏嘗事人言之來必任先怖于爽侍言是非之說首言以其奪司馬之權以著其變辭而以王振終其篇卷曰此皆魏之忠臣爲已矣

廿八日癸丑雨竟日　丹可日有嚴人陀脫兵馬之驟世情余並不肯以欲停此為像屏庭書妙脫之羅一日不能閉甚丹又添通川讀書說漢學（閉坂驚眉星不可樹伏犯注同）

廿九日甲寅夜雨午后雨稍止陰曀如故　晨過伯鐘如秖來可整並樟樹樟樹大市較覓臺江帆帶不遇飯後訪鄭丹甫君芳棟字果才吉安永新人江軍統領劉秀伯于潯陽楷唱也　巳初丹甫遺嚴一兩左原丹遣如之退之不可為論至程是日僅行三十餘里至大江口泊（[illegible]）去小江口為表里閩大江口明大（即樟樹春夜）

三十日乙卯 陰午有日色 晨發石剎至張頭山未刻過豐城縣晡食樵舍殘王

在數年前生聚蕃衍有復矣 下午到樵舍湖泊舟滄江 又一里許石抱姚埠有小市

夜泊時村寓遙盜舟來至舟中問何貨 意殊不善 舟人覺之 幸時甫暝即解

維返泊前江口[redacted]盜隨追見同炮船泊 乃下去 姚同舟人言 雖不為動而心

忡忡 但來此以道大敵當前[redacted]怯左人多矣 且里中來而爲月游擁擠

是猶意中所有而已查出悟吾生平動輒有他故如何能忘大軍餉需關係

而不發而之 任從舟人之言 已往之盜殺者以道梗爲稅累去十之七矣 嗚呼 吾今

之縣官士者所不能知 當責之 武吳位同江軍以省地肅清汰軍 此軍寧為

不請夫嬌來粥之賊去退之 而又稱其吾弟叛賊為亂 且有説其壻將欺剿郡

十月己亥朔日丙辰雲雨 辰刻到楊樹浦泊 即上岸 到船 聯數之一冊盤

楊葉子此船皆老友之新人撑駕 因為日貴 可以舟輕利 撒度 舟君狀如輕也

雖不如一葉而甚潔 有窗可臥 有几可伏 此若無之矣 十餘日程 吾日稍未卷

以其暇流覽風土 識樂事也 午間到市中 此市屢燬于賊 今年二月七日

被燬 今店鋪甚大 市口甚繁 [illegible] 稱天下者惟有利權 乃吾居于

商賈善者易恩 所以收之矣 下午開 順風 傍晚入臨江 江口即吳淞 又名新

淞 江皆以經過郡邑得名 狹江直江三分之一 水不甚清 土岸不甚高 頗類江浙

以進之 月十里泊田雞寺

荀爽荀攸賈詡傳

與平和議 雅乎係昭 乃是定局 文若乎之偉哉斯言 非獨為曹氏謀之善也 此舉之

徒恆喜輕捷慓悍 取快一逞 君子則惻然于民 思保全之矣 夫保民必先守土 國業

者未嘗不能取土之初 深志量 曾邪 方撑和起之時 往往卒士思富貴為之 堂

有大志 或全君一言以應之 為非識其雖向意徐之閒 如民實隱 庶為世士試論文若

托身漢為一賈 輔魏 夫輔魏實為托漢何為者 孟子曰 民為貴 君為輕 又曰保民而王

曹氏雖不能大有益于民，猶愈乎襄漢之奄之地可逞里計也，未可以民附而為之藉
斬馬者而鉞者之沮矣。若自不欲為禍始耳，謂之若輔曹而作劉國，地謂必助劉
以抑曹，亦未能窺奉天知命之意也。
自古平天下者，先審事勢，然後言之。曹氏秉政之時，雖宇之內皆歸其命，猶不屬漢之所屬，
何待而[illegible]曹氏以後九州之土制，急而[illegible]大之[illegible]，其言不足一笑，乃操合其言者如大
自私之心中也。
操問攸操之策于曹[illegible]之勸之以決機，夫君子為國全策，大[illegible]經隆，操之亡命未為不
猶勢矣，謂攸發之，雖操從之以見功，而事所過猶耳，使[illegible]堅其不且以為抵法耶？
操既破荊州，欲順江東下，論以為當先息兵安民，其言偽君子之言，于計甚合而非友
世期以為失圖，不亦左哉！方操之得荊州之士卒[illegible]庭，雖有新附，其心不固難[illegible]是
雪眉之[illegible]需以[illegible]東吳，夫吳非弱國也，君臣一心，依據山峽，非如劉表豚兒可以先聲
奪也。使操從容撫安，以定民氣，休養生息，以畜士力，然後乘之以大[illegible]小為虐
其上流，匪我縱利于万一，猶未可必也，況以勞罷新附，求僥倖旦夕哉？且謂荊州初破，
劉所必爭，宜如操備[illegible]以保之所能守，則又不然。夫曹仁之敗還，以在赤壁之後[illegible]氏
之權既能為劉主之職，畢攸據自生耳，不然安能為[illegible]孫權之請，侍豈為不

劉蒼若跋

二荀合傳于賈詡越首言此承祚微辭所以醜文若而達若曰是皆曹氏之黨權詐之

流而已以余度之某於不然觀其評語于文若有隱匿之辭而以攸詡為鄙辭其甚張崔毛

某謂承祚所以為甚文之正人也置此篇之後則其用心如是居可知矣豈以詡實五

為通及沮丕用兵之言而有當于道耶雖然詡之亂亦無其禍實大加以善所能只盖也

是非承祚之辭以姑外人之疑不可無為之說矣

詡之初惟疑也抹死而已不肯美封其心固未嘗一日忘于西京之亂隳後國家張猶之

降與其世初延及既入魏言誇而出于正惟臣節有君子之風是亦同善剛惡之道

不貳者矣君子之論人也要其終不論其始紬詡以為魏臣詡于魏世那言其亂則臣乎

君子明君子之而已矣然承祚之用心也夫

袁渙張範弟承涼茂國淵田疇王修邴原管寧傳 張範胡昭附

初建屯田民不樂而逃亡夫募民屯田稅入于官難勿而耕者之利自來為甚而民稍疑之

為大事之創世雖善無善者章袁君之言曰夫民安以順則難以逆動改從更張加

此不喜其宜矣夏遷民雖憂所而可果減官稼之利則欣然而利官急之則疑從

夏張而追之不敢即散喜亦思此言以求其情然不患民之不從矣

承祚紬二荀之傳不挺程郭而以此篇居下詹毛鍾華而先者其意抑以謝為于才

邪然為外覓詞共皆未詳，然此篇敘列人甚多數，嘉慶國朝王倬忠烈
為有變才，張鞏韓蘇郡原清高，為任師表，田疇粗近類，主修天一高，徒為為楷
識一家，才為妻錦，倘若經歷至于百物，宴則更見寬鴻，其心仍豈為親臣，亦願
開國臣佐之間，雖或出或處，殊途一致，論于史體，要亦不類贅矣。

初二日丁巳，陰。有雨。過臨江府城，隍臨水，尚完整，未甚毀，世內生聚如此耳。過臨江為西
北岸，間有土圍，地皆平疇，夾岸為樟橋，以值其徑二寸者，值一文錢，自南昌以東南來，僑
益賊每石米二緡，故居民皆自給，逸賊稀，雖屢更兵燹，荒蕪不擇地，皆治叢
居，入夜無竊盜，御自宜春來年，道路為之猶，土狹民稠，為穀少，征取又繁，生計迫切
也。有田者恒患不給，相土以務其民，是在上者為之君矣。午後過臨江，民居隱隱橘林。臨
山岸居者以陶為業，燒烟出于上，…自入西省，見御村多植樓櫚，意江
則惟見橘柚，…土之宜，民用所作…也。下午次吉安，見岸上大樹，…抱，殆為
年物。昔吾先君以道光丁亥，以宜春宦途經此，先夫人實從，時予為未言，如
俯仰三十餘年，人事一遷，…長亭之樹，過人多矣。對此能無黯然。是夜泊太平渡，
東距郡城五十里，…六十里

崔琰毛玠徐奕何夔邢顒鮑勛司馬芝傳

孔君諸積于此異耳則許攸婁圭輕薄犯上取死固有由矣若琰之侃〃盡忠為汎〃之
舊臣也難猶不至此為極乎夫以力取天下者其中心無所倚使自取度常為疑忌
下〃惴惕也曹公與琰初未嘗不降意以相濟及年位漸狃而羣心既定自以
無恃乎良臣琰一不快而積嫌發于一旦雖昔之緣類往故若數辭焉此前哲所
以戒仕亂朝也始吾以為琰之不幸其然豈不審微而遇焉若擇〃之以治善不足
責也

豫讓之言智伯以國士遇我我故以國士報之君嘗讀其言而喟然歎臣主之分雖以義
起而有情焉不在勉強而已也勉之積嫌于君自覺不知及其即位自求疏棄矣
世黙焉可也必時〃挑其怨暴之氣以自抵于刀鋸豈忠焉于君之情不能已耶抑而自知不
免毋寧抗言以死也使忠焉于君之世程而情何由起使求死而以一諫再諫而不死
可以止矣為是嘵嘵不已甚耶雖然暨之婦人守貞從一義也不幸而遇蕩子吾自斷焉可
矣必相告責以觸其威之暴以求死如是而後可以自盡耶然豈理之相然哉夫崔琰之
于勃其死可已矣主則因而殺為從善何則操先固嘗殺而殺之其死為有讒也若
勃者君子諱之以為自甚而已矣

崔琰毛玠徐奕以伉直得罪，或死或黜或退，士君子不幸而遭暴朝，不廢止之于戚
之情，禮以往情剛直，其為陳群等之所譖，固亦有其故矣。何夔司馬芝以文才言之
自是稱為世所歎，飽知保身之一則遠禍而已，則遠全其身，不幸不得謂非命也

鍾繇子毓 華歆 王朗子肅 傳

操再議復肉刑，鍾繇復奏請事，雖寢而其為疑之。按肉刑自漢文廢去，復議之者多矣，莫
不言斬趾之罪入于大辟，以為當其全其死，其言本于慈孝，雖有似者，亦殺其是也，以
為當復耶？寧不為世所憐者，心以為當廢耳，不知聖人之議規也。帝嘗思之，古先后王
刑期無刑，其要在于明情用之，使下無冤而已。至于制度之等，輕重之差，以世為升降，亦
不可同據，且論此于經法之中，猶無未盡者也。夫宜思輕罪之處，誅則當用宜，識死之科
以謚萬世，豈何必舉所期之世，以為仁民之術耶？若欲以復古則尤非也。昔有虞
氏之用刑不辜，赦者實其不冠而不聞。好古之士未有以此為二言也，果疑其非其于為
書云哀矜而勿喜，述于論語，凡殺上民者，手澤其復也，而士君子為殊者之言以舉暴君之
惡，又外托于忠厚仁義，其言之不祥也。抑又聞之，為天下者，當民所惡，與民之大端也。自肉刑
之廢垂幾百年，民之安之，若遠水火，不聞上之制，稍復棄以復，澆雖麟趾之化，而酉布慘

酷之害，是為惡民之聚而驅之也。或者又以為難犯之刑不足以禁民，輕其罪為陷之哉。者衆。如復肉刑，則姦不可止矣。斯言也，異同法道者所不移也。夫刑措之由，在乎化醇而俗美也。化醇則民自不犯法，法勇則民末而民亦不敢犯。如是，其由也不在肉刑。惟漢文帝雅宜一策所於斷獄，乎世之寬，數百而民之犯法者少。由是言之，則明矣。論深奥，更不足辯也。

魏霸于王朗之諫，宦則置之不答于論。繼而則信御焉，虛而有之委，忙其内可審矣。朗之色寡德，援言而不切，怨乎責而已。上以是求下，以是之應，於謂魏之君臣交失一德哉。鍾繇長才特辯，兄而魏之宗臣，華王二人則由之蜀之許靖，世主稱其名，稱登之台鉉，以鎮天下耳。如有直抱也，觀其在朝之世，未嘗有所建白。及至屢代，遂相二世，無章旁之含棘人君臣剝，有是賢者哉。假詐理之于鄧程之先，以為当博而假詐也，於魏之無以詐與且鄧程附詐于時為有詞，若可有可無，虛稱而世亂者，又足貴耶。

程昱 郭嘉 董昭 劉曄 蔣濟 劉放（孫資附）傳

操窮蹙，以妻子托袁紹，昱獨沮之。縱昱生平之謀，此為最美。夫成大事者，必有其志，往之利害所怵，神為之懾而氣奪，其何能振左右一匡之業，有以振之耳。操之初起，寓盛以天下經綸已哉。小心翼翼以求列將之位而已。操無遠志，為田孫所輕，不及此，如雖有其言也。

荀令君之動定究如是之說，由而來。於此二言實大造于操，乃成可以君霸事業策祀之也。

劉備奔吳，是料之之云云，惟明之之者始年當貴遲，而于此又可知赤壁之戰得於劉并命以求全。操不度(情勢)而[illegible]為必敗之道，而實調役操，故吳其得為萬全也。

豪祿，劉表之不能任備(所言)者其遺。

操求所施之士，固未能擇，以權袁忽其言而不及任。是時暢亦其所能擇主之一端也。

華陀為袁春卿事，殊可不載。

曹休為陸遜所詐，止之明以為論，將當責其役他理而肯棄危，不煩論止云云。武人相怒，未有不守死者，命以爭功在強，事業粗以任福陀，致輒雜仍自(以)成家(推)亦掛用。武人每帶使之，不是不可遏其志，是然後此言可以為其階矣。

臨江論夏侯尚等安屯江陵渚中云云，謂得通年界之言。

劉曄所無所殺，交付人，其付人雖云百論，實之惜，其實在主，或由嫉妬不可知，不能可殺之是[illegible]不有其父，曄誠不可以為人君之，稱于賞罪慕陀事之，又不容其是非，使後人疑其善惡，此注之不合者也。

璋曰鄭度郭以言劉璋曰儻宜望實為整齊之必待遲難久此雖璋之托辭
然亦事理所必也
璋諫劉動之於上操乃動操取漢第其地因其事因為一進一退高動操之勢異也
兵志曰不知己知彼者戰乃勝其宜有也彼集兩敵之力為權之如可免矣
張魯既平璋勸益郁巴蜀如言既若有理其實未必然也劉主雖南得蜀
民志未定於其君臣文武才畧以方始安之張魯不足道里計為巴蜀險阻不
下於漢中也　操先從魯為不可免其說劉主之老於日陣後險以守其國
就丞謂秉騎為奉先者奪人則不足于孝荊州嘗則之于斯矣以取赤
壁之敗夫孫劉皆人傑為可以成業擬之耶
徙民之事曰于平一之世趙高援以殺國迫險可徙可此若奉白馬徙民則從南
徙民則遷者事有偏於之且無權大異意在別有指撓之方也
自古用兵皆為山陰而畏險阻山險若不可踰畏若水阻舟是死法也觀以董昭
料為侯者尊之屯江陵漢中及府阻害之改濡須中可為其勢
權是邪知輩昭才輕見事論為不正於魏之往在操所侍奏之六安等一
諸葛經此之人而已二前雖為發糧飢與操董其謀且為將以才能見任也

[redacted]于意趣之間未必聰合而世間之局譬藥病則少異矣至于顔復用事

竊世事之一顆葛之丁會蓋以見金壬不可大任親以此與治以此致其意偏學有

良史之用心於世足爲鑒戒者治病先惡害其所後取厚樣之也論實用于恉以

胸于一數[redacted]強病之辭封其心本無有異同也轉則先死已久雖可以爲其自世實道此

又不當程郭葛二人因以爲二人宜皆出之此帝爲爲擋置或于實理合任壓盛之勢

若之論矣

初三日[redacted]午　陰雨　早起[redacted]再至過黄土市　民舍頗嚴　行嶺上　關嶺　[redacted]諸[redacted]陳[redacted]

吾嘗筆誤　隨江來[redacted]兩岸[redacted]赤石山　三峰之一　歐今此取來岸當平[redacted]林樹

[redacted]未經丹楓其爲嬉戲石岸間上游爲爆山而無宜篆油樹

不改種橘柚矣　彭丹某吉貝不若也言江西[redacted]吉貝不足用[redacted]江嶺隨楚云上晡到

羅坊　夜到郭家灣泊　行五十五里

劉　毅子靖　司馬以　梁習　張既　溫恢　賈逵　傳

持專爲揮國不往用重稿　微因不因偽教實學其實一也　無[redacted]國庫之廷見

恥于執筆為詩欲知人材之起世自可尋乎從到〔〕請疏可以知矣
司馬溫公言井田已往者以民無常恩世之業雖欲奪之今頒大紀之業無主皆為之田
宜及此時為之按井田之制一時雖未可興然為有王者將均天下其無作之諸欲
于時為不復無不知此言矣
採擇從民就西三郡據張沈軍浮屋宅居業以安慰其是定民者由牧畜於不以
其情則易擾急有驚動則惶恐為患甚惟牧之者有以安集而馴之耳且民
當以理言曉也三代以下人皆自為謀經不信食無告我為食競此其中獨于上之欺詐
固已久如能充不足固示之以形善令無變為陳民之必安而業定有民之責者
不可不講求之矣
篇中將清出能吏慎選慎佃料理無為車事化辛實

初四日陰未雨　午過新喻縣在水北臨岸城垣頹壞無女墻門城內亦荒廢南門
外水上一浮橋寺廢往府城外浮橋正等惟無山耳烟水茫白長堤橫亘頗有
采致過此十餘里岸上遙望見土山岡陵阜水田曲為折皆白堊陵陷
舟人云石灰下水市口上去雖為水漲煙者為至此如為大舟運至樟樹也

任峻蘇則杜畿子恕鄭渾倉慈傳

魏之屯田始于此，因而其議建于棗祗，實由韓浩之首。昔之蕭何守關中，寇恂守河內，皆以轉運軍食功冠當時，此公專祗蓄積，有利于世，宜其異此，並以為實，當立傳而附以峻，及韓浩等之田議焉。

張既等救蘇則，謀急擊之，因兵盛平定外敵，鄭渾遊擊之宜，遂內無攀私擊之，宜專進擊，蓋實為勝，遂甫敗也，素宜別為考慮，且為之審計利害，甫敗則必不困，但宜分與覺，援遲速之分，只蓋有一定也。

杜畿諫止討吳國之事，至仁人之言，其利溥哉。然其其事之所有以濟之道，學事宜

杜畿擇選之，仁者必有勇，宜其不任

杜恕上疏求安民豐財，務本節用，此言至于當時不資將驕奢風之陽，夫積亂之餘，武人爲吏，皆尚祿苟取，清靜之士，莫不爲幸，儒學固因循爲務，然業累業來報為例，創戰民窮，不綏亂端，自以爲是，雖武節高乎往古，欲以優乎天下，欲以撥亂，百何由，夫性道者自善之，不遑以安民之術，長主之心為摩，主私臣寵，官徇利，苟無成道意，此誠有識之所流涕也。觀然之高識自論，實足以箴蜀時，而無後世其有所来

夫者不敢如郭假兵而后請尋將則其是將來同也躍場有備之秋攤兵諸臣雖

其是從内甚者權操有加于城有司本手執命莫敢誰何蓋由于主兵者不嫌召

寺情容兵阨糧其力從怵其疑也使令那欺有自皆自主我備四境之不去異門以

委之專任諸將者當爲何利便不受勝程攻守責分内外任異其所言之所不

此前將以諸氏人安耕作此之收犯也起靈通材難求農戰不可並舉雖然並立

兵之用不可廢也古人安不忘危存不忘亡雖平訓之世而修武備教戰農隙

耕斂無阨況昭世兵農爲事分者半始然之言欲以諷切正深格君心之非言甚美

矣若夫措之宜於來者也

起又論告課事一疏嗚呼執廷諸臣之尸位素餐何啻視其自樣不如隸君卑下其

君臣之間相視如國人久矣局又自恃其明矜于獨斷所願諸臣容默因而其

臣亦一閑其疑膺徒為俛権以為固為拖委寵資位作偽自湛不確隨之為

福延乎嬰嬌豈不能夫上之情下下之事上交濟其美啻識使拖之代

之治世以布政于天下而無難意以行之是爲一端之法耶

循者耶

若其讀錢華王三人付之以款所之立魏為外辨龍窗然上以轄其名以鎮君卑其

士耳於西所置事甚之識而二人亦惟以鈞弋爲位于首之立安民本家備但也今

觀此種議論為盡信矣使小臣督察大臣大臣之心庶可盡忠以保其平日之寵祿有不足以易人之誠哉其過甚上不可責之語臣也惜一臣之所欲朝廷為不肖是之由奏其故然羣下衡石程書之[redacted]也忍專己專精之君為不甚寬以為見所為不正者人君知此可以免矣

燉煌大族田地有餘而小民無立錐之土倉慈為守皆隨口割賦稍稍使畢其本直 按司馬朗欲以時亂民棄業田無主之時為之均劃 未能大亂之後天下必有獨秀者以此往相附乃可行耳

張遼樂進于禁張郃徐晃傳

操征張魯與薛悌教言賊至乃發詳其事殊寓深意往日為詭秘伏耳以操之敢姦奪朱靈之兵宜不難矣然必擇忠健以往為可[redacted]無疲其於武人難馭也禁能[redacted]告其守臣其死可也博其真心為廣之家也外托長厚[redacted]內行忍鷙忍之所以為至也[redacted]

二李典通臧霸文聘呂虔許褚典韋二龐淯惪閻溫傳

消其事功于魏書傳之特以甄妃記耳然曹丕竊也
二李以下至歷徒合爲之也許世之親將不爾于外來者比歷消闔陛其事功于魏紀
之亦紀

任城彰　陳植　蕭熊　王傳

植疏犬馬之誠云云一往撫況痛乃亦其辭之戇達其文所以為美三疏皆其要歸
四承祚載之者以植文采不可沒且足為時過擲藩國之甚
陳審舉疏曰武皇帝行師用兵之要不必取孫吳而闇與之合審乎云病因在方略在乎
不在讀其人兵法實甚難曰運用之妙存乎一心三往一數何用脈知植於此知
兵矣
又下文陳同族異姓之疎戚又謂痛哭流涕之謬蓋植爲識絕世且痛親
者觀情國祚之存長已知之矣其時魏之上下離心貳徒執政權為有慮真同
姓之臣為平扇下劣司馬氏為從曰為人心向往中朝文武其有爲此以爲世之收羅臣
福國其機有可先見者植惟知之故其言之痛切如是也非知者不能用為要任
于魏以臨呼為亦能之為周親之數之自孫為題宗之實當否之世言賊之也

初五日庚申晴　晨起推窗見兩岸皆有山雖土因石甚高而有林有石斑
縈迴其世間　午後過鍾山渡分宜東大山也　高峰參差倚面水上去樹成
林溪流湍湧從入山峽嶙峰雖曲不見來處上下幾經景狀極似峽中
七里瀧惜收不及見之清年不二里出峽口後有平山異常往逕則到
分宜縣郭山西其郭南即所謂鈐山閣也縣郭山城高不過八尺郭中民居皆
參差異常又有女墻為郭門城高大特詩曹無見城中田蘭溪後縣以此
省廣饒為屬邑皆如此城也郭嶮之雖不知其制以防也郭前有大石橋十九工
甚偉壯倚為龍看溪劍　下午後乃巖舊金臺鋪是日所歷皆佳境
吾常言好游不必入山但道路已勝就名境不必至其處經路已勝今游者必悉之
訪客往墓石乃往一見而返問所步見之佳否不知也矣若為相賞乎哉
所忽流連于人所不知之地好小勝也有道存焉是好游國以來之言

武文世王公傳　豐愍王昂　相殤王鑠　鄧哀王沖　彭城王據　燕王宇（陳留王父）　沛穆王林　中山恭王袞
濟陽懷王玹　陳留恭王峻　范陽閔王矩　趙王幹　臨邑殤公子上　楚王彪　剛殤公子勤
穀城殤公子乘　郿戴公子整　靈殤公子京　樊安公均　廣宗殤公子棘　東平靈王徽
樂陵王茂

冏所以任藩王守以濟朝守藩固辭海宇之心非徒慕名位也自度不足以扶魏室之
傾耳方其時司馬氏雖未專朝政然已盛設曰若國有大事倚之以為重寄歸
為親屬素所信任一旦出而東國之政加乎其上如之為所困必矣夫曹爽務虛世
之風侶名位謀之不臧猶未甚其病而國以毀況宰之抱空名素綾邪且魏之猶
閣黨親羅姻凝寶扶翼疑以為有立之朝撥其強臣猶不可逃矧宅在側邪
其時魏之外戚能無被而實已成之情壓之不仁之疾此書闕之論所以傷樹之不早
也

文

贊哀王協　北海悼王蕤　東武陽懷王鑒　東海定王霖（高貴鄉公父）　元城哀王禮
邯鄲懷王邕　清河悼王貢　廣平哀王儼

讀曹冏論不獨計知深閎且此文筆義皆美

王粲（吳質見粲等輯七子）

徐幹　陳琳　阮瑀　應瑒　劉楨　邯鄲淳　繁欽　路粹（殺孔融）　丁儀　丁廙　楊脩　荀緯　應璩　應貞　阮籍　嵇康　亦桓威

衛覬

潘勖　王象

二劉

廙　劭

繆襲　仲長統　蘇林　韋誕　孫該　夏侯惠　杜摯

傅嘏傳

至于與諸事，文字之美，情致斐然，世所痛歎，遂將其柱

劉廙諫操罷兵，操答之曰：非但君當知臣，臣亦當知君。今欲使吾坐行西伯之德，恐非其人也。按操以權力勝天下，一日離我，即群士解體，廙之不達事情，操改之一句，殊快乃爾。

傅嘏難劉劭考課，作論大略同於杜畿，所見為韙，意脈不必載也。

王粲和武則以三王之業，未顯露，朝為禁錮之事，所以使之。傅嘏曰可為以見人當其時附勢以邀其立，伐殊有人君不論其好，則是唐比之也。二劉著作魏朝，因其事功以附之而已。

桓階　二陳（群 子泰）　徐宣　衛臻　盧毓傳

階為張羨謀叛劉表，世稱操知人而表不知也，此語不宜。

天下已去魏矣，能揚聖美，似異陳群。臻所以不為附和者，謀臣微節不必見，然時主遠原不以見異，亦直以立名，故為正色不撓耳。

毓論選舉曰：選舉莫取有名，名如畫地作餅，不可啖也。理自名實有識，然為矯枉過正

実能否以循名考實為職但當有以體其所云云然也耶
全局皆在 惟陳君父子宜出此局 陳君華款王孫一流人 秦有本事功實所能
非陳此等機括之臣也
初八日 半陰晴 早至邑山泊舟賈客過稅 既泊後即登岸眺望 兩山來流如昨 從鍾
山勢無只回折 泊舟如星在二山間五十餘丈 蒐櫓欄東望 會宜山明翠欲透
如一荳張瑤屏 近所橋樹森然 中國[redacted]盡也 水南有祠祀女神 有碑記不的道
舟閉 北七山有石洞深十里 不可[redacted]為怪 石刻 舟行出邑山峽 漸至黃陵洞 不出
水上邑峽即平曠 此有有山不來流矣 所宜小邑為左右二峽來其水道秀異
獨出清流 韻喻嗜不羨也 是日舟口漸甚所由斷非為尺許 為土民植木作高水墩 耕潦田作
從吾苦過灘之概 如見[redacted]攔截[redacted]水道 殊不至丈 墨其民之專利為善川旋[redacted]今照六
[redacted]右禁限將復過甚[redacted] 灘中頭亭舟 所行里許 即逆流 今[redacted]川難相亞不能自
不求安 此方人強勤耐勞 無若經灘之綜緒[redacted] 常人川 難灘水[redacted]日不
覺其矣 午過江山 順風助帆 下午 夜泊舟於沙壞

和洽常林楊俊杜襲趙儼裴潛傳

崔毛爲政儉素過中洽言其教觀俗貴處中庸激詭之行則容隱僞此言近乎
知道矣且天下之事不獨儉德也自以儉以己律人不問雅俗之過差不計人情之
堪否一切裁制於是莫不矯(?)者矯名厲節隨世予奪務相修立者自
推抑以附大義間世所以好爲矯僞不知者世皆悅之之謂之達者獨見之謂之
僞嗚呼此豈通人之所以謂哉
王匡起兵討董卓而因民罪負責錢物贖欲舉義兵之目因于鑑殘所以成功
君子猶不愚遂避世隱耶
常林率宗族保陳延壁六十餘日以一壁而抗暴師非其才略足稱亦見亂世
根此可以自全耳
丕天資剛猶傲徵過怪不見原從處之之除乎楊俊爲人父子之間之心豈不爲
於後之寬和飽初可有問爾
杜襲處己操立擧之和洽之之夫丈夫事君當以事業德業見知飾文詞
炫情悅之言居飾其何異人主之方俳優視之而猶以見親爲欣莫不出之

議言不能服矣。嗟乎,士習至此,國不如無賢人,雖欲以法禁,足長矣。

裴潛言謂雄曰:宜寬以施,德施以懷之,以法,此論爭所由生也。大抵不獨關東之淵虞是也。當[redacted]以民擾屬當為讀書之一。

韓暨 崔林 高柔 孫禮 王觀傳

暨年八十乃爲司徒,魏之三司必選篤老之臣,或模稜兩可者,乃爲宜耳。蓋時君務于獨斷,不信臣下,[redacted]又惡好賢之名,故寧用推位以爲優賢尊老之地,而樞務重務,一切以付中書監令,劉放、孫資已握魏政,移歸此二人者,由此之故歟。

崔林爲幽州[redacted]以忤吳質,以不事上司,遭左遷。林不肯屈節,孫臣是以知其模範矣。殺一儆以戒數百,勿思于邊事,而忍以此膺官,郡爲下位,不離乎上,民不可得而治矣。君子立身行己,但不爲阿諛媚耳,其尋常之禮節何傷。

劉劭作考課,林駁議之。此一事杜恕言之備,故引二言,林乃再言之,其首當國乃知魏朝台司普尚腴而好爲虛文,有識者所必不屑也。

時爲司空,崔林議孔子奉祀一節,宜移至言不足以開宗之。

黃初宮掖謗律之語及叛未年司徒吏解弘事，嘗像惡罷帝其崇其是
皆以為非過不甚也，故輕率出是非帝者之度矣
然其常言考課之意在朝臣之不任矣，及為司空，未能有所述以勞也，至其當指言
三公可見任職強矣，及為司空，因往太尉，經歷二主之際，不能有所補救輔助
宣帝處以使姚其所直以杜式為司直，司馬氏之僭及不，蓋在下係以言事憚
遜至於禍亂之興，尤其權可以禁遏，不能不默以從人也。嘗採以寧日，蓋遂甚僭權
如魏制保防輔臣，不名知其所以自辭，如之宗法制之不善，其以責之君子下矣
耶？抑無傳魏士為屋以晉之勝人，介乎一以見二代相嬗易之速，一以見魏其何以依
可哀也

辛毗楊阜高堂隆傳

隆答凌霄闕鵲巢之問，直言宮室未成，將有他姓制御之。隆雖直臣，不宜遽
隱而言至此。蓋其時魏朝不臣之迹已有昭著，有識之士已睹禍之形，明者見患
於萌芽之無形，隆遂遺疏，蓋曰宜防鷹揚之臣於蕭牆之內，本後之驗不假
卜筮而識之，是可以為知不知者乎

隆勸崇禮樂疏于是乎失之言矣夫制禮作樂必聖人在天子之位乃可有其

位世其位不能作也且其財與時勢郭適騎于上臣士諂于下不務徒為典禮之偽盡遷莫

之蘇言雖日夜進勸之論誨以民生不易禍至無日猶是其心之淫侈佛而自焉而乃

革之以無文飾之以奪雅但且修日益而後定之也時以備饗會之禮也是以

好田獵也時以校獵獵之也是知欲償之食為挖其亢半夫儒者必

有達疏之失此則隆是之論不能為其謂於不可據矣

隆極諫疏切至之甚獄身其志心亦不懼也終其已有之恨尤以為腐儒之論

答之可以得者不足短耳嗟乎孰為腐儒之言善是之聽耶

滿寵田豫牽招郭淮傳

滿寵遷合肥新城以賊勢甚盛合肥城郭近水所以為險但易守也使賊去于母

裹則我陸為易但固矣故宜從城使賊失利 夫地有定形兵無定勢此寵

可謂之審下戰

豫設伏以敗小敵安得移按其地已分為攻則審所畏地形有一定之勢 牽豫

何從知之[illegible]其北勤為好問不能矣

孫權攻新城滿寵欲拔移之據險 蓋客兵恒利戰 主兵恒利守 此豈不
易之法哉 攻守勢殊主兵自應見易耳 至客兵則不得不遠取之大抵為攻不如野
戰之易為矣
凡民不習戰者為最患 不可專(?)團防圍防必收鄉勇在(?)團門教民戰陣先以為根
為勝兵以作民之氣得其道矣
湖南相通千百里不為遠其稱從來習不以為事既事團則已廢恒以為苦難
至地形不習或務險陵不明等擬之料鮮罕通曉其已事也

初七日壬戌 雨（辰刻過下塘有山峰峭拔突如甚亂(?)詢舟人不知其名據云在郡東北郡所也）午刻到嘉府泊北關外冒雨到城中一行市肆完整次于首舍(?)
垣高固及北門外橋上石書皆錢在(?)所修也賊五年十一月初二日至此六年十一
月初二日退熱(?)燬一年亦可怪 學宮在城北門外橋下已修整城中有山樹木
蔚然 又城外華石崖為名勝地皆不及游 下午開行 [illegible]夜泊水宅

徐邈胡質二王昶基傳

臣松之以邈爲司空固辭不受。魏制三公無權，故自鍾繇以下不能有所裨益。此自制度上立論，而不能考諸實也。然獨不可辭位不居乎？始文不負素心者，要以徐邈爲最善也

一篇末言人之立身條亦有常節，固史之所能言之

晉陽秋載質子威事，威之賢以備載同之之。按質爲征東將軍，貴爲方伯矣。傳所載所以謂之自稱，自稱一匹，猶爲嫌疑，亦不信其父至于如此耶。夫性思達人情之本，有聖人作，屏諸廢流，不待問矣

王昶爲子作名，皆依謙實之義，按古人作名不由一義，然是以此論爲通，其父則仿馬文淵之作，故義章等不足法之

景元二年司馬昭欲伐吳，王基曰嘉平以來屢有內難，當今之務在于鎮安社稷，撫寧百姓，未宜動眾以求外利。昭報書。按是與之言爲吾謀不臣之事平矣。魏之二主之廢，朝士不能有所匡救，而天下之心未嘗忘魏也。年也，晉師三世，帝任手握大權，肆以鎮之，不敢動耳。使務外利，少費兵則不能周身，貴則遺人以權，外利不可得，而近則害耳。故甚言上下

昭隱之盡瑟之已情，其說也

王凌毌丘儉諸葛誕鄧艾鍾會傳

或曰凌儉誕忠魏之臣也曰不然也凌之時司馬氏之逆節即昭著已可觀之然爲未顯也齊王在位十餘年聰睿無失德而師首創廢立之議是爲王家謀廢帝邪帝嘉擬欲立劉寔其志皆以[illegible]京朝安遠自度不能奪立内者爭乎思易者何要挾以令天下耳其有忠臣舉事先廢君王者乎至于儉誕皆自以爲重任虛寄耳豈不知司馬所窺圖背拔爲已使儉誕爲忠魏者乎卷臣以忠國雖奈何徘徊猶遲坐城自守豈非首鼠之見欲待其機耶使誕爲忠則當戰于臨陣之日從中而起則司馬氏之要領可得而還至于此其誅之除且儉三敗誕與司馬氏效爲其志尤不足論也故此三人者律末之喜名好之業也之立限國者也蜀爲兵之害其道所阻進退以遠遏有所底也中原失鹿千古之一時以爲有勢也諸葛等皆思有司馬氏篡者也於魏何與哉

鄧艾淮南屯田論所載收納之實之數每屯兵一人定一百二十五斛給費今三十七石餘每人每年食廿斛約其實今十八石計每日食五升按漢趙充國屯田奏于其數每人每日食粟四升六七合魏時量器與漢制大異同始其數與此異因

司馬師死魏詔以兵屬傅嘏率之還都而使昭屯許昌（鍾會與嘏謀嘏明率兵俱還）撥之臣握權於魏因師死遂欲罷昭之兵權不料從之之臣如鍾會等皆其死黨望昭即置樞室

而欲使嫪毐照其句丹之計之誅也
深乎哉所謂行為此傳之言也夫王誅等世歸為許之忠臣者也今則皆以逆爲
說之者也然則何以令之承祚曾且尺平其微而知忠者不必為忠逆者不必為逆皆以
自為也也夫誅等之忠逆者言之而智者不言也若今者許于魏而為晉何為而許
于魏而自為哉若前桃人之妻者長者以言之少者居之及其夫死而娶之則取長者
曰在我欲其以言人也夫在人則欲我為在我則以言人者國不可並矣而今為堯為許取
人道曰許謂承祚之言曰今為事之心旅日而移岳而濤等內其辭亦同以夫私臣
之言不足信而世主為為徒而察詐也曰然則史未詳反以為合之曰史之所為亂
之所由也騎而自擅喻之不得其罪曰為負臣哉此又將而迫者之義也

初八日癸亥　雨　是晨發舟沿黃土坡距昨泊處三十里是日所經灘甚多而舟行甚
若船所載閩中寶乾固棒樹皮芦菜每包而以一文郭共五十餘包錢五十千
文吾在其船每等不四千文此為不常有之善價餘船載者二三百文而已極為人
事每甚諒無中每人計之自新舍以上即須雇短縴送至某處一兩人共八分
文供飲食無素此短縴不用而另僱駁船每僱一包[redacted]千文每過一灘
本船高駛船夫拜力為率挽舟相將尾而上其用力甚巨翔而減因船價甚大短縴

夫傭所食千三四百文，貯所錢二千餘文，實所得六千文而已。使其龍(?)罷且時
折閱無民生之銀(?)，如厥其業，能食燦(?)，衣被不充，所謂鍾(?)耶？過甚，加以東西岸
皆青山，山皆無煤炭之材，甚多十月(值)文錢，其苦勝饒廣。見其地以無煤炭
窮其傭，但以耳(跳)從目中，皆無魚水，急為下嗜，在望以游泳，亦所有也。民食魚，皆
池中畜自入喜江，無東至喜郡市中，乃見有鮮魚，鯉鱒等，蓋只見鱗
為會年大肉皆甚貴，至斤(?)止二十体錢一日耳

方伎傳　華佗　杜夔(三日(?)律)　朱建平(相)　周宣(占夢)　管輅
稱其學世廣，乃陰賊相爭干外，藏象龍者必無陽也，泪任者魏亡，今吾學人尋之難也
說尋李延病云外實者，外無其元而內有邪，故從內實為是
李傍年妻之病，去之無有死胎，為日在腹為不潰，蓋此妄
敘管輅事，連為冥驗，此何理，無乃嘆之，豈可厭之，為文人好奇，蓋自然如此耶

烏丸鮮卑東夷傳　魏志注(?)
馬韓有(大)木縣鈴鼓事鬼神，今之立竿祭天亦此
魏略載大秦國甚可考證，今之東夷

蜀書劉二牧傳 焉 子璋

璋之守國而不守，故劉禪亦亡國之，不獨相、應之速且此分寸不爽也

先主傳

備得操表爲左將軍，出則同輿，坐則同席，其禮可謂隆矣，而備心中不少動也。夫豈不知其志有不存焉。凡人求人之知之禮，若者皆求人者也；不求人之知之禮者，皆使人者也。于事濟耶，雖辱之而不恥；于事不濟耶，雖尊之爲公卿，其所以見畏于操者亦惟此爲已。不然若備者，從軍之始也，所爲輒皆取者，何異人之有。蓋志者本也，才者力也。志苟識焉，才力或不副，雖然，未有不成者也。故君子惟辨己之志，而其趣向爲識焉。帝王聖賢豈異人哉。

備之去荊州，一任義之也。不忍負表而奪其地，不忍棄群衆而自爲謀，懿乎備之所以得有土者人也。其世者使備負義以取荊州，荊州怵于操之賊，不足寸圖存也。使備今任爲棄民衆，操方追騎，而惟備是求，不可以苟免也。然猶指美名以就其利，此所以爲者所不爲也。君子固危急之分，有忘利害以取至和，所仁而以將聽之于天者，其智也。盡智也，有識焉，以其至也

十九年既得蜀以諸葛亮為股肱云云所稱于此等處皆無補備之失謂之備
備才術不若操并不在權為志則勝志者心之所仰慕也國欲有成不以劉宗自為且
為事此其所以勝也志大則凡所由出于正道者為機猶小弱任守禮義以崇王服御
四十餘年權臣更立異權改為莫或覬覦之者有正道者以正報由樹桃李為無生望
也不能覬覦之制防臣下不以用備為皓寡慶不能嗟乎此如一旦夕之事也是故則
備猶不許一天下何也且備之志美矣而量不廓于操算也何以知之于王謂早知之
方備之殘時也其主已授宗祐托備而詐托稱帝室之世先稱王自為訛有累已也
後帝亦臣下以不識其權術國為帝自尊亦臣下以不慶不誠則下慶其忠不慶則下殆其力
無息之構築營壘之作蘭池有所為力蘭然思息下之人皆曰此是吾君於弟書切之曰
為北所臨是地之秋矣上下交急為欲以擅掌天下豈可得哉是備之志非自劃也生平
辛苦艱難至此為借駒為以從孫也故天之欲以三國為使三人之器畢等且才不足者死
之以勞于以役之勞猶勞力敵善半徑學林之言曰才醜往往分則三國五代其思之為知史者
之謬也

後主傳

二年息民三年南征五年北伐以上五年為備傳此篇實諸葛亮傳也故書其蹤

畫無自內而外者，耳有像教，微言史能知究者，而世以為不高，慎哉
史之稱任賢也，循理盡其智，闔其蓋也，稱之為人主之所以任者，所以為盡(?)
亦人之奉之，如無事然，而亦世所罕有，世以寵其英賢，能稱之不任事，過之甚，以任諸葛
則稱之亦不任矣。法也，然天生管、蔡，姦炎祚之亡，非人力也，然猶以為不陷，扼腕有
餘恨，如蜀不足也

記九日甲子陰（三字衍）微有日色　辰刻到瓜村小泊，下午到張家坊又泊，夜深駁船，復泊楊坑
表江自今宜以上，水轉闊，灘多而高，險灘上下轉，凡許，水駛而急，故甚如是
溪而二十里，必三四日方到也

二主妃子傳　甘皇后　吳皇后（二作后）　先主子永　理　後主子璿

諸葛亮傳　子喬　子瞻　董厥　樊建

循按：亮草廬中為言，真英傑相與之言，異哉
凡事能危難其身者，皆由于事；凡能安危其身者，莫大于謀。蜀之于劉
備封之謀已矣。然有為謀異事，然而遠矣，使其過其能之後，必致之以謀其事
以誑然使事集而速者，了大節，舒然者不可以為人臣，受封者不可以為人子

甚有君子之[illegible]人以德若是者本於夫君子之為人謀也本由道而不以他為累矣夫
以為耳目爵者必小人之徒矣
魏殺后母后辭先生而去嗟乎三國之世能不失其心者其惟后乎夫君臣之間
守于奉職分也義也知有情焉則人主以國士遇我而以身死之所以報之此義出于
情而篤要于歸事之節然母子之親得于天倫之秋其為毛離裡之義無論乎死性也
恩紀我以身于父母長育教誨于父母于君之貴我富我知我用我其恩孰大此不待智
者而決也而惑者曰君為人主人為人臣以為有不者不以恩父母嗚呼使何世肥衣祿
而廢倫犯此一言足矣夫惑者人君之寵也然而仍有者寵之所而其致于一時而忘節
然而保白則其心本以安利祿而已安有貴其親而能忠者哉吾實觀人之奉人主
不可不察也
蓋其親而權議（拒諫）若詐之甚矣然而昭[illegible]之微也自富以之于大[illegible]于強服而匡之可也怨以自
吾肯上之可也二者皆足以蹈禍怯者病端者鮮不發焉方是時劉主之利于權位者恐
也然而人無有志不可勉強也而陰利寵而寅之自寵[illegible]所惡附以邀之其實說之
也夫為人謀則易使人為己謀則難善哉辭令之妙矣又不背于正道非其自知其不然也
指之之不可以其使其而無效靈詞第之于魏知己也方自知第之于其矣欲也夫第之勝欲方寔
對照而陳者而以寧心國之任其孫之不特也

備兵收累出世一寸之土方自托于孫吳以抗曹氏乃其後者之言曰鼎足之形已
定向之所益土不預知故為言者不懲詭者不怪以備之志是素定於也畢要寺以
之以與敵論人者矣

予沖所述蓋本桃末必其後要其伐不足之遠矣嗟輕嗟重耳蓋以蜀為蔽於東勢
必然觀其言曰吾儕之以法之目則知恩陷之以爵之加則知榮此四語宜沖能道耶

備臨終託孤之言曰如其不才君可自取此實以生平貴志不遂中道而死自殺以翻
蓋亮不足伊呂之志於舉國付之乎亮以討賊之事屬之任之事輕也人之將死
其言也善推原此心雖竟霸四天下安得為之已而或疑其有權一任而陶之甚耶

葛公破南事為不量度不為兵家之最南者也荒陬不毛之地何為親務之不足以為屠
使其得志中原那把此頭顱耳不得志耶有此亦何益於帷幄事寧人以得盡力于北
伐為之甚耳

昔人讀出師表未嘗不悲動于心忠愛之言千載之下猶使人如此
然出師表陳說甚通徹其為文之密不疑葛公所為且中有殿不與任李嚴為侯
之言欲于自文其謬之故葛公不宜有此或當有是以為為張儼默記有所增益耶
葛公以身將出奔者其矣自術亭之敗未嘗有大才之失而寵以表信之於勢有如一葛
之畢不破軍殺將如是自外鍾動之則此如孫吳之將則當入人之強若既定之在

陳和孫為奚所忌抑何哉勢為之耶然桓公節制之師豈以逸矣史之言治

為長子謀為短夫子謀者固公之不屑道者也

三國時中原之大抵屢無節有身為方將者子不食不探者當亦有田桑之業以不足為矣然千載之下論史之言論史之事有不覺仰而長嘆者何哉其事有想也

閱羽張飛馬超趙雲黃忠傳

羽敬事尊重操欽劉主玄德之心向一切不顧萬千散候千載之下猶想見其而為之感動

循先以郭攸諸葛亮以下全家若干自言將郭脫國所以之貨財以助之而上欲為君平下而有莫與其所以為之要盛世備之先蜀以為敗許七年而後極之矣然猶有全節以重將佐則其時矣不變物士卒也夫論歎而服不惟上古人因精于節之謂仍善者勤體而達矣

初十日乙丑大雨便川十餘里出壩灣阻雨不能行水大沒岸上撐纜也泊黃石陽岸有山山下有樹雨中望見足舒游興

龐統法正傳

凡士欲自樹立，不自不思以勝于人；思以勝于人，不得不覺因而伐異，由是門戶分

分爭攻擊，進而相怪，怪務有若冰炭，大者爭地奪國，小者辯是列非，而於不渝

雖恐世情世執之之國，豈不甚哉。然而自明者，觀之世未嘗以自為耳。夫人無人

同心不同[illegible]所持則一，如此必忌而後必暴，利在則然也。統、翊、循聞蜀而備，曰[illegible]君子曹

氏無本相友，今不可以小故失信義于天下，以觀循此之實由其謀，雖其心豈一日忘循

哉　追主擊而閒空師，獨克循之業矣，空曰寄於名，不可以告人也，使隱阮辟而飾偽

畫忘，遂不覺其假聽[illegible]出之于處，處於是挽而起而文飾之，三國君臣稱以蜀為正臣

矣，上下相蒙，粗若是。三代聖王行一不義，殺一不辜而得天下有所不為，是亦不為也，其功業

終然之于萬世，豈必謂為仲哉。奈定得此世之不閒此如

循尚由是遂因偉、鄭度說辭之，此亦明陸陸後聽也

循因以都許靖將降，而人臣而死，其本上也，或以為義不篤，因以堅死城而後降

難不晚也。大李得免於禍相阻，此豈主君臣子之閒哉

觀夫此評云云，則知其所異於仰恃論著，不為已于[illegible]亦有悔辭于統，亦疑信之言也

又觀其以統方荀彧，則以彧不若統，答問以矣，茲觀其以正方程郭，而曰不以德素稱

則魏待今之言又可知矣

許靖 麋竺 弟芳 孫乾 簡雍 伊籍 秦宓 傳

當備用兵馬可用以為御寇之師則為不可以蒞民者 許靖是也 麋竺弟芳簡

伊之譚之士可以資宴齋樂安有才華麋可不成為事即就其子孫為備亦枝

寓不如大方家數以邦重人倚哉

董和 劉巴 馬良 弟謖 陳震 董允 陳祗 黃皓附 呂乂 傳 關陳祗以下

世有多參謀議之用而不可任以獨斷者言之者則二者固不同也若謖者參才帷幄當不

足乘萬為任事即攻用違其才也度其所以專任于謖者蓋以魏延吳壹等舊將

驕亢不可控以法度貪用新進以親擇御耳而不知其反以違令致用人之難不

不陀甚哉

允嚴斷諫而接對士 即此亦修可致為官府之敵卒鮮 者將主闇雖多郵 柳允寵陸

儁為才少也

而謂人誘陳儁才少以知諸葛之用人為得正道 夫使蜀不足者 天也 為因權譎之

士豈足以改易天命哉 適似長亂而已

劉封孟達附 彭羕 廖立 李嚴 劉琰 魏延 楊儀傳

蓋羕志廣大，蓋以為主而屢蓋於手冗從事而人上者，因所以其下皆以謹於守節者為貴，為歷高祀之後，出身奉君子思，所以自處，且掉遂以曉理之者也。降末凌遲，士風不尊，尚蓬法為部曲，效檔權用人，皆為一時之敵，不拘小節宽世進取，故相輔克為不牙是也。蓋亦是出于臣不固因為事臣之計，故為世之利，理則自異。往為其國，惟才以任，所擇從己，蓋小損哉。而其後不得已而用魏延、楊儀之徒，此皆公之素志，其曰如何邪？記其廢，所以任至任為謀為易，謂之厚年挖李嚴為奇意，方布私非，未由左右，支右抱負家新，欲強拼之業之使，噫，亦可傷矣

霍峻子弋 王連 向朗 張裔 楊洪 費詩傳

官蜀世能，就分秩位而不殺，蜀為有之。如王連之司鹽，蜀公之路也。張裔材器精文，出自憺不解，陽遏即信，遂莫則據自武昌王永安逆流之千餘里，允見多日，哉且時蜀吳和好，權既許遣，全又收追此允來窮也。循即為任，詩以為不可，其言誠不當於蜀容之

此篇皆自道之，今而所喜見不日靈峰主達揚州政事之良而許女學之士賢
詩言經之科，惟非簡册獨樹自我，雖不累數子也

十一月丙寅陰　晨到宣風，有佛寺居安水上，大山書寄靈在其上，烟波下問
榔者不知也。宣風市去寺居二里許，聚落稠密，下半村落廬不盡年
可復仍寫舟内

杜微　周羣　杜瓊　許慈　孟光　來敏　尹默　李譔　譙周　郤正傳

周羣楊附

禍福自知而死而不知所以死者，周羣為

此鄙其殷，譙之也

譙周論周羣之言為論兩主之存亡，識君子立身以道，當求于理之外，而譙周不
問其大功所在，父之聖而以羣之言為人所也，夫蜀之才之美，實不足以當之，
不可與之語其後已妻能貴於君子，不得不喜也，周而為隱居自善，不受人之言，
信如杜微之君子可矣，立乎人之朝而能有所論之見，其如李康之奴
謀子而己宰以聯人之國，撫其道以亂政者，數以教，保其身自己之城為有此
之以見矣

荒僻之地而有此風迴遠之區如當時學者秦宓文儀蜀中精英今
文好名之士如默者周以爲不特于知當時風俗而自此書存矣
譙周之於蜀君策勸于魏翔其首不至郤正下也貶及二者以其之使周生前
以其所自解其上疏真作人主禪讓之節有張松後有譙周蜀之存
仰爲君以此毀以此德那之爲謂也
當昏君之朝於後患爲者發難而以郤正爲不遇矣及其後稱爲臣節者
固罕比邪

黃權李恢呂凱馬忠王平張嶷傳

蔣琬費禕姜維

蜀之諸臣能兼機權幹略三才爲當任者法正之士得諸葛亮陳王業竟
惟蔣費如其時之才相救于以知諸葛之規模遠矣姜維寄孤報國
盡國內其人遠不知其所設其志見之心至死不改如諸葛之救皆以至此至
于其所事以又爲許其所難蓋不可責矣

鄧芝張翼（彥修作）宗預楊戲傳 蜀書程

芝對如權云云所謂修辭立誠也 校乎、、

楊

史家欲以正統論蜀而雜于為書特于蜀中屢篇取楊戲贊辭以著一時

（相府）圖臣之才隱然如一之紀焉

蔣公之後極有素質遊之詩雜於手為之矣

十二日丁卯 舊曆二月 晨赴陸姓韓姓寓 偕同步自古樹橋上望山二大峯並出東南 上高峻異 道中所見 南者名大丈山 東者名武功山 其峯高者曰三峽峰 袁吉二府之望也 過橋入關市 市繁可與袁郡相亞 下午 館人導余游 市肆喧甫過

十三日戊辰晴 晨起即收拾 後過山境 長為安坐甚適 望西南則遶山之中是也 一平圓 下午 ……

一舟約明早　日中可抵巴爲商賈往來之地民居甚有村由是者焉
江時有賈于楚之者亦往來是經自贛踰嶺江水道不通貨悉蒼五峯烟色
一出望大頂野一房屋僅來驛路道居民供食飲待客者于憲驛爲客者皆歸
其子捧蔬菜途中山上皆植茶子樹叢像數株參以前種出卽倒了
種松苗經萍鄉山甚多有楊岐山相傳楊朱泣岐之處

十四日巳正食飯欲夜如雨　晨發入府之南門因到城內觀城垣新整市肆殷集
不覺其爲遭戎亂也　午間舟行下灘水急　有喜江田僅晚行五十餘里將抵
湘東未泉而向此水名淥江發源萍鄉西入于湘相傳楚王得萍實卽此河也
每行是水者名倒爬子爲兩頭可行無所謂首尾上水不用槳而用篙蓋
至一灘須努力不得上諸舟壅至灘之相聚至千艘自袁饒至江及湘之灘江亦如此
其灘皆人力索水岸蘆作壩土人呼之爲壩正截河道僅留一口通往來至夏
月值發水完此爲潤壯之出開其口豈是于舟子舂水械日有之難其地
皆山嶺使其此壩奔騰頃刻可來舟亦無可同也

十五日庚午　陰雲　晨過湘東，有書云：厝金陶基鉛頂征，其半陶東征局東征。
爲者[redacted]擒寶猜帥一軍[redacted]也。楚中有擬者首級比有[redacted]使四面合圍，殲斃式六七隊，不等於湘潭，猶不滅。午過陰頭，有廟存焉。
（以市長爲名也）曰唐延楚君上也。其縣岸猶一邑，萬陶楚轄，而以其東之山爲界。方今[redacted]順江（地理今）
西之物，去江西之水（江）五十餘里，而達浮湘南水口之上，其意不可知也。晚夜到醴陵，
登岸，暮醴陵城，城有大橋甚長。

十六日辛未　晴　晨發醴陵，界牛至唐山口，自此下至灘頭，夜到淥口小泊，與長索改
且出淥口，即湘水矣。水寬狹如章貢江。月夜出，挂帆，思更聞舟人榜
歌，欸乃動乎水聲，彷彿衆興，船過横塘也。枕上誦湘水真下方罷，謂人不言此歌
若意恐不遠之。

十七日壬申　晴　晨到湘潭，登岸，市肆甚繁（城外），爲江浙商賈者來會之地。所市中皆採
買音者不一二也。其市盡到城內，冷落不堪。尋訪王歐，尋曉老，家離老遠尚
一日相見殊歡，亦告述別後事。曉老初將候者接孫至識彭（果）甫　巨　翩　著

峙黃鵠議遁黜 晚老言其友劉君子迎幽鄉湘鄉獄事院在首垣云是豪

下榻晚老處 湘潭獄城西四年三月至沼平城讀日為遁其時賊從[illegible]郡南[illegible]來至[illegible]此以後 出省號應鄉

長沙為塔提督迎擊所敗於去二年賊自粵西來時其逆雲貴婦東撓桂攸擾於湘潭至于今

十八日癸酉晴 在晚老處談終日 下午彭蕭臣來述吾 先君莘毅公撰家記

德政實洽于民 至今婦孺皆知趙提院[illegible]遍于南楚曾城有專祠 在巡撫署九正街坐西朝東 又于

合為四建中丞祖祠在 其目諸官書藏吾[illegible]好多云

十九日甲戌晴 早偕晚老同晚老行城市中城墉新整市井大約不及鄉之江陰

彼杏樹等語彭君蕭臣來至訪晚老賦錢餞我同飲者唐君[illegible]單人保其弟欽人在營

半里文案亟園 庭因晚老識訪蕭臣欲不遇因覆觀女市尹姓者將艱楚西

廖哇老族弟秀園來言本月初六至初八三日[illegible]雨甚猛如儀通地有一

初九日庚雨 甚[illegible] 吉文鏤墨挂楊木[illegible]酒酌秒有一小蛇微數味旬小

庚辰雨 [illegible]孫上戲團挂成球秀園[illegible]數之不知原復祥耳 本日

又聞楚南粤接焉有群賊寶慶武岡諸州皆戒嚴云是石達開由
石達自九年巳[redacted]由桂東郴州為巳窺寶慶兹寇既伏廣西老巢[redacted]巻殺
截彼聞不得其耗多言已死此股屠議道古名亦弱者作也

二十日己亥晴陰微雨晓起族子字少儀者來邀晓起出城飯吾花寸行順訪
彭君輔臣因留傍晚飲于市中館歸過安市二故道

王夫之書經稗疏卷一

益稷鳥獸蹌蹌鳳凰來儀為獸率舞[redacted]疏曰聖人盡鳥獸之性亦性使安其自然
已無追擬其手之勞鞠舞于庭堂是物遂其性為無無怪而不得其順矣以為皆之韶容
之舞容其言雅擬勝不經而謬刻勝 四庫提要排之甚循舊說而通

日記十二　絜靜寫記

十月己亥朔日丙辰越二十一日丙子晴　下午彭君蕭臣來

王夫之書經稗疏卷一

以中江既入震澤之後下流東北入海之婁江 即今劉河口 爲中江東南入海之松江爲南江 即今黃浦江吳淞江揚灘而廣南江自池州分派之說以分江爲今運河讀漢志丹陽郡石城分江水首受江東至餘姚入海者石城即今石頭城

外江既發源於岷山而淮山之怪皆屬之洞庭史記漢書地理志似皆屬之彭蠡太湖地記載劉歆說則以言附會九水入彭蠡澤尋陽地記等則以爲明于鄂陵縣于江口又江南北之水有九世列其名鄭注則言彭蠡山錄所載其九水名或言曰治之難也似又可指一水為北九水王氏不察以爲班鄭為皆主江南北支水而實之以江之北之湖漢澤遊溪北之舉巴浠蘄利五水爲之其說殊可附叢而據不免武斷

王夫之書經稗疏卷二

樑范吳二氏義倚以爲三危在于析支西羌西河關得漢元定說以爲析支在河關西千里因以爲三危山葉于岷山西傾連脈而立横在一百餘里七百餘里鳥鼠之同山二千五三百里者本諸說在今燉煌關外廣州南地者相去三危不止千里矣世為此說者蓋以叢黑水不得南北支貫河源故稱于河源之所出而以大金沙江爲黑水也按大金沙江上源出于河源及小金

沙江源但著青海境內，潞源在東北，會沙江上源之木魯烏蘇在西，大金河上源之沙克河更在西北。論其去雅州之境四五千里，雅州界外南金河源，曷取此水？且其去積石山亦二千里，就使之逆流至積石，亦須七日路程，此水又何從入而過之耶？

二十二日丁丑　晴　下午晚，老客潘君子惠（亦中）、長沙人王君子佩來。兩君皆有學問，曉君稱之為彙部之士。督帥改章前下濟秋魚價，因每濟一石定價三千。聞袁州之萍鄉等縣民完向止二千餘，為徵收不起，又此例遂有劃一，為請緩解，而不足用，度支必難辦。或曰胡宜併行之耶？省以地為差，移法為自行其便，解望辛不能辨其為姑設也。

王夫之思問錄內外篇二卷

吾儒為學，不可不博，不博則陋，而所守者不約，不約則荒。王氏之學精微博大，昔已炳之矣。又取工技小術以為敷論之凡，本務求其異，以張皇其詞，終違為炎帝之堪輿，為問山脈，為其來去，皆其荒也。是其智而不適物

吾所學者知所聞者也

辨五帝為五行之說用為配五行之固有論五行生克乃言其參之者通故之五

賦耳此生者果出安無克者果出佛說又云先天為天地先言靈毅以聖人之法

書為之配天有先後又辨張子之言天左旋而日月[illegible]皆隨之不可通說月令（以為陰陽主為左旋而五星不可先日月出光）

何土于季夏不可有十二律為別建黃鐘之宮任其轉不能全應一月其義為圖義及

明堂之說之妄兄皆疑吹律之不能定宮商之說之者亦以識候不同吹之有清濁不

貴因爭議世說皆精乎不知其所達

議明時開中之社策以為斷不可使之出者書不如徙民之為愈夫徙民是在上則之矣若

者全宣為不識于一時或為借民或為開中皆有之保其平使有善者則之不必成

者為善何為為不善也其言開中之禁亦不利隱不動

今天下粟隱其為為苗細之課亦不少豈非言之本民人苦其事耶柳先生曰

固自喜其說之陋耶則昔乎年來五言之方矣

宋論卷十二

光宗朝朱子請定經界竿不能行論以為言周用之于天下侯國狹封此于可行

元氏之變時方里之內井目相留利病周知今則四海一王九州殊壤郡邑之方遠

雖守恆乃欲無一式以驅民力而盡在天則南北寒燠之異候在地則肥瘠高下之異勢在土則穀疏麥稗之異種在疆界則險陀疏整之異形在人民則強弱勤惰之異體質在民情則匿樸詭譎之異情此之所利於彼而病於之善政不可行之一邑一邑之善政不可行之一縣一縣之善政不可行之一省其他者所大概於民為天下國已大均矣讀此而知得地之有限不可以一概而物之不齊物之情也而為総畫一之者使之出一轍何異不殊然則均田之不可行而已也兵交之權使自為之則郡縣之天下固無強國也據其疆宇而小之則亦自然不能也若其土著為實之則利病亦見久其官守為任之則政教其不悖也其南北寒燠之宜為損之則天因計其肥瘠高下之所入而等之則地用量其疏精壯之所實為平之則穀因其險陀鋪整之所占為給之則疆界因以不齊亦之未嘗不有均也至于民情之異則表在同德陀寫以教加得地方所宜遷而均之由今之得以遍古不可也政均一之規以為萬不可也其私得其所見舉天下之法以任天下之人量民生之用以定民生之產何不可之有哉

卷十

論刑具之殘酷，仁人之言也。然自世之所以有此殘刑者，風俗不厚，而人多不思其惻隱之性，君子為殘虐之事也。之平治獄自其情則惡，務為勝事，其世又團中國言之，閭之為無憤想之，嘉無為也矣。用曰閭言曰焉，手之擲揚排而至于刑之教之世所不至，皆推此一想之，諸哉而民之驕作于筆墨口舌之下者不可勝數矣。夫然者其本刑者無用，君子性抑其情而處之事為己其憂民之情，不在于刑法之疏密也。條平其情則怨于言為為毒，是然其事而為殘刑。其之者稍殊而本于滔厚之。嗚其源本一也，善讀史，生之千古其極者人蚩矣，而為以賤之者為害，然其惡為極，其誅無以不忍。脇聽以開其事無之情者乎推此以論使之生而為民，殘忍之事其平怨之理也。不害平怨之隱而為徒求之刑罰之具，殘輕械等杖，遲鼓怨恨極之，皆不足以殘民哉。而于先王之為肉刑也，亦既憯矣，而三代不廢者，固以為祥刑之實在此，而不在彼也。

二十三日戊寅，晴。飯後游廣寧祠，有壞園樹木，出城訪王君半溪。半溪，而農先生族也。而農先生明之遺臣，革命之初，佯為懷謝，居于郊

日二兩共十二言二万年以乃可出版文字之稿不及今年半俟以利世中之略藝于甲寅之秋今何有章録之志此稿為学者所甚用也真甲半俟為後識語 吉曾謹 晚至錄之為和尚不介 下午訪尚子惠此識逅此山并偕山水竹菊竹乃謂勝偕晚至循湖以堤上寅驟涼耳名之曰雨湘為邑人游眺地 達鐘嶽門至西門邑城新葺甚堅整每門有定炮臺

二十四日己卯晴 午後同晚老訪言君竹篔庭 王君子佩來並商通省地丁八十餘万漕米十一万石從永以上之清為抵元地丁八十万之歲内[redacted]每田一畝多秋兩稅僅乃餘文以抵江浙十分不及一矣

二十五日庚辰晴 偕晚同王君子佩步出北門之外為增濼共聞其涵同城高可丈餘六七尺女墻四尺餘以足為嶮防矣

二十六日辛巳晴

宋論一

言宋祖業前素無功德為天之曲於百氏于世可付托之中而曰其根于事之良不測之神君動其惟恐為德之保世滋大嗚呼如宋此言殆非儒者之言矣天之鑒觀四方求民之莫夫前其民者固在于人而後是固其求也使人之能若天之易上帝可以神其靈動陰易人素疾則人孰不可以為君而可無固求且曲從合德之眾上帝為何不默相其意而任其殆度以兩度之謂畫天之不仁一至此哉為此說者迨于今之惡人之邪說教惑於夫儒者之言焉守約不可務為柱其從從之鋒以往而不賴于閑距不能不悉為先生惜也

宋論卷二

論太宗將虜蜀降臣以修書冊為善用人材而杜忌亡國之士以為中原安亂文字殺止戮未能使二王與華不與相父劉懷存國非論元朝入據中國

而三吳兩浙文章甲於天下此言信為之冠

西事引 義[illegible]卷二

論禹貢河水以為當時中國之土乃玉河[illegible]既安之後同僅如龍門

使昔土地津塞者知夫達萬世之疆域之休悉諸使西東被河流于積石

川猶稽蒼以入于輯綏康狀之宜夏狄憂之言之難也[illegible]石謀手

是生之弗自之也按天山南幹東入中國為隴山天山北幹行塞外

以達遼東而猶稱諸嶺河源出其間而北高西南下按河自西南不得過

而北此定擬也而此之者衛也有之其我未至其地不知地形可備論矣

獨不思河之所以注溢者以據之水千流而派以成其國耳使河

西北可以得中國北方之雄[illegible]道遠於西陲之事不能無見于北門以下之脩

天山可來五大致一脈足以護亮豫西災冀青山且先生言里不

之界以三危所稱積石之南矣何以徵貫所經之獨於南向雁門之城南北如

此其據而東西北則其驗者古置經於一經筆墨之縱橫資其武斷

延之人將以為詬病西先生之道廢矣為先生者雖不至之善于世而識之甚也

二十七日壬午陰雨 [illegible] 辭曉老赴省 住小舟名烏江子如倒扼于京 亭午

送別東下舟 曉老携稚孫送至玉湘濱始別去 舟即解纜 雨止

不輟 傍晚抵昭山泊 三詩後日 曉老一子字季陶 卒三十五年相見

其長子次子已卒 長字勁甫 有才學 工詩文 惜早下世 孫六人 長子明名慶

次仲 法名度 一年十六 一年十四 皆能作隸字 寫書分隸俱擅 可愛也

以干曉老居中 識李君　其為人穩篤 王少年御之

二十八日癸未晴 黎明到長沙南門 湘江邊 林麓山青黛在煙靄之上

進泊小西門 登岸 謁葉玉衡 賢桂階寓 洗沐竟 肅謁

先茶 謁祠瞻謁 祠在北門西街 初為楚人公建 後敕地主里左仲甫

先生 名輔 號杏莊 不遠之初以控楚蜀之險 鄭傳山延壽四千年 楚楠不禁

岸瓦屋蒼矣守祠香火王姓本地人曾在隄向屋餘生息鈔千
甚乃文不足傳耳又費苦營收拾無人先人名德將墜傷地慨痛
不能自已於祠出路遇候吳（先生）南屏敏樹岳州巴陵人楚之世家其弟惕（全蔭名請入年子平路如相識交）
曹君鏡秋（瑗湘長沙人能詩文工時藝）后遇候郭君意城（蔚仙吾少年交識　崑燾湘陰人與足）
又訪子迎于其房子迎留飽出君兄弟耕齋於房中其弟亦邀已謁送至
鄭矣返房已下午步到各處辭行直無所見視傍晚子迎來訪
吾往邀旦無歷相晤觀笑譚至三鼓邀而捉足遇君述甫吾欠歲張
君璿平（任振吳將名錫璜）閔舊至晤來晚又識其人[redacted]吳[redacted]曉春（化龍巷內住　名岱芝）蔣方亭
乃[redacted]揚卿五君[redacted]（滋路鑫）松江胡君[redacted]（鏡湖名宪韶）閔[redacted]姪已失守至御湖房倫万
其地[redacted]不堪一念

廿九日甲申晴　午間訪求甫姊平料平閣人馮夫人至中表戚拜年矣

素未識也在其處識同鄉林君祿生葆光之叔弟呂君樸新田之子陸君彥

甫彥臣之弟　下午論道子迎屋賀振霆三更方返予迎李曲猶聆表

調入川察佑軍務於此尚未晤然予過敝舊至到縣西門言致如家為人長

者至笑談之　聞保甫于十六詞到司昌旋至道帥[illegible]壽祝壽富

人全家俱在衡[illegible]山住　川中初止有煙匪知道日九年時方雲爾

上報男呈叙如窺[illegible]入川境一提猶一鼎勿往[illegible]律塔攻至遂勢猶熾

煙匪皆附和之通擾全[illegible]川所未至者寥寥未為云[illegible]是日多寄閑楚省者貴如接境之

請那處令同鄉失守　楚一省獨缺常清但有地丁者甚屬葉稅餉糧僅八十萬實

此亂由於雲南獄禁以后民田敢微為高無敢為除文夕言幾千文收極苦貧賤

安門奏減民心甚悅其實計評政體計畝收穫總算大約可得米二石五

六斗極好亦有四千文上下即西[illegible]動鄉一條[illegible]不公為民為政治名為不求實至

情理比比類是

十一月庚子朔日乙酉晴　子迎招飲偕如翰　午偕同日御吳君曉春及子迎姻陳儀（名寶桁，子迎之之子）訪同鄉陸君子融（循居於一物文先生子，年七十矣，其弟小香嗣翁先生）見其婦丈如■■論甚親，蓋呼子如外甥，而翁先生壽詩先生請子交婚，仍論世誼。其孝弟子振名傳庭，任侍讀，至今以他事罷，其人素慨於鄉人，為得其要者。時晴甫在南昌見寄書及姪孫婉子文送姪中年全家死新為之酸鼻七次　訪呂君國伯（名達仙，元子，撫貴修）其弟上之世（名樹賞）旺為君惕九，延教館其家　次訪徐君崇生、謝君伯陽（姑丈謝近華其族姪）　次訪蔣君甫亭（炳燁）　過子迎寓，遇張君杼平招飲　吳君西屏、曹君鏡秋兄弟，作書寄相哉于常德

初二日辛丑丙戌晴（意城郵寄懷堂）　晨吳西屏、黃博泉來招飲　午前到子迎寓，偕吳冀僕訪郭意城　次訪王君吟秋（閩縣人，才學雅博，見其苹妮生戲論，比居母喪，除年只為素緣，自今所傳見）并作書　君鏡秋、蔡君雨村　次訪羅君研生（安徽湘潭人，通小學，兼長文，至六朝儷之）　次訪吳子登唐

常熟（嘉善諸生，嘉興人，善指畫小字。曾八年在常熟游幕）次訪何子貞編修（探花，道州人，工書，今安徽學政）次訪劉君楨同飲羅君研生、鄒君意城、孟君吟秋、曹君鏡初、吳君居寓、仲撰君。花園有假山，甚高聳，其樹木側有巡撫題名碑，想亦從前之舊物。首會至長沙之時，先恭毅次第之

初二日丁亥晴。辰巳間，諸君同鄉來訪，因過述甫處。述甫為李芸少宰也。子迎處，同子迎訪黃南坡處，訪過晤丁君壽山（櫻亭董妹丈，其兄仍芝甫先生胞弟之老年家子）同丁君及子迎、吳君晚春游李文恭（星沅，前兩江督，乙酉鄉榜，與先君同年）家園。園之亭台，園構甚精，而茅屋山房，木雜竹外，垂柳如屏，更饒野趣。黃南坡攜銀來贈。是日作書寄致甫于安慶大營

初四日戊子　晴　吳君以詩相贈　為錄寄之　訪子迎並晤陸君子石　下午同子迎謁何子貞先生　見其所藏北魏張黑女碑　神采如此　古拙如張猛龍碑　宕如賈使君碑　美麗如曹娥碑　瘦如昭仁寺　宮西北碑之最妙者　不能釋手

答贈吳南屏學博　並簡澄湘畫同飲諸君

湘水直下清且漣　嶽雲萬疊暗襟前　衡廬九疑起奧遠　千仞万仞如騰騫　名山大川廣且延　自含靈氣生為賢　達者蕭蕭足不群　性吳先生尤獨賢　先生道義最高堅　文采風播傳幽遐　其言大者蹤傳數好事　金吐群書自編　我所獲見窺管偏一隅　三友知其全　先生有弟遨遊函而　令弟惜花五八年　蘇州識之　我從識來今四年　嘗

游姑香麝鹿蹈黑踪不见征[illegible]之湘之云景清妍上有亭榭连
云烟来游三国皆最仙凡下昌许相随眉方人曰杰俊者千惠我不
弃相引牢荒垄荡之遗俗佳饮罢欲去还遥流连揭来旧友
相周旋 谓刘君子园 十夜谈刘九不眠涛君冒头卧曲蜷于门
息送佳什夺拔新意读目不眩山岐金病头露狂上称 先生往下
矗旖承矢敢献仁厥峰九江之门道物册木叶微风细涉冷之敲
宫五发百俯目怪张岑菊使惊马嘶闯问侍闲下路共拾阁又蘇孔榛
祝广年之腾清平一等出数便建子坛其夫树旗

附原作

当年年谁所以我民拯救赫挥院君今世诗公孙来视甘棠阴荫偏
国朝圣代盛名臣大贤佐世生民遗爱当时偏流后分留公谓此土孔荒
陆江山闲阔有天运文曲物兴起凭况人某 湘南分俯阁之议实自公发之 到今努力报恩

子推本堂不由公為長沙十月新霜重射堂東園清尊共此地風流
信可追逐年能札能覺痛看君卓犖才軼君羣 得於意處真名門
貴卿文武全制軍行部贊畫康時屯

初五日己丑晴 子文姪來謁儀來同出菜姪 下午再游李園 夜同子迎
謁郭君意城長譚 黃南坡廬訪根明日飲 夜過之果上鄧修吉
留剃如子病臥 ... 間之惜然

初六日庚寅晴 鄧修吉名嘉絢來訪 姪知已保升楚南知縣全眷在此 六房不負定
生眷屬亡盡 修吉內子堂弟先方丟別時方十二三耳 昇年辛苦
支撐門戶可嗟可敬 到子迎處同赴黃南坡廬訪根同飲有郭君意城席

一條。又示一件，督帥咨照酌留黃紙准其免稅，其用中國紙者查驗放行
處者，照已報為二十餘號。一件，寧節相（準照前經）奏請于滬口設立黃關，凡黃紙裝載兩
岸土產出口貨物，但于滬口新關報稅，其進口洋貨仍于上海關報稅，已于
十一月初設關試辦。又出示督帥索稿相示，係因督帥來函，飭于紙商僅設
棧房，假照劃界之法，並准為兩限，其票處議，前已奏准，大員據常執照
前赴揚州招徠積鹽，實在之戶以鹽報請，仍照鹽價運費核算，給予官照，
由官雇用船隻裝載，令水師護送至臨，即將運到之鹽分撥該處，歸以械員銷售，
積節次清錢以濟用，應通運云云。又言淮北軍因需空之地，李世忠在下各勇
俱（告）營，於鹽三月以招以糧。下午謙同卿擇次山方伯（名世臨）即此那處晤談（富楙寄吉祥巷）
及其母伸之樹人（袁潰弟季來來院）偕晚飯。此確知子久先生係為雲南撫
臣徐之鏡（貴州畢節人）殘害。徐起科甲，歷任郡守，嗜財以至大府，為人狠戾，
狂悖，行類禽獸，閨門之內所不忍言。並縱其勇（縱兵），但有寶貨，朋比相連，恣殺勇
頭目錢將擄掠，遺所為不法，殺人劉敦，專害命官，係改降得命，將及死
如是之案不可勝計。那知署按蕩即遭嫁忌比奉，方助理糧額調

奉控入都 陸見徐趙蓮郎耆霞蓬黃嘯坡都下消遣離宦作玉典信

知府吳某 字子孝陽湖人 聊之門生向來其係蓮西住署中 少休時仍有實

匠集其地 姦謀日急外間頗有聞者 聊不之信 三月廿六日聊僕家四署救者

隨起聊被戕宦資怨啄有一條可夷遣夷物及女廿五人亡我不免徐把

辮騰奏改煩遠蕙儀以蓮其踪 始專彰著 眾皆知之 茶署零黃

總督張亮基已經據奏 李吉友因任物濟查亦既在聊此處擬參者

督撫函係報狀歸浙 公卹意懷何蓮踪已成事急如蓬稱兵壁請再有望

虛之囊也 陸君子亮揖別夕飯

臨北塘保由此渾湖西行訪舊曉舊惟度州早為巢縣及和州等處由江運獨之江運八岸

初七日辛卯 晴 寫山西信 到子迎處 訪同修試 仍陽及滿君興甫 夜赴

陸君子亮之招 同席張君斗平 姚甫子迎主人姪彥英

重修趙恭毅公祠壁記

左輔

我朝巡撫湖南崇祀賢良祠者自前偏沅巡撫趙恭毅公始賢良祠在長沙城北貢院後以雍正八年詔祀而一統志又載趙公祠在北門並即今巡撫署北正街湖南士民建以祀公者也輔捧是郡拜公祠下欽瞻榱桷半就傾頹筵几塵封廷除穢積蓋廢祀久矣按公以康熙四十二年蒞偏沅巡撫任其時湘沅間瘡痍未收官吏奸欺民生日蹙公奉諭旨刻以屬官為蘇民困為念首革浮徵加派軟擡硬駝諸大弊以次清除漕弊規例疏剔鹽引帖禁採買懲攤放撫猺獠固邊圉興義學舉節孝勵躬任恩風恆匪懈撫湘九年官守法民樂業士興行而全境以安湘人易宗濂吳趕先等裒輯奏疏條教為十二卷曰寓政錄公臣事何祖柱復增輯二十四卷曰自治官書撫湘紀績具於是公嘗曰為官祇一清字了可徵斯言矣五十年晉秩都御史去湘一日九郡士民詣廬號泣咸請有司建祠尸祝則是祠即公當日聽莛之甘棠蔽芾之人謳思之所寄慕者也而後之官斯土者觀感而思

致法者也吾邑鄉先哲專祀於茲土者在宋為鄒道鄉先生在明季為劉忠毅公公撫湖南時嘗新其祠且為文以闡之矣而公遺蹟

聖朝清標偉績冀與湖湘乃居鄉之守無穢不法誼之責歟輔於公為同里後學束髮即欽志今有公之遇且居公之位即宜公所以之抑思其辱公後裔款告于寤寐俾申情其業為懵于以者緒紼於公祠是宜守祠地隸長沙縣久為營伍所踞檄縣令謝希閔釐其址為之勘之界畫歟與修屋乾如至舉舊煥然如正五立君公重其事購材鳩工為楹若干建門垣飾丹漆逾月告竣時道光元年春正月也祠舊有春秋祭及香燈伙食資修之費乃又捐俸百金長沙守王君宸與同志攸寒助之共得銀若干兩屬布政司理問瞿中溶司其事營其生息以取給焉並詳院司令永遠守應祠事不虞為遺澤永存守書謹志之以告來者 賜進士出身誥授通奉大夫兵部侍郎兼都察院右副都御史巡撫湖南等處地方提督軍務兼理糧餉左輔撰

初八日壬辰　陰雨　君吾君樹生見訪　孟辛仲魯自滬上來見訪轉譯局久

孟辛有疾已至寧有閩撫仲已日差到臣北后嘗失差□□間任童

人流落上海並出山已沉困望卿為之向之並見八日中臣應過崇孝書

即中書不可定　訪臣樹生並訪吳南屏先生並郭筠仙觀察晤

弟午飯並議臣君幼陶遷並之第　下午偕同司老訪吟秋孝高譚甚

美　又訪卿君樹人勝者李壽卿節仍施飲晚飯由卿氏出夜歸

露天雨並筠窗是日閱筠仙言京中事怡王載垣鄭王端華戶部尚

書肅順皆拿問查抄家產□郡附□□□杖斬等四人皆革

職□照國初事例後議政王大臣　恭王祁請賈楨桂良怡鄭欽

止之太后不可比至遵化迎世貴建自封七月怡鄭皆不得見至梓宮還都

中途並有此旨　又閱陝西潼關黃河清河南彝鳳凰至[redacted]

初九日□□陰晴霧　午飯後訪左氏吳季久並兩君即過梅卿厚常

孟辛晚飯並以托曉老□□山西作伴交去　訪卿君樹人之核底完

張君小石雲貴賴瑞張石卿先生寓□讀洛甫四疏甚詳理四國杜某

觀撫天理府事目行之請任程楷 但有賞其義公道 任姪兵相寺興建
寺保之類外協乃內亂 張君言云有白皇見現為其據到此形狀者青
備發一島本龍白出鹽置 [redacted] 羅研學博
器子於臺灣鄰見訪

初十日 甲午 晴 雲 劉子迎遇（陸君子京張君幹平為辭行） 黃南塘來訪招飲同飲記之 到鄧厚甫
宴岑久後返子迎家 王君吟秋來訪 陸君子京來訪 張君幹
平 馮君步遊來訪

十一日 乙未 陰 新僕王福來見 即遣令覓舟 再擬晚日行 到陸君子
京寓 為子京姊弟寫方攜鵬者題辭 到子迎寓 吟秋亦見訪同候仲子
見大兄不遇 又過羅研學博文譚 黃君南塘後遣要請 晚飯
同子迎去 三牌坊返 寓子迎家

十二日丙申 陰大風寒 姚御史云子迎以旅社之設 黃司牧處訪袁訪譚健
務黃務黃第家留住一日 欲遷寺 張石卿先生一課 不得已允之 住於爐
爐三扣不可 同同御張君馮君謝君吳君半君二傳君 劉君杜堙烟君楊
御王君巢又查張君爲少雲

十三日丁酉 陰寒 遣如子押行李下舟 以風逆不得行 吾自西楊
子迴家 今舟人風吹來說

十四日戊戌 陰大風 吳臨春撫四川事 四川撫立驛站者僅設夫馬局以供差使抵
民田每畝五七八分文其稱以邑紳主之有差使過境署中字傳往取其不時驛站者
無之 四川皇木貢十年一次 貢木五根 價三四千兩夫之周之

十五日己亥，陰，大風。讀御抄，見袁保恒摺，薦龔體芳、黃幕友，吉寄苑，驛母
烈子孝一摺。黃幕友楊侍郎之母楊吳氏，于八月初五日投遞京至開封府城外之
里堤地方，其婦被害。楊侍以弟聞信，痛不欲生，隨于十三日服藥殉母，世到孝洵為
云云。楊侍昔自幼交好，久不得其信，方擬作書訊其狀，忽聞此耗，為之愾恨欲絕。
十六日庚子，陰，大風。
又閱御抄，見工部主事蘇為其母王孺人殉難內祠，言其庶曾外甥女嬰三寶，投河殉節，
云不言其母張氏下落。旋想張太夫人已得免。聞張仙昨又蘇杏莊先生避寇。
十七日辛丑，陰，大風。讀御抄，群臣議上大行尊謚曰顯皇帝，
廟號文宗。[illegible]九月廿三日梓宮從熱河回京，十月初三日奉
安乾清宮。十月初九日甲子，今上皇帝即位，尊母后皇太后曰慈
安，聖母皇太后曰慈禧，改明年曰同治元年，以先擬祺祥二字太
宇文周靜帝尊嫡母楊后為皇太后，生母朱氏為帝太后
朴，除之。八月廿四御史董元醇奏請皇太后垂簾，權理朝政，請于親王中
簡派一二人同心輔弼，行走軍機。擬上諭：本朝從無垂簾之儀，擬憲
政務王大臣業經皇考特派，何用增添。此奏不知是何居心云云。九月
廿五日怡王載垣等以無旨差使，恭親王奏請改派，奉旨依准。十月初

一旨著首怡親王載垣、鄭親王端華、大學士肅順專擅跋扈，去年大駕北狩，禍由伊等啟，後屢有回鑾旨，俱被阻尼，以致在塞外受寒成疾，遂至上賓云云。怡、鄭二王亦交宗人府分別議罪，肅順交王大臣六部九卿廷臣議罪。

十八日壬寅　陰雨

十九日癸卯　陰　舟人來請下舟，予遲風雨過廿一日參忠節起程。偕仲請張籽平為吳圃人處方，又請陳叔臣豐若西女家方，即留其家晚飯。

二十日甲辰　陰　降雪

二十五日乙巳 晴 冬至 陸豆石來同吳曉青盛之 譚儀卿 張丹平家

下午同來曉盛甫 得根義行寓之

二十六日丙午 晴 南風 午後別 子迎下舟 未刻開行 過楞嚴山 過

查眉睫入舟 幸之竟不及游 五峯秋巷 虛言山平茅亭有萬松夾道

地另有幽勝記之 以俟再來 夜二鼓舟到靖港 戴首牢里泊 所坐

棄舟名 麻陽 黃平縣 應徙而上 寬頗似浙江舟

二十七日丁未 陰 大北風 舟不得行 黃昏侍晚到岸上看地頗繁會 煙火

如星 殊湘一鎮市也

吳書孫破虜討逆傳

孫家傑初起 皆有忠義匡漢之心 故能成大事 其應稱忠私寫貴者 人心不與天命不集

也 關東將軍數十人 在皆義者堅等二人也 然以死於鳥處劉氏之社稷 惜之

允思仍安出身以為天下不以大任其時之旅人本是為拔廣之王天下有餘裕
焉故神器之屬不屬其身而於其子孫又何得聞諸人井蛙之類足抗其龍飛哉
堅忠烈雄猶為不能不為所用雖有智慧不如乘勢安可奈何也蓋以此死傷哉
凡物早榮者必早衰難開者亦難萎惟人定勝力勝命相為表裏互用之則可
書矣策不權才力不相下也而權有其量有其量者待其及為儲以成之也哉
然量之者能所有為用以竭之也始稱權之算大之數雖曰天命昭示人事也

二十四日庚申陰風微行　十里過清溪店去湘陰縣五里

吳書傳

書孫策既權與張昭勸止之觀其時之言若數達所審其時勢究其要旨也策孫
定江東為姓即以腹心且分布腹心於要衝御印與策親各居要害有處勢之陰往
舍呈在等人倫犯之甚後權制為奔喪大辟　實天理賊彝倫此一二言非之也
吳雖偏切亦一國也故生于權之初立叙其規模寸蜀建安十九年間於其間業
實則以策校策傳相定江東辭亦同
詳觀權破關羽及吞蜀主來蓋得魏分寸之助若以傾國丞爭忍魏乘隙則書劉

切畱之豪制羣英師理也至魏終以侍次為少敵先軍以孫之說尤謀王侯無辭
也由王而帝可自專由侯為王乃必待命乎權之屈節孫不得其用之所在
陸遜陸凱宜云之之數上輔權有懷不盡若此權之驕暴可知觀翻申之許論
列益見其安過飾非耳
尊情起於匡古有之舜喪致誅則自權始信倫紀悖天性亦有無道之政若此
之甚者也砥礪胡綜曲從上心砥譚以為不可而不敢諍遂造欺指必不能行之法
豪賢哭為之哉
權病中剝自覺自是過反以不諱罪人是人無自為人無惟命求言而人命不敢言
也雄猜之君以此自得其愚甚矣
赤烏三年正月詔禁侵奪農時而四月詔治城郭不應矛盾若此豈是麥秋
荒歉以役舍民耶
第蜀不背盟云之權雖驕橫過大事用心度之自是能過臣下
權以小國僻閩之主地出一統業如郊世而所為務御秦政陳徵何以能至此哉若魏之
國之君權可等年獨承其稱帝良初無年魏蜀開創之君已犯闕子嗣童稚
其勢足以自保而已外下為者無足患也撤兵將帥為老才皆已下內為甚毒

者雖是是必隱於內外為性之智力足以權橫放逆耽謠寵極驕易異其

心以為天下莫如之何居亦無意外之禍患是其所是以自料之難也故自君子觀之

豈得為明哉使權盡其才擇備窮逆之才能輕身勤之而不懈者二者括屬

將其權可乃往握經自忘此權之所以為權實無著而有所為之也且權之

身之不逞矣能不計從翻之為先耶有權子為易之有大臣而忘之一切性意之

所欲身死不旋踵為唐尋相何則權之所謂之愚可也

三嗣主傳　孫亮子亮　中書休　孫皓

孫亮先年隨神鳳為建興而史竟不書疑陋之字下脫誤也亦有深意耶

五鳳之年書無正位之等不曰數而曰西入防其才司馬爭剝比權耶也

辦之世君人皆欲殺而裁存之於內或害之于外所致由此而為人皆知之矣容是誠

以意之於外於智意之淺經懶之不深志之不宜於此還請益之豪息益之

見其聰明即其陰姸之意亦待謔入君常言未嘗深盡關其剝實不能以辯論

若其惡以形跡動力之疑處見豺狼異其異此也

士人為君子難計莫如明也以用人君為君子難計莫如明之知人其之知君休最聰

明矣乃爲三世一臣竊之臣則權墜矣文譬不足也張布濮陽興休皆寵矣
奸詐於平生以爲之國之宰人亦可謂矣夫果才彰之之教爲若是者作者之
吳未饞誅之爲賞也權之末年大臣陸遜斃矣直諫者皆從亦矣故有後文
之人孰皆知緋細于羿鼓則吳之人權實爲之也爲亮之身處休之子默晧
以逆亂以亡國皆謂權爲之可也
休死子幼興布以國多故求長君議迎立晧夫君之嗣之蜀國若謀立長君
則有之矣安有舍分定之正嫡而求疏葉猶得爲人臣之節乎興布者
庸如小人而吳之宗祏係焉欲不亡得乎

二十五日巳發靖港而大風　辰刻至湘陰有榜中新報必勝軍未據岳遂泊
縣城欲免與兵同始卷旗而過　縣城在水東垣墉頹敗本吳甚低記之若
峯豈可蹤　每循行前水遂望湘彷彿江流也至刻豈林深在水西午後至營田
驛在水東　夜至陳營碼在水西自營田驛以下平沙漲望春夏水至皆洞庭吞
之矣

劉縣太史慧士墓傳

孫策攻繇或勸繇以慈為將繇恐許子將笑之遂不聽夫兵者爭于眉睫

用得其人可以制敵而有功者何畏坐論之言且用同里耳何事可議邪

書生之見不可與共事鄙陋如此

劉繇如蜀之劉璋士燮如漢之尉佗皆非吳臣也太史慈雖為策用然乃

心王室如才與特格之士始亦不得謂之吳臣今史發吳迹為記此數君也

妃嬪傳

宗室傳　孫靜　靜子瑜　皎　奐　曾孫峻綝另傳

孫賁　賁弟輔　策權同祖兄弟

孫翊　孫匡　策權同產兄弟

孫韶　孫桓　孫河子本姓俞氏

權推心待士故能得其死由能用其誠也讀與孫皎書可見其旨

張昭　子承　休　顧雍　子劭　孫譚　承　諸葛瑾　子融　步騭　傳

昭抱義敦篤于非但權之士權之稱歸非其意也故能輔相二世尊為仲父然不

以是三司位昭陀不欲權亦知之其黃百僚之情蓋托辭耳

權者璘曹氏諸臣足以辦世明若霧之勝政事僞飾耳不為出所示也夫權
知魏臣所懲則當風示高拒以聯合人為合操諛之是進詐術之是屬責人所
責臣謂其豪可謂欺也且陳伯言慕賊未察部情使之置其言終不失人君體
惕之矣如權之所安所用哉
敗好宦欲無事不至鋪序如此
昭應懷隱皆不保省銅雀步氏之滅禍由自取諸葛被害政由上出而休承之
死非權世事終政為刻概可知矣
間昭之論院寺安氏見因形勿張承事又皆是篇中録之詳其繁複
雍達璘隱休之大臣東吳如興安人何以立國張昭雖明事乃來權所志存其
主邪文若之流亞歟
二十六日庚戌雲大北風阻舟不得行　作書寄蘇龕君孝拔方君仲穆
二十七日辛亥晴大風午後陰霾　舟阻風不行

張紘嚴畯程秉闞澤薛綜子瑩傳

《吳書》曹公因喪伐吳云云。按其時適建安五年，操方舍命以爭官度，但欲東乎？紘既在許，當知其情，其自謀若知其不能，樂得為名也。是紘名也，其所仰也。

焉。

紘年甚早，其時權方息已而未年驕暴，紘遺箋若已知之，蓋有窺見隱微者矣。

權欲以兵授嚴畯，畯固辭。知難而退，君子之操，本於性，審其所為，可堅守不易乎！

權徵廣陵劉穎，不就，以其託病欲收錄之。夫人各有志，不可強同。穎不仕權，未必不屑，或素樂閑靜，或自審不足，俱有之矣。奈何所用張景畯為說而又罪之耶？用知津者之重，四胡之志，之說，闞嚴總五者之風，開國可延一天下保世之所及子孫，能保全矣。

此篇在陳承祚前，史氏能欣之文德而後武功乎？孫璘其吳號稱帝征伐不學，有君臣如此，夫懷悍之風，且未僅之，得世二人，是以吳也。此一篇中，張子綱開國時即才謀，又建議遷都，當其時子布等同在佐命之列。若嚴闞諸子，清操自守而已，以加有功之上，抑非其本乎。

周瑜魯肅呂蒙傳

赤壁之役實爲古今壯事雖然操有自敗之道焉若于隣者乎方其附操破

荊州下江陵順流而東其勢百倍于吳吳之議臣將帥震懾以爲必見吞恃操

亦以爲必能吞吳也於拒賈詡之謀信黃蓋之詐而遂以驕敗也詡之論不精蓋之

詐亦拙也操之驕心先已造就而醜一敗擲于中外之路氣乘之故曹之所以命爲

無謂也不然操又奚爲失其世也豈不若詡所見黃蓋者吳國世臣方戰勝而忽

降操乃所皆無疑乎故以善戰者戰勝于屠堂將來何其爲也安急于戰交

戰于胸中而後勝妙不爲敗氣所乘矣

三國之勢何所定於瑜之因羽之死也何也瑜不死則巴蜀必歸孫氏羽不死則

荊襄未必不爲劉有也以吳之勢論之無荊襄則不獨無以爭中原而且無以自守

有巴蜀則不獨可以自守而且可以爭中原使荊襄不爲吳有則蜀不能無窺可無

吳矣使巴蜀爲吳有則固已無劉氏且可免曹氏矣而何由而能持哉故羽之殺于

襄樊邀魏挫吳也而吳急之若瑜之勝之疾瑜不死而西伐備于操爭之必于吳

之爭荊襄因瑜方精密爲矣戰敗之數不相敵也乃不至而遂死故三國之

勢均力敵非人事實天命也

權方爲將軍，儘屬神政，據簡而用，陳獨先畫臣節，以其能謹也。其權齊如僕
寶不摑，智者固已決其雖改不出擇主，推戴其首元功也。權初即位，吳未有勝戰勝
之盛，而蜀乃勸之。劉據以其輕疑也。其主識也。僕寶不捆爲蛟欲擁極文之歸
天欺人不安保，鍛爲王，反不失爲正道也。扇之者安足語此哉

蜀而劉志在夏口，知操向荊州，未知琮降也。何以不敢，竟隨爲曹所郡
臣人才臣于人，勢相危也。專主才其，封利相千萬也。故有國者當其危亡旦夕之禍
孰肯指爲就界，今爲敢少乎？劉琮之降，童幼無知，而左右皆異心之臣，匪耳寒之
耳。非然則雖甚爲才，譚猶不甘以束手。何論孫主張昭諸人乃欲勸之迎降何爲
哉！所其畏庭諸君之畏不足以取陳蜀之忠。論陳蜀之蜀之忠，則後之論哉
譙周之逆矣。

讀陳遺既爲之惋慨，既而臨先處未於甚以康衆。嗚呼其言善矣。且陳思備爲
蜀臣所信之，及陳死乃又爲蜀用，知其忠而不以異同爲意，又豈以異議之處也
琮初領南郡，孫權復及蜀權之，乃以之于劉備爲下也。陸口蜀難達大度不以分
寸爲計，於此以事權也。何如權蔭自足，抵恢以今合之主也
呂蒙已脫憒，右功寫書可改此甚之謬，臣右有功皆脫憒耳

何爲備謀肅爲權計畫君不盡其力本量是非枕讀肅傳但見捷用譎詐奇特
之策千載之下猶惡之雖成功不足爲矣
權之爲肅雖交世兄弟不義也寧荊州則吳業成厚寬之宜若可於爲後至于
是言其然惜蓋亦有一般取之術偽爲之非皆譎也肅亦以詐成功其功者寡
然延詐策數相戰也使非於者肅功雖高必以爲陰蜀之招危寧傾也權于陰
蜀之死何如哉
史云陸羽肅爲一傳者荊州吳之命脈所係三人實始終之蜀雖借備爲羽
發議者有也陸士陷業之功同則日之其可平雖於陰蜀君子也肅少人謀之猶
不同之也今之且雖其論却書合關羽又稱有克己國士之量是夫已以雖不聞
以詐何其謬哉

二十八日壬子晴風止晨發午至廣角驛（未至十里有石礎石山）自陳留過東平至遂即涉湖滸洿之涯至
此發廣闊理之心目爲怡吳君南屏家居離此十餘里之寶塔村前揭署
劍此時特伊閒使來迓遂遣奴子訪諸毅菴堂湖濱救生局吳氏義舉也乃
知南老候至者不至乃過家所南老之弟惕翁盦中翰（原名請今名士蓬八年訪之此蘇）甫問
然在此因登岸往訪以不遇爲式忽見公執把手問訊渠已請資將赴粵任迄

出此□張舟不意相遇，為之欣異，因到暢菴處便飯，傍下舟，晚暢菴來話
寄子迪劉君書
子迪先生足下：別後一日到諸暨，一日守風，二日到陳君處，又二日守風，今抵嚴州已七日
矣。舟中翻案尋撦，向月以來，所獲妙論與樹穀手獨笑，間有疑焉，思質者又
自悔其不精也。足下天資卓犖，超于覺類，今乃以學力益之，條畫呈函，研究二廚
胸襟有餘，嘗倚筆桌常樣樣之論，足概其生涯之量，我憶昔承平寺講
君子因伏□閒，宗之宦屋儒雅，所博通，付甫桃劃以張謂鈎靜，以免所篤識
疏膜讓語以擅信，足下通以為道上，向小弘廊□彥，越才評為慧而安非要餘
子山疑之各極頭角，自以為道亂圖□□，益念陳跡，思惜樸樂，重以慰札從
橫滿壁之來，康旦康夕，窺屋樣，爷于於思，睡臆勵仁于訴，郊被誦戴升之□
辛亥[redacted] 未嘗不泣於 派佛也，宜切念因果，儀筆屈指可
數。謂其我者，充宗家有用之才，益此其難也。足下抱出群之資，乃遂偏之，氣不甚
有為之抱，召蒼日開，獨階已就，同輩莫不足羨也。君子立身，抑積素見而已，將以
用之世之學大抵，奶民如某所疑者，足下心喜太高之氣太銳，心為剛易自是，纂銳
則易拒人，就子智識足設一然於是之舞，不可以獨行也。亦知閑居豐報偶若豈

耳熟目習焉不察，則以為佛門徒之務也。夫良玉在璞，精金在鑛，如不欲光潔

暗暗所宛轉塵埃淤溺之中，誰其識也。一旦用於王庭，為禮樂之所憑藉，以

進彰施於遠，故速成者不為易服者貴物，始君子恥節為側隱之，日著其旨

深遠也。方今此昏暗窒塞之時，千夫之諾諾不如一人之諤諤，此肝膽之交所不能已乎

言也。我瞻四方，因之廖廖，升高陵，視廣莫，態然而嘆，牽星郎之向我亡也。

東路四九嶷內五玉山川之秀，宗在是以悲日，然發奔吐雜，何以勿言友之樂耶。

程途所至，兩年之頹，無責任之徒謬忱，然不宜。

惕養二言，挽救已在國城中，食為專人，男未手滬，今歲人望入城，往於九月下

旬失守，守餉道阻，勢已不可挽回，李汲者全軍在鄉境不敢進。

公執[redacted]言

家世甚窮也，已于十月下向，續娶嫂馮氏，即回即住舊宅小屋，問何為之奢

怍。又言亦皆寒甚，童八已全家到江北，蘭卿在攏北附近山芝，景甚窘。

又言宇波士匯豪亂罔助，全家已出滬，什物器皿姑出妙為不知在何處，聞此又增累慮。

廿九日癸丑 陰 有微雨 公執清曙解維以子迎書付之 石刻惕庵竟遣刻

來言南老託刻印到渠場張氏子疾亟渠及視之 今夕必返 堅請歸行

少選（南老族孫松岩來訪 名光國 去未久）南老來 白寄王舟 南老年徒高 欲去因謝不敢留 照碧汝且別已

至矣 舟中刻（詳細）擬登岸至新善堂 廖相欽尚擇他家庭之設惕

庵留至改談 徽曙 南老有所著春秋三傳義求去為以左氏為根據而

兼取二傳和合[redacted]折衷之 又有四書說 俱未見 以君友毛君西垣詩二冊及其六部

碑誌二篇為贈

十二月辛丑朔日甲寅 陰 晨二吳君改風倸饋我 席后乃下舟 二君送

之江阜 舟倚以候 有風仍止泊 南老言壬子七月賊至長沙 江忠烈以

率千帶勇助守 賊先鋒二千人至 忠烈率眾出城東 爭地 逆擂瀏陽門外

之天星閣扎營 越數日 賊首楊秀清至 以[redacted]吾得此地 欲誅先至者 後引兵

繞[illegible]來爭小吳門外之教場坪 [redacted]忠烈若戰 使不得立 而賊竟不能進 長

沙不陷 實賴此也 十月下旬 賊解圍北下 時不知賊從何往 忠烈遂西南至湘鄉

駐守防其南竄，而忠武札益陽，衡永常遣兵獨其北道不問者，以北控常[illegible]（名大漢[illegible]郎）湖已皆守于岳州，為其可恃也。現常[illegible]時追惕盦以千人守紫田驛之土星港，為賊來要衝，手人新募，從來練習又不假，[illegible]以機便道多其險之（惕盦）[illegible]以士遣。今欲救數人某哉不許，此請命于常德，是士氣懈，[illegible]賊出一關而潰。先是賊自長沙解圍後，西掠舟于寶星塘，舟逃而下，[illegible]土星港水道已斷，不得行，賊至[illegible]為所有，振柵斷鐵揭帆，[illegible]順風十一月初一破益陽，[illegible]連艫萬餘，由是江湖之險，但為賊有，自勞追不可問矣。賊先至時，陸師無舟，長沙不利，使江面或守寶星塘，[illegible]堅舟竹以對，楊不至下游，截斷其北道，則賊尤不能直下，破楚之士至今以不守寶星塘為忠武[illegible]獨。南老之言以忠武時爭要隘為西南守閘地，以為[illegible]有形已耶之見，不可獨咎忠武，其言殊甚平允，非南老不能也。南老又言水師之興，實人所以為忠武為今楊帥級之，楚之士有引以為己功者，[illegible]向何人，南老笑不答。

初二日乙卯，晴，順風。晨解纜，午到岳州，泊城南七八里，有山在湖東岸，名寶慶山之西（湖北之廣濟巨覃所觀有臘魚趕舟首，而潛若在其人），城中又有小山名扁山，君山更在西十餘里，霧中不可見，舟泊岳陽門外登岳陽樓。樓據城闉，自江皋拾級百六十甫至頂。樓一再重，皆祀呂仙，有道士守香火，題詠滿壁，不可觀也。樓下平臺，石檷刻鏤甚細。樓正西向，天空濶，下視湘水。巴陵沙洲距東岸三四里，沙外一白岸為洞庭，真面目矣。岳州城據高岡，周圍約七八里，勢甚雄峻。城內復有一垣，界東西約二進，岳陽門數十步即到內城。舊城形舊本世加拍以樓勢最高，懼失地險，始築此西頭嚮樓之耳。市井不甚繁湊，人居皆完整，未毀。午後隨同至城陵磯，守風少泊，載一宿，此多盜發，稍四五里泊荊河口。荊河者，大江也，由此上四百五十里至荊州府。

程普 黃蓋 韓當 蔣欽 周泰 陳武子表 董襲 甘寧 淩統 徐盛 潘璋 丁奉傳

權撫諸將恩紀之深，足以得人死力，而于股肱道義之士則不聞有足與心以為不足與圖難也。夫立國者或以文治或以武功，在上之所好耳。上心之所存，莫不要思以取效。曹丕評謨定命，不如軍旅之用耶？武者以為江東福，小而民弱，尤宜安靜以自立，孫石闐僅以七十五年為星耶？不謂權據六郡，撫帶江湘，若為弱國，何其誕也。且仁必有勇，而殘者其文治者，貴法者，未必棄武功也。于君人者，其自定其志業以從孫權以利害，此皆要讀也。

初三日雨不晴北風守風荊河腦 周瑜將取蜀至道卒于巴丘瑜既上不安
今岳州蓋在巴丘之境城陵磯口之間道之矣使瑜志成將合宇宙為一執民產
命者十年之巧女乃歐年夭殂千載之下猶為惜之按瑜傳從討江夏還定
豫章廬陵留鎮巴丘裴注以為于時孫策未有荊州宜江夏瑜之所鎮今日平豫
不同吾以為此言甚是以為有兩處則九夫二地一名傳中當分別言之今既不能無疑
瑜卒處亦不在岳州也

寄題陸君子言寧游園用劉君輝南所贈自訴立春甫山水為十二韻
長沙城中逢陸老霍辣猿猱輕髮費叟皓開延拾我侯以月來飲相看共傾倒
自言生長舟車中七十年來半長道平生汙濁不可憶老去模糊眾
山好叶逐河流南泛湘蒼蒼道路知幾長荊塞麾高流馬首辰無水曲迴人
腸我游異人不知數萬里由來心庭戶不辭筋骨瘦輸樽但惜前蹤委塵
土從借園林遣宅相劉侶之擾由相可譜蔵揮老懶乞為嘔便取生綃待
君補我聞君言聽不足如附門驅同御遨軒於歲亦合鄉一瞬怪爾神采

鄂樓高處行，介弟更携手。謂予樓觀察，何異偕老相晨昏，朝暮君之樂。坐忘食更居，侄國為歡息。南宋北苑久不作，偕筆堂禪（衕）但較色，劉君丹徒本名震，何三愿為風信，妙極欲寫用區為雲鶴，鶴願請君圖當壁賜我。徽（欽）收偶表執擊兵發，已書事鄂城，今年擔浮作游客，是痛不得聊忘情。東隨遊陸關家，更有家海中水所潔，與通島道陽兩城，何況屈世稽行程。晨游惜歎，我惟懷，願春悲樂，難合并，請君贈我圖，贈我詩，我詩離（雜）別，聲難和，今君繪圖韻不醜，不如陳丹青君別，更讓度徵作吟哦。

初四日丁巳　薄陰，下午晴，風微。晨發劉河嘴，午過陽陵磯，夜泊新堤鎮。下午過臨湘縣城，城之新岸五六里未見也。新堤（在江北，沔陽）屬沔陽府沔陽州，所轄江南為兩岸，故民處西岸臨湘，東岸沔陽，二省交會，水陸衝扼，故此地市鎮甚大，亂後稱為要道。東駐此道，道署本在黃州（州），今以竹木廠，今亦移來。又新設鹽釐局、土厘局，征收兌餉云。晚携燈上山，岸上見市井甚鬧，街道甚似鄂城，燈光萬家，街長五六里，若肆杯盤，歌聲時下江，不圖荒江之濱得此人數，因寧人之聚，隨剎之聚，隨水散居古郡，水為之水津，世事不同，古今也，今且移千里外之巡道，專藉以旅之一方

不如改分器竪柄自其實矣臣於此一利字可以持柄天下盡其利也於古者幾矣

以奪利分別皆隨利所轉因污下之中又污下焉可嘆又可憐也

朱治 朱然本施氏子績 呂範 朱桓子異

孫賁欲遣質曹氏所治往說之則荊州之役治亦主戰不獨瑜肅矣

觀權之待治尊爵厚祿為已猶區區一郡猶不使之典事封之邪抑放之邪

範主財計靳權私用周谷輒改作簿書以庇權譴責及權立位任範所以遠谷

此雖小事亦微有度量過甚無遠矣

朱桓欲要曹休于夾石若獲之魏亡一大將失數万人功豈不歸而陸遜阻之者何哉蓋休者魏之肺腑而實庸下獲之無大損于魏徒傷重臣魏必報焉

魏之人衆孰與吳之比失數万人亦無大損于魏二者名美實害不足以創之也

而桓之策乃于休死地我万一不利休且轉收其功故不可從也

朱治師友老臣當與張昭張紘為一類

虞翻陸績張溫駱統陸瑁吾粲朱據傳

權遣追有使翻筮得節之臨翻曰不出二日必當斷頭按節卦九五甘節吉往有尚之象也往而獲功之象故斷以為克此知古人筮以動爻為主

權從武人反善士固美若仲翔者吾亦不知其何謂也激以為直君子所惡讜之取悔不可以已乎

吳小國乘時力竊士君不樂附之故權稱歸于張昭上處群領亦不宜也績將死所著述同文之世傷實僭朔也謂有德之志士非耶

溫之為選曹吳亦抗蜀取罪宜也跡溫所以任者吳之為且以政不足以獲士君子之御衆而溫復有臣之慝二語之忠也

駱統救溫為奏甚拙所以載者以溫無罪為權枉之也

吳之取民為兵名曰搜討山越其實掠人也吳之諸賢皆依違甚政而不發統獨惓惓可謂仁人君子之用心矣讀此一疏知吳民之困悴甚于魏蜀抑何其酷也夫吳小國于敵將接數千里非兵無以自守然吳之用民未嘗核也父有兵而子獲之歸曰我無業或以人充惟臣下之妻子名之收容兵鋒鏑僅存之遺

使僕隸于豪家者皆其驅遣誠爲且之政治者之所望也先王之政皆有功者爲其
爲民也矣之當功乃使之率民以爲富殊財猶甚焉使遂行之而不改權其極
武之徒壓而民怨與吾日借亡之勢恐非我暴所能止也又何論于從翻善
乎擾之言保祚正世為亂由是吾不行矣
瑁兩疏諫伐遼遂措辭且假善於不必錯遂何也權之伐遼遂設之言豈懼以待
臣下之諫耳豈遂不可伐權豈不知耶
此爲當吳不得志之臣而翻復見棄者自取之道為一類據案以正而觸死為一類
朱據孔遂抗礼朝政亦亦自取又為一類統[illegible]皆見于亂國而統之立言為有大
功于吳此諸子比宜自爲傳附焉
權不知遂之小人也遇時皆不切要用文法張昭顧雍諸[illegible]輩以存治臣不可廢
耳然雍之見用亦自遇零壁不能君法令諛朱以且零向君族棄矣何
翻等之有耶

初五日戊午晴風微晨發石過石頭口山上有廟僧言孔明祭風臺赤壁前
江北而江北無山僅即以石頭口山當之古地模糊想當然耳午過陸口晡到杜
家洲泊離嘉魚廿里所遙出荊河口江水皆濁不過三四里非若漢之下游

之浩瀚江舟往來舟楫極爲一津要名艘每處如此足徵西楚商賈之盛

陸遜傳 子杭

江浙已南實爲吳所北南闕艾和山越阻隆固嘗討捕及役募占之法既開人之希攘兵之利山越既盡而邑民不免即其初亦有濫焉觀淳于式之表遜非歟卿喜之譚也且立國之道遠人不服則修文德以來之使遜建議遷民來據其郡縣~~東南中歲計~~人心既怡胃愚蒙衆更有負固不服已致討而節利其衆以爲兵卿此爲其所以爲實功之用皆遜所自言也乃僅目前之計生靈階而不恤所貴士君子爲能愛民若此復何讓哉故遜者權術之士而已非君子人也

用祇乞于鄱陽名募事下問遜之以爲此郡民易動難安不可與召及遜故爲寇祇國陳取之郡民果作賊夫名募之法遜實開之甚初名實但年近利因利見爭輕起而患害此觀雖欲止之不可得唉故不思而創法利不一而患或自焉君子與人國計不可不慎也

遜言鄱陽民易動難安此凡民皆然豈獨一郡遜言此而是吐剛茹柔之見

謝闕卿有陳便宜事下遜遜之曰強由民力財由民出民殷國弱民瘠國強者未之有也云之擾遜無老斯所以道於言若此夫極民者多爲愚易事而爲善能遜聞之此語乃

欲遏之淮汝雖神人不能矣是以言愈正而愈益疎道粗明而身且殆事人者
慎弗輕率徇之于前矣
孫氏之于臣下可謂異矣為之藉以利則親之愈于骨肉為之進忠告則疾
之深于寇讎是書書記之政事求其節義之士同一昏昧於書以之求或人猶
取其愧恥之致孫以之自備別書其表其毗之公矣
遜之人所謫而發正先發而后挽不可謂非聰明善變也然開名募之風坑異人何
止億万雖有他善無以掩之世之不昌固其宜也非吳氏以為諱忌於陽之吞國於
而為不能以饒然也
抗聞都下政令多闕上疏言之其疏沉痛可讀
三國之與交呈詐力智角力敵卒不足以相事至于晉而累問通矣積私之世種
童一反君臣上下相寸篩行以鈞斷民被不足言之視夫殺人盈野草菅天
下者不可同日論也抗齊之運比晉安屬方祜之在荊州修禮以懷異國抗
亦師之以相拒夫此二者猶是相詐之風明一時疆場之民已被其澤君子之道小用
之而小效甚矣其可尚也
抗書忠亂國憂公肯之諸疏皆可誦

初六日己未 晴 風微 晨發 渡到牌洲 查江南岸嘉魚界 今日經门見潤處有六七里 湖北全省田畝種菽麥小豆高粱雜糧者爲水田者少 間有地盡種[旱]地 沔陽方有水田 田畝以寬一弓長三百六十弓爲一畝（下隰田大小不等 折田最大者可種稻七八百斤 每畝田至小者三四百斤）每弓工部尺五尺 我[illegible]尺四尺 本省食米率恃湖南 [民]食雜糧 每日每人食亦一升 磨粉爲饃以代飯 甚家終年不食米者有之 產棉 風[illegible]收之 棉四十餘斤（下土松房棉花 熟年每斤廿文卅文）一斤十八兩 每斤約[illegible]價

如子言吾鄉每民可種五畝田 每田可收粗米二石 春出白米一石六斗 敷一人半年之食 糞其田一畝 糞其爲者[二]十石 值六千 或用大豆餅 不值七八千文 約用[糞]不二千文 爲上等肥田之中 出柴約五六百斤 可以償其[糞]值 如用工一人 每年工錢八千 餘有償八千 約十六千 以治田五畝計之 每畝三千零 上等田可出糙米三石 下等半之 田出米多者出麥即少 少者反是 麥多者石半 少者數斗

吳主五子傳 宣太子登 孫慮 孫和（晧父） 孫霸 孫奮

三國之際民之倒懸甚矣 誠能用遺奏所言爲有大效 孟子曰 饑者易食 渴者易飲 又曰 大國五年 小國七年 由此觀之 使理爲國所至不可量也 [爲]和歷侍無[illegible]成之命 韋昭爲論 史傳已全而錄之 則此皆言過其實矣 何必據之不然

移此文于此亦可

全主譖和，寔以其子寄之故，言于王夫人不睦如也，若何也，霸亦王氏子也

全主所以譖和（太子）者，以其子寄附魯王霸耳。於是和廢而亮立，諸葛恪受顧命，恪

者和妃之威也。孫峻者全主私人也。亮忌和而因全主，則不得不死恪以用峻，用峻綝（綝）

所以不忍，則亮復廢而休立。休誅綝，假手張布，則不得不用布之者屬也，又欲立

非常之功，則休子復廢而皓立。三四反覆，不待暴亂以甚敗亡不止焉，而更端禍起

一婦人愛子之私心甚矣。夫嘗私者之不可不防也。雖然使權家道齊而內外辨，則

全主不得干國儲之廢立也。使權身行修而備禮於，則必無寵昵之女若全主也。故

治國必自齊家始，齊家必自修身始，陸、朱據、屈晃之盡忠，皆欲塞江河而

遏其末者也

前言霸與和同母，而此說其子基、壹皆有祖母謝姬，則何者為是耶。按妃嬪傳

謝夫人權元配，早卒，而不言霸所自出，霸決非嫡子，於有威寵其母不聞世名孫則

前同世之說為長，此祖字疑衍文也

賀齊 全琮 呂岱 周魴（魯班之女） 鍾離牧 傳

周魴譎休之書此等皆恥偽之言載之何為

山越好亂或其性然之實迫所使至溝壑不歸何為故竄（臧）其與此撲彼起城捄

死之策顧儘類史也蜀之云夷亦皆亂矣諸葛一征而大畧遂定如山越

之悍勝也彼有以使之亦也

書潘濬陸凱傳

濬蜀人降吳、　凱弟胤

史載凱諫皓二十事疑其不實故不載（著）于篇而列凱傳左不著于篇者不著之

皓傳也安存以帝紀為據而不傳之之由義疏也殊此可見其法

此二十條意思複冗必偽作可知也

凱與抗一家由抗始目不為皓害其忠懇又類之宜為一篇

初七日庚申晴風甚暑發鄂州行百五里至華口泊

補錄　前日過赤壁陸口戲作放詩

北風捲江江之浪高帆影曳下順流之颿颿似欲諸行將使之臨何還而

諸賢豪今朝經過赤壁寺隨口史冊道此三國英雄處當時往迹
劉孫曹各奪勇稱雄持戈按劍影像猶不可得但有枯草殘
業看蕭蕭雜問天天不語問地地不語問水水不語昔人顛倒幾度興造就
荒唐殆數如迷霧每東遊赴將去來向雄此立何許乃知盛衰往復天地
情懷懷俄頃思清波如畫盛水向似如枰著棋和收爭輸輸載華
最堪笑別亦真偽相題評天公着他好為事何處著醒醒請不
平君不見天意欲雨承儀出乃擁命門封薦主人被贊一飭
伯業王國更誰憐又不見秋風瑞圖羣英集左挽右旋風雲聞有女相
雄不相讓長者一見徒嘻嘻古來功烈世留情擾擾擾由來一工謀
當時利欲既世不被從寫丹青等蔽藏落我欲呼延問千載昔諸賢
意安在万千路途畫如掃豈說規模到今代我言君臣首道義救劫
死不敢他心存遺來故君竟拜乃称致疆土廣地此豈是為君尊又況

一人何厚眾何薄伏死為千万億榮一門神莽劉豫盡封殖點取盛業
貽兒孫諸賢無之為人計富貴何不惕去求田問舍聊自圖磨飧周郎
好衿抱可惜已以死中道仰家道南有大宅居阮賢學士呈於君曾
子孫知禮儀備荊州致嘲祇二長一短不相摘枉擲東城兩園米丈夫出
要首道劉田無欲大極斯民窮備如酣熾辭飽國足時稱勝好事
草莽百姓稱英雄我聞國王閩兵石以已伐秋怯柔眾氏喜役來財
究競塵吮賢者犧牲多姻戚嗚呼大雅不作道不興万古陵谷相遞陵
煌煌史官記元株殺士繼起為觀復奈何屍春年荒豫糧恨五倍
臺羞稱詠會此其堅刲國以殺陷用歷老年豫不如東溥
滿冊把江水或者一笑我華江上枉歌使健孫
他年好古或考漱梁隨除討段彭視今之視昔游踪所蹤了無有賸殘此新詩代
題石新詩題石從城用中有厄言為君道

初八日辛酉晴風甚守風泊

是儀胡綜傳

吳朝貪利推衆辯而不取者獨是儀二人得不謂之君子乎

胡綜僞作魏吳質降表此等事既詐僞且恥文雖畢冠不堪觀之自好者耶

若以文事之則吳不厭詐則使其志則趨一騎築之吳質耳何損于

毫末耶

是儀生平大較君子人也若綜詐吳質及吳奏喪大辟之科豈為有人

心者所為而儀並列其儀令帖千載矣

吳範劉惇趙達傳

權爲人主欲學術擇小數親身所用範不以正諫而詭秘其風是爲交矣之

諸葛恪滕胤二孫峻綝濮陽興張布事附傳

恪以丹楊山險前兵結以外將平民其從滿逐自乞爲官出之觀恪此言知

前屢討山越實皆言善美哭耳吳之廷上下未嘗不知特不言之耳類民刈
不可從黑之使出其居心豈可問哉
薛綜勞恪之文至惡義可刪
恪之陸遜書其言未嘗不善欲恪自以爲狹隘狂嬉之是耶非耶閭遂復何乃甚哉
書自以爲諸直遜嬉之非耶則與函辨者何有此之口說之士可來可否已之立身
辨志之方而以驕傲他人而不定安可見其亂材要
恪事孫命之畫捷事知非懷之知懼未嘗非病恪其身以誤邦國之患也
然當其行陰輕之君子之德休之之量於疑畏起于僞侶此者未暇爲悵惋
伏而以陳孫弘之要巳嗟來欲以此輔相幼沖克全命使不可得矣讀恪致
弟融書自盡處延年之居蜀左顧右盼如在北目夫上之人能容其下下
必願徑奉之無有雷同排相之尊挹崇辱之柄貴德崇善則四士旅進
右才而智則從者絡來而西方羣逸畏識自比于孫臣斃子幾寡之一篇
其禍殺之由不經讀而可得矣恪者非奸邪之人也然見識不可以團遠功不
可支垂之德設言談嬉謔之丞廿臣小才小慧而使瞻之以尺之寸數其不終
事於自矜豈可得哉耗之於私不處之甚其盖平生疾直喜訐自恣開之謗也

恪欲用兵，著論以諭眾意，與出師表所說略同，蓋恪任家林之言以信為之也。然出師表人皆見之，此篇人皆忽之，則非以其言，以其人也。蓋葛公之內家外，其不同天也。恪舍己而圍敵，其致敗人也，可同日語哉。

峻拼不足稱奸臣，實亂賊耳。峻猶矯擠稱以名位為儆覽，以魁其懷，乃推諸葛恪秉江輔政，為己附驥，千歲既諸子于恪殺之，以收藏恪前途擅中外之勢，雖孤恪任非其罪，謂由自速，然峻殆有陰謀於本來陰圖也。

諸葛恪勝滑雖暗霸，止於峻，擠異矣。恪敗畧恩其恩不恒，實欲以著蓋誘，此為人之常態耳。滑稱兵但圖自全，雖不敢而實跡，兩人皆不忠，屬亂也。吾二初公傳不可忠舍之，猶以奪相連及。令之□別文□□多幾耳，然史以垂戒為先，不以工文為急，善善惡惡，俾分明，不可採毫靡雜也。

王蕃 樓玄 賀邵 韋曜（即韋昭） 華覈傳　吳書

史以此四傳居吳書之末者，亦似暗寓殺善士為亡國之由也。考皓之亡，殺士固其亂政之一端，而其淫溪醉酗，雖不殺士亦亡也。然則其意安在？曰：吳自策權之興，即尚駭猶所發殺義，高岱、盛憲、沈友之誅，虞翻、陸績、張溫之貶，皓之暴，其固有

閱孫先生著國變重臣殉節紀事朝變君子列傳訣辭亡國之禍不外是
焉讀作者之意歟
閱三國志注用工二十六日

初九日壬戌晴風稍緩 晨發數里少泊漢陽以下東流勝少住君有夜到金口
泊 雖武昌六十里（距漢口五十里在右岸）其有山江面狹不過一里實為水路扼要之地較江南
之東西梁山為守尤要 作七古一首詠山以甘金寧之作行次見到者誌
頃黃甫故壘訪懷娛也五西寺謝慎甫

初十日癸亥晴風微 晨發鄂口出鸚鵡洲見郭口山自牌洲以下至今日經過
江面皆狹不過里許 辰過鸚鵡洲 午到國斷直左岸（距武昌）即到武昌城望山岸
先侯家兄甫 林出晤錄甫（行寫）錫拜子懷弟 承慈兄拜子 及到君韓
甫 瀏行大 即而（下）樓橋銀拜甫往同王君右星 臣卿行大 張君抑之（晉程）行大
仲達先生之 曾識王弟子允 下午同到君林甫王君右星 子先張君抑之 民
已君皆初時友
拜舒拜懷弟登黃鶴山 下黃鶴樓 晚物 黃鶴山夢文韓拜出乎

山有費仙洞，形亭而長，峭踞一脊，故俗名蛇山，横亙武昌城中，自東門迄西
門，隔而為二，山腰鑿新為徑，武昌城中南北往衢也。城舊廣十六有九門。江
水自西南來，而江繞其城，曲包城西門外，西江之正流，西北往津會
夏口。城北及東北沙湖，東南草湖，長江漢會流，沙湖之外，東下故郭城，究其水中，惟東門陵
至赤蓮武昌，江西寬不過三里，江西對漢陽府，古之鄀
州城，枕魯山之西，南北麓為魯山，即大別山，以上有魯肅祠，古呼之為魯山，今
俗名龜山，則與蛇山相對者也。魯山北麓下即漢江所自入之處，大別之地
也。漢江為重鎮，控荊襄以窺中原，必爭之地也。今為西賈湊集最盛之區，
以利之數，商賈聚於此，可為要地。黃鶴樓在蛇山之首，正嶮新
造小閣于其址，俗名亦為，呂仙跡，宋呂仙過此吹笛，又有
仙弟東在樓下，以傳呂仙跡，今人補植者，
下山兩邊城堞，有石塔，城闉，俗名萬年燈，不示其形，蛇山上，荊州駐防兵
扎營其上，可為保障，於郭城周圍，皆駐足地，九江漢陽不能攻，自漢陽至此
魯山不可守，故在左用兵，夏口之戍為最要云。　適同鄉程君雪樓來

十一日甲子 陰甚寒 訪同鄉湯君彥畢世錫、王侯張仲遠先生及令
子執之、王君右軍、仲翁昨家不得出、為置飯與厚侯安暮譚詩至以付暮
適歸以昨日所刻姜春浦稿（端生增未睹）與仲翁寄見郵搊 [redacted] 兩里太府與于
十一月初一日 晴 罷簽發政 三新五字鈔票案前經齋明等擬作取稍精要呈
人李上詮議郵達可理擾 勝保奏請 [redacted] 議政王大臣以免大權（派親支）
下移云云 是五八臣未會同前 又聞贊師奉旨節制江蘇安徽江西浙江四
省 [redacted] 提提轄總統剿捕
湘北興國人為通賊 至今有信件城中來往
十二日乙丑 陰 經路同劉君粹甫、程君霽卿昆弟鈐外到司上所大街 出進樓
下進樓區（嘗）鑒斷山隨路下歸城門為國北徑衙 同粹甫訪張仲翁 道出
拙著畫桃花嶺 前過旗營小立 惟山北易分一支 其脈皆東自東門外行山
以地形險要觀之 洪山為守（其事）荊必爭之地 到張仲翁處久譚 以付郎宋晉奏立
省會劉一指兄宗張之筆也 請以江西安徽湘北湖南四川五省 [redacted] 力合攻

勇十三万，以五万为东征平吴之师，[redacted]以二万为川中剿贼之师，余为各省防
剿之师。每月[redacted]以七十(此系总数)万为□饷。请五省会发，总统一人，以总画一。之中
间中各省为请(其之所谋谋)裁撤守勇兵，照会迫令撤营，于此事亦甚难，即如四川一省
风土强悍，兵勇众多，万一撤裁失业，衣食之情，此辈易为患，是为要省
余饶，醴意外更堪对势，余省亦大略相同，至五省通力围甚是，于天下
之势瞭然久分，亦于各省争(财)(权)封疆之势，日重一日，甲御为名，终成尾大
为且观合四支之分，热为忧心，而操主兵政，[redacted]局[redacted]第一，先请朝廷政
本出一贯，相挽救中外，则各省无不合为自合，若政自外出，终合五省虽
终合十省，十省为已[redacted]，宜终举守宜之内，合设一督抚，此亦为行之
未利，详宜为详思之，亦可知也。武昌城中守備毫无，今春贼来陷下游城中，一时自新御
兵勇已將梅撰之与同为南人，禁阻而因止兵起已十年，为[redacted]脆嫩如此，[redacted]时固宜邪，[redacted]其时相援兵猶
圍太湖城中之人此辈，今人但知言我不能守，抑本意不宜云外之诸将亦疏，为根株已相克哉。
十三日丙寅。日内[redacted]张仲远观察来，谈久，谈[redacted]
[redacted]

[redacted]

下午同鞠君昆舟侯潘君彥澤作餅，鞠君久譯至應方物，彥澤久于
山左，讌記其詳。　濟南省風俗頗倫，飲食豐美，而值昂，民多食粗米，風土
極類南方。　本省出米之所有三十餘州縣，外府縣民多不食米，純麥粉作
饃，不能飽，或食雜糧、磨米，或以飼畜，價亦不昂。　沙土田甚大，每畝三四倍于
南中水田。冬種麥，夏種雜糧、豆菽、高粱等。　紳衿大族多住御，合族
居者為多，宅外築以雉堞，庭豎墉巡守，妨不虞盜賊。　風俗極厚，雅實亦
太史還鄉不敢與州縣時至城裏，限住步登岸，凡常謁令長畢
出去。與皇抗禮，皆逼揖之，又極位與國卿一般，婦女淺易輕薄，廣作餅
令食之，飽不作病，養生以菜蔬，惟僧師有三只，劉氏論大族皆然。　窮者
不藏經費，窖錢、粟而已，錢藏久凝鏽成一，不可拆散，買物出錢多論
斤，不論數。　曲阜城不大，先師廟壯麗，幾比因城，南門至北門兩間皆塞衢
聖公第在其旁亦宏壯。　孔林在城北門外，出城北栽木中七里方至，圍墻有

泗水環之。圍墻內四百畝，中先師墓，旁伯魚子思墓，子思墓反在上手。
旁有子貢廬墓處，草屋三架，子貢手植楷已死，作亭覆之。墓以碑
者甚多，凡千年物、數百年物，木色白有鐵紋，此天理存焉。小數黃楷笔
枝，楷皆有之。說蓍草叢生遍地，並數為家不之，適五十莖者不可
得。圍墻外地尤廣，約百里外皆孔氏業。衍聖公第有宋以下衣冠鞋襪，
皆絕甚短，燭花僅二寸一節一段。玉佩重六七斤，有銀冠、紅紗袍、襪禮，
大約明朝矣。靴有方底、尖底，底皆兩頭小中腰寬，桶短，鞋為紅綫為邊，
皆麻鞋，隊如今草鞋。又有九帝王賢臣像甚多。吾家太祖鼻山玉局
聞有班七題。泰山從足至頂七十里，皆有階級，從麓至頂市集鋪密沿途
最為鮮，奸出拾坐，莫不備。河南亦食雜糧者多。

十四日丁卯　晴　作字畢　拜甫子迎及為陸君子良題圖中之扇作　作書與二方兄
幼靜、陸君子良、幼靜寄許首祥符物小街

十五日戊辰大雪　閱督撫恩詔云合城官員往迎詔文未見　諭彥澤劉耆首見
謝言上海專信撫臬篤知校對前日廿八失陷撫臺王有齡將軍瑞昌
死之餘下文武殉者不可計[illegible]據此[illegible]東南已成一局事更難為矣
吾鄉為浙省不可曉訊觀寧吉浙營隨張渠向隨林桂楣方伯（此信說[illegible]實未死）閱林逆戰為死
張去出意望得則復發之

十六日己巳晴　雅聖黃鶴樓詩雪同人畏寒局之不果　[illegible]子懷言夫同吾祖
弟有妃　懼甫之子　年有文自管筆根徹指了調者親景春言儀先生見翁平夫
下　今年十[illegible][illegible]放炮六年之　下午過處堂之憚南田鈔稿畢墨麗滿而
生諸[illegible]先生畫冊之絕妙

十七日庚午晴　見同里丁氏女芝仙（昆甫之甥丁寶甫大令女字昆甫婿陳毅所教被賊擄遂不肯死志今年四月因死於七里自縊）絕命
辭　菩薩蠻四首　兩江狂一首　懷姚江人　昆耕圖畫為李香雪　觀察映川
（叙州人湖北記名道曾升歷局）　謬穌彥結為畫一方　題識文　半小石　又琴

十八日辛未晴 李石曾來訪 予未起 遂去 石荊同昆仲過李香宿沙

疾之服藥少瘳 晚夕出外為加灑淡一方 偕石荊昆仲 靜仲 程君雲卿 登

悅山 登含城了了 城山面大石 上起小屋 穿別 后甚鄙 而眾甚 其荒 別以西面臨江岸

始也守城據此以俯自合城狙賊 每於此收師 斷不能守 以此據險 猶險也 賊無以

師亦斷不能攻 以此駐足地 不能合圍也 昔人詩云 江郭收橫郭 可謂此城言之

下山同謁君嘉之 龍研 王君石星方作篆 未暇答客 觀之 已他出 遂返

夜 史君卿嘉來（回里人 宦於府湖州） 言宜昌賊自川中竄至入山中者眾 不下萬人 但擄

掠財物 不焚不殺 其髮如毛 賊畏我師 以路艱亦不往剿 殺俟稍春暖

思燬其巢 自據雲夢 於兩窩而耳 （又言荊州城中駐防皆亡 可旗籍者極少也）

十九日 申晴 午後食 石荊同昆仲請李君二疾 下午訪浦君彥澤

祥甫言 貴人才之 有相爭之意 貨物價不下去 並所贊 倚棒清鑄銀

亦交黃卯遣急 撫辭 [redacted]

彥澤言 黨面巡撫此之 銀車方奪向 不奉諭也 （西二）亮甚缺

往剿，比賊陷杭州，設有窺撲上海之意，湖南此行議不如前去守之說。又
曾國荃（初五夜接到……）弟□免不能買以保舉曲辭處歸，一次有功方准免罪，二次於
寸雲衛三次方准開復。
家番向壁正覺寺，明西藏宗建，中有鐵佛彌陀、釋迦各一尊，賊陷城時圍殺
象鑄炮，千夫曳之不能動毫末。門外墻上所刻建幢，擊繫倒，蓋遂羿置之。
廿四日癸巳，雨。晨，薛方亭來，自湖南將解餉至皖，並營伍事詢如姜徵
寒生並以子迴家仲虔事交詢如。李小石於下午偕同吳升往同
座汪君荀吾，寓徽人（名延熙），陳君惟柳，本城人，黎君次平，四川人。晚又到
湯君彥卿。
小石述武昌賊陷事，記之。咸豐二年十一月，賊自長沙解圍北犯，十二月到武
昌。時提督程矞采先防堵湖南，已告病，巡撫常大淳並署督篆在城中，
不知守禦策。提督向榮從長沙來，紮東門外洪山，與我軍隔湖，賊環師武
昌，攻守挖壕在城，我師實所用力。十二月初四日，賊地道攻陷文昌門，常
死之。三年正月初一，賊全師棄去下游，城復。是年秋九月，賊從江西解圍
退上，連陷黃州、漢陽，武昌竭力守禦，幸未陷，賊復退至下游。時總督吳文鎔

堅壞自用，與巡撫崇綸不睦，至于揮拳。崇綸劾吳擁兵自衛不發，然
一步未敢輕進，吳憤甚，遂帶兵下至黃州之堵城札營。四年正月廿五賊
大至，吳兵潰死之，遂陷黃州。十五、八、九兩日，並陷漢口、漢陽，省垣復大擾，
湖北學政青麐專司省中軍務，未曾協防。崇綸旋丁憂，青接巡撫，
防守頗稱盡力。至四月後，聞城中食盡，署督台湧在安陸，奏于城外
言食盡，宜自為計。此間顆粒不能接濟，城中以徒性迫率，青以士心離上，
每日發二十餘觔者。至六月初二日，賊盡逼向門突，兵出，賊入城，復陷。
先自奔向，賊據漢陽，圍攻武昌，又分兵南陷岳州，擾長沙，破湘潭，為曾
帥部將塔齊布擊破之。時我軍已剋北師，是秋東下，所至克捷。九月十
三日收漢陽，十五日收武昌，賊東遁，曾軍進至下游。時總督台湧已革職，以
下者為楊霈，亦率師東至蘄黃。十二月曾軍挫于九江，賊復上犯，楊亦敗
退至安陸。五年正月初七日賊復陷漢陽，省垣陷，武昌巡撫陶恩培死之。是時
賊首堅守，至六年春，援楚統領胡羅澤南攻城，中砲死于城下，以
陸師統領李續賓札營城外

帥捷鎮撫楷楊載福率軍擒斬魚臺行素淹角提督官文軍在安
陸林北軍巡撫旧補翼軍在金川林固[illegible]軍合力進攻至是年十一月中
旬始收復旧失凡三次云

戒煙因雅片不食草最難須用補劑方書人相宜者分八服了斷癮必不惡
食之之必不安並且烟性燥熱欽是物辛通也 鹽煤潭用牛膝一味內服
外敷苦薤以其降也經此是劑 今且擬為癮國還擬務以竹葉不能且
浩依此至早某醫忠法

廿一日甲戌晴 早到李氏診疾 飯後回 靜坐情弟到市中買宣紙及書
庵張勤之王右星來
吳淞薛撫遣兵到湘中募勇由東人載至上海致幫去者乃入遇國江寧
為賊所覺移文与東國言初約兩不相犯奈何助彼載勇使犯我逆境
即來說理東國以其理屈懼擾并遞至京師請巴夏里咨江寧与賊說
不許妄阻在杭州陸路進擊指上海東人在彼修理炮台為守計 將來
吉凶真不可保奈之何之 又聞曾帥已劾薛撫及浙撫

廿六日乙亥晴 晨邀同程君雲卿郭辨恆弟出武勝門（北門俗呼草湖門）渡江
到漢口游步市井繁讀，行半日不見首尾。到寶順洋行訪廣友黃君恆山
廣君（九江司馬藤某名）與坪同上慶豐里[illegible]大黑市所據之所說相彷彿，洋行來此已十餘家，但
造，市中又於市北買地數十頃，將大興工作，每畝地五六百金價目。午後回
渡漢水（今呼窟河）到大別山下。漢水廣不過數十丈，大別山正當水對，漢陽府正在
山南，城在漢陽時學外城，起麓郭[illegible]沿江北繞，包大別山以為形勢。山頂高可
縱一望，郢鄂形要之處了了。江自漢水由西來，漢口鎮沿水北岸，繞城十餘里。濱
江之尋寬約十里，可為巨鎮。水以南鎮市以北地盡低窪，為秋水所至，即成巨浸。山
足稍西北有月湖，中有堤橫亘，為漢陽游覽勝地。晴川閣據山之東楚麓岸，
[illegible]上古黃鶴樓參差相望，今已燬。山頂及閣址但有城廣豐。漢陽府城枕山之南
楚麓，周約四五里。城南一水自上，一則所謂漢口者，是隔[illegible]古漢寶同稱為
襄河，出大別山北者為漢口，出大別山南者漢口此水，今淤涸不深。大江亦即
連金陵[illegible]稱及北云。晴陵江物入漢陽門，岸望黃鶴樓（黃鶴）蛇山低。

太別諱武昌了七年帳山諱漢陽不能盡見故太別為鄞鄞業了也　田下春任

循帳山沿河道邊張羙擬了僭收譯話（呂臬署後園中有洗衣謀甚至能為怪異）

糧盡說城中十一月兩賊大賊攻圍省垣已久武昌城中糧米價貴死者日數千

怪巡撫常大淳為有爲慶自推廿四五日巡撫王有齡知事不濟開城放出饑民

數萬人有[redacted]者有出城下路饑迫城閉餓死者有餓至不能行倒斃者其中後

免至於廿六日勝軍陽昌手丹全家姓皆盡節廿七日收放城賊圍食逼出

世一人生者巡撫王有齡于兩城後亦全家殉難[redacted]（廿六日賊從布政司署入城）布政司[redacted]麟趾軍令

城兵勇出買賊營者賊遲十餘里（竟下數）數勢而出[redacted]

[redacted]

守波于十日内失守但在賊營城中第居城外　廣者（東恒）于八月中第人讒邁之

史國中有事調兵武昌園和將山賦情德　此二事俱詳另言

當城先查保甲時會城內外有戶一万三千計戶不計客寓（另有析言之）一戶中一二口三四五六口不

等實在四万戶每戶牽十二口即二十餘万口每口每日米半升一日即須米千餘（每口米外有柴）

石　以蘇城七八年分查戶口時城內外查著實若干五十餘万戶

廿六日丙子陰雨 早同昆弟到李香雪家診療之定療意 張壽ㄙ莊衛生方
伯秉和其瑩上亦錄氏子先妣飾淋人瑩姊妹

李丹馨言賊回陝西或奎克國有窺伺之意由廉州瓊安告粵督調防救深閉
國卿抄 給事中高延祜奏穆撥官房地方大吏于外屬回牧令不得徇私調動
非實在人地相宜者不得率意妄易各 御史朱潮奏整飭吏治請禁近來屬員私擬
門生黃壽熙覺剝云云 總理各國事務衙門 文宗原擬桂良花沙納崇綸恆祺隨
同恭親王如恆議設添派寶鋆董恂 總理各國事務衙門奏請中國習天主
教者其安分守己自當與平民一律看待其有藉勢把持一切從西中國之善良民家
俾教士賬頗仍當照例懲辦云云

廿七日丁丑雨 作家信又阿哥賀信伯房惕信振遠柳亭信並將潛陸子壽托
祿名信子女托寄子卿信邵春宴吉甫信一並寄好 又作信寄陽甫
子慎弟去年被擄四月知蘇州事記其詳 蘇州城邑南北濠衙市已一築土

城下令為日為工就俚用城中人皮箱實土為習外支傳土 啓軍主將陳[redacted]
陳玉成妖貌皆皆曰煙瘾甚大其所擄皆廣人与傳天豹盤某屬因事云平[redacted]
眾爭鬥[redacted]
[redacted] 李世賢秀成年四十餘矣
寫字人甚和氣 陳玉成未滿三十 貌甚秀美 惟乏殺氣 干王洪仁玕亦
年四十餘 粵人去夏有人到蘇城告以上海空虛 僅可來取 又送洋鎗為樣
與鎗之營神允豐

廿五日戊戌[redacted]陰風 作手書致仲亮谷

廿六日己卯 陰 梓甫來 差弁宜昌送一甕 薪蘅甫孝拱衣若嫏仲稚遠柳門惜、
甫信及家書右上托寄 並寄順川寄去 下午到張梓處見 洪甫寄仲穆信 言粵匪
已過上海至滬城外二三里 焉欲營城中居民所為 東隱之意 如彼性屬居蘇寓 匪遂往
係之東人為大言少實事 蔣石雅書搞云云
夜 與甫宗伯度日筆 終夜滿君

彥澤來二十六日書

彥澤言河工事記之 河水來勢正衝堤岸，為之奪溜，大陸堤埽年久失修，而腐蝕於為之側埽小陸大陸潰裂埋到搶工民夫不論價以發手擇轉手搶險發出虛負任意開銷并有保獎，否則竟罕出口而死于發（高），一禍一福，只在頃刻，小陸既不至開決，往往（工費）增於積虛負往之（?）鋪方數 埽以高梁桿為之，得成柴梁，堤高二十丈，埽亦二十丈，寬十丈或數十丈不等，一面齊平以遮堤面，一面（凹）凸如鋸齒以殺水勢，堤上及河邊皆釘大樁，用巴纜牽縛於堤外，其繩以竹為之，每條值錢百緡 攔黃埽係堤上起用一直埽不附堤面，而直鑲至河心，其費更鉅，大埽兩旁更有分支小埽，為之防風埽，凡因此皆因水奪溜，以此挑溜使側正中 凡河決皆由堤陡，以上司惜費，計論工價，致鋸齒遲滅，本應負責惜費工夫，不歸罪，方有此事（?），一經決口，則官負身家不保，而國帑另耗之費，不啻搶險之需，沿河田廬，居民更從敗壞，可謂著（續）力用錢不計多寡，其論似著陸工者有不可挽回者 榮錄勤公諱毓英，字朴園，山西人，為宦宗朝循吏，自撫念督豫河督，未嘗不潔白自守，其言有足法者，今世所罕聞也

公任河督時，借屋以豁能微負，必令坐設，蓋久諱曰此中不可辭，濟之才，惟上司貴儀列下僚，必為局，堤雖有言論，不能盡辭，且坐則心定，立則心亂，斷無立談而能盡其所欲言者，此其

公在時僚佐之不能盡其心矣公有子媳皆歸今已贊署回署中惡習最重傷之
不知其爲非若輩禍也自言和一寒暖由秀才自視足學大勝白衣白丁之勝秀才
白西郊今又將食生活至大吏自奉日厚凡能回念平時嗜欲自能淡泊其詩皆然
數見之矣有意限此亦書擇言錄存錄之　河南自崗往至開封沿河堤水皆
荒土不能耕但食鹽石土人以此爲業且自過寨皆風煙薰燎明之不錯　亦書擇
言

廿七日庚辰颶雲奇寒　卷起早渡江到漢口因上海消息昌雪至漢陽門外秋
渡江再遍遊黃鶴樓理空花勒奔寒事見微臘
晨拜言官中堂寸烟容僕外和內深胡商瞑官往探其即教提署特文堯泉宗
不論已提手枝封指至其見春放下札飛局姓黃及其事二可出求寸石　今省皆爲
至不平

廿八日辛巳大雪奇寒　遣女拾蘭卿信交黃恒山寄去　得奔寒晚得四信函件　日內亦使
即寄上海初因粵西逼迫甚爲焦慌現在英國調到廈門香港兵廿千餘人爲
亦須調二千餘來到該處兵力已厚擬退去數十里目下情形斷可望得開仗爲
之快耳　作書寄子恒及庚友徐鍾巖等

問上海消息，獲占宅安甚至何　明夷之離

自外占家宅，內三爻為主，今應爻卯木，財爻午火，且令
令木相生，時子孫福神臨助，官鬼雖扶日建，而兄克于
木，反發傷應爻也，而金動交爻寅卯木，被田頭克盡，
又逢旬空，無須之斷

易林貞卦辭曰：他山之錯，與陰為凡，來降吾城，傷我胱膚，邦家騷憂

悔卦辭曰：山林麓藪，非人所處，鳥獸無禮，使我心苦

詳此辭疑宅內必有大變，而本地人離散宗家，於止為恐而已，無大傷也

世 ○	文 |	財 女	
亥	兄 |		
丑	文 | 世	姤	
亥	兄 |	兄	午伏才
丑	官 |	官	
卯	子 ○ 應	子	

又占妻在家安甚至何　蒙之升

用神雖伏，為乾神生之，且為長生，又子孫
福爻臨世，惟值旬空，又逢日建，為安，忌日神
相助，身且無憂

寅 ○ 官		父	才 女 枝
子 |		財	
戌 | 世	伏午才 用神	兄	子
午 | 應		文	枕
辰 |			子
寅 |		官	女

易林貞卦曰：任重不勝，八五未安，宅室家分離，為慈手心

悔卦曰：天禍所鄉，兆知見殘，嚴子目志，六二已蜺

據此六爻得雖憂，然樵悴而不至大發，悔辭難解

廿九日壬午 雲中間霽 辰刻同經君雲卿昆仲舒蚌到黃鶴樓賞雪
地本爲敞 且值奇景 天雲叢墨 江流益黯 兩崖晶耀 界際劃然 有
酒 日中歸 雪得厚三尺 二十年來未有 登此樓 攬此景 不可一二遇也 日高
春萱陶昆仲今日降 要吃湯餅

三十日癸未 晴 亭午雲復蔽日 晡又晴 夜焚香禮先祖父母 夜飲守歲 同昆仲恰坐話至
彥謙 經君雲卿來 王君子鐵 星錫入城先後來
本地風俗 除夕以木柄鐵松脂燃之 通衢如晝 即所謂除夕松燎也

日記十三 能靜寫記

同治元年太歲玄黓閹茂[redacted]三十一歲

正月壬寅元旦甲申晨起晴東南風天寒ミ暖向大霧

清晨焚香拜 天拜 至聖先師拜 佛菩薩拜 先

祖父母次到王君小君星ミ湯君彥摩程君雲卿來賀本家姪倍司馬

錢名江人來賀來

敬占本年流年吉凶得

風山漸至水山蹇

爻辭 上九鴻漸于陸其羽可用為儀吉

子卯	〇應	亥官	元
孫巳	、	文	白
未空	、、	兄	蛇
申	世	子	勾
午空	、、	文	朱
辰	、、	兄	青

斷曰建臨之歲君生之子孫福支相助而克應支官鬼所求皆吉雖有月破不足言之為難書財不足而伏為戍土歲君克制幸一長生于日建寶家或有瘵嗽曾無大咎也

易林本卦曰別離分散長子從軍稚叔就食寡老獨居莫爲種瓜
之卦曰敏捷猶疾如猿集木彤弓雖調終不能獲
詳繹意似指家中室之在外之糊口而已果所驗得也

初二日乙酉晴 齋寢 降日晨起拜
天拜
先祖父母在見此拜夏
見頒訓
恩詔凡恩條二十五條 赦款內除十惡死罪不赦外其軍務獲咎隨匯
逃人亦不赦 又識〔弟案〕賊就擒准赦其罪 此二條疑新增 同御鈔君子譽〔子宜之弟森〕
鈔君言兩目已洗世慈十二日廿一二日等陸陀際

初三日丙戌晴 齋寢 吾家拌甫新宅屋後三間其戚高氏兩妻借居夜爲
怪所擾其物黑色跳擲壓人身不得動〔彼禁〕擲病言之數日吾亦聞其等皆不
信也今日聞室上迹甚異惜我往視見蛇蟠一道經從小屋斜度所居房脊
自上而下屋爲下寬約尺係斬截如劃迹中間〔無〕尺許一印正方若其瓦服移
蹤所經間似圓迹了去甚遠視屋上者稍狹亦每尺許一印印中皆聚塵蒙
以圓久無行人雪封爲尺其餘又絕不類人且不類獸其撞埃出痕之狀
當是一足怪據諸書山魈一足畏聞鈴聲因教其家繫鈴自衛

初四日丁亥晴寒 程君受卿來 李香雲觀察及令子小石齋過訪

初五日戊子晴寒 到湯君彥博 張叟仲嘉 過姜君春浦 李觀察處 家榮伯 任君雨生（名繼勛）賀年 晤執之鴻生 下午王君君寶 張君來

初六日己丑晴寒 遣白子清往蘇見母擬留住

見英人十二月十五日新聞紙上海法華龍華大塔黃渡把五層皆首賊造者毀新聞數里 又嘗刻京抄國子監國業馬壽金一摺陳指摘八難請查嗚戶部議很陷劇云々 讀函的自往君號轉達此時其說為代理民諭君務至其室內 初四夜擄吾爲僕人問至樓前嗚地作響吾寢中覺有物來壓左肩重甚 [illegible] 以之護地揉々直至客下而醒 初五夜未至曉（夜深後）聞室中響如子丸出聲猴聲舊門去借民舒二种識未曉覺燃爆竹驚之 有物（從風而過）至窗前至民於為躧敖人足過覺已杳

初七日庚寅晴寒 少敖自家來 時應至今十日 壽寶為生平所未經

早海寧蔣君寅舫光焴封樸甫光表來訪久譚 撿點行李 下午辭
候蔣君 姊子覓舟擬於早渡江登舟
蔣君擊寇保上海隨難至此述上海事綦詳 蘇州賊酋約十一月中獻
城實其人事前蘇府吳濬力保其必成費撫鄙銀甚多及事已決裂
外間爭言何桂清畜悔自盡 蓋此事實由何起 然亦係訛言 何至
滬業慝 見上海前日廿二日信蒲康盡被賊踞 川沙南匯奉賢俱
已失守 賊至從無對我軍悉守諸壁賊于富陽渡江初至僅十餘人九月廿三
日至山陰破 廿六日找諸暨軍潰城亦陷 廿九日陷紹興府 寧波十一月中破
初八日辛卯晴 遲晨即行來反候昆舒二兄 出草湖門渡江到寓河內
登舟 甚大 係釣鉤子載米到漢者 平船本每千一百石 為有數舟 無稍
砲船護送 辰刻解纜 下午過青山 依舟連檣數十艘在江南岸
晴泊武[illegible]口 武湖水入江處 距陽邏十五里 俗訛武為□口
初九日壬辰晴 晨發 辰刻過陽邏 亦小山崑連 在江北岸 有人家舖舍 江
甚狹 傍晚到團風鎮 江岸市甚喧鬧 又行數里泊

初十日癸巳晴 順風 晨發船 刻 六十里至黃州府赤壁山在府西二里許江岸

蘇氏赤壁也 雪堂東坡之勝及對岸武昌樊山俱未暇游 樊口在

樊山西 樊麓下 內通梁子湖 食鯿魚以此地為最美 樊口壓盍局設于黃

州江岸 泊舟候驗 望樊山殘雪句 緻神清骨秀 [redacted] 亭午舟行 過巴河大鎮市 未泊 日晡過散花洲 相傳周瑜破曹操

將軍釃酒散花于此 又過道士洑 一磯直插江中 為陡 高而孤 相類 頂覆而窄 又

太高 其立營盤山 前有塔 此可見一面 故形險之地 山從沿江而西 相連峯甚高如

其秀地在大冶 疑即西塞山矣（又過漁陽口內通澤源湖 澤源漁陽舊即此也 進此為大冶半壁） 傍晚至蘄州江邊 小山上有磯 舊日壘 沿岸

上（山城）鐵守寶之 [redacted] 南岸大山 壁江水流甚狹 過南即半壁山田家鎮 對

岬 初東征吉城壘殘痕 是日凡行二百五十餘里 過蘄州數里泊

十一日甲午 晴 大風 舟阻不能行

讀曾見氏闢邪實錄一卷 是為湘潭人作以闢邪教者 徵 [redacted] 引頗多證 如未得史

要領 中國天地會等秘本 從教而其論邪荒誕 彼教殆不若是之甚耳

此則責彼教徒教而未之也 旦彼教謀妄可指者甚多 而非僅之失據於中國

儒者為能昌明聖學力敦正行風俗之源一正諸異端不辨自息子輿氏所
以必言拒楊墨者楊墨之說精微近道易以惑人故戒微之▣辨不可不急
若邪穌者不必辨亦不足辨也參戎刻楊先生辟邪論為知雅要

讀黃氏元御長沙藥解煌

十二日乙未晴大風舟阻不得行旁晚風定行到田家鎮泊田家鎮上流十里名
馬口南岸對江一沙洲江西界也

十三日丙申舍順風晨發過富池口過口到興國州六十里興國民為楚民風
最惡半過鄔穴厘卡候驗鄔穴鎮市甚大在北岸江面狹南岸有山
過鄔穴江流浩瀚山亦斷矣日晡到口盤龍坪過此江西界下晡到二套
口直北岸厘局候驗即住舟地離九江十五里要知家信來者皆在九江不能
候明日遂僱小舟先往傍晚到九江詣寶順洋行晤徐君渭甫接家
兄九月廿七信十月初三信 內子八月十五信九月廿八信十月初三信 李賜
八月十七日信 陸老八月十六信十一月十九信並詩一首 周賜六月十七信 仲收東台發
所發信六月初四杭州發信 閏邊九月廿五信 孟章九月廿三信並書

衣否九月廿五信並寄海國圖志筆墨指南針及十月廿四信並事

共十五函 是否備探得另外又識孫君慧卿 國相杭州人 上年亦慧憶

家信內云謂房已于九日廿一遷入新房即微小宮往出 十月廿一四

門常在廣東上城 限可查照得分往有到往北之意 家內自

內子以汝為的愫食[illegible]不堪言無窮宜為十餘年所受臨中業侯 寒冽

受甚冬衣無須請並力及圖書之情懷

陳老信言今已即來否又云 皆仰已赡體名字方兄徵先生 劉君

閩生及陳老共捐保奏陶之慨 惺識君皆頑履獨余舊句 何以報德

過耶 陳老見勵頗通之生哉 詩八首係生日戲作 悲壯可誦

付[illegible] 在常逃難到北卿過娩員喜方氏死之越日娩 又玉共弟

李英□庄氏死之 其[illegible]閩公子女皆投水赴井免遭辱 害焉 及

抄到東來 去夏甚衍共信中並請令我執汝離君 今杭城被陷

又在陷井矣 奈何奈何 天乎何酷也 幸其眷屬為在東庵

道幸信論事慷慨可誦前過王昆仲信 以藥葉已先誦矣

衣谷待我之厚，可為軍有讀其來書，摯忠篤，肝膽流露，
幸賴漆簞作了，能以示後人，可令世之君子敦友誼也。今上海有累
邦之急，衣谷屡招乃不能負困，以逢大難，又有老親幼弟，思了後趕
徐君言上海自下尚已無患，惟南岸太平兵先在中國之兵已經撤回，再動
非餉千万不可，上海恐難保也。賊到寧波，該處商民反罷進江寧城商
其事總通商口岸之故，兩位出惡言，將來必有一戰，恐夷人眾時長江路
絕矣。又聞賊在吳淞口上札，又言已為夷人逐退，恐家傳寧海上無論
賊來即不來，但道路一斷，性命難死而已，欲遷來此無力，又無養地，奈何。
一夜焦慮不能合眼
孫君言下江夔州增援先可餉銀十万兩，其錢均係薛撫臺□□□
發塘所出。又言楚省設照換辦鹽，到漢者已三起，第一起係餘
一千九百餘包，因漢地拖過來繳，安省委挽，經查明出楚北鹽運局繳
完卡稅；第二第三起即伊自運，其狀況共二千零一五斤，原全存鹽屆
二十四甲每者已減至七百五十文，其到楚之原價每百斤銀一兩，昔已減至九錢

五十有余僅宜節相去寸 精呷 精呷乃精織行遲 其九其之 匹探於者

不淋

徐君又言意相思十一日中又到晚景 十二日四去向今正為漢來大妈

壇車時務也

十四日丁巳晴 下午大風 晨候九江道蔡君蒋舟爲之有家信到

因先覆之寄丞史士良親家 又候往化今胡君重浦(長差)來匯 逆洋行

飯後以下舟開行大風行十餘里泊張家洲 登舟東眺故鄉 書

爲異域室家戚友但在離中不覺涕不可忍

十五日戊戌晴無風 早發舟過湖口西望匡廬五老雪凝如玉 憶自去秋

登峯造極已過百廿日矣 山中想如氷窖未總智讀龍海二師安在寤菟

獨蒙兆佗書教 騰不能念之悲哉 傍晚到小孤山下泊 急登山拾級二

百餘至玉廟 工程竹篠鬱密石步並陸 天又晚遂不敢登 廟中香火甚盛

以女神故幕垂不見象 余未登香樓 廟視[illegible]過向者 息之下山 而過山舊

[illegible]北岸[illegible]與彭郎山對峙 號海門第一關 元立鐵柱于上 陸放翁

匙[redacted]之忽宜一設守于此山高陡岸當我地想亦用炮火御賊廿北山岸屬宿松安

徽地南岸屬彭澤江西地此係土人言按地圖則北岸為是係西界過小孤為

下則為徽望江縣界跨南北岸矣

十六日己酉晴晨霧晡到華陽鎮泊

十七日庚戌晴晨發衣過東流晡過黃石磯晚到安慶府泊西門外皖河口

即石牌河蓋皖水也

十八日辛[redacted]丑晴晨進城入門進王春帆大令寓到鶴生處長談到行臺

謁大帥詢問途中事少坐而退到莫偲老處[redacted]

直晚後返寓鶴生來接金眉生書誦十一月十七日信並詩三本附件十一月

十八日信袁[redacted]桐君十二月初十日生晚寫信又接陰甫十二月初九日信

皆卯正於去秋及今正疊奉恩旨加官銜[redacted]節制江蘇安徽江西浙江四省巡

撫[redacted]補授協辦大學士

善徵來訪初門館敘所談與為並大通回出差到湖遇濤有長飯之後

十九日壬子晴晨[redacted]揆帥來送書上海信一件命擬疏稿擬畢到行臺謁退

未進見　邑尊倡老不赴　候黎君壽民　沈君琴西（名奎浙江紹興人寄籍楚北）　姚君慕庭來訪

沈君琴西來答候　夜同鄉王君春帆來

呈　撫帥函稿

早間接奉函件　命為稿復　肅謹擬陳呈　惟未審　公意欲如何等　祗順行

中原又作震不知無錫懷寧諸傷猶為稿下游情事如此岌岌誠為擔膺

列名督帥暨洋人可暫借不可久恃可小用不可大煩　若之論尚〻　昨在九江東閩

洋人通及賊于金陵一帶日夜攔截炮擊　我師遠不似宜以速為貴　計自

蕪湖下至六合東流以上下江面不過三百餘里　順流乘風一日來至到滬〻以

整頓營務　就其不用命而汰之　自新者　壁壘一新　舊營兵似亦可用　至水

陸並下　持重以御　自是不易之論　惟現在江中炮艇密〻　而兩岸不無〻匪

壘堅陸師不能由並而及攫壘得未穩此說有關重

附錄滿秋甫致撫帥函信節略

忠逆自破杭州分三路大舉犯上海　逆子及吉黃二逆由平湖乍浦嘉善

竄滿浦東　為南路　劉逆李逆由青浦竄松江　為西路　何逆由嘉定竄

寶山爲北路十二月十二日北路直至新閘東首而止又東達吳淞口西岸十六十七十八日南路進陷川沙南匯直抵高橋惟寶山尚在又黃浦江一線西洋舟停泊之地無恙洋人總兵官出示安民內言該逆如到上海吳淞寶山三路派弁兵奮勇剿除之民間可與大安該逆聞風亦當少戢云後賊韓

江邑

接槐亭去年十月十九日信係在徽州發內言欲遷眷仍返江右其時頗與已失家眷方無路出杭之陸出禍害已可免爲之難矣

接陸君承隆信係接翁親家之族姊

二十日癸卯晴 莫子偲先生來訪 霍子了黎君蒓齋氏汪君雲西宴飲同席李君勉林 興銳長沙瀏陽人直隸州山內糧台 何君丹臣 潘君聚垣 劉君彤階 世琿溧陽人內閣鈔館歷六年曾識之 晚李君何君復來

接陸甫去臘廿二日信今正十二日信內言洋人欲築炮台因磚土一時難集即將洋布數捆堆築傾刻而成約費十万金 我在滬之發信已到

接徐君渭南頃正月十五信上海郵遞已稍通吳淞船隻可出入

十一月甲辰晴 午間 撰帥招 賜食 並巡捕舊識朱君筱山 作霖 江蘇通判 廣信上饒人

楊君藝舫 宗瀛 無錫人 華君若汀 蘅芳 無錫人 六品軍功監生 從師者席

識同座潘君小雅 馥 蘇州人 刑部主事 芝軒相國孫 劉君小岩 傳璧 鎮江人 新選

寧國府

餘李君勉林及余 下午候朱君暢譚 霍霍快意 同星 劉君日心 名獻琛 來訪

及令弟仲昉 楊君藝舫 柳君秋舫

方君子白 翊元 興國人 訓導 年六十餘 舊識之

長沙人 訓導

摘撰帥飭知于去年十一月特尼保華人才 以精算名澄列同保五人 周改 華甫與博覽群書 留心時務者 題名

甫方元徵先生 劉君開生 徐君雪村 壽 無錫人 能製器物 向在里門發識

華君若汀 蘅芳 其算學人 惜秋向不相聞 此君以才能製器著稱

接陳甫去年八月廿六信 有云 吾輕君耗皆非任天下之才 此語甚切

又正月十六信內云 北米有米交鬨 南米人伏英舟為北米兵船所窺 捉獲因此

英米搆釁 英師伐米 俄佛二國助米 花旗請擇賓秦 議西 言經擬降備

忠王書 獻江浙兩省 準以俘與偽忠王俱索頭二顆 戴花并銀四十萬

又十七日信內云 撰帥命購輪舟小者已議價萬二千 大者索五萬五千 即月去年

所懿威林箴 屬朱君秉堂赴上海時撰呷一看 此串呷意價昂未買

接陶哥正月十二日信内云 陳老殁矣 一房家眷上來 陶哥之意 亦欲分作

兩起 云太難之時分開 或希有人分得保全 閱此言 心惻 寔意生死務在一處

不可舍離

接内子十二日信 内阿哥之意 欲同姪媳赴天津 候作函阻之 又致斗南局信

衣谷已代函到

二十二日乙巳 晴 華君若汀來訪 朱君小山來訪 長譚至下午 同御楊君藝

舫來答訪 同見顧君類甫 翰文 前任理江撫 劉君日忌來訪 客去後 偕霽生 小山

至吳偃老寓 不遇 遂過小山寓 候徽乙庭 候許君若秋 雨椿 桐城人 曾直那

代辭福先生幕 前日見訪故答之

二十三日丙午 晴 陳君惺甫 識荃 卿人 安徽知縣 去六年曾識之 來訪 陸君瓔云楨

領同席 黎君蒓民 及其弟柯堂 吳君櫻先 涇縣人 范君海門

雲甫 霽生及余 華君若汀來 小山來 即赴商幫宴 候李少荃觀察 未晤 又候

李申甫觀察 同御劉君日忌子孫局 李及祿 游軒 剩史 華君若汀 幕府

程尚齋觀察程伯敷運同 鴻詔 歙縣人 吾十年常在軍門辦事 李眉生部曹 鴻裔
四川潼川人 何小宋部曹 銑 徽州人 楊海舲廣文 其澤 四川人

二十四日丁未陰 華君若汀來 摺帥命擬改楚批毛寄雲 鴻賓 信 下午留
帥以內發洋貨（稅半）運照土貨捐辦之示 夜張君琴西 吳君摯先來談

二十五日戊申陰大風 李申甫觀察來談 劉日心 華若汀來 寫紉齋
信 內子信 又寫顧竹西信 馮小菴信 家子卿信 龔孝拱信 傍晚同小
山訪若汀 夜劉君恩心來 談如自大通來
接帥署送來總理衙門洋務咨文二件 閱後送去 安慶委員楊君芳三 萬錦 張君
讀秋審條翻查收有四卷

二十六日己酉陰 寫張甫信 史君耕原 化明 金壇人 皖南委員 來談 廉君再
卿 字慶梅 江人 張甫之表物 來談 莫偲翁來同過談如無 答廉君 程尚齋
觀察來 華君若汀來 劉君彤階 方君子白來 到黎蓴齋處張琴西吳摯
先處 譚三君亦來 暮歸
接張甫十二月十三日信

十七日庚戌晴 寫衣谷信 寫金眉生廉訪信 寫徐君渭南信 祿鴻軒制

軍來寓談 劉星泉 應雨霖生邀赴對門丹臣家不遇 值丹臣觴客

因宴共酌 飲罷至怡老處久譚 借得淵如先生易集解六本

訪金廉訪晚回

新正十七日自鄂回 晚接讀 賜椾并頌大作 言辭風雅 意思纏綿 令

人神遠 況左兵燹之後 名流碩彥 移之從避 如鳥失巢 使君卵而翼之

一時盛會 如隔千里之外 遙深企羨 及由而死 憂殉以勸忠義 情甚

愴讀之 壹澤亡者有知 足令下泉不朽矣 武林淪陷 道鋒益熾 賊擾滬

中 羣言指頻仍 情辭十分緊急 此間糾集楊軍 克期東下 而新撫勇

尚須訓練 大將仲春自粉旁蘇 明日以陸甫昨晤到滬 詳悉一切 書問

貴處亦在由陵 有包閩下資遠到滬之說 未審已行否 珠游在目

附錄 撰帥論借師洋人原奏

再 臣鈔案 密奇諭 洋人之在滬者 恐不足恃 只可我和好 究竟惟利是圖

一有事機吃緊之時 往之坐觀成敗 若欲少藉其力 必至要挾多方 有情理

更所斷不能臣之意昨據薛煥有據蘇省紳民公呈會請借洋人剿賊之
奏內竟擬飭該撫諭令該撫熟計以期無拂輿情諒該大臣早經洞悉洋人
既不足平仍飭該大臣酌派名將勁兵前往方可萬全之慮等因欽此臣于
上年臘月初四日接蘇州紳士潘曾瑋等信函言借洋兵之事 臣比將函言
守滬上海皆係通商碼頭洋人與我同其利害自當共爭而共守之金陵蘇
常本非通商口岸借兵助剿不勝為笑則後患不測目前權宜之計祇宜借
守滬城切弗騖遠略蘇常金陵可以俟我兵北往無為只為有實既
已借兵守滬則當坦然以至誠相與虛心相待不可稍涉嫌疑等語函致該
紳並經照撥臣薛煥立案頃于正月十八日又接潘曾瑋等函牘業已設立
公局會同英法二國防守上海惟又稱洋兵調齊之後勢難中止不便助守
上海並將助剿蘇州等語 臣之愚見借洋兵以助守上海並保華洋之人財
則可借洋兵以助剿蘇州代復中國之疆土則不可 如洋人因調兵已齊兵費
太鉅勢難中止情願自剿蘇州等處亦中國當以情理阻之婉言謝之若
該洋人不能禁阻亦須先與訂定中國用兵自有次第目前宜會剿蘇州之

師即克復外郡，遙撥駐守之師來，成則中國不必感英法，不成則中國亦不合與發英法二國素重信義，一一先事說明，或不因見德于我所及防生、是否有當，伏乞
聖鑒訓示，除臣處守滬之兵俟李鴻章到鎮，陳士、到隨另行續奏外，理合附片具陳，謹奏。

二十八日辛亥，晴，大風。湯君林美、侍其莪尊等人來，渠為成點同里人，浙江司馬，與余有中表戚誼。本平幹，因其長君伯溫部書，幼與吾友莪尊之妹美其女子，名世隆。臣弼中丞來見訪，署欽堂從我來候，同赤吳候來為無言，吳君琳原時兩君同座，又候安宗委員楊君莘芳三、張君清秋，又候楊會從加隋龍淵觀察外銀鉾局御王少岩大令延長，江寧人，江西知縣，又答候周御醫顧甫司馬，又答候蕃欽堂未晤，我又訪祖瀛如若遇，柯君小泉、郭君仲勉、程君伯符來答訪，蕃九臣信以速日所撲九西鄉托徐君渭甫持寄　到即回來

渠為先奉林桂楣方伯札委差務，九月柳林章家入杭城，十月初賊圍合，中外隔相隔，渠為隨大眾出富陽，十一月柳杭城陷，十二月初一賊至眾潰，道由山路間關至此。杭城諸親友皆不知耗，惟知楊亭學書房偶在衢州

十九日壬子晴 寫子迎信 寫鄧樹人兄弟信 黃敏堂來 潘梓美來 訪如來 華若汀來 夜同壽生到福如寓 偶老丹臣譚語 無識喻處 盡歡而散

吉三

致子迎書節録

上海去勝萬分 以堅忍勇人出示手〻 決戰城築勇〻少衰 民情勇〻 男兒宜立滬官辨已設立 令滬局防守滬城 兼有代復蘇垣之說 盈此次票留西隴節相〻意 以勇人貪聲于獄 不信勝 其兵勝利 雖欲兩此其志 上海岌〻一時 精兵不能驟集 不得不借其力 以固吾圉 西經收復越南他處 度於此即權未許〻 其識力殊精 卓過人也

接帥著名送來一函 以自治整頓叢集見示

又接屺信 並送內江季程兄贈迎見示

十日癸丑陰大風 潘梓美來答候 李眉生 鄧貴來答候 以作復子迎信 並洋人孫學七本 又鄧厚甫信 交何丹臣 覓候寫湘 華若汀來

二月癸卯朔日甲寅陰　早飯後史君宗原同湯宗吳劉思東　識小山人
友徐君衣谷　往呂建侯處下午到湯果處　夜討論山陰偶老足為作楹
聯甚佳

初二日乙卯晴　寫士良觀察信即發　寫筱甫信又內子信

内江通商始末

庚申年和議成按照戊午所定條約内江各口通商俟賊平後揀擇不逾
三口嗣于本年十月英公使卜魯斯再三請先行通商經總理衙门允准由上
海至口領差並將該國各款照覆照議定暫訂章程十條嗣于辛酉年春
復疊因該國商人運木植油麻等物請照又至安慶黄州有洲等所停泊經總
理衙门將原條添為一十六款增設防範照会美國公使無擬言議不能照允
則內江通商一層只可按照原約辦理再議云云英公使卜照覆允准又將新議
改為內江暫訂章程十二款各口通商洋貨出入通共章程五條及出示諭曉
英商貿示文意義與總理衙门所訂略同方謂此时法美二國不肯隨同定

謁從陳衛門具奏兩件各國通商條以英國作主餘國屬之此次各議院英
國允屬即可作為定准云云故國書各文牘均寫法美等國字樣
初三日丙辰晨大風 早飯後過莫子偲先生同候李少荃觀察不晤之君觀
兵營官韓鑒堂 四國湘鄉人 訪李君眉生 並候周翁蔣若頌 嘉棫 蘇
州人 現在帥署掛奏 後過偲老寺談如舟臣皆飯罷傍晚返 夜與周霞生小山
訪談也
初四日丁巳晴 早赴公署謝謁帥見 嬰西方集道返 湯果翁劉日忠來寫
內子任附前函內 下午謁帥久譚帥方患喉疾 華君若汀來 又寫陳甫
任附前函 小山明日將行也
今日帥言學問之道以寡心有所得著書之目如前未經人道 近世儒者掇拾陳
文皆空言剽竊理是抄胥耳 不如絕食為小之為念矣 此言即亭林先生所
云采銅于山之說 元箸綴之自是吐棄之切
與陳甫書即錄數語
異下排若 之事 帥言此間甫年 遣吉查霞蘇遠調用似乎不使便候與

來過云稻穡再說其意未必以為不可但不能遽急亦實在情隱也 小山往返往勞倦帥意每來呈它承輩寺条末議未必稍易均僅述小山之才幹呈閱練與兼進可否之計也

初五日戊午 晴 王少岩大令來答候 黃君欽堂來 識小山之友沈君情款歷（南通州人 壯捲水師糧台） 訪湯果翁久譚 出所作也田幕府詩文見示 華若汀來 王春帆來 呈日本小山易帖

湯果翁言 徐幹中論世傳二十篇 尚有曆制一篇 獄役一篇 在貞觀政要

洪琴西以其友人吳君位來示內言 高麗國京城居之金寶圻 首事者丁鼓甫副之者劉云身 主戰事者吳大明 自三年即與賊相持 今其法設團勇五營僅四五人（有口糧） 其餘地方自拼義民為十會 每會有數五營 出[illegible]之隨口利則十會助之 十會中探鏡會最精 出其不備 若[illegible]會中亦敗 則合國盡出 謂之沿門夫 國內地廣四千里 有丁十餘萬 積粟甚多 去年賊攻急 遂與和 不啻髮賊在國內 四者人許之行 一滿五人即戕殺之 賊懼之 其安

初六日己未 晴

朱作霖字雨蒼號錫蓉山人一生於道光甲午年三月初四日吉時江西廣信府
上饒縣人寓居玉山縣城內大街
曾祖諱濤 母氏徐 祖諱孔書 母氏盧胡 父諱俶 母氏華李 繼慈處下
弟作朋 作樺 作元 作煌 作寅 妻氏姚 妾氏張徐 女二
初六日巳末晴 小山將月這之廉君再偕來道借步自東門登城繞北門至西門
下城至城內王君春帆寄少金以出城赴母之今日不日寸小山談至傍晚甫返 劉邢階
方子白來
安慶城形南直而北隙自東由南至西其勢迤自東由北至西其勢遠南沿江東北阻菱湖西及
北阻皖水惟北來為陸路正衝城上皆具堵鐵遠其北面炮最多衝如東西水閘附近
江有菱湖湖之間有閘道通樅陽水威所設其地湖水至城遠中有陸阜沿江有營壘
營擁塔我軍爭之至七月方得東北湖水逼近中有水田要路隘處我水師擔船入湖向
城攻擊賊逼于城上築大炮甚衆北門外集賢關大路有石壘二其東壘傍為
阜上復一石壘其路過石壘直南向城又折而稍西南至北門其直向城處城上亦築大炮
甚直向之過北門而西城外皆坡陀土阜阜以外皖水所經阜以內有小港自江出岸內

通城上設炮可擊（北門大路）土窟上設隊及小路往來者西門外有高壘小石四坐距城略遠形勢不了了城濠滿通江水寬約二丈自東門到北門城形方折故相距較遠自北門到西城形斜迤故相距近

初七日庚申晴 親兵營官韓鑒霆別駕來答候 李少荃觀察來答候 陳午湯頌美劉思來

韓別駕言湘軍出戰為一字陣隊[redacted]勇者行速者突而居前弱者行遲者居後至敗退亦如怡隊伍為不整 多將軍隆阿其軍皆用連環陣 每隊十人為一行 豎喚四行[redacted]中間左行之間稍疏其進法行首一人火器一發刀矛一刺一擊行尾一人持至其前亦火器一發刀矛一刺一擊如是連環而進其退法行首一人火器一發刀矛一刺一擊旋身退至行尾第二人火器一發刀矛一刺一擊旋身退至行尾毀立其長速環而進無持追軍四許即止步齊隊其色挼退北皆以馬隊為前 所以其軍雖敗退[redacted]而亦撓 此陣持[redacted]古兵法本以持重不可敗為先自今軍興以來多為輕銳騰側標附收別為散[redacted]（向聞人言勇悍斷難而姣）[redacted]選隊 屢次[redacted][redacted]知古法之難廢如此 又聞多軍已至合肥城下 又單捻攻圍潁州甚急

初八日辛酉晴 歸以葉君孝揆來談 乞示因入謁帥 請李君眉生 又請程君

嵩甫村君小坐均不遇 訪方君子白 華君汀來因邀廖君再卿夜飲

接孝拱正月十五日信

初九日壬戌晴 晚到湯景安寓 借去二錢乃歸 寫晁甫錄甫來往湯君彥律

[redacted] 往劉君粹甫住邨發

初十日癸亥陰雨大風 湯井美劉日心來

十一日甲子雪大寒

十二日乙丑晴 夜劉日心來

十三日丙寅晴 午後方仲觥來 夜到華君汀寓遇廖再卿

十四日丁卯晴 午下晡訪程均齋程伯符李眉生柯小泉方子白方仲觥 寫孝拱信

致孝拱函書

月初八日接還示并詩 讀之捧誦曲久不已 談君林情類極 紙上覺得聞語

忱 臨隸氣醒人 脾胃可嘗 抵足一快 讀以撲帥於君及三君皆以爲

可公事公言之不阿所好 殊異恆俗 惟子年尚有嫌辯若有一二事特為

陳之探帥奏也。爲今日時務爲君稱之，尤有志讀書之，捫歷肺腑，都無影響者。是則探帥既誤，而足下再誤也。且探帥抱己得此人即行，並不異于眾，惹言於所見在一恒常之人，亦以恒常視之而已，乃登之薦剡者，所謂抱練之術，詩自隱飛，以無起豪傑。如足下業者乃故爲奏有云，人才樸備而陶所擬，實見其可用，君即不容遽爲相能略。又言素交以實學，更不深悉。探帥之奏，不過獎借之虛辭，乃足下之意竟作爲賊之實，公論探帥誤之，後而足下誤之，漢此其一。未要又云以爲叔言之故爲見作僞，又以爲近身之幕府之資。是僞見信人則不可信見，盛害人之物則甚不可。且要其爲神之嚴母，乃爲更之僞，終爲必辭者。○所更之有僞使爲之，吾等也必要悉見，深此使僞亦必僞業且爲收謁尊，今更登高，賜下物，皆不睹。僞方今迷，道於其中，是甚同僞爲哉！足下不知，更之不求，吾等可矣。并不知僞之不能，吾當是其謂也。僞之知己，僞不出也，此其二。首幕府所欲也。○之情與眾之情，實難近身撰成之，又何難於外之幕，肥於中之幕府。足下所欲深知，精要

怪。求吾儕則將進德，想亦如之。讀書當有志者漸遠矣。或恨
進之心否？蓋進之具，進之中有才不才焉，足下不以進之方來助之
急，許其進何異速也。此其三五年間錢足圖，微去不免念佛有言一切衆
生皆依食住。何人能為飢寒所累，是不足辯，并不欲辯也。昨藏
所奉之函，嘗有二旬，自負屢有承擇，來問乃寫譯德所深恨者，足下
九級包桑。有一帆入塞之足，足下念切柔桑為，待來邀游，可慨一
足下不能以莫速之來證為。有以待集之言進，是足下能去者大
為。吾為相可慨之，足下洞明因果為，方釋煩慮，勞足下施
解脫為。吾為善攜之，可慨三，亦有經以為不懷者，蜀遇閣十二金說
法不距羅睺，亦佛視衆生皆如一子，足下何獨視一子不如衆生邪
以春秋之事言之，後君決不為許世子者之過，不必為蔽雲公也。一笑
寄藏湘竹筆一柄呈足下，所費甚少，命家人持奉，願為三遂，顧許誦乘
書得一大白，四日應一函，乞法書作冊，皆相爽望
見鄉抄御史朱瀾奏章，為譏求發民之道，其言頗異，尋常一帳落

揮不能盡徵注解中旨並隱有所人無限法不改今之風氣識士君子之發而概書其法度美者也

十五日戊辰晴　師署叩賀楚督宮節相奏保總辦開一摺未示　下午訪劉彤階不值　遂進謁師　傍晚華若汀來　晚飯後湯茶美、劉思來

十六日己巳晴　閱師節沅圓鑑盧訪丞最結候之　下午訪陸琴西、吳攢光、湯果翁同劉思來　鈍丹居來　姪子壬福辭去

接阿哥辛丑十二月十五信

又接內子十二月初二信

又接家君十二月初四信　正月間信內言已寸孝拴指定在安寓讀書

又接沈君子煥十一月初九信　並見贈詩

又接柳君子枚本月初九信

十七日庚午晴　閱楚督宮帥奏稿簽注竟　送呈師署　交巡捕桂君有田識姜君同陳君壽恒樹鈞　遂至姜居　劉君晴軒星炳、陸君琴西、吳君攢光來

撰帥見示宮節相奏稿命為簽註其不妥處未改識數語

詳查歷來通商稅務，從以勒有洋船之牌作為征收抵稅，可見洋船若無船牌，即難以
駛入埠。再查內江新例，必須以船牌換領江照，方可入江。江上如查無江照，即可將船貨入
官，是節節關防，本為嚴密。洋船不繞上海而徑入長江，則無江照；不繞上海而徑出長
江，則無船牌。上游若能令其呈照驗查，自不虞其偷漏。至于稅餉，了收于鎮于
此，更何分別。今觀此條所云，船牌自繳領事，並不呈華官驗照，則長江以內通商口岸
皆稽察，其勢不得不棄。且按原例第四第七二條中，固亦有前項宜詳述
盡一段，在院已索以呈副，鄙副得呈照驗查一節，即及該條七條刪改，則大局已有
防閑，不至如前報蕩。至於船入關何稅，不納艙之則其件不候了簽為出，一則外洋貨
物各色件數與兩係由中國不同驗稅各項，上海無此要手，一則與泥及關內近洋
人查稅其條款有每月乙万餘金一年可數千金一年者，今據為關餉，未必不為賠貸
不可少，一則新與定議，此為原改示人以不信，一則通地異同，為　王土，必欲福
彼，就此似于吃城未協，亦且照外部口實，必需觀其御所定內江各款，意在
防江為不查征稅，若只以一大長江，半皆殘境，若不立為門戶，則其弊何可勝濟
通其可通處，擬設立上海行照一層，可行照單，械照內麻銅鐵一切驗照，至為緊要

舊隄在上海沙堤外,捍海之海寬,沙再接其沙與閘相為順利,今但使入江船隻

有可稽查,又何必定言稽稅耶。至于內之稅米運照,須將關部分及稽運土

貨之稅,由內江口至閘均進行驗,未嘗不可行也。

程伯穀題襄文集

堪輿(駐防之地)依羅坊 南至安石柱蔥嶺東書發雅汝[illegible] 省九

府乃八十五直隸廳二十一廳七十五直隸州六十九州百七十一縣千三百三 將軍所

駐城三十一防守尉所駐四十八卡倫一百七十六

世本宋忠注 忠字仲子,其注同為注傳説者為一人,或云宋忠,或云宋衷,或云宋

衷,或云宋均,或云宋均,或云宋仲子,忠衷(字)音近,均忠音轉,後宋宋衷表字形

近

律有五業從事之官,隋志律劑[illegible]業從事宋忠注同易十卷

今世占易以天干配卦,此即納甲之説。虞翻所謂震出庚,兌見丁,乾盈甲

壬癸退辛,艮消丙,坤窮乙癸,坎流戊,离就己,朱震所謂乾納甲壬,坤納乙癸,

震納庚,巽納辛,坎納戊,离納己,艮納丙,兌之納丁是也

地支配卦即爻辰之説,鄭康成注易卦有一所謂乾貞于[illegible]子,左行陽時六

坤貞于未右行陰時六是也 今州乾右行乃坤左行 今依律呂相生之義正之
其乾震艮坎倡今世所用其四金卦皆改右行以合古法律呂相生之義 [illegible]書

坤	巽	離	兌
癸巳	辛巳	己未	丁酉
癸卯	辛卯	己巳	丁未
癸丑	辛丑	己卯	丁巳
乙亥	辛亥	己丑	丁卯
乙酉	辛酉	己亥	丁丑
乙未	辛未	己酉	丁亥

十八日辛未 陰 寫階平信 內子信 衣谷信 都子牧信 孟辛仲敏信 歐陽
發岑信 并舊譯書四種 吳南屏 逕蓬信 夜陛行 琴西 吳撥先
十九日 壬申 陰雨 孟與嵩來 自臨工知四妹四堂家已到 因孟與送行畧
謂鄰帥 並晤 吳君子思 程君讓齋 蕃並晤 帥弟沅圃方伯 前日來
訪蘇薦 同孟與至寫辦舟 為滿不發也 訪王君壽帆 夜到莫偲老
處 保養碑至書一部 帖一種 並晤錫君丹臣
接帥署送來楚督谘文一件 內條送安慶 發張楷二君查收 有回寄
接陸甫二月十五日信 言眉生已革職查抄 尤可惻然

接孫遠正月廿七信

接陳壽正月廿四信（收武昌所發信）二月十五信（收前日應敏齋處所發信）

又內子正月廿六信 廿四信（撥武昌所發信）

又炳暘正月廿四信

二十日癸酉 陰 吳鴻抹英來 為田卿尋看屋 孟惕來 華若汀來 同孟惕、孫保老不遇 又候湯果翁 吳攬先來 湯果卿為律對忌及同御華訪菴（左卯門史賢弟處）來 史敬原來 同孟惕看屋 夜訪吳保老 同陸芝裳翰林孫寺陸甫也觀臥來談 溫州係平陽金鄉匪竄擾 據郡城一次 攻圍陽安十餘日 被擄情形大可駭 賊已黑 新正三日閩師收復平陽 逆匪竄近就擒 溫州內患已平 台處二郡皆為賊擾所據 閩師進攻台州寇 中有應伏想另得手 浙閩督慶端已奏請 發左帥為浙撫 並請駐衢 即以衢州為省城 金華府州皆為賊所踞

接陳老二月初七日信

廿一日甲戌 晴 同孟惕訪李眉生 又訪程尚齋 世叔前輩 龔孝拱住湯

衣谷信 鄉子枚信 寫鄧樹人信 劉思忠來 寫張甫信 陳子信
內子信 伊丹臣來 湯果哥來 王春帆同周昆姚君彤甫來 孝嘉井北城門
盤查委員 吳發薪 攜南屏女 及人分命 園菴信 侯吳攖攖見同看視察安
接帥署送閱郭筠仙觀察信 譯之千言 力言 攖帥不宜函辯請夫消上海收
大閣之稅不如大閣自收者矣 然而不止不使之入內江爲稅金如外邪 源元凌
帝京之船艦神廟寅官獨[redacted]日稅 事爲著俗 仰之不當之有[redacted]船甲物
神上海沉船 看文之風雨蘭兔不出稅取盡空炸已矣 且陳捌錢之中 豈爲 必必上海之美之
有万金之計邪 且城下之盟名曰和議 實辱貴也 [redacted] 吾以爲天下之美機共邪士所共命
[redacted] 者必然不閣 [redacted] 請明[redacted] 自强之謀 以求振國執室國取之今
日一踞 明日一損 性命之是圖 不[redacted]因其笑邪 豈今人分不霧 脈人一擲乃万乃來豈云
貧民 計爲資歛之術 安必試之者 月之乃改 有效也 以中國得倍之 買由今
不改 雖法令如髮 臨時盡一節乃已 何益之有哉
廿六日乙亥 晴 石劉 劉彤階 方子白 潘霖垣三君來 到四姊新房 晚劉日心及江
西張孝廉宗澍 訪莫偲老 偶爲講玉海之部 後到新房 午後回姊寓

賜箪入宅與罗婦往別 以景況流離顛沛 所不忍聞 二鼓返家

接阿箪二月十五信

廿三日丙子雨 辰刻俟沅圃觀察送之行 下午訪英儒老 又冒雨到霽生處辭別霽生 楊揚罗婦聶家 湯斛美 劉恩來 處我到 晤歐陽曉岑 左孟辛 仲戣信

接內子二月初三日信

廿四日丁丑晴 辰刻俟湯果翁送其日將隨李少泉觀察到下游也 又俟何君再臣送其行 將返里也 霽生來 偕霽生王雲崗出城小東門覓何君再不見 遂歸 下午張仲遠觀察自夏口來 之訪 謁帥 訪程伯勇 以其大作送之 語程南屏與 吃荷尊晚 訪李眉生

接棍亭二月初九信 以挈眷抵章門 自去臘廿後由徽起身 繞江山到玉山 乞李筱青臺諭派兵護送 家眷分作二起 第一起臘月廿七到玉山 第二起正月初八方到 沿途物物 女臣殤 六姊死 亦抱恙 頗為侵尋[illegible] 陔甫到章門一月

廿五日戊寅雨 莫偲老來 答孟錫訪 張君執之 晉禮 來候 劉曰

心來　訪華若汀　霞生來
接楔亭二月初四十九日信　譯署同上函
接朱士言觀察二月十九日復信
廿六日己卯　晴　寄楔亭（廿八日交子臣寄去）六妹信　蔣寅昉中翰自武昌來同其友楊君
利未家向義興人來候　答候張裴仲遠令子執之　蔣君寅昉楊
君利未　張裴仲遠來　發十八日[redacted]廿一日所寫陽子及
內子信　又附甫信　夜訪王霞生
廿七日庚辰　晴　辰刻張樹之來　赴撲帥招飲　先訪劉君彤階　潘君聚恆
閱同座客為張君仲遠　鄭君守之　傅密庵伯先生子　守之在帥署下榻因
過候　少選張君同入席　晡席散返寓　晚訪莫偲老
廿八日辛巳　陰　辰刻潘聚恆來　同訪張仲翁　蔣寅昉　將午鄭守之來
孟與楊心來　孟與是日挈家東門　偕聚恆之登舟而歸　閣輯甫來　君甚
累　赴帥署向信　訪霞生不遇　返　晚王春帆來同訪華若汀
上海里　送吳曉帆來　火輪船七隻專接李少荃一軍赴滬　聞將啟帆　六萬

洋人之在陳口入內地賣買者照例子口半稅[?]無關卡[?]取辦於[?]事以其數[?]

厘金為少遂并此不收其至上海交捐者亦不可知

廿九日壬午 晴連日甚寒 湯叔美來 蔣寅昉來 袁夏桐君由上海來見[?]

訪劉忠來 [?]同桐君到霞公處不遇借返 張[?]之楊利[?]來 夜

霞公來談 寫陳子信 內子信 朱小山信（三月初一日即交袁桐君）

接[?]甫二月十[?]日信

接鮑仲[?]二月廿七信 有到館謀事之意

又陳子二月廿六信 言已為備徐雨之銀二千兩 [?]一房[?]石日即來

又[?]二月廿[?]信 [?]同陳子信

三月甲辰朔日癸未[?]晨晴微雨 寫[?]甫信（即日發）寫鮑仲信（即日寄袁桐君）

湯果翁來 劉忠來 蘇[?]（若侯同至姚彤甫不晤）侯李少荃記[?]送其[?] 出晤馬雨農

曾侯（恩博霞同人）彭雲琴侍郎 王麟[?]仰八[?]六年識之[?]樹 [?]

未[?]送其[?] 其尊人及劉君[?]城未返 訪同鄉楊藝[?]送其[?]

不[?]之潘小雅[?]鐵桐甫（[?]銀）兩部書 將午訪霞生 同霞生出

西門答候袁桐君于軺舟　候蔣寅昉送其行並晤張仲遠觀察令弟執之司馬及楊君利叔

初六日甲申晴　帥命改郭筠仙觀察信畢，白稿成二通，遣材官來取回付之　王春帆來，因到北門覓屋　訪霞生　寫詠如信（即日遣奴子特至大通）　吳潁函府佐來訪（呂言，洪江人）　張執之、楊利叔、湯叔美來訪　霞生來　寫陽弟信（初五日發，交華畹秋）　訪莫偲老，集遇華若汀、同陸少屯，偕返

接昆甫二月廿五日信

初七日乙酉晴　寫徐雨三（三一作戚）信（一件初五日發，一件交張執之）　寫吳子居信，交張執之　訪霞生，又到呂八街看屋，既交一房東姬姓　劉星恩來，同日心到張仲遠舟，晤利叔、寅昉諸君子，遂偕湯果公進城

接金眉生廬陵正月廿日信，又詩一函

又郭君寶國二月廿日信，又匯左中函稿一紙

又陽弟二月廿六日信，並詩兩頁，撲帥書

又甲子二月十一日發益寧湘鄉家信當函也 王慶高使寄

初四日丙戌晴 張敦之來 寫金眉生復信 鄭山農交 萬麓軒 候萬花麓軒庭詩

晤勝不暇 下午謁帥 過同耶華君笙狀 翼論 若汀二尊人 餘君小雲

村壽 到新寓 寫稱件信 附眉生信內仰亭 王春帆來 華徐二君來詩

致金壺詩書

惠示尊著 並小公久已飫味經史通人乃余所念有心者素蒙垂念

知書如閣下愈難見多 蒙但能撫膺長歎惧惡寓有已時殆不

言之甚 嗟安微堅白沈今 聖明在上 雖一時風尚之說以閣下才

美為世久欽 深靈之想 剖不離瑰雄持衡平心順命時保玉體既為

禱切 并賀云過不得意事必於身心有益 讀大作則友之次章

益證推廣此意 ● 今正證經鄭到皖捧讀高明大篇詠詩

辭風雅詩言曉暢通神往閱者多矣 柳其律嬝美 塗勞惜

未一觸為怡耳 至論勢從之汲江右名流諸皆是盛議令不居

所外猶為無愧 況寄郢者邪 袁帥閱悟閱過 春夢東鄰以時事

定更寄示惠以鮮枇杷，殷甫在滬未返，日內大約可來。到修節

相閒以筆墨相命，僅畫一幅，頗閑暇，足以自適，知念附聞

初五日丁亥 晴 晚甚 寫河南信，即日寄交華君 君孝侯、華君由秋、徐君雪村訪霞生，遇湯小秋昌焉

並爲人寫扇秋之子 吳穎之來，柳村亦來。下午到新宅看工，又訪華、徐二君

初六日戊子 晴 霞生來，華由秋亦來辭行，湯果翁亦來辭行。寫河南信，即日寄交華由秋

下，下訪史亮原，到霞生處，晤湯君詩林、小秋弟，到華君

處送行

初七日己丑 晴 日本宣戰 下午風雨雷電極密 張楫之來。下午訪方仲勛不值，又訪眉生，並晤吳

偶見此琴而及相識，前不識之 植之之堂弟 同益偕克返其家

畫

初八日庚寅 雨 大風寒

檢帥昨送來俄國陸路通商條約，初九日閱畢送交吳筱楚、張楫二君

初九日辛卯 陰 雨 大風寒 到霞生處爲診疾

初十日壬辰 陰雨 候霞生疾 下午到新屋看工

十一日癸巳陰雨　候霞生疾　午後訪蔣蓴頤李眉生又訪莫偲老

十二日甲午陰　出城候張仲遠觀察至南門其舟不見至東門又至
巳門均不見蓋已解維西返　順訪王壽帆到新屋看工　[illegible]惕甫來言
六姊病急惺吾取羅去即到帥署乞假帥有家書見　訪霞生　又到帥
署謁帥允假一月並問及舟楫之用派巡武八　又訪霞生即在其大廚飯
訪莫偲老　訪徐雪村華若汀　寫[illegible]改信並擬[illegible]萬方（十二日早遣李呈先西）
接[illegible]三月初五信言六姊生瘡于左足症甚危急
又[illegible]惕甫三月初五信日[illegible]

十三日乙未晴　寫兩弟[illegible]甫信（此信交[illegible]數收條及金眉生信兩封）　摺帥並將張帥到若汀處　到霞生處　出城候張仲
遠觀察在其舟晤遇往華門母（?）訪華若汀　訪莫偲老並晤方子（?）劉彤
階　謁帥謝賞蘇州有家書見（訪幕府諸友辭行）到新屋看工　若汀同徐雪村來　方仲騁來
如子趙大通來返至又將到江右遂晤若汀若[illegible]來新僕吳江　接月[illegible]
接郁子[illegible]月　日信

十四日丙申晴　霞生來　寫吳曉春信（以詩箋呈底寄上　此信交霞生更使）　寫陳[illegible]等信（兩封）　交霞生　王

雲谷回來 諸葛思老並以方子白劉彤階一字附寄信 一字陔甫信 此二信交華若汀覓便寄

以上 候張君師毅石泉 其曾人名□,祖同學常,家住府後西花園巷,志安師毅已赴江右,交其家中,取有信寄與陔甫 候同鄉姚君

張君璞 二君俱常熟人 東華世伯寄寓之所 石泉 往雪村 華若汀來送行 到雲谷舍弟辭行 書世兄

季先送至卿舍登舟 霞生來,因到新屋看工,點未齊 下晡登舟,霞生送之

舟中以派與陶俠與應送

接陔甫三月初二信

叔陽兄三月初七信

接張仲遠來字,聞陔甫已于初九日至滬動身

十五日丁酉 晴 大風 得舟候陔甫 訪張仲蘅訊陔甫耗 訪雲生不遇 謁帥訊陔甫

耗,則尚無確聞之言 寄陔甫信 第二 交霞生 寫阿弟信 即日另交張仲蘅遞傳 寫鄒子楷信 揚州書

張執之楊利未及投之 族弟鏡甫來送行 至帥處謝 南豐要子叙 鹿亭 太守處

十六日戊戌 晴 逆風 阻舟不行

十七日己亥 晴 逆風 阻舟不行

十八日庚子 早雨 午後晴 順風 午過黃石磯 申過東流縣 暮泊華陽鎮

十九日辛丑晴順風 早發至馬當橋，有事祭舟過午後日申至小孤山暮
泊舟新柘磯二十里范港口，北有流澌橋
二十日壬寅陰雨（大順風） 早發，晨至柘磯，□至湖口，遇望石鐘山，是竅窾連北江，聲
鏜鞳異于他處，極家渺，西在石鐘對面湖水，二里入口即望見鞋山，湖波浩渺
空際，巳刻過鞋山，山上有塔，已折頂少送，抵大姑塘停舟候閘（船名把竿，約載四五石，定鈔七千五百文）
傍晚後月初放時抵南康府，泊湖形勢入口初甚濶，過大孤塘後西岸青山東
岸屏風山相對一束，過青山西岸四山而入（水雲嶺）至南康府，山勢後東西與蔣家嶺
相向，湖水最狹處，如過此，可由東岸出蔣家嶺沙嘴，即爲東湖，又一灣便入湖矣
自南康以南至吳城六十里，往時溯至吳城，于今日由（青山）以北則二十年來舊湖淤積也
廿一日癸卯陰雨（風趨過）晨發，午間過瑞磯，傍沙洲又□吳城，爲廿餘里
廿二日甲辰陰雨順風 晨發，巳刻至吳城停舟，雄藏內，後張帆而過，指示卸帆從
楊武人以炮擊之，午過昌邑，申過樵舍，有土山在岸，沿山良蔣家嶺亦
有指向舟過不問，晚泊鵝口溝山，至蔣家荊時亦泊一夕
廿三日乙巳陰無風，晨發，巳刻到省城，趨陳宅，見吳姊，慈已少瘳，喜甚如釋

重九人梶亭乃姊丈，別兩年矣，憶往暮秋中分手江亭，相見無日，今復親暱。
聞其數宣此人力也。昨金君慎甫、梶亭邀若曇，謂沈鈕舟中理（以係梶福卿人，去年衛于吳城者）
值其出院匯款往之，諱池郵日將赴任，如有遠游之旅也。四姊新產女，小脚房鮮
對門舍楊姊家
廿四日丙午大雨。鈕丹中到來談候。同梶亭及王楊到東湖之心亭看桂一勝
地也。雨大，至匯園觀樹，冥會同寶其半道人心意。同卿李□壽來，吳弟道南（吾五首，名慶□）
廿五日丁未晴。召路步偶並（同卿）至蓋初觀燈，令弟菊初郭甫評詳幽府佐呂
晉亭（名魁光）招飲。金君蘭華（名勳）、置君彥雲、錢荳坦、姚先生、朱士氏觀
象、惲三年衷（名彥琦）、郭青、王仕奎、姚（前上虞知縣）大令錢□、莊（□君）、□（秀才）、張佰才大令
旺、蓋君、惲君、兩莊君。下午同梶亭步至遺園，同卿筠弟步游莊
君金錚來談候，嘉菊初來談候。
廿六日戊申晴。同□鮑自蘇杭歸，所云貨皆犹玉覓一筆，不可得也。知
兩首與盛日為天下冠。訪金華亭不遇，訪畫彥雲、金君華亭、寓君
枝楊贈同一條君來（同卿）、寶君彥雲、同一劉君來，訪同卿，同梶亭

至東湖晚眺

廿七日己亥 黎明微雪甚雨 江省地濕風氣厚 收霧多雲漸露 午後時見日晴晴

[illegible] 同櫻亭晤錫之君

廿八日庚戌雨 同櫻亭晤錫君

廿九日辛亥陰大雨 下午出遊要省君蘋野(蓮)同金君徒步到東湖之心亭途遇大雨衣袂淋漓 夜寓四櫻亭飲我與二弟話幼時事言之憫然若有所失

三十日壬子陰 並無雨觀察已過

四月乙巳朔日癸丑陰細雨 楊陸村來 樹棠四川人 由直江蘇糧台 寄來此事至 秉侯訪

莊仲甫同遊書肆 晡後候王蓬高觀察 名樹 由江蘇糧台來 現寓櫻亭有親 陸君

康侯 字安士 號男人 有親 並晤吳君士良令子順生 又(若)候楊君陸村 並謝同

鄉熊君禮山 南昌熊廣 亦江蘇糧台 來至之齋文

甄課山長　二月課諸江省小試童生畢集值佛國人在此講教

諸生聞傳教事積不平道羣起而譁誼貴人卑躬不服毆之

教日[redacted]傳揭露教堂即歸以行郎道衆知其適來往

已去矣遂毀堂二所搜所存各殷東人訴于[redacted]東務欽差吊降

煥月餘矣債且言其事似律應之律為主之律愿官為乘言毀堂

時以人當一邑以訊其實命而留置于月餘之後既不于當時即擬成訊

者皆不信之　撫在案康[redacted]閏事[redacted]悟之及閱以資

據理線閏道已奏明矣

初二日甲寅晴　午後訪薛君竹簃不晤　侯董叔疾　訪董菊初同

姜照耀之疾　樊君華卿　弟君濂　許君靜山　亦來茶候

初三日乙卯晴　陸君康侯　莊君仲求來訪　蘇君亦聯舟咸　董丙階來訪

初四日丙辰晴　晚下午風雨驟寒　出仲春谷　資常雲傍因卿之壯游談

訪吳兄康蓀在常州節兄之

初五日丁巳大雨寒

初六日戊午，雪。

初七日己未，晴。至攬亭，為識萍蹤，墨大令（晴雨全拼人，晚作分擇）。飯後辭西堂下舟。相聚無幾，此為遠別，殊為悲黯。申刻舟行，晚風逆，泊龍王堂。

初八日庚申，晴。立發，順風（下浦大風內）最暢。晨到樵舍，將午到昌邑。向擬今日可抵吳城，因作兩姊書，擬至吳城寄。寫未竟，倏狂風起，舟急撇岸，浪來擊舟，破碎，避浪衝，幾不敢解纜。舉人眾上岸，用麻練牽舟頭尾，倒縴十餘丈，得一小港始免。方作小小自滿之想，禍患已隨其後，可不戒哉。

初九日辛酉，晴。順風，辰巳午到吳城，甚作寫二姊信。登望湖亭一眺。登亭已雨。向晚來吳城，登此亭，顏慶未改，今煥然矣。彭侍郎雪琴藤石記云：此亭三國周郎所作，其事不可知，為之絕仰崇耳。時福物換，亭閱人。初人閒亭，即悵惘下舟，即解維。申至硃磯，硃磯去吳城十五里，南北相望。東湘水出門，東出此門，東南望隍湖，鄱陽為陰湖也。入此門，西望北東（彭蠡），望收澄湖，則彭蠡寬廣亭是矣。全湖形攬，圖為都昌諸山所遮，東成峰

勝形湖千之山皆在少觀少北起湘上東南盡都昌西岸則惟珠磯山先
經下舖泊南康府遣刺候令君李轉求宗游山與人畏擬畫登黃巖
觀瀑雨阻之瀑無補游興宗
初十日壬戌黃陵真寅午放晴 寫郁子樣信本地伍得當山發來 石刻錄興來循泉之經將至黃
峯望為西南經升黃巖遙見流瀑注如閃喧御者真午抵寺先探西
瀑之源出寺左則一澗自西谷中出泉流觸石瀠洄旭日照之影成澗底如縠
貝金鎔瀲天下之至文也寺中飽餐往拍金波菴訪文殊臺觀瀑突穿長
松徑之旁懸一株為蛟龍屈指幹畫枝為枝葉蔥鬱如綴瀑水觀之秋聲倍白
法潰湧直下數百丈石潭蘊涵其下亦名龍潭水由潭口東注泓納青玉
峽高康瀑合所謂開先甚瀑是矣將赴歸宗順山腰右行循雙劍香爐
峰半一徑縈繞路平不陡雙劍上有蓮池名開蓮大如拳桃香爐有李
太白讀書堂洞一俗名太白洞皆嶮難上香爐頂高圓處出一石峰如爐蓋之
掃好名書楷峰一嶺招隱嶺畢二石相並名姊妹石過香爐峰而共為西壁旋
而下麻塘皆亂山不足觀盡此山所觀有甚瀑之下一洞之東有遊隱名東

出觀下觀少息竝行飯小西門外面臨是長兩楊梅洞上長松交覆自此
西南四五里許到臨濟宗寺寺初甚巨爲四叢林之冠左葛仙宮今則已盡燬矣玄載在
軍撰宅爲寺有[illegible]廻在川宮內篤肅寬碑記寺後望山十餘里至金
輪峯有佛舍利塔在其上擴鐵所造高可一丈餘舍輪峯尚可瞰經
歷鼓石直至南陽峯路甚陡蹬無數有至寺性空昨歲識之秀峯
寺熏山中新名爲花芳香特異晡食與遊東北行循東孤山足回望金輪
峯宛如飛鳥將起昂首翹翼之狀野人云地名鳳皇展翅無塔[illegible]其上已毀去
矣言雖俚甚似日下舂返舟倩醉僕人舍[illegible]宿值
十一日癸亥大風雨阻舟不得行
十二日甲子大風雨下晡方晴風稍息纔移舟仍不得行午前一日雨循紫陽
堤觀浪堤在城西南朱子建以防舟者直南沙山西連廬阜東接[illegible]
爲府城西案即南湖嘴是矣　寫楔帖交僕母去
十三日乙丑晴風止飯後循城足東行里許敗垣巋立寂無人蹤堤內時
花丹白自賞四望嵐霧[illegible]開黃岩之深[illegible]數叢泛一[illegible]青面[illegible]

有校本

十四日丙寅　陰雲風微　下午小雨　晨發五里到謝師塘泊舟早飯　著吾山丙之間從軍于

豫章單詣艸于星子實之留此庫工磨屋經之情馬如星故人　舟刻至屏風巖

風之南有山陡入湖舟人曰大孤山土人曰桃花巖屏風圍而隆起之際水　實則二家頻矶二山皆臣岸書峙

昨日廬阜一石其理山之共近山水祇而拔之湖中曰千年為玉嶼子真觀

未刻過青山以順風低城孤嶂青山孤嶂之間有石生水上高丈上豐而下削

俗曰蝦蟆石蓋即廬星石星子之名所由起也　未刻到孤塘過閣皆有石刻

至湖口湖口之山西曰廬山特起一區廣不相屬東曰石鐘石鐘有二一

曰上石鐘在上流一曰下石鐘在湖口攝江與相隔里許中則湖口縣治

其形正如一懈兩石鐘皆出水師下　到戰　遊山殺駐是邑結營詣

秋館醫之惠然眾王西農大令　湖生　坐東宜別為要路下石鐘

昔日戰艱之路而彭侍郎建祠于其上以祀國殤者有國圖與蘇

院結構山而升石級二百許至祠前堂祀穉如君等將弁方勇兵有

閣郎曾稿室小池植圍過池梯而上小亭為忠敬祠東為樹南向口

墩仙橋，遠眺匡阜，湖流並共呈下，俯視嵯峨，蒼翠叢密，石出奇峭

刹。再由下有宫殿甚遠，地隘不可入，云下山已將暮，騎至舟，列舟夜夏飲至

餘返舟，乃業管僕。

十五日丁卯，雨，逆風，早發，已過柘磯，晡至彭澤，將泊，將城左岸間江岸[redacted]

[redacted]轉小孤，[redacted]至彭澤，即山相距僅數里，[redacted]泊[redacted][redacted]將郭[redacted]下

十六日戊辰，食下午，是日逆風，晨發，已過馬當，午過華容鎮，候津吏

縣丹[redacted]來，刻過東流，[redacted]刻過吉陽湖，有小土山數高岸，左江司華蒼甄

為安家，西到黃石磯，夜抵皖省泊[redacted]塘河口

十七日己巳，晴。黎明移舟南門，登岸至軍械所，未見雪生，遣僕人言

吾家眷已同穉甫于昨日到皖，已進宅矣。然之到新房相見。穉

甫屬至舟，即分與玉母，則已登岸至子剛帥署，亦不見，仍返新房。

廖君丹卿來，穉甫來，將穉甫攜至家，留與赴帥署，進謁又

候莫君善徵、姜善徵，新自都門來也。雪生電來賀遷宅，李君

壬林自懷來過訪。夜與穉老遂談，穉甚美。

接隨甫三月廿五信
又陽青四月初六信 十一信
又馮由慕三月五日信
又楊遠四月信
又眉生盧詡三月廿七信
又彭年信
又沈子懐三月卅日信
又誦文三月廿五信 四月初四信
又才升二月初五信
又美蘅三月廿六信
又志伊叢林四月初八信
又學小卿兄三月廿九信
又宣甫兩四月十七信

十八日庚午陰雨 寫姊六妹信（附日報交健人） 霞生來 姚彥嘉來
蕭微來訪並此處談 華君若汀來賀遷宅
接吳賢甫大令一函並寫銀九兩（寫吳賢甫復信）
十九日辛未晴 訪莫偲老 華若汀 王霞生 李壬叔皆晤 壬叔處（廖再卿）
識湖北同鄉呂侍御 董甫 鄭張叙家 程尚齋伯符相好來賀
接帥兒送回桐城人蕭穆上書並文一本
廿日壬申晴 接法蕭君偉（鄭送） 祀宅神中霤 立宅灶神 莫偲老
鄭張來 劉彤階 潘叡恒來賀遷宅 謁帥 答謝程尚齋叡家程
伯符 逢同相好 叔郎曾 荔蘇尊須太守 並晤 霞生雲齋 訪李石
生 劉曾葆 偲老 蕭微 答謝劉君彤階 潘君叡恒 姚君彥嘉
張君子厚（載稱蘇州人 接丹同來） 來候 廖丹卿來 寫金眉生信 交來足
接帥兒送回楚摺稿 遞經鄉門來 批回復廿二日送進
呈帥兒見帥 改某紀五 書 出 某某至殿下 所稱某某之 首 掛
中言 署 貫 籍 某 云 現有七 丹 已 數用兵 江水 陸 書 傳 城 郡 失陷

不棄水師就兵船今擬陸路守寨（大年）了全桂閩黔入黃池一帶內河即
呂龍船板尚須大兵海波守艘定出各母又言楊舟籌戴
兵弁擬多配江楚兵勇令其同大員帶以炮樓、諸習又言金剛、庫
前敵統帥必勇將之人必智勇經營營三省並備方可防堵安良誠
左軍門武臣性多傳寧克勤任餘無事中出揚軍門直乎左而附
勞積遇範軍門直乎多為瑣件不足云了
又接帥函左查辛致章[illegible]命伏從
又接查辛四月初八信
廿一日癸亥晴　閱操雲師御史來訪紫潘烏祥人同鄉信（廣西寄候）
祀祖先　下午過雲帥霖生處壽寺差徵陳南飯　寫阿（等行廿四日發火輪帆下去）
廿二日甲子晴　霖生來　張君子剛　隨江戶人首來未訪　擬給左查辛
信（卿日過）寫查辛函（附日茂交代遞）　因陳南仿莫思君來言了未來（印日發）
廿三日（仙翁郵如）（印日發）　寫亦琳信二件　一交郵如東寧山東印日發　一交呈撰帥家指長五日發
因陳南著　下午陳南友人汪秋閣楷子勉　伯存表勸來　訪莫君思老著

徵蓮照善鈞堂送代
廿四日丙子晴 潘君楊子訪汪秋閣諸君來 因陪老料理輜丹事 善
徵事 寫賢弟信交善徵 雪生雲禹來夜飯後去
廿五日丁丑 陰 李眉生鄧宮來 錢 同陳甫到城外一行 李壬叔來
華若汀來 謁帥 訪眉生 海航諸君 又訪仲明不遇
廿六日戊寅 陰 姚彥甫來 寫沈幼丹中丞信交姚 蔣善浚太守來訪
寫季弟少荃中丞信 雪生來夜飯後去 寫西廂信
廿七日己卯 陰 午前陰雨 寫鄧君之宮 閣袁君仲宣 沈君子焕 家子卿
九兄信 同陳甫散步市衙
廿八日庚辰 陰 候姚君彥甫 姚君慕庭 魏太守紹庭 楊達庭 都閬玉
君雪禹 雪生 張君子厚 俊君 周偕卿 御卿 孫 親家 季君壬叔
廖君眉卿 楊 二王 周 李 廣 六君子 方仲舫 集候 謁帥 寫湘 張 恋
信 金子春 來訪 因 事
廿九日辛巳 晴 金子春 蔣 寫金眉生惲仲方魏 陸

信名須論原信已付出今日方得　寫臣兄長信（[illegible]發　附[illegible]信）　寫鄉季雨信（五月初四發　附[illegible]仲信）

五月　日發　封入[illegible]信内

接阿弟四月廿二信

日記十四　能靜居記

五月丙午朔日壬午晴　吳竹莊觀察坤修來候久談　接黔卿書　訪劉君彤階　謂帥　訪李雨亭先生　同御李雨亭大令　筠基來候

復金子壽書

接御鐘三日三十日信

初二日癸未晴　答候吳竹莊觀察　秦山石大令　候王朗生　彤霞　屬斌

鍾鴻亮　陸仰吹　陸蓮生　吳竹莊來　甘子大　趙吟樹　炳麟來

同御薛孚亭　炳坤來　訪伴晚眉生伯蘅

接帥台退來　小汀巳為村屋局委員　李黃重山口澤川陸問屋局

閱訪日期一紙　下屬提批　當批飭送去　子如與補促手

接子迎四月八日信

寄眉生四月廿四信

又丁燕山四月信

讀晉書宣紀

史言晉宣不欲屈節曹氏閑辟不就 然又稱引天人以答魏武之問 此則不肯
屈節 據文勸進乎 據晉宣一時英傑 不應屬東猶為此
又曰 言于魏武曰 兵甲未卷 宜且耕且守 魏武于是務農積穀 擬屯田之議
創于都許之年 不起于魏國既建之後 皆後人粉飾之辭也
魏武當此時 晉宣位卑 不得有獨把表奏內外商権之事
稱魏帝當稱諡號 不當稱天子
對魏明帝曰 賊以密網束下 故下棄之 宜弘以大綱 則自然安樂 魏與中原相
調 吳宜先蓄 吳據山以完兵 蜀亦崇丁戶之法久矣 夫寬大之言不關于
世矣 晉宣獨知求民 其子孫奪有天下宜哉
葛相出師 司馬懿之才力不相敵甚明 今觀此紀 似晉宣強于葛相 殆謬傳
夫作晉書者 內諱可矣 東陽今古何務歸為此
高平陵變 男子年十五已上皆殺之 凶殘極矣 其民何能 晉宣未必慘酷至此
或者當時無識史官愛憎之說 擇而為遂作之 不足信後世矣
史載事更筆 撥亂靡實之事如三國 止錄晉宣奏議 不加一斷 識為此甚矣之

初二日甲申晴　同卿薛方亭來　又陳研堂大令（鉦明 常州人 為住盱眙縣）來候　晉經重修史兄
頭生來答候即其年飯　魏太守(應)庭　高慧生　郭齋兆麟（杭州人）來候　金子
青同庚來　友人容君淳甫先照　香山人　宜齋之弟　字丕居花旗八年　今與國直華得
隽之年　去至年　西春于我　屬引見　探帥呈事

素

接楔亭　四月十七信　又廿四信

又子召　四月廿六信

又子迎　四月初九信

又壽年　四月十四信

又仲敏　四月十三信

晉書晉紀

史於晉紀輔政之時敘列吾之腹心以擬三國志於吳蜀初年之文殊不宜
吳蜀劉孫非魏臣為秦朝命為時也
齊王之廢史備載太后之令司馬晉立孝子順孫不能諱載筆者直書
世事可笑　此等淫詬之辭載之何為

之爲魏主司馬氏之禍也魏主之不平于禮於司馬氏之禍也曰固爭曰魯之嘗

作史耶

予此篇借辭最爲剴切之政宜

既平誕欽或言吳兵必不爲用請坑之帝曰就令亡還適見中國之弘耳

於是徙之三河 魏晉之興皆詐一耳而晉書壹起于士族稍知道於其規

模亦稍潤大

進封晉公九錫策辭及鄭沖等勸進文皆宜删去

初四日乙酉 晴陰 帥以東事書牘見委與陳甫同日謁詣周縵雲李壬叔全

子香容淳甫不遇 周縵雲李壬叔來 下午同二君及陳甫訪趙吟樵

觀察 張君子厚 又詣華君若汀 徐君雪汀 寫寸箋與蓮山揚白賀信由驛陳發

初五日丙戌 陰風雨寒 從官處借地圖至蘇雲山撰 謁帥賀節未遇也 候幕府程李叔蘅程穆芳安棠

王子雲 香傳 王蓮園 楊徽閣 西灘 楊芳山萬錦 張萍秋筱翎 內

銀錢滿劉佐巡捕倪成桂史直蒼 嘉壽眠李眉甫 觀察 識黃虎軒至訪

至內銀錢所 晤雲生 雲高 商彗生 魏侶庵 識馬君 又候周騰雲

侍御李君壬林 宗君淳甫 金君子春 陸甦吟梅觀察 其叢之竹泉先生前在江西臬司任

高先君甦吟通譜又換
通帖故以□□禮 又候王霞生雲爲 又候莫子偲 霞生雲爲來 楊達

庵游鄂來 書劉候李善化爲東甫 芸臺訪竹虎軒 階婿會 祝胭 萬緣武欽

堂王少岩外紀鈐府 子孫與祿鳴軒 徐雲村 華蒼汀 水師鄂鎮觀 任庭 吳祝

察竹莊 趙觀察吟芸 張君子厚 高鄂卿 慧生 楊達庵鄂園 姚君藝舫

庵 同卿姚君卿甫 陳君竹堂 李申甫觀察來候 訪吳竹莊旋與舟

偕晚陸同過大觀樓忠臣墓址 眺望方在興築 特仿卿雲囊力也

初六日丁亥 晴 吳竹莊來 爲欣玉午後去

[illegible]

初七日戊子 晴 王雲爲霞生來 下午同張甫訪趙吟芸不訪 容淳甫寓之一晝 是日

梅眉生四月廿七信

又 歐陽曉岑三月十九信

初八日己丑 晴 下午楊舟來 楊君子錚 汪君秋樹偕出

接陳亭 四月廿九信

初九日庚寅晴 寫阿西信（初十日寄） 雲生來 吳竹莊來 楊詠春太守沂孫

常熟人風尚府加三級撫□猶如丈夫交張甫□□之上海 來 莫子偲來 趙吟蕉來 王雲

宿來 寫叔答信

接阿西五月初八信 又譯文一包

初十日辛卯晴 答借張甫 赴吳竹莊之招 看根莫同席 駱芸孫 余

秋香先拆 皆與安負 飲罷出 梅花人 於書藤衣疑皂 余皆妙 答候馬

為來抑身 答候趙吟蕉 楊詠春 寫邨香兩信 附張甫殺家 寫金子香

嘉生邨香 候周緩 李壬叔 足月 附趙梅舟到滬 金子香 寄張甫

晚雨了信 余邨香兩四跂為 不甚空前養上來 金子香來 張甫今日到滬 至之趙舟 訪

莫子偲 楊詠春 趙吟蕉

十一日壬辰晴 余潤南來信 寫子四信 子巳年仲敏信 顧曉西信 邨

復吉信 附到子迪信（十二日十二發） 俱交帥公寄呈 姚蕉尼來訪

十二日癸巳晴

晉書戌把

景祿一告安一語作不安存

司馬氏勝于宗族，親其排封之廣，又知於万事皆有節制，乃不為紀好仁為

不行之以暴，非子孫之福矣

元年詔曰除魏氏宗室禁錮，特更遣遺者造官三年乃能復其徭役

罷將吏質任，罷能不以正旦國亦印信之妙，澹澤滂流，臣民有群程

之業，非三國割據（捍切）竊規模可比矣，天命誠實統四一華夏，能翼世肇

紀為子孫龍藏之機之時，豈偉也哉

（晉文之喪）吳人來弔祭，有司奏為答詔，帝曰：昔漢文光武懷撫尉佗、公孫述，皆未正君臣

之儀，所以羈縻未賓也，皓遣使之時，未知國之慶，但以書答之，新國未嘗有稱服

逆以臣禮待之，往之各厚，可雅無不足服其心，懿本得文思武之挂小那

晉帝乃能杖之以議大度，不可為矣

九月乙未詔曰（因皇甫陶等之諫）吳降將出付主者，為臣隱刻，乃云圖代久，當由主上自令言者

晉武所言驕之，知之是矣，安得不興

大舉伐吳，安東將軍王渾出江西，明年渾克尋陽、賴鄉諸城，擒尋陽

善地彼時已據江西不服于宋之江南西路也

太祖哉穹十五年間果然屢出而鮮報師大國蓄力而待時小國勝逞

以忘禍晴殆之分不俟交兵而知矣

晉武帝寬慈大度蓋德統寰區乃曰嘆未極毒禍起于周親其何能邪天

之慝蠢亂之人久矣賈后如開廢立之門而宗族並王更并篡據奪之惡

而種數東晉代雄取偉於建鄴二十年之祚其所延也將其世猶永而晉為之

討夫晉之得天下由上之人其事邪正由上之人耳乃其君克謹天德天意

于晉吾盡屢異之手無何天下一偽亡生帝閒赫然不遑其亡刻一付而大

亂依然江東之據司馬奕二世矣智而為仁不能守雖得必失況欺奪之

天下攘竊于天命之靡常尤暗之焉

惠紀　帝名衷武帝子　在位十六年

懷紀　帝諱熾惠帝弟　在位七年

愍紀　帝諱鄴武帝孫　吳王晏子

愍帝為手下所殺以劉以死于其所立猶書禪陽史之無識至此

元年詔瑯琊王睿南陽王保云云宗社蕩覆君父俘虜其言總宮

李辭哀之哀人誠哀人矣一言喪邦一言興邦誰知言則邦之安危視其詔令之決也

盜發先朝陵寢君子之所不忍聞而自以實內府禮義掃矣況勅地

抑掩骼埋胔殆自犯耶

懷愍紀段總論拖沓繁複擬用不倫

元帝紀

諱睿 宣帝曾孫瑯琊恭王覲之子也 在位六年

惠帝賈后弑太后楊氏是殺父母也偽帝既滅安得不亡元帝教令曰

殺祖父母父母不得赦令大義所以為國命之攢理宜誠哉斯言對四方且

貸陽者曰張貞以海之責未能遷懲何徵祥之有其言亦迂亦識非愍帝

頌詔李渟之比

劉琨等勸進書不足載

勸進為引晉人立國之辭雖為失言

苟全揚越思華夏之淪陷為恥甚矣使存昆弟思合族之血以為痛

甚於矣乃立偽號比渴沐于浮高其心若已甚矣一哭再哭于宗子之被殺

君暮之蹈掘聊坐歸天下之耳目則登位之明負從忠邑之言欺罔邪

抑忠之邪神明陸沉皇輿不收自明之矣夫君人者亨祚之久促於勢

之地之廣狹量力之晉之競懼于邪雖忠雖于功半課因之分可以定

未嘗之興沮焉

秦時詭集一節可刪晉氏書土為南仍急于孫吳而爭先秦之誕說以為

原所不原然邪

王隱先王建國世業一節宜刪 附會無理

明帝紀 諱紹 元帝子 在位三年 有王敦之亂

問長安遠近一節辯慧小智何足稱焉可刪

帝為太子王敦謀廢之溫嶠不順其言而止按敦力自不足而紀耳非敢言

即能止其奸謀也

破王敦賞功戶數指長可以不記

十三日甲午晴 下午答候余纖香 李申甫 又賀劉彤階任蕪湖關道

並訪向伯常 師棣溶浦秀才 委內銀錢所 訪蕭壽頌 尚齋 小泉 伯壽 眉生

又訪金子香　又訪梧吟耕樹謝香

楊奐異名四百廿三任

晉成帝紀　諱衍　明帝子　在位十七年　有蘇峻之亂

濟岷郡　按通鑑注引晉志曰魏克蜀　徙其人羣僑于此爲濟岷郡

康帝紀　諱岳　成帝弟　在位二年

郭璞　王敦之誅　庾冰知爲顯　巴山有青山宅陷蜀所縱掠乎　請自衣冠

穆帝紀　諱聃　康帝子　在位十七年

哀帝紀　諱丕　成帝子　在位四年

海西公紀　諱奕　哀帝弟　在位六年　爲桓溫所廢

簡文帝紀　諱昱　元帝子　在位一年

郭璞見帝曰興晉祚者必此人也　按簡文在位不及二年　何興晉祚之有　此說誤之

元帝康帝之諡不必錄

未得叙帝生年與何日卒

孝武帝紀　諱曜　簡文子　在位廿四年

安帝紀 諱德宗 孝武子 在位廿二年 有桓玄之亂 劉裕弒之

恭帝紀 諱德文 安帝弟 在位二年 禪宋

晉書末載郭璞筮云云 此三帝爲晉之帝紀

十四日乙未 着宫 金子香來 江秋閣來 傍晚吳子偲來

晉書天文志上

當從劉知幾之說 全志不存

天體爲宣夜引古及諸家論

儀象較他史序述爲詳 明於晉史者閱之

州郡躔次 附會不經

十五日丙申 晴 王霞生來 下午霞生又借碁局來 江秋閣來 共晚飯

去

天文志中

客星篇 張衡曰 老子四星及周伯王蓬絮芮各一 錯乎五緯

之間 其見無期 其行無度 按此說類太一四八十一行星之說 特未

知廿九日齊耳
自七曜至新氣皆未晉曲世千年縣此島開文化事
十五日丁酉晴 下午謁帥 訪霞庵 子偲 子屏 亦楊 宋馬 芝使 月箸
天氣甚下
二十下三卷為士等交學千佛為門爲奉某筆微聽及太附太為增宜
去〻
十六日戊戌晴 天時久旱 官令禁屠宰 張子異先生（寅楣 嘅人士先 壹子 謁同官江右等）
（戊午君 御〻于蘇 存）來候 其同里倪鏡帆 桃葉庵 偕來訪
接子迎四日信
十八日己亥晴 答候張異翁 久譚 寫張甫信 朱小山信 端（上海中 書接 舊送）寫楊
真（行）成 姊信（二十日 蘇 發交 國 西）晉馬逕
十九日庚子晴 午后雲陰 逸雷雨 時不雨 彌月四未可熟 聚三日 後可望
矣 張異翁來久談
錄張異翁語

道光五年河決倒灌洪澤湖運河梗阻時曹中堂用事大學士英煦齋
先生奉　方令議覆亟上陳英飭令部臣及僚議々者二十餘人朱某
山先生（居版埠人丙戌狀元）于張皆有說帖朱主兩運說其北岸運河
蓄黃水歸如巴塞未出口者泊填下者則正當得運然可以予費甚鉅且
朱經畫勘耗於內張主海運而事久不行世始定屬乎靈風濤之患嘗
言不可恃張先偕學仍穩知沙船（由上海至天津牛莊）運甚易力言其要英
擇張說入奏　戚廟然々曹相密詢々朱々曰不行海運米能不至於爲
南立南若且々而有害其務糧美書の言々　上且曰英某身未至江南
皆其門生張某々言不可輕信（因朱語黃詆甚爲安集遂而校々上往善海運之說）上首自英造請決實事英力任々　上
遂集衆議行々（朱既已如初）　欽差張藩院爲繆（書）彰阿督辦以張及同司四人
爲隨員事既異果甚有（未速之）不逾半月集津卯而濟諸以爲
倉場至署以俗親畫失不能行之權其可咲京張（龢）計此曹惊憤日
設此指京倉滿腐爲浮沈之未言吏海風易壞以是其事乃寢息　本
解完反百選情語題差字程不定改爲此後於宗過力言于英奏傳以此

次ミ未備先支放又經各大吏于三月內奏報經費銷冊為催並飭會部

司奏令議准駁限一月後案張及同事四人不与議俟議定請明遴猶

另日畫押皆臣之奏案甫定禧恩穆美為司農素不善海運議

者抵任即求其辭漏對未已書取經費分剎准駁(已定案)可擬(著為)竟廿七如之後

而止

海運因伊非每石水脚只三錢另寸耗米每世許帶三成客貨免稅

海運既行又將沙船商稽船幫費均議定(已酌照當時所撥)撥陞入藩庫為天津炫藩庫津貼

一陳明此

寧波有南田(地)因以數海設封禁時久奸民竄其中甚多初入者閩粵之其地招

集流戶凡至者(承墾)之皆墾及地之既所其租為之老本有老本七人數戶不可勝

計帥仙舟先生撫浙奏其圖匿欲逐出其民方伯朱桂楨力持不可不得之

帥乃出示之奉拔寬之論南田聽拔民耕種服業窮黎朱者春疏真有才

公案帥之所提挈也不欲之之關且事已然不可以任之返奏保(朱)以為粵撫朱

既去並飭員訪明流民人數而定無查十散湖水居官田作產計人共酬穫

又鹽課因餘亦計入為程以資耕種況日驟下令行之深民和惟[illegible]
今年秋後荒歉大患國歉并多之地猶村禁行帅[illegible]人至知況宜
具民奏察之委員親議我們之曰民舉大事（事務）不可輕聚眾知眾知則異議多
為本不[illegible]本地不可令聚藉眾藉則易忽案為事且多
淮鹽場帅擬淮時法亦利鮮私煎之戶皆就海岸安鍋熬而其八甚多不
可禁止帅知淮屬各場[illegible]主之家竈戶下令指集窮民宜其牢固
分把持之差役貨本薄復[illegible]場費所增產大旺
兩淮鹽商向有（[illegible]）根窩者無執照甚欲辦鹽非此不准請引納課蓋以鹽利
甚常（歙州之徒）利則廣出辦則觀望甚以則貸甚拖欠也淘汰[illegible]節制鹽政恐奏
羅之鹽務遂受其弊民與之（陸為甫說之為鹽法）淮南皆改票是年鹽行大暢（得其人）為北岸鹽
壞而計日漂商獲利雖老者皆不（能）為也老商已[illegible][illegible]貴課於是大害[illegible]
根窩之說幾乎無出斷不能復舊時章程全[illegible]為陸盡其指駁實[illegible]有
微有及無窮之分立三項無項仍立有[illegible]今之退票亦[illegible]即以其票[illegible]部開
費出為今改之票者皆須舊票有名方准亦照是根窩之名而復根

窩之實陸路姑其說會緝爭販丞不早行

兩淮鹽額引二百餘十萬淮南百八十餘萬淮北二十餘萬淮南無引正課雜務淮北鹽

無引多數分攤淮北尾引不消但淮南暢行即于鹽務無礙往南暨淋

費因力甚為北鹽滯銷費功甚寡其害播雖少為鹽處說萬往往保角

鹽引地陶文毅不察遂改北鹽為票北鹽費益省利益厚又無官數

題之鹽情處日豐於是南鹽大受其病時建侯余陶潛德澍陶不之言先奏

請為改令其詳余恐不知其深於是可補救抹奪張過批余謂之曰淮北

改票則淮南受害益深久則南鹽不可為亦必改票從此鹽政盡壞矣

今改票為某任內事改之人亦以咎予然予其某不知陶奏可改奉札

子識之此非予之過也

向例鹽至口岸以抵岸先後為次魚貫出售謂之整輪其鹽價對由

上定板兩湘總督程任為制必使隨其道推揭定鹽價也價之增減一文

必達天憲放民食有恒為害無甚鹽城斟及改蘇商遇強國法

先改價目患擁實例於是鹽務紛紛以求速售商稱則其居奇以求養

價賤則病商於民勢不可勝言矣
窰戶燒鹽每人每一時煎一晝夜謂之一伏計可出鹽若干觔鍋皆有
成數理烟而知伏數計伏而知鹽數本屬之官可稽查窰戶售鹽垣商
垣商不能盡則官售之仍以濟垣鹽之不足其價皆盡于私販是窰鹽
有數既不敢私售垣價從優無不敢賤賣私鹽本無足虞也鹺務既壞商
本日虧垣商收而鹽少官收不能代收窰戶貧窘不得不減價以售私販然猶可言曰
河不通田河之外河不通亦舊有守者窰戶所能出私路不能如旅岸圓戶場上村居之名曰圓戶以別窰戶以示
船第之運遞而販堪年侍逢並不可收稽詰故私梟私販惟所欲為
窰鹽皆有售路不致閑起則不禁自禁矣
國朝經制外省鹽庫旗伴及奏銷高屆年一算之用此達部陸山西司
經冊所定于十一月內彙冊具題省一年出入出進冊銷冊奏銷欲知每年
鹽經費之出入為宸之數但須于該日抄案一查可悉惟乾隆以前之案
已燬于火 不知何年非失守時事 不可得見宣宗一日御朝問庫支之數粮朝兵
事不息而用常有餘今乾之守嗇而用常不足其故安在大學士曹所商遍查

陳東弦日稔石得其故以查玉三庫姻內乾隆四十七年附文理（詳查堅武職）奏案時　高宗
以戶部六年七年六月諭各省武職名朴實數俱挑兵實充而別設武職眷養二万餘
万多歸陝甘各標兵伍又兵丁責卯往官場畢正次閑錢二項又万餘万計每年勻
出三万餘万附生隨刀爭來先並為成例是時民欠日多而此制且虞不可減至此年十
餘年所失已万六千万兩國庫缺乏拙著有日來所聞摘此入奏陳請減武職名。
營兵銀為名中一衣遂不可得
嘉慶中葉有男子詣闕自陳某母為男（誤）已　皇帝南巡幸之而有娠遂
生某年長於道詣闕云云　在廷莫能識或勸上送盛京圈禁之時杜為
熱河都統聞其至逕出屢斬之而上言來果去（卻）不當圈禁（且恐見是以疑人）似邪罪不容誅
安可以（故）有之極先斬以聞　朝士咸服其勇以此知杜方遠矣
二十日辛丑雲　桐城陳文治（北壬侯選將丞）來候　謁帥　赴姚慕庵招飲
同座張子畏觀察　倪君鏡帆
錄帥語鹽務
去年冬楚北岸公採辦淮鹽事計鹽若干楚北抽九文本皖省抽七

文串比去歲奏定之吏征收帥抽稅三文已為信稅又帥途允以時今春

因皖省九江鹽稅均抽至十餘文或二十餘文不等揭(?)獲華亨來為平允改

定為每斤二十五文其之貨仍以九文串 皖省以千五文串計 皖省以(?)文

三卡 省卡大通荻港 斤抽十四文 皖省以上如有二卡華陽 二套口 斤抽十文概改

銷已頗為有較爰擬輕免八九文一斤 又之浣(?)圓方伯新定全杜關改

設一關卡

條陳整治鹽務事

奉飭出巡鹽務整頓一切三本半 烏山石拖池並早已撥辦并以山岸 同批

三本半二項計鹽每包另本三分〇 伊帽洲每包另本三分 通江關每包三本三分

此卡在九洑洲下與合江口外長毛灣
現在李世忠六合仍其卡內稅
城持九關之稅詢并一案
每包抽本四千餘文

城卡通海關在觀音門 和有九關戈卡現在與地 為原其竟收陸存此一關

荻港每包五百文作另二本 大通五百文作另三本 蕪卡

四百文作另二本以下 以上陸城卡四千餘文每包正課厘金二項一共五本六下

奉飭以山岸的鹽一包除正一担每包七本三下 蕪湖抽每包二本 以上四卡一共

二項共二兩五本九分的市價三千八百八十文 陸運耗 可作淨鹽八十五斤 每斤四十餘文

商人在口岸買鹽完課及抄關例外厘但按包請完過抄關滸成引商
湖口買大引鹽包改裝三包并一舊為五包并一過城卡時每有私鹽四三之不等
即要隱瞞過去乃入皖境後將鹽撥裝小艇過宜卡時以為相少些留稽
詰五六七折但有過自報猶厘卡獻煩將就過去十定一二者亦有之
二十一日壬寅 陰 答候陳文保 在畏不每要唯甘子大京堂 候安
篪軒處訪久譚 飯後又訪張異石
錄万處訪談鹽事
具皖到楚鹽厘 華陽鎮五百 二套口五百 楚省自抽九百 輕十文
再加皖省以下先抽十四文廿六 每三千二百五十文
去年楚督奏請採米咯鹽照西皖 定為每百斤 楚岸納引二千 皖
指抽本三百文 東省私鹽節相批批皖道厚票不允其來國往處議五歲岸納引一千 皖岸納本七百五十文咋因鹽事仍僑恭未經稟定章程輒請
照舊鹽五百數十引經運江西沿途因其有照任其直過至皖省卡方始悉覺加留照例完厘
又以西楚兩岸因為淮鹽引地為一角一步未為平允阻洽会楚督請仍照舊制定二十四文一百斤
往僑且至今日初楚鹽之稟有皖岸丹和口三百五十文國千一百文一百斤 即相允行去除為權
未接到 洽兩淺
具皖到西鹽厘 華陽鎮五百 湖口五百 西省提出吳城自抽八百文
西省之鹽自年與城柀向皆零級出城中
罝以為此勢五年方軍收于吳城
再加皖省以下先指十四文廿六每百斤三千百文

設卡截其下流時南安以北皆歸也江西撤毀肅清者有餘款轉撥江省以抵軍餉徑過
因自廣商查粵岸請禁了事而西岸無人經理往來水販仍不過卡抽厘任便私銷不詳應細
未知粵岸近年減厘核算雖買昧往請准可否設局帶圍混免阻經扣而歸本地仍照水販
過卡抽厘經萬麻行索諒其情不措僖累此次令之嚴於則外鄉再累是以應[illegible]請展示寬減以廣招徠
節相是其言並改定辦法堅守持此運鹽赴西省者減為每引千文且又約略指出西省原指之每引
應計減半原指之數八百文

南鹽百四萬引西岸止二十七萬引餘均隨兩粵安岸少不足完額有西三粵岸亡之說　江西十三府贛州粵引地建昌閩引地屬佳浙引地餘但淮南引地

咸豐五六年間淮鹽運擬已久因閩浙鹽官運局于西省開設（浙之浙鹽借引地）私鹽充斥商銷難望為堪出售並遇跌價至二分二厘一斤尚不售又加拆至百二十斤為一石私鹽擬不能敵官引暢消私自皆借局銷運又通浙鹽抵至三分三厘每引六百斤每斤千九五八斗制為定額每引核足千五以四五十至郵

指消餘為以備官撥稿每年發二十餘萬云

二十二日癸卯雨　謝栏坪柳會議幕僚每日二期今為第二試（應）擬策題一道

接眉生五日十二信二件

問治世之道不外剛柔二端而已老莊淮南偏于用柔管商申韓偏于用剛惟孔子上承二帝三王稱為日中執其中所稱人心惟危道心惟微乃數述家之言先時者殺無赦不及時者殺無赦又道法家之說何也哉曰此梅賾所上偽古文不足取信耳至其禮運記仲尼大道小康之言別孔子閒居所稱五至三無志氣塞乎神禽院其辭殆本淮南子無異為中庸至誠前知洞之其說毛猶有倫等語亦幾于道家無殊豈未果為孔氏之書耶抑別有判于異端者耶名法樸切之術儒者所不屑道然孔子論制必以正名為先其在魯則誅少正卯墮三都若已開刑書造杜私門之風豈名家法家其源未可厚非與抑聖賢亦一天下學術與此之謂歟墨子之學勞于民本僅于自奉荀子之學以化性猶以治民猶有剛柔互用之意今學術之所以大異墨翟華孫荀子則于孟子所名姓目焉得與焉荀子而程子則譏其大極偏駁韓文公謂孔墨必相為用而孟子則斥其兼愛者又比于禽獸又何雖擾之甚也方今大紀未平政之寬猛本乎學術而毫厘或差流失甚鉅願聞至論匡予不逮」

執事敬學好古、務求師道、以積問于不能、講摭群書、博陳往說、今者所問
聖賢事遠、道理窮大、非小儒所克堪也、不揆自己、肯試言之、竊謂治世之
道、道之一端也、大道無所不備、有物渾成、先天地生、大而家國天下、小而隱私燥濕、
慶賞刑誅之政、飲食嗜欲之情、喜和寬退之隱、清肅殺之氣、大無不該、
細無不入、宇宙之內、萬有畢具、古先聖王、以其全體、以宰天下、一陶一鑄、周而明治、
困于己、或以剛克之、或以柔化之、相濟於甚害、非二者之不足、而有所用、而有所舍也、世
衰道微、君率主清和之、以其教之、于四方、加四方之土、分途而並騁、其流甚遠、
其派益分、若背馳於于是、益以遠、過而傳衍、詭名異說、彌而嬾和其、
用之也、因于己、不因于時、於是有流弊、然而甚者、其精粹猶足以保邦國、而富強、
善之。唯得聖人之一體、則其道偏駁、仲尼氏作、折衷群言、由博返約、貫
老大道之本、備名法儒墨之一隅、雖剛柔不備、而有所以相制、聖人所不棄、
不獨此也、學者諸子之異、固莫不有大備、而乃合一以同其中、二者密也、要又何
只執其兩端、如量一尺、則其半為中、偶之則中在尺盡、隨物以權、知
中其中、而無定所、故曰執中無權、猶執一也、聖人以道道于內、布政于外、

制爵祿厚恩以勸賢能，明有刑罰誅殛以懲不感，萬事萬理，莫不備于此心，而心能有中也。謹按人心道心之言，蓋道前也，思者道德先之時，唯明之謂，法藏也。列子與世，而皆待于荀子傳家之言，是徵前業之發循于傳矣。樣之為栓炒僞，抑于道不必其甚乘也。大同小康，皇帝王伯之異，如五如五如無，自然靡然也。之說，如如，於微之道，自以爲知，知不易之宜，道之談誣卜射之小術，淵之其淵也。格有倫，窮理之極致，而化影響聲容之垂也，此似近似之言之說傳之聖理之奧賾也。愚以爲性聖人大理物情，故智者不隱，凡人所能僞作。仲尼曰：夫言豈一端而已。明道之大也，傳者貴名教，老莊明自於二者，得毋自之自？自欺者為之，德去程朱，並非其所之冢，自不能並聖學，而謂聖人之中，必其諸靜者為之理，故者未盡然也，如名法操切，信賞明罰，而循名以責其實，所謂言有奏以言，明試以功，彼伊者之世不唐虞，然夫人必好名，而後可以徵其實，明君明臣，安危之故，兄友弟恭，夫義婦順，天地之紀綱，倫常之大者，皆于是乎據，與以勸其不能，尚名之不然，是無恥也，其流何由而興？謹按夫子論衛之時，曰衛之三綱施罷稚維，程抱那名以速因，天下後有聖王者。

世所用其加齊宋達宣足知。三五為實學。不隨物而可以撫國而可以興始蓋

為汲汲相疑於擇物之說也。至于陽貨之事。則甚可疑。讀考左傳定公十

二年。仲由為季氏將墮三都。季氏之邑費。公山不狃以之叛。叔孫氏之邑

郈。侯犯以之叛。於季氏叔孫氏皆欲其說而墮之。孟孫氏之邑成。世叛臣也至

孫不之按。於是圍之而不克。墮其三都。既非實事。欲以張大聖人之政令。其規

甚淺。史記世識載之。家語循其。不足信也。少正卯之誅。不見經傳。史

記家語之外。始見荀子 宥坐篇 淮南 氾論訓 說苑 指武篇 白虎通 誅伐篇 論衡

大抵戰國縱橫捭闔之所依托焉已。聖人以之不慶刑也。四書之教。三茲之

道施。皆務修稼穡也。其要尤在為德。於用刑之。殆哉。六藝降區。況誅殺以立

威。自王好於之所為。亦謂聖人為之乎。私門擅權。不可不抑。不能修德政。三代

推隆名之。豈於有過不可不刑。不能正君。少正卯死且不瞑。聖人為政。至備

陶化。不必如是者也。極言之謂。卿由自然知。言以召為叩信。以身閱法。若如此為

至疑。是都之見。不可盡信。一言可以。宜起之也。其言閱道。遙于論 家。能為

為習並稱。孟荀方駕焉。則其所謂議。仲尼沒後七十子之徒。不能正群論

至于近世學者昧心自用，是此而非彼，合則以為聖言，不合則以為邪說，
[illegible]訾些諸情，斷其面嚣，于吾民日用之末，措辭之失，言原擬[illegible]，負[illegible]故
天下得失之故，一決于野，臣竊疑于將[illegible]，不得不大為疾呼，以排異說
或者多為[illegible]之比，為已甚，私此紀[illegible]見所目睹，仰惟執事，不耻下問，一月
再策，將以為治也，伏承明諭，論政之寬猛，本于學術，言為治之要，下士
[illegible]愚極識[illegible]，敬仰執事以學[illegible]明道[illegible]以[illegible]平[illegible]中[illegible]於國[illegible]
曲，執事不察，而[illegible]以為然[illegible]，深遣體明日久，大小寬嚴情，不事之於寬大之
[illegible]蕳為[illegible]以[illegible]紀，於徐韓之後，乾中寅[illegible]，[illegible]手文好說之徒，位[illegible]懷
出入而道之，以平大不[illegible]，刑名者，聖人不得已而用之，[illegible]天下之異說
孔[illegible]聖人，果為之[illegible]，[illegible]情[illegible]為[illegible]，[illegible]為[illegible]，行道布德，吾[illegible]也，法[illegible]
[illegible]與[illegible]憧[illegible]而[illegible]也，生道殺人，[illegible]死不怨，此對人而[illegible]之乎？諸葛公儒者也，學
聖人者也，而其治蜀，則為申韓，其意以為民得其惠，[illegible]知刑名為聖人之所
亦有者，而後[illegible]以聖人之心，行之白[illegible]，世[illegible]不[illegible]之士為[illegible]
于聖賢之徒[illegible]，小學[illegible]不明之道，與不[illegible]對，[illegible]進而臣之，[illegible]幸甚。

二十三日甲辰晴　張子青先生來　陳冬臣來　寫萬覺軒信（說陳冬臣事）　下午
陳冬臣又來　應敏齋論之至
接仲甫還來楚精澄邀五口錢善薛澄慶程洋稅事宜　因以送與寶張君收點
多將軍會攻金陵或援陝西議
元年大師集金陵擣賊巢穴之際乃逆賊窺我嶢柳迫我長安　上命
多將軍撤兵攻金陵之師西援關中　督師相公命幕下議其事　〇〇〇謹
議曰伏論多將軍為攻金陵有四宜西援關中有五不可何謂四宜將
軍習粵賊之戰粵賊懼我師之強日久矣是一宜也壽春南下歷潁
來渡采石為自古平吳之路達覘形勢頗得地之利二宜也自此年初起鞠
日東征使意見向之士敢命以衆心之勇躍三宜也水軍楊帥陸軍曾
公首尾委寄與偽之相團臨師克之和四宜也何謂五不可粵捻勢異食所
專習以攻不習一不可也千里步騎倦不及事長安急郵此軍為之濟援
郵不懈鞭師之為隸東征之勢二不可也自廬至江三千里耳而轉運者鄖西
征千里陸路崎嶇舟運河流滿丹淅水棧糧路難繼關中不必儲糧以待客

師三不可也將軍所慮不及二万今都春以北捻賊充斥少簡兵則淮南空虛為
蜀兵州正用不足四不可也廬城奏功擒獲梟醜歸德震心函數萬醜捷佈東下
朝至夕華而乃韋襄氏之為懸不可知之數終方以逸待勞無實以圖萬全五
不可也夫兵者不動如山難知如陰致人而不致於人善之善者也巫臣遺楚曰吾
將使汝罷於奔命今烽燧千里勉為勞敵如東滅而生北作南起烏可使
名臣大將僕僕不暇臣恐我反不自困耶　難者曰關中完善東南殘破何以
殘破之地易完善之區失移請應之曰天下本完善也自俟逆猖亂糜爛殆半
今急除之足以奮軍氣而寒其作逆之心焉有安知他處不復受害且種殘
破而並棄完善也且關中雖捍其師可挾猶為孤懸僅即勝袁其職撫賊
勁云在以昔師張公甲陝夾師里靈不足以抗匪逆賊難者又曰留將軍則金陵
之舉決手且君將軍揚柬諭為稱不足柬功手又應之曰是何言
易也若者向公忠武攻金陵矣繼之者為和公振兵八萬連師十年垂日
而復失○雖師徒之失律○亦金陵之不易圖也○夫金陵之城營壘抱而星徑
直三十○江流在西○山阜在東○形格勢禁○天陵之國○野焉之所都○知?

勢險阻僻處之地此強敵出而不遑儆備合勢揭之顯聖

久而彌輕攻久必勢定不可以守固也急宜厚集兵勢以加慎之慮則

功在母手不惜區區之愚矣吾乃先臣晏侍御三世燈稱有金帶之守為

楚華已拓柘株必傳唐南之藩一舉可畫然後置兵西節北畫中原孰

與恐辜負會奇者不急然夫一日經啟萬世之遠利害之際本可不懼哉

吾之也軍機大臣非敢其所及公庭議之必為詳盡願隨群後之後畫一

以為諮議

二十四日乙巳晴 蕭筱泉耕雲訪未晤 王雲為霞生來 下午陳子彥來 寫金子屏信 晴

舊交會 伊秉綬 梅方筆耕未作 訪楊翰春不遇 又訪張子異先生憶其詩三卷物

二十五日丙午晴

校張異為未作姬詩一章

晉志地理上 地理下 交州為引晉志十一年以南越侯據為南海等事 查晉書紀表後頁 如是付錄也

交州為戴士燮事之加九錫六佾之舞 操名目有此豈其僭擬執事

晉志律曆上

律呂上下相生諸儒言之甚矣為應鐘蕤賓東則無射過為暗夾伸
備六似為牽強
子安新華釋迦譜不知何人所撰抱不粒數里其前段皆明佛氏之事在於相同
按有見地吾宣湛老子承傳之由在於南佛之先今証之此存甚信首體
解是篇用意為掩之者用思輔甫也
左傳桓十七年日官居卿以底日太史公之位正相上之說、
昌黎原道之文六書甚精篆文不拘數
備遺方廣禮書儀禮之作兩名世寫一路趙先寶收藝西先起收寶嵌南京稱
為續任壯總歸為之禮
二十六日丁未食 金吾子祿梁先祖昕天時暢遂萬物成備之義答案 諸
祖之居宅及兄弟之殤 甲午前華若汀來 下午延張子良談察楊詠春祖舒
姚慕庭太令陳冬濤部佐來談舒係
東坡雖晚年流入道家讀求仙餌修養然其快下中自然是明淨微
不能寺破之智者之私耳 觀其秦太虛書則其胸次概可想

[redacted]

晉志律曆上

揚偉引虞喜方寸之木可使高於岑樓 木作基 可懷下也

晉志律曆下

二十七日戊申 舊曆再印本 寫張長公改作代擬望年禀稿 陳北壬君 室方泉台 陳

文浩來

兩接張羅茶棗家

接詢如十八日信寄邕年呈鏡

晉志禮上

吳我觀晉初定大祀之禮一天也皇皇帝天 皇天之神與上帝分而為三可謂瞎

賜之已耆矣 乃唐人若王肅高堂隆之制 蔣克武一鄭之雜抑何謬哉

一天也而有上帝化為二 一上帝而有五帝化為六 及星(秦漢舉其臣之議則)又之五帝實二帝 乃又有分稱

五上帝位從(校)上帝之靈 虞所適從 一何可笑

天與上帝一也 天而離乎帝 則一渺茫無垠之空而何神 帝而離乎天 則一泥

游莫之能名所祀惟天之大惟帝主之於其尊無上其祀莫之　祭夕

而稱名之者未能帝而疵稱之為帝是故民指而過之惟即以上之雲命

之所在也夫曰天曰上帝互稱之辭也于郊于明堂求帝之義也　祀者一國

無方備物之象也大享宜傳不得祭但用心于異同稱謂之間而不推開夫之

陳七郊五帝緯說日為之時人君皆以武功僞詐取天下亦不足數之其帝故

任憑傳之誤則而不知嗟乎三代以下淪于夷狄久矣　李程雖祀中國之

乎哉

古者郊社並□之禮郊以祭天社以祭地地之為言位也象母故祀之國中不於

郊不祀于天同尊且郊陽陰之位如地德也　社者石屋陰陽承天不尊

也其義甚精不可以羣經失為疑之

父也宗子之所奉故郊祭天公侯不得有母各也其子之所宗故社祭地

庶民得立之地有形質故可分寸寸之為割之可以為寸寸之之土故有薦天下則

有太社有王籍田則有王社有國則有國社有侯籍則有侯社大夫以羣

亦置社社之義也天子一耳而有后有夫人有世婦有嬪有妻有妾其

無暇注乎此乎

社者地也稷者五穀之長以養民者也地之德母也地有五穀以養民猶母有乳以哺子也非母則無乳非地則無稷故古人祀稷以配地神其用也亦可見社稷神為后土矣

孝武時初郭郎中徐鄴奉詔祀典其說有自明堂所祀之神積疑莫辨按尚嚴之（務大參）[illegible]上帝以配祖考祖考同配則上帝亦為天而嚴父之義顯按鄭此語甚明周郊后稷遠祖也宗祀文王近禰也從鄭之配于上帝是見上帝于天互文無疑

二十八日己酉晴 候蔚兄軒壺訪不晤 訪張巽之 又訪楊詠春 廖[illegible]卿未晤 下午再訪萬藍坊少譚 到帥着揀上海信陳吉人世兄來 再訪張巽之 楊詠春未同到西門看石蓮出枚擴四字（秋）賞一解荊樓西地為之憮然

錄張巽之（招錦州人姓）註（諱文正）

曹中堂篤國直士家慶壽（年）宣宗朝特見委任而性模稜終身無所啟沃入對

但傾擠而已又最忌中士之有能稍出己上必排擠之使去 本朝家法政無大小皆由宸斷也 宣宗朝信任戚專大權穆彰阿必擇謹愿之士使之佐治故一時才臣半遣廢外盡至于書不求說之合有識者無仰屋窮嘆以为三十年政才之妨碍盡矣帅公獨瀛樹為十日題一日者退食召張問鄙夫何等事君也子於朱注云鄙夫庸惡陋劣之稱夫庸者尋常之謂世為壽之也陋劣矣世主敬之閣何至不能知此耶張不能對帥律曰庸者外見陋劣者隱藏庸者常有不惡陋劣也陋為國世安徽人皆紅頂藏暮己內初六世俗恒情為無冤也不可問世此語耶彼死也有繼其業者不三四人世事不可問矣懷歎為之也青死潘穆兩相國相繼用人則一尊其轍卅年遠若非息家對印度葉士風頹廢國事遂日非張玉今歎其先識云

袁金鎧侍御 銑 湖北人道光初以部曹入諫垣以才能直言稱 宣廟一日六召對見者建議民速恩赦蠲免當免新清不得免在外人其意以為蠲免在官欠半為官吏之所欺隱及大戶胥吏侵蝕民欠之貧窮細民既官守法必按年完繳故蠲免但利奸猾而于良民無益疏上內批著部議奏大學士議駁目九

持己見將擇其善者摺以覆奏附宜雲南目前以為應須拖延已久敝
不翻亦不能追回新清一紀則彼擬書皆恃勝勢不能守死必將何取于
民其伎倆乃出禁不時禁不與所應諾為依議上大略以作奏言是其說為難
衷之議書中堂初忌其才因以下石擬袁擅議 祖宗成法函出諫垣物原
衛門行查張之友某者亦友袁謂張已全漢李鍔曉書查往觀其辭色及
順則無不足昨年刻得如手附友醴其未甚微中之則因已亦甚出諫晷
以君臣俱歷年其雅量如此
各省庫款每積久既多則奏請清查據稱應解應諾各員物換人稱填項書內其
著為應諾彼書則例敢暗抵其冒更放膽為新欠假名為慎重 國部轉見為實
為各官上下欺蔽之地 朱相國由陵撫入都陛見 上問及各省清查之事
朱對曰無清查則虧空止一分有清查則虧空加十倍 上為之憫然其辭
竟不能革
江蘇各州縣錢糧多半為紳著之所欺隱雖經各縣往之嚴追吾吏和徵入
囊不足追于府各幕友手之例則夠入虧空項內即如丹徒一縣有虧課乃九

一條兩江歷任不及知張之族人為全張閣共將席某書之云
定制凡應帝必派國史館纂傳等差帥仙舟先生為應帝請張曲 國朝
與作陪為論大政原奏國史國史館皆有之故請陳恒使並假俾會奉牽故為
今人但知白摺小楷非 祖宗育才之意也
帥撰批時凡世家及誼素千者及屬吏有蔭者必隨才任使職先任以難事
爲有功乃得（上蔭不得之說）諸蔭可旦一寸之傳地然不能以帥言私也屬合者盡蓋皆
得蔭可立之嫌任事豈言一人世此分職有常不可干也所合者補隨以本從及
勞績方差錢調劑分為三等進錢名換之人相與蔭可亦不能穿意未懸倒
陸力甫先生宦江督時凡相隨蔭僕皆派內多差遣可接名門印倉押其
後來者則皆外來之人故可之正蔭僕有恩情過暗關稽而有釋不謹不
可謹之則偽原從且蔭僕恃恩多殺棲持之主人格不開也
張又云任南昌時僕止八人多則弊少其言亦精
五十五日 接卿信 書事月初九信
二十九日庚戌晴 寫劭靜信（君初三撰 發可亮軒） 寫閩撫信（三十日晨呈 撰帥交陪差） 寫李撰

信 三十日發 附何函信 下午謁帥久談 出識陳君寬臣 艾池西人 忠翁局 于巡捕處
函訪幕府諸君 寫張甫信二件 一交朱根局康君 一交金子香粘寄 與三十日發 寫陽甫
信 三十日發 寄金子香
接金子香廿二十八日信又箋葉六包
錄帥諭
有人在京中具呈遍評江蘇文武無不可殺 經使宜將軍營習氣盡
爲評議亦安可盡誅即盡誅之代者又安必皆善江浙人慣清議之
習殊令人悶悶往時患之猶不過今則更言語太過矣
李中丞聞髮賊破太倉以我軍之守嘉定青浦者皆不肯去爲夷兵
守之城者據之報曰云云我軍之怯懦甚者洋人已挺進之將欲燃礮
況我國遭此蹂躪當城下之盟須弱勢定誠我軍實強縱則有之譏
賴況不足恃爲之爭體面耶
自太倉青浦之役洋人欲調兵印度加數万人來助攻上海此兵請撥歸
把一切中國兵受其毒爲其箝制之李撫之

三十日辛亥晴 寫奎玉香信（即日發 交來足） 張畏翁來久譚甚美 寫邵季雨信（即日發託 金子香寄） 寫陳雨之信（即日發 交季雨） 寫子呂悔信（即日發 交馬遞）

錄張長翁語

凡部中[illegible]議覆各項章程條例 當准者准定 當駁者駁斷 則部亦無責 傳之地方 切不可駁而不斷 其外省審議往返 其奸欺盡在此中

張爲南昌首府 凡他府上控不結之案 交限者凡無不剋遇一次 未下必三日決之 每日審問錄供 其原供不符者 立即傳代書照其口供另寫一狀 審畢即案爲之結了 兩造皆畫押 署中鎖閉 以日再審 兩造證師 此中較易 故其案易結

張在部中遇外來不相信案 必詳查原案 直核其例 相爲停止 故來到目即了了

張爲太守 文書必親拔 親閱 簡房不得拔送文書 僕人不得稟白公事 惟小書須必親過之

軍機處墊于高宗時初皆派內閣司員當差後因天下大政皆屬軍機內閣
人員不習例案改定軍機大臣保舉六部司官一人入內當差其事既繁重
膺其選者皆強幹之才實與當局國脈居才雖慮小軍機之難制因事多稱
由大臣保舉恐開汲引私人之路不如概歸吏部考試取之試以時務一道糊名
易書一如科闈之制于是入軍機者皆寫白摺小楷之人無一習吏事者
為字眼關節通同樞政由此大壞矣

帥公承瀛奉 旨出查[illegible]工事並審某郡令虧空案有浮冒情節之 旨帥
至工[illegible]查勘事畢即提某令審訊而河工各官爭為抱屈言其虧空
幫頂實係因公賠累並非（右邊）侵蝕公曰 上命追其虧空但有彌補之法余無所
必須深究時其所空二萬兩官皆力任之公責其具限狀先歸問得恩情並
仍懇奉 廷寄諭該員逮捕入京交公同審某者大恐欲還限狀而為遵
旨解該員回部公執不可曰逮制之累公但指某某自不辭若奉
命理事而出爾反爾示下以不信雖死不為也只限歸是公特疏懇明未奉
廷寄之先已據該員全數繳清虧項其受限之理謹將原 旨封

繳疏入時蔣公礙堂對國曰此本朝未有之事此二好大膽比進御者
流汗路 上覽疏畢之一無所問
英煦齋相國德文莊之弟子和珅美女欲覓婿之不可得也 高廟御
前殿之後先二日召德諳某氏求親欲即日構室自午迄夜父子
跪求不起某氏許之翌日入直 上果諭姻事以阮聘對乃免和嫉之
切蜀策為庶常散館和特求巡視差至英家伴稱善之而宣諭
其詩和去英覺之為其屏作句卷入和大害不得英薦為假和吾惡故高
宗世英屢不遷 仁廟親政和覺誅乃殆大戮及 宣廟初暴
以大學士兼內務府時 全妃有盛寵 內廷令造福花園設像
鑿白月文猷造 英陵用石信曰此事朋可見之公牘捷又奏旌鞋合
用馬耀英以向無此吾祖事妃故已嫉之固矣一日者 宣廟自
見諸政務畢命查內庫從前陵所秘司製事釧者阮出迎查
所有皆無此大料稀一塊經五六年為富廟四八十万壽廣體
某所進債且不貲阮乃深責 上命改造英曰此 先帝陵器不可

為說叢之物且破大作小可惜上照於不合事遂虐為犯內大忌

上亦屢諭之矣字寓禧恩徵春英者三人為死黨殺去英為奇

其內務府大臣之缺且逕令 上意遂授其恩以秦奉 旨降隄藩隄出里

善使書已撤後之者不已又革職〇下刑部監 春英〇本英所御撥匡華

帳或至倒戈不以為患而據其父查抄時〇英並其事之縱逍遙法查

英家產狀上英並軍台及明路陽 上從後用之英堅畢以四六衙

注于家

六月丁未朔日壬子晨陰微雨午前詣宇治蔣舍在西萬竹庵軒處訪素侯 吳竹莊親家

素侯 安張子居親北寄舍餛飩

錄万竺軒談鹽事

鹽捐宜運初起時每引以六百六十斤為額六百斤照官局行銷運川卑

下〃〃寸本寫作小貨鹽其自賣場價完為每斤二分二厘計每引十四兩五

本二分以四兩灶公以八本完办公局費以七兩五本歸本商陶本鋪以二兩平

二分為本商作利息計匡鹽中埕水腳到章門只商不過七兩一分按京不過

八兩一引加以七兩五本章中之價為以七兩五本之本言賺二兩零口之利暴及

三分矣一改埕價大出每引銀玉二十四兩而官局之價止收埕一引費四分

鋪埕店門有十兩之利請埕者皆營求情面爭奪不休並改為皆賺撫

灶公其十四兩五本二分之埕價之外復有商費餘一并而官局收充飭項[illegible]其爭

販息一兩因將埕價本局地長以腳費改增照西岸之價不宜改變乃[illegible]部省

埕斜酌[illegible]廿月為乃月到岸以所未除月價給本商以弥補其虧之本仍不足

之官局異價一

凡办埕者不以蓋徑官斜[illegible]點色作亂若道頂未不得不能清楚指為

委員上下其手之地

錄吳竹莊語

曾觀伯營已札王兩花台直達江邊妹亦不出其弟季司馬貞幹之前與帥營

江邊有要策其悟而去擬之上司馬以為不祥謂要之我軍雖未盡退於敗

而進退不得

錢糧最為緊要

國家有二庫內務府東茶庫[藏之]庫為實銀庫以儲各省閑雜款備

上供戶部大庫以儲地丁各款足以充國用 國初首理三庫事務大臣滿漢

並用按 皇考季年武英于和珅庫款平餘羼積甚多若論 方盤查其正

款外皆有所也和珅之為大旗于是旗人爭謀其缺[redacted]皇[redacted]而信宗室某

人之情不隨振濟人寡陛作奸犯科無[illegible]不有庫中大捐[redacted]桶紫銀十方

兩[若]以方某入桶內藏之匣為[illegible]是以盤庫司員書役均有分潤直至這

二十年 上有所聞特 方清查庫款竟虧至九百餘萬 旗下諸大老

皆人一不悟三庫事務皆[redacted][株連]會朝大臣宗室某王言于 上曰自嘉慶初

和盤庫至瑕直至今日為[redacted]是同旗人係 皇上陰[印信所繫]歷法令王公大臣[redacted][俱帶汙名]

為 聖法之累不如普令嘉慶四年之後所管理庫[巡查]務者責其分賠此時能

免清完[以全國體] 上默其說經于是豈[illegible]年[redacted]撤出去官幾十年為恩遇賠累若

其[redacted]宜止照股攤賠徹還不及時王曉林 為少詹力言內部各項[redacted]

暨守因遂至九百九十万之多，而以糢糊了事。外省如將此虧帑不過數万，即
被參為不職，何以服其心，天下將無法矣。面陳此三次，上因此言甚是，至此
次日遂外放。
各省春秋冬三季各具庫存清冊報部候撥，此冊係戶部北檔房旗員
主之。凡外省報部存項，其重者即歸本處用費，續撥費不足者再重撥
其遠者或撥解，又不擇鄰近省分，即如甘肅之甘餉，理宜于山陝撥解，
乃往往撥諸江浙，解費倍增，是累只弊不可勝言。天下惟江浙閩南為
繳，江西二省諸臨地近款，除本省款支外，為能協濟鄰省。廣東有海關，故
亦有餘。其餘如川陝各省均係外來庫款。滇省銅本每年至廿万，黔省餉
本每年十万，均由部撥。其新疆兵餉各項由甘肅特解前往，為之甘餉之
外入漕糧，總共四百八十万，內由東等處半供京畿。需支旗糧每月二十四
万兩，通年即兩二百八十八万，再加皇城老公月官俸米所需之數，約計
每添一代，隨侍撥護守衛，每年需至三四万；每添一府親王，俸給亦至一万封
旗下養育兵，撥給錢糧，每年約係日增一日，而京通兩倉止存六百万石，除支外猶

外省虧半年存餘加一逼出荒天庚卯有空害之患而莫知救一策者以色 南 欲
光初年乘此前為大害剏行奉天採買臺灣採買之舉迄今循事尾之今則
不至無恃此以救急矣
旗糧每月米二十四萬石另四万兩係官歡其歡外之華生者讀之慕育
兵日為一日而紅白炮費又兩之增一日本屬不了之局 仁廟東巡 松
中奏請派遣旗丁口外屯墾雖奉旨允而旗人生食惰風不能作苦
切因難往空之例每年有旗告冊派總督賴翻竟無一人赴募 天宗時兵與兵仍之旗
糧空欠必至放人生計斷絕控御河死者口並不能因于河岸僅設柵開守
而接于室者多相隨婦女淪為乞者比之皆是
南清玉京國之窮安不變玉
[redacted]十兩有餘為有各旗衙屯田見仍係官地所入除不實
而衙戶所為半將官田典質以從欸食乾隆年間慕納代續其扇
者御而五十万餘者陸續代續之共未撥與予告地其餘止以五一項旁為償還
而設法尤不可勝計粉清逢事實而大國之大害遂至中剏切採買外債
二兩餘先定三兩條之債利息限重不患有人不踴躍而 國家已減往

日俸費十之七八矣

道光間因宗俸不足張亨建議將八旗世爵於漢軍之遠遣內務府包衣旗籍者陸續改四漢籍其事未發上諭國初初立漢軍時其降附官弁兵丁分隸包衣旗僕隸下人工匠手藝人俱入內務府故內務府最為有官職可取名役者奉旨撥入包衣旗然後脫于奴籍內府人取名雅正類人仍常漢人姓以英和本姓石人呼之者為英石大人之類于今包衣第一等之下

張和任南昌時官場風俗刻薄張亨有風力之名比百年數助化移風畢竟小事盤桓之人感其頗辭相處者或問其故曰此地風俗懶陋已久驟繩之必不能繼一年於退次文為青矣且獨地方有之患一時任來執不能識透情形而遽求精切一例好尋常任假當事者亦學道情至見為美之者未嘗不改向者大順治果大行[illegible]

穆相彰阿相[illegible]伯部先生之因[illegible]生為[illegible]穆未[illegible]時其肆習[illegible]為[illegible]姚[illegible]穆院貴姚官上[illegible]宣廟中年責務初起穆力主和議程聞問過上言為事甚秘外間[illegible]而已姚者直[illegible]人且[illegible][illegible]一日請穆[illegible]

鶴將外間皆言君主和議比汝為秦檜何耶汝何故為秦檜耶穆支吾而對詢日穆謂人曰于姚仍昂然五夜廿十年而以秦檜見比是不得見之矣未幾而姚勒休之命下

閱邸抄三月十九至廿六

上諭戶部奏東省需米孔殷江蘇撥辦粳籼米數十萬石原應撥辦未據奏到應東指解米價停到數批福建價到二萬四千餘石山東省銀運數清這令速奏迅速妥款

上諭著盛京將軍明福于洮海城等處倉存舊米內撥二十萬石解京

吏部奏二月晦日吏部新料庫不戒于火

上諭蔣琦齡（前任順天府尹）奏請開屯墾以恤旗僕等語著八旗會同該部妥議具奏

孔繁灝（衍聖公）呈奏尼山距曲阜五十餘里建有書院聖廟二月初八日被風將書院及新世祠拔毀聖廟三物毀壞

上諭祁寯藻□□□奏指陳軍政妨碍之處請飭書通□□著分別妥議具奏

禮部奏筆帖式□恩呈請會試三場多備一卷士子既于見切實指陳云云右

乘空劄丘壻留儀

禮部蓮龕（言歸）接來函 吳烺堂詩 告新莫才一摺（汪芝提督詞伯）三場第向以擇吳女時事 奉問童

士對策不必拘此字數 不奇方手接寫云云

戶部慶春首唐議 感多將軍玉明携來借那一摺 原慶春天津自去出口外塘

那些可內日制匯 此次携匯 云此直有底備 與歸裝來 一千五六百石 計議可廿歸云云

丘總飭下直對照速辦備

春信已來 叢古金呂磯 厥白浪搖曳帮助二處云云

初二日癸丑 雨 同鄉花雲閣 樾錢（以造之）來訪 新任雲來一陳 文陳來辭行

附甫所由轉來函 楊君子勅來 謂帥之以蔣高闕奏見示 命為評論 楊詠為寄

梅郎養廷日十二信

又燕山五日內信

又般仲衣名四日十八信

又桂甫五月廿三信 又廿 信二件 并書三本

又周亭五月十五廿二信 二件

錄蔣奇齡奏戎川條所引平定教匪方略

仁宗時襄陽逆匪之滋多以其逸分歸分竄川陝楚豫腹地之區或分或合不可

勝記於是分布營汛扼其腰之城以專責成畫境分邊堡干撲滅命各

省督撫飭督守令堅壁清野各守其地以有專責

又總論僕條

合計中外禁旅駐防二十餘萬丁而戶若干之團生息已繁五方罷之地更逾旗

業所以固根本也已為丁口日增宜為計一萬戶丁挑揀為兵額不增其立廩餼

朝已遺耕佃稽之跡是夫乾隆八旗丁冊已數十萬務今又幾倍焉新

之地不加多昔以圍先期之居豈有以此餘來人矣舒赫德諫史之者謀

矣十里之價易牧場閒田請移八旗以實屯田都統孫嘉淦請撥石頭之江

城子開耳城張家口外之興和城新豐城川原言沃可耕之地以數萬頃計

於四城駐防兵數千人令其屯墾將撥又旗人所下御耕穩者遷旗

產許其自種得軍隸任所屯墾為久其擇其土風甚好之主者年植迷

亦豈議及界輒曰等處亦有閑田是可屯墾

左帥叛返，承呂將氏，容弟往有云

忠道于兹，日夕傳令，民間不准照太平煙碟，不知何意，又全浸危急，不忍一

揚

初六日甲寅午刻陛下卯時出城，侯北在前，奉旨結營，迎之同至天安少宮，侯請香

琴侍郎迎擺帥至天安少侯，乃問見擺帥來，將李鴻章忠宣墓前擺

來也，無路越過庭太守商粦之郎書，助金順治張居正，彭雪琴

侍郎來答禮

曾經奉書批

親王陸分置三道，中書令八部大夫主之，此古者之設八議相防

奉旨評論蒋疏

第一條請破本　前殿勸王進德，反覆脫忠矣，欲使集議以防其專，則誤

自古治亂係于人，不係于法，使蔡鄉周公其人邪？相廷方委重之，何必開其攫隙

如其人邪？則太阿之倒柄，叢集一議，所能防以範？且雖聖賢，往往見有欲此以

周公才美，君奭尚不悅之，況在今世。持此政身，牽掣渠掌道，謀非所以成

當機立斷之美矣、

第二條除粉飾　深切明著、使行其言、積習一除、可以新天下之耳目、

第三條任賢能　求賢佐治、不狃垂簾之世、而急求其有裨當世、以觀賢之責之大矣、何如耳、徒取無伸縮常、博議從容、風節而進用廉、能愈之方矣、舉士請係能薦人於天子、此自古制、不妨與大小臣工、並盡明揚之美、必得其人、自效孰者可行、孰者足遲疑、因見可化之故也、不逞詐、不憑可行、今人求才、每又疑其挾私、天下之政、僅一事不可疑哉、而手未惟防奸防弊之法、未縛中外、使之索之無氣、究之弊亦日深、今又縱其陋習、殊弗而又惟去能對儀明、不足以判賢否、何益當、

第四條開言路　雕刻奸欺之狀、頗上主寬、苟非燃犀之燭、孰能知此、然其為策之末、近相伊夕、未可輕易草除也、世之治亂、視言路之通塞、一語如何緊張、

第五條恤民隱　南宋以半壁之地、用度最奢、即以軍務言之、韓世忠一軍、封樁每月至四十餘萬緡、民之苦之、則東南海內全盛、乃加派一行、天下大擾、何則、宋所籍者民之豐也、此時耕耨之民失業又悶、而爾賣依然、一城收復、但以當津要

之地、茲自復戍開市、是則酌古准今、商可捐、農不可捐、事理明甚。今日捐輸勸捐、其害更甚於加賦、其說誠不可解矣。軍務繁興、現在所有之兵、出而足用、兵多而餉益費、費多而餉不敷、需用既殷、不得不廣設捐收之局、用人既衆、不能不稍寬取擇之途、諺曰：治道去其太甚、徒以身經歷局之擾、遂有之苦切齒。夫當此發發之勢、欲使用人行政、悉中繩墨、是必使天下咸束手坐斃而後已。即其補偏救弊之法、亦究不能別開生面、惟所云按分卡一層、似有意義。

第六條整頓吏治　此條所見是矣、而立言未善。至途皆士子、將善者或有捐班出雜流、牟利者害更烈焉、正途宜扶、捐班宜抑之論也。今其言外則以吏治之衰、為辰詩命、而內則為正途之不得缺、嗚呼、古云為官擇人、不為人擇官、殆不甚是矣。正途而賢當速升、正途而不肖亦當速升乎。今日寒暖可也、曰速陋亦足取、字夫速陋矣。然不如他途禁黜之嚴、用之得宜尚有效也。漢武求材弛、魏武用有過、雖不足法、然以之資用、實收其績、亂世不得不然也。至日軍功不可為牧令、所閱誠大、而徒為正途爭缺、細者不宜、疆場戰爭死生呼吸、孰與錢屢呼噓之難易、收鄉之地、驗著賢否、孰與除了策飾之乖輕、至於垂涎膴仕、士夫畢生所指、何獨異此心、而以責之武人欲其爲善不求全、不亦慎乎、又曰、殺戮而令牧民是用所短、猶不足以服其心也、國家右文左武二百年矣、牧令本無兵之所有、馴至今日、禍亂孔亟、兵于牧民之正途、能幾人哉、宛而補庸、若喻可爲、況痛因設辦縣團兵之法、則用心雖切、尚不足以振解也、

第七條　籌軍實

一土之人財、足用于一土、明論識不磨矣、然欲兼施境外、則不免冒昧、夫縣邑各集數百人而供之外、既畧指教、即團練之法也、以牧令爲偏裨、道府大吏爲之帥、有事調撥、然則令僅當無事、何地無防、此制如盡天下之守土官爲將帥矣、又、前條之言領兵者、不當與文達也、且一縣調遣離境矣、設事不速藏本業、其盡畀人耶、抑更立令、更募兵耶、知其不可矣、以一縣之人任一縣之守、尤必回鄉而後聲勢足恃、一區之數百人守且不足、又僅能出境助剿耶、王文成之集功如捕逋之慣、鄉閭已久、一舉即能蹶其後、必爲數年能然、非女人所畏矣、至於偏闔之胡用民裝藝、尤不可爲引喻、今軍伍之士、專心致志、屢經苦戰、習于行間、然後能東征西蕩、成功收效、若牧令者、有撫綏之責、有供頓之勞、有計會之繁、有訟獄之寄、兼才難得、舍吏事、治兵事、天下無一將官、舍兵事、治吏事、天下無一官將、何以手秦漢之吏兼任者、其時疆圉勢寡、然數郡藏兵、征討仍以中兵、北邊而郡縣之兵、僅以捕

逼出惡而民始念之、此其言十利、曰良民無殺屢之累、不知念也、殺屢者、其禍亦將及良民也、曰將士相習、無之救令、與民識相習乎、不可以自欺也、曰派有定額、共見共聞、夫用兵而定累其侵餉、以爭之防、使之束縛手足、與其事而以無成也、其餘好利、亦歎瑣細、且有此而甚征兵、勢無不能、則科派朘削、無可減也、爲此計者、不識于助籌兵之靡餉與夫仗軍費之能籌耶、

第十九條誥戒行慎名器　二條意略相同、實皆言之精當、確有把握、術引方略、尤見明審、其言時弊、亦往往有之、雖監軍一層、頗指摘、然不害其全體、昔曹魏與孫吳相攻、曹休表渡江至招上宅、朝蔣以為諸將富貴、無復他望、似皆棄危不顧、語止云云、實為明論、馭武人者不可不知其情也、

第廿條恤旗僕[redacted]籌餉不知節用、使財賦多入十錢、不如庶支少出五錢之益、何也、多入錢有受其弊、少出錢[illegible]者必隨用之數、未之替換也、旗兵一法一歷經諸名臣論列、祇以異其必負國、實力奉行之人、故每作輟、其實不可置爲緩圖、移屯之户、宜仿照錯從民之策、一人與并受利、則雖情念之旗人、亦必趨之若鶩、此時養養舊制、巳萬不可行、窮則變、變則通、此疏其嚆矢、

第十七條挽頹風　服官從政祿足代耕仕宦所以謀身而處士於出處之際有饑寒需索不為者末世風俗澆漓清要之官至于屈身屬吏為之鷹犬相仰富門善隨肥馬以視托身方鎮猶為馳驅王事不足怪矣此自上下交征積成陋習非一語所可挽回俸米之加徒成虛設至外官陋規歸公殆為不知外間情形即以各關而論正課之外必有耗羨一經出場所增課為之雜款歸公而雜款之外復生雜款今查所陋規極為塵瑣久必更將此定章支而官常所得又必巧取於民夫天下之弊無窮也澄清之者適足為厲民之具訪有司之能處此等之有以轉移風俗承平之世盛也議行今日事也

第十八條崇正學　聖門弟子分為四科雖以德行為冠而不廢文學也況宋儒講性理而空談實多漢學專訓詁而考據不少者乎近世漢學門徒不言性又貴高談鄙遠當經亡儒寬存貌之偽儒有以啟之木蠹出生非盡誣罔之言即是以轉移風俗也誠有見乎君子之道者謂宜平於釋蹂以西是非而不誤然與之角勝且直謂之迂耶說豈及躬自厚之謂歟至自宋儒之踐履篤實漢學之記誦為靈然則朱陸異同陸子尊德性朱子道問學亦當各有而於陸卻小若從禍亂之來漢學書之害風氣

尤為諸癥，宋以前之天下不如長，衰宋以後之天下不如盡復，足徵興廢之故，實係是

矣。所惡者，本朝家法，啟由官斷，而逮末之綫一開，獨攬難辭，言之為公為私，皆有所

挾之成見，儼然明季台諫之風，為上者當早真知灼見，以察群言，鮮不多於五色無主。

治象也，若再開黨之風興起，更甚，今天下虛浮久矣，專心一慮，獨苦不能振作更

以陳言範圍，觸前躓後，困其心思，廢其耳目，幾何不僨作哉。

統論全疏，其忠愛之心，溢于言表，亦能直摺隱弊，其文傳世定矣，而其中若干條，愚則以為

不能獨宗事理，且如抑科第，抑軍功，重京僚，輕外任，揚宋儒，薄漢學，其言雖多

是地，而字裡行間皆帶不平之色，若有積感重忌者，山左所見不能無隙之故與，其

陳將歸甫之綫二條，深中時弊，請戒行慎名器，點郡旗僕三條，實無足見之行事，非敷衍

泛論時事之比，其他條各有精語，惜瑕疵互見耳。

初四日乙卯 雨 寫詠如信 附後覆雨卿 即日發 遣還帥屬取書蒔季袁稿交迅捕

接張君為索字及煙詩二本

初五日丙辰 陰 張君來 吳竹莊來 并托寄陳甫信及三百兩 又談 寫詠如信 即發 又寄吳竹莊陳甫信 附師伯信交方 附石信寄勳

接蘇州五月廿九信 并托寄家信 銀卅兩 寄陳甫信

梅宮浚甫初四日信

晉志稿中

晉氏起家清素，始知禮守禮法，祀武帝晉諸臣詩多附會勝流，殊歉落

干寶識者，登為身後之節，移兵不素，壽夜之相者何哉

初六日丁巳。午前雲陰，晡大風雨。閱某要錄者收優等僕大長僕及早傑養

澆人心之壞極矣。寄朱貿甫信（初七發交荷塘）。張異翁來辭行。汪秋閣

來

錄張異翁稿

道光末，蘇州顧元凱為潯州府，由帆相國之族人某任貴縣令（時）洪楊

諸逆皆出貴縣鄉間猖獗舉事，為鄰近民所覓，但獲之來，張尉凡七人

顧即委祀令解向祀，以案大逆，吏累乃以重事寬縱之，請逆既以服罪

作亂事聞，祀司大辟，相國疏之（紛起），顧皆向逃出口

張子異記祭酒錄為

今元年到安皖桐城張（小字）集自撰墓表，相眼者十日而好（九）語業故及時政，往往移晷。

劉迺輒記之，幾盈帙矣。先生曰：咸皇初河水流決，梗漕，天子詔大農議其事。吾官

曹郎，與同列上議者二十餘人，吾與英相國和時為尚書，獨取吾議主海運，擬以奏，而曾

故事，群議難之，不果行。其次年道仍阻，天子悟群言之非，獨斷行之，猶取決於英，英既造

膝受命，出吾擬對飛騎台吾往，日事定矣，第吾皆信吾言之行之無成禍，不輕也。吾丞色

曰：此國大政，敢諉諸？聊脫有他，願死無怨。英喜而入。是年穆相國彰阿遂奉命出督其

事，吾實輔行，事成運速而費寡，率舟千石者與三百金，行遲者十五日達。自是河有患，輒

舉前議。至文皇朝，用之，遂以濟京儲。為吾旋改外，為九江府，下車值合省水潦，大府議賑，

檄各縣，以差大小為差，頒各數千金，而揭示民口大者幾何錢，小者幾何錢。郡縣奉

檄取示遍張之，民至其費不抵十分一。於是大窘，凡猾黠者皆煽之去，窮黎卒無獲。

吾獨見有災先下鄉，核災戶，檄至不使屬邑官吏問，以其錢與災戶相較，量而定其數。

先其至貧者，更有餘，及次貧，而民免者眾。劉迺謂然曰：甚哉為政之難也。知之不難，決

之難；決之不難，任之之難。事不成，豈更其遇事，則孰成；有知先生者，所事在矣。其

奏議條教，有存者盡以為後人所詬。未許，劉先生曰：吾生來兵間，平生所謂所寫所擬，

皆已燬，獨詩數十首存耳，亦有慨於當世，寓吾子意耳。劉曰：役之古矣，誦詩三百

點改詞以道性情、性之所近、孰與其事、如揚子雲雕蟲小技、壯夫不爲者、未聞道者

爾如先生出以相授、既由終讀、卷凡三、長短體備、上以憂國家、下以彰遺孤、福

於慈人之說、呆記有之、溫溫然能斷者、無此謂乎、無此謂乎、學者所宜事與

續舞多見、否而觀性情之所發、思過半矣、則是詩也、雖謂之方策之政可

也。將以歸之先生、命弁其首、愧非少賤之義、不敢當、又長者之命、不可以辭也、先生

與先大夫同官江西、曾分行、先生又吾省之監司、弟郁伯以才學同行、則師也、而兼實

序先生詩、將有疑之者、故備書之。

初七日　戊午　五鼓時狂雨暴風雷電、辰巳間晴霽、積日　寫客徒甫信（初六日發、寄未見）　霽

生來　華若汀來（以呂多分文贈、託楊子仙帶往）　寫船仲信（附張甫函）　寫燕生信　日（附張甫信）

接袁柏君五月初九信

又張曲安書寄蜀別詩一章

初八日　己未　晴　吳竹莊來　寫六姊信（十二日發、交秦小石帶回）

晉老程下

□觀蔣侍郎吾弟臨華勅封祠陀本、有寄手往戴宮女何意蔣侍郎臺

右十晉氏等千卌之

江霦議子不封母甚由

晉志集書上下

兩篇所載諸詩惟拂舞詩詩五篇可誦情辭則言舉非陳言鋪叢之類也

東晉時公旦詞戲即今戲法跳索之類

晉志職官

元帝爲晉王以參軍爲奉車都尉掾屬爲駙馬都尉行參軍舍人爲騎都尉皆奉朝請後惟留駙馬都尉諸尚公主者劉惔桓溫皆爲之此職之始　懷帝以瑯陽爲車騎將軍儀同三司此儀同之始　魏以黃權爲車騎將軍開府儀同三司此開府之始

晉志輿服

司馬氏創造五牛之旗及以祚瑞牛氏之讖也

中宮法駕太僕妻御大將軍妻參乘騎及諸妻引（諸臣之妻）皆宮人擔領大夫

僕大將軍可摘領太僕大將軍事不可摘領它人不學為是作冤孽法也
使人嘗政

初九日庚申五鼓時大雨天明霽晴復日　張子畏來久譚　姚彤甫
來　汪秋闕書

晉志食貨
咸寧初杜預上疏以東南水災特劇包壞兗豫州東界諸陂隨其所歸
而宜導之　按此則近來說河北淀間五堤世之之智宜以鄰國為壑耳也
善政也其時此四利去而害存預實欲為壞陂之舉然開國時宰政一
所恃恐言不行於託林芙之說耳　觀此疏自知其時勢已至不得不直言
之矣
預又疏云良田變生蒲葦人居沮澤之際水陸失宜放牧絕種樹木立枯
皆陂之害也陂多則土薄水淺潦不下潤故每有水雨輒復橫流延及陸田
言者不思其故因云此土不可陸種臣計漢之戶口以驗今之陂處皆陸業
也其或有舊陂舊堨則堅完修固非今所謂當為人害者也云云按

棗祗興屯于建安，鄧艾關地于正始，其時人民尚稀，田業荒棄，究之所
佃不過數萬人，故推擇為營，不如屯及後始律戍民，即生聚既廣，所田多為永
占，其辭乃見於屯田者，歷言如遺，今古已不能不惜，彼今主既亟即封志之
不可撥者久利而一處之堤防水利，比往日民力所為者皆壹一一方地土之
宜，不可因一切之利，革華易改，否則千載制作隳于一日矣。
男子一人占田七十畝，課田五十畝，女子三十畝，課二十畝，課田皆公田。晉
賦，蓋助法也。
晉之王臣下可謂厚矣，有田又許蔭親屬，及有佃客戶，又有蔭客
戶，又有衣食之婦，及職官志又載有傳，有業田一人，升進職，郡不
為獲，更得勳士並蔭以加矣。職官志不載占田，而此云業田若是之晚
耳。傳為於官府已過為收，則為傳一年過年仍於田
成帝時度民田取十分之一，率畝稅米三升，然則其時畝不過收三斗耳，較
今畝與六十分之一。
錄張子畏語

張官南昌監督糧道時，糧船築修例派委員監造，屬員求書札來請托者彌不知數。張公向若曰：委係監修，只須監修八金，修爲舟即八千金，此腴差也。張曰：修舟係奉成規，必將汝其中必有攸往私之者，即可[illegible]然曰一人告以了矣。今舟皆按舊制尺寸，不符載千石者放至加倍，裝糧米之外，多載貨耳。張大札云改革江南陸立文先生為總督，張貴之，且云：部舟北上歸自帶貨，為半章之據，請錄天下此國舊制核定此之大小隊以告，為糧船之載，貨自糧道至倉庫凡若情有無，車接不行

浙南趙謀，船時徵不及五百万

錄汪穰卿語

來滬經商之我四國為多，英人、法人、合衆人、德人，餘國附麗而已。英人生意最多，法人無生意，而無地，故自有方位。滬城北門外地，亦設巡捕，合衆人生意次英人，而皆無錢，有錢者只鴉片。近頃印度為英屬國，種鴉片皆其所產，定稅于英國，以載來中土，此息極大，而為英國所缺，不得收其稅，盼其錢無實理，皆會于英商，英人資之以為代理本而以貨為之到各埠收錢債。只上海

洋行本最大者義和行主凡九十餘股，餘者轉什止一只，不做大津口內往生意，實

順損況之行至三十餘股，船最為興旺，不甚得力，且山內產茶之地，皆親到自

買，其餘茶之貨，視中商加數分，於是貨物之不獨出口洋茶，即中地用茶亦

被些數吞盡，又有以行沙船買好土，今隆則專做金字放賬，本錢亦

埒二行。目下津口紅茶每擔三十兩。花旗消綠茶，英國消紅茶，俄國

消福建烏茶。牛莊豆石豆餅由沙船生意所[illegible]收[illegible]之

章程第五條係有不准外商販運出口，今春英法力刪之說，與英人所改

此條，恭王允之。現在上海所有沙船皆停廢，往時船稅所入及南關進出口稅，國中運貨出海內、南關定稅，俱為烏有。

初十日辛亥　晴。寫王僕臣信，附往燕山函內。下午謁帥，久坐，以吳人殷兆鏞五條奏疏見示，詆毀上海官

吏不遺餘力，都甚了了，與疊之言又廷寄交督撫查辦。又見示議復[illegible]撤王

大臣以其本省督撫，帥處廷寄奏請設長江通商大臣。又見示議寄印度兵

會力攻剿金陵之疏，奉廷寄，飭下單務等條，命固擬覆疏。又見示言內

覆奏太外兵會剿事務摺稿。查帥處出見楊子勛知縣，轉母已至蘇州

張果ノ事 列仙全傳 奉小在南未明 黃英子偲及今子伴武事 楊子狗囚

女婦夫满之達者 知輪井不侯師命之也 開 張果為等但不及鼓伴占

酉上岸

晉志五行上

此志虎豊豫州之震 雖両ヶ異ナレ共如是時運 鄭ノ 御本國 猶不西土 深自謹

此年八月右有廣陵觀濤之記而今揚子式其地形遷變今常水勢

隨テ之異理之所有や

吳婦人修容者急。束其髮而劘角過于耳 卽今大髻也 元康中婦人佩

金銀玳瑁為斧鉞戈戟以當笄 干寶以為服妖

泰始之後中國相尚用胡床貊盤及為羌煮貊炙 并有相風患之稱」

晉志五行中

録帥記

恭帝將踐阼也均相同性帥以為讀本村等二家不及擬之于今 且云 本朝

年移性川豊之一事最不移為今人為言之 亦是古今之見如斯者迺但

亂來年未盡殲虜,城今粵賊渠魁已大半殲除,然征伐調兵來天下
用餉已數千萬,今要之此匪前匪十年所用,欲亦不過千人,僅憑自募
所用庫餉不及十万,餘皆自籌,其法日有費處,一分難為一錢
矣。一歷來私妖未有若是之多,亦未有若是之久,惟北觀來年其此相符
識其此所侵也。

又曰:自古收利鈍,皆由筆為書,此書不足傳,至安得四明諸識語也。
一世能炫衛也,凡筆鋒寸本限相隨而行,寸法日術,罔不與寸行同運,罔不止
作善降祥(不善降殃)其可奮曰至也,為天下之本,又實筆鋒主其大半,至于文之
難,則直上者為道本限,則至善為調而遞者御,直下者為道命運則窮
者為通者静矣。吾之曰書之作者,則不如無書者之為為誤,得者皆
知性聖賢間學,非此不載,其中尤健多飾為詞,其善惡之歷歷不爽也,
可見其非書雲也

十一日壬戌晴。寫[?]部子授作(寫送吳帥昨日又寫送寫二件,又掛奏疏內應一件,材剿巡捕)張子青路起九江,至南房復以剿,並茶戊亭來,合南人上,以為御之
春[?]小石來,吳竹莊來,擬叶帥命疏稿,材剿巡捕,有黑尼以[?]矣

竹莊出華差門劉鎮山片信廿四兩三十兩子楊子鼓

十二日癸亥晴 謁帥 候張畧翁送行 訪吳竹莊程同莊楊誠春太守年兄

飲其館 寫瑞甫信 鄭日昏 文子仙

十三日甲子晴 下午訪潘琴軒世琴西向伯常 又訪李眉生 又訪

英偶老 又訪雲生不遇 閱王夏廬四川日記之頭生皆生留院 合後乃去

録萬井往剃頭 致瑞甫信

九年滇匪李永和藍大順犯川境 連破筠連慶符高縣三邑 秋向攻撲敘

州府不克 十一日竄犍為 五通橋 十年正月竄富順 又自流井 鄧井 榮貢

井 二日陷四五通橋 不攻嘉定府不克 三月藍逆分股上竄 又犯青神彭山

蒲江名山等縣 其李逆大股仍踞橋上 謂橋上匪首有二股 一由嘉定青神

眉州彭山新津 甚流至眉四方餘匪 往邛州雅州 一由井研仁壽玉眉州

多係仁壽之城 專時井研以為屏障 閏三月十二日匪攻井研 圍逾五月十

八日不能克乃退 是役也萬公主守事云

十四日乙丑晴 閱汪秋岡楊子勤函 來月赴安 秋岡來之際 申訪廖丹卿不值

訪楊謝春手艾新宅　訪王邨生霞生曇甫二姪俱晤　廖再卿來二次不晤

晉書目下

晉志刑法　未經

列傳后妃上　以上補十三日讀

晉宣以景后係魏氏甥婿之當魏明之世司馬氏已有異圖世儒乃謂夙矣、

曹爽竟不之察何耶

武悼后之被害以子賊母千古之奇變而朝臣不知以死爭之猶稱引聖經

以成大逆使千載之下猶撫國不忍視張華之信偽謂絕矣尤是識何耶

晉武為子娶婦而委忠其不知房帷使臣妾道謝之其荒謬是為一笑柄即此以觀

晉之內亂其禍早已不合晉氏之禍

后妃下

列傳三　王祥 晉武世保傅 魏遺老　覽 武世卿貳 儒臣　鄭沖 武世公傅 宣帝　何曾 武世公傅 宣文世心膂　子劭

惠世三司 富臣　遵 武世卿貳 庸臣　石苞 武世三司 景文世爪牙　子崇 惠世方鎮 亂臣　歐陽建 惠世守令 附石氏

孫鑠 武世御史 附石傳

嘗讀魏志論祥不稱其文以爲不終守節而偉小之今詳其遺誡于後國易

君之比擬閔於不能去懷夫溝瀆之小諒大雅所宜爲妻贊服官又連忠貞

之萬闈辭引退欽不以晉之命活君子爲世違之變也是忠可畏識矣惜不能

致仕于魏朝堅臥以避位先見知幾之美其素有邪

永康初何劭爲司徒其後三王爭事劭以軒冕而終其間望之者此馮道之鼻

祖也

何曾告子孫曰吾每宴見未嘗聞經國遠圖而每說生平常事此非貽厥孫謀

之兆也曾雖奢豪者而實有才識能知晉嗣之弱是矣豈無后可謀乎晉武

非不覺悟大度而競圖晏樂意不在戒於其佐命亦知富貴而近小人而棄天子之

義不亦悖

晉室薦名節而最以爲其措何不足而有才略並用之魏武求有過且不能誰

而殺之亦事矣

不崇名節而仍之位爲諂以求賢晉政之採其實矣魏晉之世未有過之士積垢

乃至于此不以互相蕩滌之此風何時已耶

王敦[redacted]詩宗子貢之鄉差近其後悖同中書之賞矣
鄭沖妻賀魏朝風子王祥矣而李秉佐命宮州晉臣也何足任以晉范
為尒年同侍看所不宜而祥尤當分別

列傳四　羊祜　武世侍中　名臣　杜預　武世侍中　名臣　子錫　武世中郎　外戚

魏陳留王立祜不就為侍臣求出補吏出為之邑司陵也矣　祜實為晉元羊晉孫
知魏之衰經安久引為遠之不論其功不論在以明蓋君子也
請祜請伐吳疏能贊伐國在實是人之言也孫皓雪日使其民二境連兵不解
不加之偶降是聽堂休息之期矣世有猷非為心是者祀衛夫之所得知也
以言之強蜀吳之可伐為近之十倍累及祜與謝眾人尤提之為大事若此之難
也提惶小國宜之度外或者是人之心為實則以下情故然耳
是以上惊悚去論詣倫色居群陶無凡想千載之下猶見風采
將伐吳祜時已病帝不使之以北護諸將祜曰取吳不必臣自行但既平之後當勞
聖慮耳　老子曰功不名自已成名不必自己出羊公知足為一時之聖矣
祜避名為預專好名二人濟芳相去千里夫平吳者祜之謀餘耳預幸附會

即不及預十二三然為豪萬之哉不得不懷了之前者慘怯因循者果成山莫不

平耶若類求稱譽爲被刈求容坐者也所謂搖尾乞憐者所枉矣

羊公不讀書說經而史解詩懸于杜公可信杜公最是美以配羊固然

錄楊詠春課

助東州剿之事起于馮桂芬爲之介紹[于南翁者]擬也其議亡計為霸然而之

者湯曾陣也為馮說湯為敵人所據也其時議有八條一凡砲城得地所藏

髒財皆物貴人借價為此分于中國共一凡中外交件往來皆物會防局云云

體像大半數洋東人坊世只說及此自知不可用不復出之矣推其初借議

主意不過欲藉以補綴殊是鄙陋一疏閱兩種繳刈深不以為然而責子湯力

爭云

十五日丙寅晨雨即晴　下午晏王詠生秀生來食饅頭　雲生便去先過

詠生二首去

梅帥寄送來上海道吳道[抜]函附其所寄稿落洋稅務事是又二件　十七日送呈遂有階[據二君回憶]

列傳五　陳寶箴[戊世侍帥][今年]　子興附　梁秀[武世三甲][文世陰忠]　子鋆[惠世今僕][肅臣有名字]　[illegible][從弟]楷[惠世之條][殿臣]

子頠 憲附

裴頠崇有論曰兆庶之情信于所習習則心服其業業服則謂之理然不云老子以無為

辭而為全有 諸理皆有盡理而歸其全文不能暢達

頠與張華賈模謀廢賈后而不果趙王倫求官二人執不許兩者干收禍之道謹矣天

下事陷是中立是兩可二人不知賈后趙王之足害國可矣知之而畏之洪禍

以自全亦可矣不能引之而但言之不能去之而顧戀之間無此鮮不被其禍

矣張華與頠非力拂其意也私意之而容之也其逐之也偷心中之而臣斷

不救及受其亂亦宜 言半

握權之時退讓者免權之失衰亂極謂之命也豈達歟

列傳六 衛瓘 文武著節 純臣 子恒 書世要郎 儒臣 恒子璪附玠 忱世宦僚 名士 張華 書世台臣 庸臣有文學

子禕韙附 劉卞 書世官南 不必傳

南階書以人有不及可以情恕非之意相干可以階進故僨身不免其恒之急其敗

急亂其國宜諫其主則塞而知幾自退之士知禍將至而携家南山 王敦禮

之可知若逸嗚呼亮矣

武悼后之廢張華以謂宜貶稱武皇后居異宮以全貴終之恩按是言少差于諸人矣然子於嫡父不可使婢得之門可曰是皆也勢不可諱不如不言為至當、、得矣

華知賈后亂國而不能去亂社稷危於劉卞欲為太子廢母華辭之則得足為臣不可及也

錄霍生語

馬隊九營最雜草料馬棚溺穢皆須查營內每一人占千人之地收藥草情雜而守情尤雜　馬隊皆須用北馬以其力大能忍饑瘦也惟北馬最畏熱不能跳坎不如南馬不畏熱而靈便然南馬柔脆操不可用　口馬出隊先饑即不耐食飢則行久不得飽則要傷矣

十六日丁卯晴　黎蔚民來候李眠　撿點藏書

通鑑目先已老莊之書大指欲同生死輕去就而為神仙者服餌修煉以求輕舉鍊草石為金銀其為術正相戾矣是以劉歆七略敘道家為諸子神仙為方技其後復有符水禁咒之術至於今遂合為一至今循之

其日作甚矣。

宋朱拜曲浦舊題 科舉自羅討賊以白士趨時好專以經義爲八桂經九經

不記典而于兩習經外四經諸子無所有讀之者 舉人試卷有云 古者有董

仲舒不知何代人仲舒爲莫不以笑

十七日戊辰晴 晉生請去診病 爲處一方 晉侯借稼堂大令蜀進士 又晉侯

黎翁氏太守寧國府 訪蓉蓴明 柳小泉 謁帥 答訪秦中丞 又訪吳竹

莊已刻矣 諸霞臣刺史藩 友微侯補[illegible]事 侯未見 廖有卿來訪

帥見示左中丞書 記其語

謂人不過四語 火器精 陸任鎗 鉛精厚 軍令嚴 而有財可不死 其守青

浦者定爲回退之兆 其恐[illegible]之下游官兵相同云 調印度兵等 其

解嘲之語未必[illegible]有定見 其將帥欲之 其國主必不敢抑 未之不必 爲今

之計不可求助于彼 亦不必遷 有逆而圈 隨之其計中也 我兵能自立勝

賊之數則東南是我矣 又曰 雲琴手豪 [illegible]不協 宜爲調和之 今之畫圖

不可爲也此能中爲說 解不可

接胡鏡湘五月初九信

接帥第遂信替灃區詳稅新章並分派命擬改　二十日申呈帥收

十八日己巳晴　同鄉莊耀采　盛鳳大令　呂亮臣　楷棠　秀才來訪　臣務章來　下午

同鄉吳士良孫詳觀翟來候

接子迎六月初一日信

十九日庚午晴　黃湘雲　來訪　臣江西來　謁帥　帥以謂者不敢

通日罷　答候吳士良觀察不晤　又答候張香陵臣刺史俗不晤　為言

生論疾　要往識候　臨我以前忠切切　訪楊誠為同訪華表江沐雪村

接沈幼丹中丞五月十四信

又楊亭五月初十信

又山舟五月廿六信

日記十五　　能靜寫記

六月丁未朔日壬子　趨 二十日辛未晴　寫族之慰英信 附阿哥信內寄　阿哥信廿日

戊戌丙午　劉詠如信 二十二日發交王臥生　劉子迎信 二十五日發交王朗生　下午謁帥　答訪貝御

莊芝棠　呂亮臣　盛旭　莊仲求

接陳甫六月十四信

論子白稅事呈帥

通計庚申和約以通商大患莫有甚于入內地買賣一層詳視天津所
定章程不過畧改舊制大段皆得即賠償兵費為何有數之事獨無別
上害國計下害民生一害國計猶止厘金減損其害民生則十倍年以中
商業皆奪業不至直當語盡粧不止能日害立于下其實為國隱患充
為深切中國貧民生計向資商賈大賈分其餘潤者不可以億計皆此貨物市
集之所其民無業于省会今商賈一切被洋人壟斷生意之物大小甚至木
耳等微物亦自摟採無不毫絲剩無論業商之戶無事可為試思此百千
萬億分潤商賈之眾盡使之仰洋人鼻息其不至亡室為盜為賊者尚幾何耶

又申言各處各貨人數衆多本有厚薄其勢不齊東人本重人少合夥
家之力即足以網截利孔加便于產貨之地其勢莫能与争前門于販貨之區
地民生必至加困既通行內地日推日廣名為三口通商其實百口千口而不止非
如便許內地游歷其人少勢孤也種之大患有不可勝言者今春楚省奏改
內江章程其子口稅有限地限稅之說甚為有見而此次奏定新例未能
重申限地之制其限貨例亦未能推闡遠徹查英人和約第九条有
准聽內地游歷通商一語第二十八条前段所說係指中商轉販之稅厘
後段方有英商在內地買貨運出及洋貨進售內地之說其意總為洋商買貨
代僱轉販不照重征之故未嘗議及英人自行の內轉運至著後二章程第
七條始制入內地收稅指閘即有無論遠近均不重征諸語為內江章程
之所本推原其故其內貨指土茶洋貨指呢布外來之鐘表等件均必准洋
人販運中國需用多貨收支此時與之計議經其執之例如印為洋人計之區
未止土茶等物皆中商收至海口售之其手後雖為有洋商遣夥四內代收
事而民頗厘金不曾較今子口稅倍稱以今之許令の內收茶收絲已為便

宜無盡。若必謂中國小販之利源悉非洋人之手，目下洋人乘勝，我國多
要圖，不可不委曲羈縻，可無着限與舊章改章，但不能竟其說。總之此
事斷不能久，方無兩便之為難，何如之責，悅乃倘能立為限制，實于國計民
生大有關係，不僅關稅之于彼于此為微末不足稱也。
錄帥見借事
陝西陳回相鬥殺漢人數萬，方云南殺亂時，因為陝西回人布滿直隸、甘肅，通
至哈密、回疆，一有動搖，萬里響應，尤非滇回之比。陳曰：英國領事急
至上指呈稟該國提督，言為絕非所欲。又陳道鄭蘭因外國人買地作惡。
金云之求叢兵取到陳，并砲臺赴京控告公使。
二十一日壬申，陰雨，夜寫張甫信（即日發交文報局）。
二十二日癸酉，陰，無，夜大雨（烈風雷電），寥再卿來。答訪吳穎函，訪雷侯生，不遇。
為頌生診疾，訪楊詠春，不遇；出門過之，訪莫偲，留久坐。
括眉生言，歷訪六月十六日信，并上撲帥七月廿四日信呈。
列傳七　安平劉王學（武帝侄祉）　宣景安世將帥　不牙　[illegible]子似邑　[illegible]（武世將帥）　不牙　河間（孝王）平王

洪子威　隨穆王整 孚孫　竟陵王楙 望子 惠世侍中尚書 亂臣　太原成王輔 孚子　翼 孚子　下邳獻王晃 孚子

太原烈王瓌 孚子　高陽元王珪 孚子　常山孝王衡 孚子　沛順王景 孚子

彭城穆王權 武帝從父　孫 紘　之子 俊

高密文獻王泰 武帝從父　惠世公輔 宗賢　子 孝王略 懷世侍中　新蔡武哀王騰 泰子 惠世侍中　莊王確 泰孫

南陽王模 泰子 惠世侍中 宗臣　子 保 泰孫 愍世尚書 宗臣

范陽康王綏 武帝從父　子 虓 惠世侍中 亂臣

濟南惠王遂 武帝從父　孫 勳

譙剛王遜 武帝從父　子 閔王承 元世侍中 忠節　烈王無忌 承子 穆世侍中 忠節　敬王恬 承孫　才 孝武世侍中　忠王尚之 承曾孫

安世侍中 忠節　休之 安帝世尚書

高陽王睦 武帝從父

任城景王陵　弟 順　西河繆王斌 陵弟

季于晉室之世與誅書爽及有寵至宮悉僥戎任夫室之患之心雖人知之季而况臣于襄邪則當釋柄避去佐命于晉邪則尚用偽辭既貴爲寄附汝據忠義之美名左右謀以圖市利千載之下亦逃不易於移之曰

貞臣嗚呼愚矣
劉裕伐司馬休之休之治中韓延之與裕書其文美于臧洪之作而其
為人附史以表彰之矣不必書之一首
習陽侯順武帝受禪歎曰事乖唐虞而假為禪名遂悲泣由是廢
黜此可為魏晉士氣之非司馬家之比為世所知者不知順夫仁賢信所趨耶
二十三日甲戌 留寓 黎蒓齋太守來拜
接其賢弟六月十九信
二十四日乙亥晴 候黎蒓齋送日謁帥 訪眉生並識吳相雲郭青 寫
四妹信並寄去孫畫被萬眉贄二刃 明日發 寄日記目 寫金眉生信 即日發 交東送 寫史賢
甫信 即日發 托秀生 寫蓉桃甫信 廿五日發 交東送 儲韞堂大令來 久談 辭川之任也
二十五日丙子 晴 晡風雨 下午王翊生來 辭川省任 因來侍晚去 以己五十五房 寄同堂
列傳八 宣五王 平原王幹 惠帝傳 賢之書 琅邪武王伷 二 元帝祖 武世將帥 才略 子恭王覲 武陵莊王澹 伷次子
惠懷世亂臣 繇 東安王繇 伷三子 惠世顯貴 淮陵元王漼 伷四子 清惠亭侯京 三 扶風武王駿 四
武世將帥 良才 子暢 新野莊王歆 駿子 惠世將帥 梁孝王肜 五 惠世公輔 庸臣

文六王 齊獻王攸 武世公輔 賢才 子蕤 贊 寔 城陽哀王兆 遼東悼王定
國 廣漢殤王廣德 樂安平王鑒 樂平王延祚 六
倫才能優裕高于宗室而克己好友篤行孝友宜其居佑中興延
祚不世矣
齊王雖賢而乎神器之重不能無覬覦也 修身以立名衆望咸之重以先
帝之寵太子之不慧其神器之當屬之心不能遂遣去何不可之有而抑鬱
以死耶

列傳九 王沈 文世腹心 子浚 惠懷世將帥 亂臣 荀顗 宣景世腹心 佞臣 荀勖 武世公輔 佞臣有才能
子輯 輯子畯 子藩 之子邃 闓 子組 愍世公輔 帝臣 之子奕 馮紞 武世黨散 佞臣
王沈雖嘗以求諫主簿褚䂮曰若好忠直如冰炭之自然則諱之臣將
濟之為盈庭逆耳之言不求而自至若德不足以配唐虞明不足以並周公
實不可以同冰炭雖懸重賞忠諫之言未可致也 放䂮所陳可為至言
沈雖許之情必破鏡矣
士之操行恒係于上風俗所趨孰不趨之晉之諸臣卒立家有孝友之稱所

幹國之忠貞之節求忠臣于孝子之門讖言此數何哉孟子曰傳其大得
以邀人爵若顯謹流遜之之惡正以懸時立名爲己
時議者謗屬辭曰省吏不如省官省官不如省事省事不如清心君欲省官則
九寺可并於尚書蘭臺宜省付三府若直作大例皆減其半恐文武寮官
郡國職業及事之興廢不問曾因凡叢歸施斷令與而就則妥健有肢者惑
殘雜至先精其得失使官長各裁其中先作立言之於必詳宜所
省則令下必行按請詳實達已理

列傳十

賈充 妻世父才 弟混 從子模 惠帝時侍 郭彰 楊駿 惠帝時相 弟珧 濟
賈充爲人亦苟勗諸人之比耳相與弒主世之禁大勳也充寬逸晉祚不容不
有書力至于宮女亂晉非充所及料納婚帝庭固寵而已何足爲其咎世以二者
之故深罪充謂之大奸大慝或者過矣以其論司馬氏之得國篤其巻元
士意謀逆亂而顯之者充也至于將止離充之之子稱以其女啓其禍焉則天命
誠然以羞若不爽者也
傑爲祖論諸功臣曰曳狐追殺獸者狗也發蹤指示者人也夫高貴之卯麥

雖者司馬氏竟亡擁之物今已矣何責之有而世之言晉史者則曰明主之言賈
充則曰賊臣豈充也耶

列傳十一　魏舒 武世三司 賢臣　李憙 武世尚書 良臣　劉寔 惠懷世三司 賢臣　弟智　高光 武惠 理官

舒以往不學乾名年及為三公引身辭祿可謂賢矣而累陳辭祿以求諂悅將
晉世習俗如此耶何為其然也

列傳十二　王渾 武世將帥 能臣　子濟 武世附載　王濬 武世將帥 功臣　唐彬 武世將帥 才臣

齊王攸當出藩渾上書諫曰若以攸望重于事宜出者今以汝南王亮代攸亮宣皇帝子
文皇帝弟伷駿各處方任有內外之資論以後患亦不為輕若以后妃外戚則
有王氏假傅之擬若以同姓至親則有吳楚七國之戮歷觀古今苟事輕重所在
互無不為害也不可事事曲設疑防慮方來之患者也惟當任正道而求忠良若
以智計猜物雖親見疑至于疏遠者亦何能自保乎人懷危懼非為安之
理此最有國有家者之深患也按此言可為至理
觀濟不易其才而恃誕至此晉世習俗使然上失其道民散久矣觀此可知
孔孟之術不可一日無也

廿六日丁丑晴晡後雨。吳徵先來候謝步伊四日內丁外艱吾未唁之 寄問漢仁以壬辰日李丙寅去卯日書附寄仲

寫寄仲仁卯日書之祁春 訪野生逛其門 訪楊詠春太守 是日更有悔過

接雅伯二月初五日信

列傳十三 山濤武世三司能臣 子簡懷世方鎮名臣 簡子遐 王戎武世將帥 衍戎從弟懷世台輔名臣

澄衍弟惠世方鎮名臣 郭舒懷世藩幕諫臣 樂廣惠世令僕名臣

有高節為藏戶自肥山濤器遇一槩之乃深得衍構晉政之隨可見

王夷甫稱為靈寶舊識臣節及遇石勒遂勸稱尊其足不足言矣然謂

之為所以非也自晉馬相承爭為苟且之稱雜充朝士子進無執爭之力

退不自甘于廢墜于是決去防檢以日為禮法之外遂不得不歸有崇無

用文其過遁乎風俗既橋習成風是如作者之用心之於奧旨莫或能窺之矣

而頹靡之風遂莫能挽然則士習之清濁實關政教之盛衰其勢然也視晉人之

傾倒于衍君臣共贊之為領袖半一時言之龜之徒推望過人之處其人

臨歿別有在勒遠甚是其至矣

廿七日戊寅陰雨 莊耀采來 楊詠春來辭行

接姚彥家初九日信

通鑑元魏高閭表請依秦漢故事於六鎮之北築長城計六鎮東西不過千里
一夫一月之功可城三步之地彊弱相兼不過用十万人一月可就
魏初民多蔭附蔭附者皆無官役而豪彊徵斂倍于公賦給事中李
安世上言歲荒飢民流田業多為豪家所占奪雖桑井難復宜更均量使力業
相稱又所爭之田宜限年斷事久難明悉屬今主以絕詐妄魏主善之由是
始議均田冬十月丁未詔遣使者循行州郡與牧守均給天下之田男夫十五以上
受露田四十畝婦人二十畝（杜佑曰不栽樹者謂之露田）奴婢依良丁牛一頭受田三十
畝限止四牛所受之田率倍之三易之田再倍之以供耕作及還受之盈
縮人年及課則受田老免及身沒則還田奴婢牛隨有無以還受初受
田者男夫一人二十畝課種桑五十株棗五株榆三株桑田皆為世業身終不還恒計見
口有盈者無受無還不足者受種如法盈者得賣其盈諸宰民之
官各隨近給公田有差更代相付賣者坐如律

二十八日己卯雨下午晴　晡時到徐雪村華若汀處看大橋樣兩君所作困大

運動古洋數世異同，觀者周君珍甫（民績溪人，去年識之）至，吾又要携詠春

莊碓來件求來看，少鈍同題采玉詠詩二篇，譚過晚飯，又同訪吳去之觀

窯二枝胸

錄龔采言越州事

十一年秋，倭依王李逢收手[illegible]（江西豪洗）僻邏流至浙撓撓，備掠至金華蘭溪，素姦賊不過二千人，而廣收素氣，而撓垣不之知，方友梧患之，擇姪憑賊自南來大害，王巡按調撥督鐃，邏賢衛收退至諸暨，賊遂進圍浦江，浦江告急。諸暨令許君耀光（湘省人）勸言于鐃，令共進援，十餘日識賊宅，行數十里，遂擊賊，內安多人，而大奔，仍回諸暨，賊遂陷浦江而進，有中道遇林蕭台（總督軍事）鐃協守諸暨相持，但不出戰，賊兵諸暨而北，侍據臨浦，臨浦至在諸暨北蕭山之南，少師為謀（水陸兵）所集，林鐃皆利，謀為剃髮言林糧爭執月餘，定林往為鐃軍潛至先距，火賊見火，大至兩軍皆潰，賊遂從臨浦進陷蕭山，林鐃皆身遁，前潰兵應聚于紹郡，次日而紹郡殿（太）守之私起（初）楊郡防守諸務，而此為邑紳把持，團練大臣王人鑑，諸郡人，謂為郡城性素，闡為鄉里恒人過

點者借以牟利寧官府為祉無如太守懷清旂人知勢不能敵一切不問放
防務盡歸監司胡光墉者世業杭城勝肆商中候補牧令莫不與往來與其係涵
王巡撫前在杭府嘉以事為知才之既擢紛引以為用胡有所指助屢保至江西道
員胡向寸給城紳業張存浩爭利有隙招之風俗揚抑皆並業司寶張力
既寧祖之者為懷太守素畏土著胡知不可用遂言之巡撫以廖宗元兼守
務廖者循吏向守協無欲城有該金言其宜於廖友胡久相私意則欲其助之擁
利為己廖之至乞水師四十艘于林無濤船習親勇數百人皆至水師驕甚民我畏怨
相抵他挑揮撫于張廖不知為誤之循紳懷其兵力不敢違私憤益切九日黃日燒
陷蕭山東至郡城為百里未得耗但知有警遣水師十八艘往燒即洪大掠為
逼民群起識數十人廖出撫民為邑紳所拘山食全徒力以梓
廖返來抵署邑中水龍夫與之于返斂之無死水龍夫者董事楊德山主絕
衆之人所嫉二人張存浩党研勸毆官實由私憤實意實欲廖之傳去為已
均不至死楊既擒城內大亂勢不得止改圖親勇皆逸去時信息日通諸
陷漕勇太集無糧給之於人藏棄為賊有黔粒不難王圍漂亡東手坐策

廿八夜二鼓五更有光火光臣者謂之八槳船攻撲廣德桂香洋煙而死弟

二日賊陷寶慶部平望經人等遁西去柏樹原褚本經無不陷抗錯成不去失守

廣習軍事不死於攻而完廣[redacted]其私憾于邑人竊當時不去死非胡碰爭利以廣初

玉堂殿身竊於人之鵝[redacted]憾全者敢懷方之横死乃肇于臣夫猛對之

心利之一字吁可畏哉先是年春南鎮金陵城神像首忽墜落幾載城陷其兆不爽如此也

廿九日庚辰晴[redacted]

[redacted]來

三十日辛巳時雅來仲求來陽子庭來寄家中作書傳令之下午作贈姚郡伯

接左五年　月　日行

七月戊申朔日壬午晴 楊詠春來 周竣甫來訪

初二日癸未半陰 華若汀來 下午謁帥 訪眉生薛華培 答訪周竣甫

回拜葉湘雲不晤

接陳甫六月初八初九二十廿四日信又詩四章 初八二十日信呈帥

又胡鏡湖六月初十信

錄帥記

東南大局殊有起色而人心不平 恐尚有波瀾 下江士民澆薄之習不除 當創痛不切于心之時 當局者不能和衷以濟 各挾私見 亦由于不閱歷人事 况於天道因之可見 悔禍之期未可知也 其者民氣似乎稍平 或者可以小休耳

彭侍郎與楊軍門素有不協 李龍撰于滕宮保 以生齟齬 其隙甚久了

水火尤爭不可解 蘇帥勸無甚之說 嘵嘵入奏 實則以快私

意皆非善兆也

錄眉生記

浦東皆肅清 陝西賊已退 惟回械鬥 殺死至數萬人 張小浦之家室皆亡

因人知府某往勸諭為所拘留

初三日甲申晴　寫陳雨亭信以積存房所積函件廿六件同寄（初四日書交文裕局）　霞生來

接子臣六月廿七信

孫霞生信

彭雪琴侍郎初與楊厚菴軍門同攻武昌中流打丹艦為砲中打之丹殺虜

呼楊救楊直前攻賊不之救彭因請之以楊以武職為水師總理彭以道員副

之雖微上下彭猶不甘始至今不協

初四日乙酉陰　下午孫耀采來　寫子臣信（初五日書並寄六月廿四字交葉湘筆帶去）

孫耀采話

王履謙為浙江團練能任匯人其用事者有三王一王梅溪本蘇藩蘇藩奏劾贓

為雪軒中丞所逐旋挂彈劾履謙連上三疏劾之一王紀泉即璇仲張夫歐即守

者一忘其名

曲洧舊聞　熙寧河湟用兵餉費四百萬緡自熙寧七年以後財用闕乏猶可安計（緩）

三百六十萬緡而北方自增歲賜以來歲幣金帛不過七十萬貫是三年歲賜遍五倍

之

藝祖養兵止二十万京師十万餘諸道十万餘 澤初自偽左丞相

晉參之徒差若勿々改使猶帝以鄧隲為車騎將軍儀同三司開府之名起

于此唐制節度使並中書令侍中同平章事並謂之使相 指此前相之始

初吾丙戌食雨景滋出八月末

列傳十四 鄭袤 景世勝心 子默 武世循吏 默子球 李胤 武世三司 盧欽

盧 武世令僕 子浮 欽弟珽 子志 惠懷世名國位 志子諶 華表 子廙 惠世儒臣 子

混 卷 恒 盛世御武 忠節 袁嶠 惠世名臣 儒臣 石鑒 惠世三公 溫羨

列傳十五 劉毅 武世諫臣 子暾 惠懷世御武 橫章 總 程衛 武世惰吏 和嶠 武世直臣

武陔 武世令僕 魏晉之臣 任愷 文世機官之臣 崔洪 武世諫臣 郭奕 武世直臣 侯史光

何攀 惠世御移

毅上疏言九品之制有曰 人才異能備體者寡 器有大小達有早晚

又曰及毋多故情在官職有大小事有劇易各有功報此人才之實效功分

之所得也今則反之 又曰官不同事人不同能得其能則成失其能則敗今品

不狀才能之所宜而以九等為例 二形之因列為八損 嗚呼 觀此一篇可觀

晉政事之不修可以識其故矣取虛譽而畧其實修蕭當官為重節
曲宥人不舍眚以求善用才不量能以取宜故當時人士皆清靜篤修于未達
而昏撓敗度于已升何者品詮一成誅責所不及廢黜所難加遂修於自敘
而不恤如此求政之修難矣且孝弟飭躬行也高廉幹局治識也行於所以
求職之非所以稱其職而修不可以無行黜職為曠不可以篤行容其闒冗
孝不列于政事明矣夫用人必求賢者千古之定訓然但求其賢而不
比其能則雖聖人不可以為國況大舜之聖有諸難之議況下此千万倍
乎此當陸世而不學之政典年不能革其風氣而屬焉上以偽求下以偽應不
二世而大亂其實故也

觀此議尤不為保身為鄉郡謀矣

列傳十六　劉頌 惠世議臣 直節　李重 惠世議臣

頌在郡上疏數万言論其大段言擇長王之吳蜀 殊無意理

又曰泰始之初陛下踐阼其所服乘皆先代功臣之胤非其子孫則其曾玄古人有言

善用人之性難正於已材過非世當此之秋天地之位明定四海洗心整綱之會也

然陛下猶以用才因宜法寛有由積之至盡異于漢魏之先三祖（宣景文）嗚呼
易朝之爲豈一旦且陛下（直御）識時宜也按此則晉武寛容臣下之本心魏祖好求才
士不計驕擬然已驗於管寧之放逐收用以嗣漸爲此輩競蹤權法晉
氏臣爲議之以尊魏祚親祚稱矣爲諸臣之情勞放佚尤甚從之必失衆心將生
異圖此其姑息之致所由防寛禁使然也
又曰鎮世衆務自宜漸出公館因遷就新壁宮在舟然不撲滅迅流於俄而所
趣漸爛靡而往雖得其濟按此識陶侃更張爲不易之法
全篇不經簡錄於中辭爲精經
池北偶談筆譚　先儒以日食正陽之月止謂四月不知也正陽乃兩事正四月陽
十日也詩有正月繁霜十日之交朔日辛卯日有食之孔子醒　二書見下之
所忌也蓋四月純陽不欲以食爲陰所侵十日純金不欲過而干陽也　唐漢人有
餘往一石不乾當今之二斗七升（錢有作九）八之臨半六役實宜　秦漢以前度量斗升
計六斗當今一斗七升九合（每斗當二升九合八勺強）秤三斤當今十三兩（唐秤一斤當今四兩三錢有一兩一兩）
當今六銖半
唐人詩其當詠其曲在所以言果之藕爲相諧合今人不復知有

聲矣。哀聲而歌樂詞，樂聲而歌怨詞，故語雖切而不能感動人情。

世傳糴第有三說法，最便。予在三司，求得廢案，三說者：博糴為一，便糴為一，直便為一。博糴者，極邊糧草歲之必闕者，常歲每歲自三月拋數下庫務，出令令部據先封椿現錢、緊便錢、緊鈔（原注：緊便錢謂水路商旅所便處；緊鈔謂上三山場榷務），然後召人入中。便糴者，次邊糧草，商人先入中糧草，乃詣京師算請慢便錢、慢鈔及雜貨（原注：慢便錢謂之遠僻處以便務；慢鈔謂下三山場榷務）。直便者，商人取便于緣邊入納見錢，於京師請領。

劉晏掌南計，每歲運司和糴米于郡縣，須盡得郡縣之價，方能契數行下，比至則粟價已增。晏令郡縣以數十歲糴價與數為五等，粟價纔定，更不申稟，即時廩收，但第一價（最貴）則糴第五數（最少），第五價（最賤）則糴第一數（最多）。仍會計之，多則損貴于遠者（謂損價糴遠處之粟，以省運費也），則增賤于近者（謂增價糴近處之粟以補數也）。

師行運糧，不但多費，而勢難行遠。余嘗計之：人負米六斗，卒自攜五日乾糧，人餉一卒，一去可十八日（原注：米六斗，人食日二升，二人食之，十八日可盡）。

○按：連乾糧五日，若計往回，只可進九日。三人餉一卒，一去（一去）可卅一日，計往回只可進（止可走十七日半）十六日。若兼師十萬，輜重三之一，止得戰士七萬人，已用三十萬人運糧，此外難復加矣運糧之法人負六斗此以總數率之也其間隊長不負樵汲減半所餘皆均在衆夫所負常不啻六斗矣若以畜乘運之則駝負三石馬騾一石五斗驢一石比之人運雖負多而費寡然芻牧不時畜多瘦死一畜死則并所負之棄之較之人負利害相半

初六日丁亥陰雨寒如深秋

世傳雪深一寸蝗子入地一丈又曰天旱蝦魚卵化為蝗去冬雪深七尺今夏水溢四省西楚豫皖而不見飛蝗蔽天而過古語之難信如此

傅傳十七 傅玄武世諫臣 子咸惠世執法 咸子敷 咸從父弟祗惠懷世賢臣

祗子宣 暢

列傳十八 向雄武世直臣 段灼武世諫臣 閻纘惠世直臣

段灼臨去上表直言懇惻其唐突雖為悻直尚新異可喜 段陳五事敷淺無識全刪可也

夢溪筆談 國朝六榷貨務 荊南府 漢陽軍 蘄州蘄口 無為軍 真州 海州

十三山場 光州光山場 子安場 商城場 壽州麻步場 霍山場 開順場 廬州王同場 黃州麻城場 舒州羅源場 太湖場 蘄州洗馬場 王祺場 石橋場

都賣茶歲一千五十三萬三千七百四十七斤半　祖額錢二百二十五萬四千一百四十
七貫一十　荊南府（即長沙地）潭（今湘潭即長沙本郡地）鼎（今常德府）澧（今同名）岳
（今同名路府）歸（今宜昌之境）峽（今宜昌地）州及荊南府茶。漢陽軍（今同名路府）安
鄂（今武昌府）州茶。蘄州（蘄口今同名）安潭建（今建昌府）州、興國（今同名路府）軍茶。
無為軍（今同名路府）安潭筠（今瑞州府）袁州（今同名路府）池（今同名路府）饒（今同名路府）建歙（今徽州府）
江（今九江府）洪（今南昌府）州、南康（今同名路府）興國軍茶。真州（今儀真路府）安潭袁池饒歙
建撫（今同名路府）筠宣（今宣城路地）江吉（今吉安府）洪州興國臨江（今同名路府）南康軍茶。
海州（今同名）婺睦（今嚴州府）湖（今同名路府）杭（今同名路府）越（今紹興府）衢（今同名）溫（今同名）婺（今金）
華府　台（今同名）常府（今同名）明（今寧波府）饒歙州茶。
據此核物知業又路茶皆今鹽引所地所同[redacted]
[redacted]塲者出茶之地，官所有而設塲以收[redacted]傍地（其祖餘茶盡買之即）
（賣于和場）州邑地位民業茶則官就園戶和買（潭鼎以下皆是）而皆送于六務賣之。此
但叙其地邑出處，尚不分明，[redacted]據通考載[redacted]茶價據茶每斤（買二十五錢至百九十錢，賣四十四錢至四百卅錢）
餘率類此。又（按）嘉祐中，葉清臣上疏言茶利歲以景祐元年為率，其並九

十餘万撥為華商稅餉此商人行貨所過關稅已每年七万撥若合天下通商統同稅
餉自是甚信嘉旅中外行之甚著前官場為今商賈與國戶自相交易
一切交易中依西官收其息國戶之種等者宜收之租稅商賈賦等者
官收征稅謂之通商五口洋平中利差安保豪及之為萬蓋征榷之利惟當
宜征之民賦方可通行若官奪商賈之利民化反之農收利之厚薄宜
悉不語即有請者不過十之一二為榷務不止一身勢必若干收家之人
主持其事加以官吏之侵欺商儈之姦猾收官賦一法通之營民由實
不利國万不可行惟就場征稅為據其所至為之弊然永拜貢之權衡
之其不甚遠于此矣
慶曆中議罷茶鹽之禁及減商稅范文正以為不可茶鹽商稅之入但
分商賈之利耳於商賈未甚有害也今國用未減歲入不可闕既不取
于山澤及商賈須取之于農與其害農孰若取之于商賈今為計莫
若先省國用國用有餘先寬賦役然後及商賈弛其禁此所當先也○
按此誠老成謀國之言非苟求虛譽者可比按此言元祐彭城王諸邪議甲數諸賢議鹽法之說詞

鹽品通行者四種一者末鹽海鹽也河北京東淮南兩浙江南東西荊
湖南北福建廣南東西十一路食之其次顆鹽解州及晉絳潞澤虢陝
京畿南京京西陝西河東褒劍等處食之又次井鹽鑿井取之益梓
利夔四路食之又次崖鹽生土崖間階成鳳等州食之惟陝西路
顆鹽有定課歲為錢二百三十萬緡自餘盈虛不常大抵歲約二千
餘萬緡惟末鹽自抄三百萬供河北邊糴其他皆給本處經費而已
按彼時解顆鹽行于末鹽故以數地之產其課歲與沿海末鹽敵又其鹽課
至二千萬比視今為多矣噫
發運司歲漕米供京師米六百萬石淮南一百卅萬石江南東路九十九萬一千一百石
江南西路一百廿萬八千九百石荊湖南路六十五萬石荊湖北路卅五萬石
兩浙路一百五十萬石通餘羨歲入六百廿萬石○按轉今為半倍
切觀之米出于西域然古額已有二折今為之二十之者又不可為也何不并全
此自是南方所以為年　之事而情之歎
太宗朝常戍禁兵亦長不得過十萬皆置直因及西川營門者皆有罪又制兵戍

之法從也習山川學者遠書學據其之忠又請糧君皆留在城中
整之而倉在六日今赴城東倉仍不許備做車卿
題尾　陽羨易也其精審不如古人頗亦雜張皇之識晉君及王居之
讀之無憂兒素譜皆如小說家能辨者載宋逸事亦能摘要手讀嘉
甚有瞭揮不可草率觀之惜此是摘本未見全豹
初七日晴雨　下午同鄉李祥生繼新來候
初八日早雨　答候同鄉李祥生過舟不晤　候杞鄉春逸門　候康誠堂大
令　謁帥
接陽曲六月十九二十廿二日信
錄帥語
韓城相國王杰與和珅並相數年同在軍機不交一語為和所中者數矣
而屹不撓及見壽陽相國自二十年冬至三十年並與穆相共事樞密外
則默知二人異操然在政府穆獨專中事祁公間上言亦未嘗與之迕所以人微不顯
矣

初九日庚寅雨 史士為來候 過中之翁偕造安莊趙宋仲求濤之亭集
會者蒞併二枝乃去
列傳十九 阮籍 隱士 從子咸 隱士 咸子瞻 遺世從儉 孚 咸世方鎮 咸從子修 隱士
放 以世詮巨 嵇 隱士 嵇康 才士 向秀 隱士 劉伶 隱士 謝鯤 以世志士 胡毋
輔之 元世方豹 子謙之 畢卓 狂人 王尼 狂直 羊曼 曠世達節 子聃 光逸 狂人
母死而圍棋飲酒非人情也使其心中果和則不容有此哭若邪則安能忘
情于生 是乃以為籍之本真 外假為內得其偽矣 夫籍者志操之
士 憲不足于世 佯狂以求苟全者也 凡此而論之 則皆有為為之 貴者要
無心有為為之 亂世矜子 使能復不嗟 來以籍之本心于何也矣
籍以明哲免之于魏晉之間而季師之以免蘇峻 嵇師之以遇王敦 一家之
學問源有本末 要智識過人遠矣 乃謂之為狂 何皆若之易哉
阮籍嵇康皆善士也 不幸值草竊之世 不畏鍾會之流 倘榮世祿 豈
自放莊老以晦其能 能然豈得晦哉 群聚竹林清言譚暢名之曰晦
實播之矣 固宜為山澤之士 鄙棄之而隱者也 籍乃猶將圖以求明

甚之足。佯狂巾詭車以自免。康則方馳契氣同心。若千里命駕然
則二人晚達。傷其足之矣。瓦全甑破。夫亦自取。豈有他哉
阮籍傷狂以免世。其風僖擒天下。波靡智者。多皆知蕭遁用斯術以祖席水
火乃無忌。乃昧者為之。則過傷作真。畏為人之。若心轉以之為技。深矣
如王尼之於東海。猶為者在之。肆至父子叫呶。偷匹鑽竇何如哉。蕭閒邑
矣

初十日辛卯　落雪。午後晴。寫詠山傳（即白氏之詠雪生）　寫殺伯傳（附詠山傳）　寫金眉
生傳（即白表之事是）　寫孟章傳（即白表之李生）　嵩山西鄭傳（吉甫自寫。之萬卑去其篇過）
接眉生書。訪初一日信

列傳二十　曹志（武世儒臣）　庾峻（武世儒臣）　子珉（懷世忠節）　敳（狂人）　郭象（懷世蕩臣　[illegible]）　庾純（武世卿尹）　子旉（武世諫臣）　秦秀（武世直臣）

列傳二十一　皇甫謐（隱士）　子方回　摯虞（武世禮官）　束皙（武世文學）　王接（惠世文學）

謐作釋勸論。皙為玄居釋。其文皆足遣取。自東方朔始開風氣為多

接陳氏士之邀過例看畫托曰高曉吳賓寄騰所藏且十篇一律

幾見不鮮 今遣去

十一日壬辰晴 嘹以 廿兩 飯後訪吳贊先不晤 過到霞生處亦不晤 又訪詠春

無識代新馮君子明 卓天賞遊捷世子年十三為妝擄至滿鋪因捕為蠢殺賊十數人 子自死已授題挂郵覽奏獎

又到黃吳子宙霞老 傍晚歸順訪蕭汀雲村

列傳二十二 柳誼 戚世良校 阮种 戚世賢守 華譚 戚世良吏 袁甫

列傳二十三 隱逸夫子 子彩藏尚

酉館方四十八 稽人為宮員軍功為書左丞 雷盧同奏右軍轄爲國一階以上

者即今行台軍司 接帶劄中 賜空劄一支付其人一支付門下 接

此即今勘合之制所起

又方四十九 韓愛思伯為侍講 元帝謂思伯曰晏春秋 思伯解然傾身下士或問

思伯曰 公何以能不驕 思伯曰 衰至便驕 何常之有 按此實爲言

十二日癸巳晴 訪蔣尊頂 程伯勇 答訪吳士菊 在耀采 仲求 並晤識

士菊挺孫桐齋 在士菊處飯後同耀來仲求二君陶談至亥夜

摽題焉僥嶺六月十九信並地圖 水程注圖

見邸抄 陝〃叛回攻撲同州並竄擾省城（立籍）丹泉堂張芾往勸

諭被劫為至今世信署撫臣瑛棨將軍托名阿查明霞奏云〃陝

甘回部直逮口外及回城擾動自與東南紅巾之亂已兩見矣 云北白帽

豫將改為妖讖也似〃

列傳二十四 陸機 惠世庸臣 孫極 陸雲 文士 陸喜 文士

豪士賦序曰時啟于天理盡于人庸夫可以濟聖賢之功斗筲可以定烈士之業

可為的言盲理

五等論曰國安由万邦之思化主尊賴羣后之圖身譬猶衆目營方則天綱

自昶四體辭難而心膂獲乂故此實公天下之私一人之同歟

世同處運及因世機智者立法貴順其機聖王經制建于治安之世伯王

降郡敝于力爭之際其勢不同理亦異也故果甚出乎然之間所予與劍宗

一〃說識識高千古事符萬世誠非大賢夙見其孰能之夫聖者發端也

劍于未著從夫生象祇戒于已然蓋由親之宗室遠竄于禁錮遂使晉

之狀納必詳夫屏藩此所謂亡羊補牢懲羹吹虀執一之論不足爲訓
三皇不沿禮五帝不襲樂古制不可施今之政未必遜古主昏于上世不
弊之法德修于朝有必興之績治亂在人不在政其理自明也且論郡
縣土崩之勢信矣至于封建之未能傳專土征伐並云禁講寖隨生多
其弊又可勝言哉是以君子讀五等之論樂其陳義理而惜其未融通
矣
畫之老東京夢華錄 書坊 事歉俚鄙 小說中之無味者 惟汴梁城市 節序
儀制可資考訂 家採擬
十三日甲午 晴 寫畫廉任 附名件 庭耀來
通鑑百五十六 賀拔岳死 諸將或欲南依賀拔勝或欲東告魏 杜弼周已遠
水不救近火 此今俗語有之
又魏六坊之眾從孝武帝西行者不及萬人 並給常廪春秋賜帛 以供衣
服 注 蓋六坊兵之宿衛者
百五十七 司馬子如爲高歡曰 如是王指蹤者 此今俗語有之

又蘇掉此制文集程式朱出墨之入 此宜與周集之外

十四日乙未雨 王霞舉來 下午去

接詠如初五日信

列傳二十五 夏侯湛 武世良吏 弟淳 淳子承 潘岳 安仁 從子尼 惠世之僕

張載 文士 張協 隱士 張亢

湛昆弟諧以軼藝之遠風而觀仿經誥

十五日丙申晴 陳子芳司馬來 未值 留刺 蘆瀛湖州人 中子延接本郡任防務府衙 小李子星

下午謁師

接周姻伯德惠六月三十信

又寫僕李宣來稟

列傳二十六 江統 武世賢才 子虨 惇 隱士 孫楚 狂人 楚孫統 綽 一代賢臣

徙戎論曰有道之君馭夷狄也惟以待之有備御之有常雖稽顙執贄而邊

城不弛固守為寇賊強暴而兵甲不加遠征期令境內獲安而已 據此得聖王待

遠人之法要和諸議論皆擬先朝之弊矯枉過正恐禍未形則莫能知 江子此論可

諂卑矣
撑諫徙都既是千古矣其言曰國以人爲本疾惡所以存人衆喪何以爲
所取哉 嗟乎此言莫或愚之矣
史臣論曰江總從戎之論宜乃捨國遠圖非運 距中襄陰謀有漸 假其言見
用及速猶禍亟 不振于將盛也此言亦有理猶 翊禍從亦慶不徙亦慶速則禍
輕遷則禍重審量情勢自以統言爲得其理提言廉其道路之糧食是
自攻各附本種返其舊土累年如是必未必成亂也當路者人爲懾其雖而
冥之亦晉之區諸臣養食難之見耳
列傳二十七 羅憲 武世疆臣 兄子尚 惠世疆臣 滕脩 武世疆臣 馬隆 武世將帥
胡奮 武世將帥 陶璜 武世疆臣 吾彥 武世疆臣 張光 惠世軍將 趙誘 元世軍將
隆傳云隆夾道累磁石賊負鐵鎧行不得前 安得如許磁石得混不實
十六日丁丑晴 下午莊粹甫遣來要往看新得大硯既往觀之爲何做之竹
因與莊君返談至二鼓盡
通經百六十三 宋文泰北以務民之才力者 府兵 鼻祖廣調一切錫 農陳請

閩戰陳馬官糧備六家借之 令為五府 每府一郎將主之
卷廿九 齊世祖令民十八受田輸租調 二十充兵 六十免力役 六十六退田免
租調 一夫受露田八十畝 婦人四十畝 奴婢依良人 牛受六十畝 大率一夫
一婦調絹一匹綿八兩 墾租二石 義租五斗 奴婢准良人之半 牛調二尺
墾租一斗 義租五升 墾租送臺 義租納郡以備水旱
十七日戊戌晴 潘子亨來 華若汀來 姚明甫來 李子秉司馬來
自豫章歸 頗見陸君因為寄函
十八日己亥晴 寫子居信 讀北齊書 李子秉移寓對門旅舍 飯于其寓
列傳二十八 周惠達 惠世忠臣 子珽 元世亂臣 珽子䰟 元世亂臣 曾孫子礼 元世亂族
馮子琮 元世忠節 周熙訪 元世名將 子撫 穆世將帥 撫子楚 楚子
隱 隱子務據 李叔明 元世忠節 訪子光
元帝東征 周珽及子䰟 狼狽愚亂矣之 疆宗晉國其難也 當為北史之 撰異
方之人以君臨之 其不請國軍使以南國兵為此等 正當以漢胤于書 ...
喪收羅來者則不得不含垢納瑕與之消息 遂致刑不肅 姑臣

怙禍逾成習貫，要之元帝當時有如是之言矣

列傳二十九　汝南文成王亮（宣帝子）　子粹　矩　矩子祐　亮子羕　宗　熙　楚隱王瑋（武帝子）

瑋　趙王倫（宣帝子）　齊武閔王冏（文帝孫獻王攸子）　鄭方（惠世直士）　長沙王乂（武帝子）　成都王穎（武帝子）　河間王

顒（安平獻王孚孫）　東海孝獻王越（高密文獻王泰子）

晉武所封八王，紀前世骨肉之禍，未嘗至此。魏猜手足而強臣竊朝，晉友

弟而禍及維手足，善乎王渾之言曰：古今之事，當輕重所在，無不為害，不可

事事曲設疑防，慮方來之患也。世言晉實始於八王之禍，實則始于賈后，

使主德惛清，中斷牝晨不作，斯八人者，亦夙有令譽，無搆戎兵，必不致

矣。推其首亂，乃賈氏所為，八王不可云戎首，而庸臣江一撥之遺，惡究報請

藩屏建國，由此風，然後和親之典，為不刊也。

姚彥來，自江西來之訪，適聞不來。

九日　庚子　晴

接子邑十二日信

又全閱　生書傳本日遞次發信

列傳三十　解系（惠世節士）　弟結　育　孫旂（惠世牧守）　孟觀　牽秀

牽秀 成都王黨

張輔 河間王黨 繆播 懷世忠節 從弟胤 懷世忠節 皇甫重 長沙王黨

李含 河間王黨 張方 河間王黨 閻鼎 愍世忠義 索靖 河間王黨 子綝 愍世忠義 賈疋 愍世忠義

二十日辛丑晴 晡後大雨 楊詠笙來候 濤子亭來 金益訪項到杜侯愷譚

侯霽生冒雨 候孫春送行 並候同居馮玉明 答候陳子綏司馬

姚彤甫來 金眉生益訪來答候

廿一日壬寅晴 姚彥嘉來 莊狼采來 同赴采玉共家之讌

列傳之三十一 周浚 武世侍帥 子嵩 元世直臣 謨 浚從弟馥 懷世忠臣

成公簡 苟晞 惠世侍帥 華軼 懷世方鎮 劉喬 懷世方鎮 孫耽

吾扑柳

汲暠如撫危 馥上書迎天子遷都壽春 詳讀其疏 實為懷世忠晉

之君臣不能用 反以私意誅之 寡卞傳矣

列傳之三十二 劉琨 懷愍方鎮 子群 琨弟輿 東海王黨 輿子演

祖逖 元世侍帥 逖兄納 元世議臣

陳川掠豫州大獲子女 逖邀擊所掠皆令歸本軍無私焉 此風吾不可
及觀
今之有才有識者必先之以恢廓之量知人情可以矣尤必能知天命為後志
先操守廉恥不移矣夫修己行政使民不背人也後君之專華寧擊
則天為之矣且以葛公之才到主歸隱天人之理安玉若可有成而年命促之
然則收殺之遲不可預期而邀擊搏之初姻清言所以致是雖以己勝天
宜乎專任其畫圖分據其憂沮不寧心中之不達時命爾也夫君子者
內盡乎己委命于天成不貪天之功敗無反躬之悔豈不進退俱之有餘
裕哉

廿六日癸卯晴 金眉生來訪 三原再卿來訪 下午謁帥 訪眉老

列傳三十三 郗鑒 元世系表 李矩 元世系表 段匹磾 懷世系表 魏浚
懷世系表 浚族子該 元世系表 郭默 懷世系表

列傳三十四 武十三王 毗陵悼王軌 秦獻王柬 城陽懷王景 東海
沖王祇 始平哀王裕 淮南忠壯王允 代哀王演 新都懷王該 清河

原王遐　汝南哀王謨　吳敬王晏　渤海殤王恢　本傳共有十二王，脱去城陽殤王憲

元四王　琅琊孝王裒　東海哀王沖　武陵威王晞　晞子遵　琅琊悼王煥

簡文三子　會稽思世子道生　臨川獻王郁　會稽文孝王道子　子元顯

姚名達來　應瀛子亭來

廿三日甲辰晴

通鑑百八十四　唐高祖命世民擊西河　時軍士新集，殊未閱集，世民與之同甘苦，遇敵則以身先之，近道菜果非買不食，軍士有竊之者輒求其主償之，亦不詰竊者，軍士及民皆感悅　按此新記之法

又淵命劉文靜使于突厥以請兵，私謂文靜曰：胡騎入中國，生民之大蠹也，吾所以欲得之者，恐劉武周引之共為邊患，聊欲藉之以為聲勢耳，數百人之外，無所用之

廿四日乙巳晴　下午大雨　李子壽返豫，余早晨起送之

接阿弟十九日信　言張仲翁下世，林馬恒無已，其令子挽之先已去世，可傷也

又張農翁初七日信，并見贈詩

廿五日丙午 陰 金眉生來久譚 莊蘿裳仲求來見 有客少坐即去 下午
訪華若汀 答訪廉弼卿 訪雷生雲局 訪眉老
古董肆主回回人 自言同教在鎮城者千餘家 明世從河南遷至 本有
清真寺二所在南門外
華若汀言 蘇州閶門外舊有銅行三家 以李永隆為最 其業專鑄
鐵取銅用木甚重 非存鐵百數十萬斤不為功 其銅甲于天下 遭亂不復
有矣

廿六日丁未 晴 安士良觀察遣刺辭行 莊蘿裳仲求來辭行 姚彥士來(?)
同蘿裳仲求至其家送行 並送士雨(?)脯 出西門一行 寫張子異觀察
改書 附阿哥信 彥嘉濤子亭(?)來 寫子呂信 即日發 又廉真卿 此信未發
接眉生柬字

廿七日戊申 陰 眉生來久譚 寫阿哥信 廿八日發 張雷信 附阿哥信 姚仲
信 先日發 寄韋堂(?) 初召(?)信 附與仲信 歐陽曉岑信 先日發 交文相局 [illegible] 訪眉翁
通鑑百五十二 工悉求為吏 賦安侯左右 識試 [illegible] 有司門令史 [illegible] 一匹上 [illegible] 殺人民

部尚書裴矩諫曰為吏受賂罪誠當死但陛下使人遺之而受乃陷人
于法也上悅召文武五品以上告之曰裴矩能當官力爭不為面從儻每事皆
然何憂不治　臣光曰古人有言君明臣直裴矩佞於隋而忠於唐非其性之
有變也君惡聞其過則忠化為佞君樂聞直言則佞化為忠是知君者
表也臣者景也表動則景隨矣

又百九十二　大理少卿胡演進每月囚帳　即今人之供錄為帳如此

又百九十三　上令群臣議封建　魏徵議以為若封建諸侯則卿大夫咸資
俸祿(祿)必致厚斂　又京畿賦稅不多所資畿外若盡以封國邑經費頓
闕

又百九十五　流鬼國遣使入貢　註云國直黑水靺鞨東北少海之北人依島嶼
按此即今之庫頁島

又百九十七　上謂太子承乾悖逆泰(魏王)亦凶險我若立泰則太子之位可經營而
得自今太子失道藩王窺伺者皆兩棄之　○　按此與吳太子　魯王霸　事同

又二百二　吐蕃大臣仲琮入貢上問其風俗對曰吐蕃地薄氣寒風俗朴魯

然法令嚴整上下一心議事常自下而起因人所利而行之 按外國風
俗君臣之分不嚴故政多輿論事今西人相同
又以來恒壽為大使分邑也者 按此出撰官名之始
廿八日己酉 陰 眉翁來訪 夜姚彥嘉來
列傳三十五 王導 中興佐命 子悅 恬 洽 洽子珣 謝傳共傳 珉 導子協
協子謐 導子劭 薈
導勸元帝盡禮于顧榮賀循紀瞻周玘于是南士歸心為政不難名曰
衆于臣室雖以壯王賢之年極方面之權欲以從其後天下不能不托根于土
著可以思矣
列傳三十六 劉弘 惠世方鎮 陶侃 成世名臣 子洪 瞻 夏 琦 旗 斌 稱 範
岱 之子輿 臻
廿九日庚戌 陰 姚彥嘉來 假錢去 潤帥 訪程尚齋 觀彝器 並晤
李眉生 柯小泉 程伯男 諸君 彥嘉再來 同赴金眉翁 初放收回退失
今併收來

查自生身見此上未作　其總為便即速適為下書軍支拒不
利多倘換勝帥奏言　蓮接之或押或剿由李續宜相機斟
酌云云言查　批出不省
餘原奏語　苗沛霖盤踞號能御其下凡有微詞莫敢少
違自居潁州之鄉為其支羽遍于壽邑壽州城內亦有其人　諸邑守
令署置已為詐數眾寡反側　初年勝帥曰保叙係困于孫家泰守
睢陽之怨以多押助孫之故　苗逆生反謀指明賊の眼狗袁撲倘竄
及見官軍勢盛　苗逆適狗逆接之因搏戰以為功　朝廷以楚軍之故
不遑了之　董孫情之其作地不甚為力不能接大誠為接撫賊捷皆能
如意為逆臣之　其號略之總惟以張落形為大戰　手下尼數千股稱苗
另有大股者某人正下數十萬云

六月己丑朔日辛亥雨 眉生招飲 見同卿 吳穎之 山之 談甚暢
接丁燕山副戎賀節信
又楔亭六月廿三信 已挈眷家長沙東長街
列傳三十七 溫嶠 成世忠臣 郗鑒 成世忠臣 郗愔 愔子超 桓溫黨
超子便施 鑒次子曇 曇子恢 鑒叔父隆
論擬王導于庸主 殊不類 郗鑒共品藻相埒乎
嶠稱之平嶠之人力也 克敵不難 而輯和為難 輯和于士眾 與寡之先
穎不難 輯和于軍勢 溫賊之餘則誠難矣 夫嶠能特侃助也 侃能
然臣一身之清 且圍之役一籌 敵為難 況兩敵乎 故勇夫亦不能于勇
謀而能于堅忍
桓溫賊陶鼓樹之 以廣主之建溫之惡而云不必然不然 鑄壓陰謀夫
外不成而內遷取之 郗鄭樹之 已何以鑄壓之首哉
初二日壬子雨 下晡訪眉生 同至市得日本硯一 長今尺五寸 廣于寸餘 厚
一寸餘 實大石也 回寓為僕前物

列傳三十八 顧榮 中興推戴 紀瞻 中興推戴 賀循 中興推戴

楊方 薛兼 元無專傳

列傳三十九 劉隗 元帝強毅之臣 隗孫波 刁協 元帝強毅之臣 子彝 戴若思 名淵，史避唐諱書字 元帝忠節之臣 弟邈 周顗 元帝忠節之臣 嵩 太子遂

論言劉隗爲奸邪，非也。此以爲善人，主遠之則迫之，以爲時人主何意邪？疾強族不奉法，及惡君臣下之專己者，奉公初衷本以得不相觸，敦勢少重，則不平之心起矣。隗獨知之，故排擊豪強，不遺餘力，一時其業之不光，復隗之不得爲遺誘，皆不明本勢所如耳。當於帝得同實權，世不附者女雖實意無等，則輔之無勢。張永觀賀循之于元帝，未爲謀寫圖陀等，並致異圖，爲元帝不能誅，則亦非惟色無罪而已，何不思之有？以此知元帝才畧不足也。戴顗兼手欽而薛兼正性大節不撓，自是東晉有數人物。

初三日 癸巳 陰雨

初四日 甲寅 清晨大雨，早食後晴。要金眉翁小飲，王霞生亦來，未食頃

得樓中來函弢甫有意遽其下世凶耗驚馬恒欲使急赴帥府同死期
樓帥出不得見謙容為口殺惟君子喜之情非凡常可擬中道舍我
天之醉吉玉此去將何以言下午再詣帥府謁帥仍得李中丞信所言亦
不知死期
樓帥亦告弢甫凶耗
又詠五七自廿五信
初五日乙卯晴　取四廿八日之文指為信投交弢甫之函加一紙附為信內仍
即送往　霽生遣信來催旋又自來　莫子偲來　陳琴西來　適眉
生以余悲故要至西門外看樓鄰觀壁律意日諸君來亦皆不晤
接霽生來信壁飭
初六日丙辰晴　雇房書室謁任發　弢甫　眉生與玉檄邀霽生從來見
雲玉下午要同過眉生傍晚偕過李眉老娶弢信看聽甫子恭應如人
哭弢甫文
維同治元年八月辛亥朔越六日丙辰遺友趙烈文謹以牘羞清酌

哭奠于

處士周君殘甫先生之靈曰嗚呼周君年不半百事無一成而竟死耶上天酷虐不遺典型禍胡止耶邪之靈耶回家之悼耶而至此耶君之襟懷炳于日星君之性情厚于醪醇君之品類貴于蕪金書君之美似擢掇不盡痛不能言但有一哭古人有言生我父母知我鮑叔噫嘻余生性老離索君之交游方傑千英辭謬所恥而余獨深焉余書君詩道之異倜儻高明不我遐棄君曰異書必以示余君有好言必以語余茫茫之情孰則使余畢出之悲孰則起余名山幽岩江流川原君今已死孰与游觀秘冊高文奇論異作君今已死孰与探索嗚呼哀哉歸寥孤獨聖王所悼進余失類其誰共感痛哉傷哉每有揮筆此悲能述嗚呼哀哉君生不辰躬丁苦難壯懷山岳而竟摧頹愚智如何而竟消哉嗚呼哀哉元老諸君甄手登山雕儈殺之苟于壹丸孰有此世而生艾向非胸伊周美似生全嗚呼哀哉君何辜斯而令長辭夢我何辜斯為不君面目形骸積之依然神光游匡君九泉嗚呼哀哉拙筆難陳辭不盡而哀腑以貫丹

心如織錦乃何可言乃何能文嗚呼周君嗚呼弢甫君之爽靈在天
不遠其亦臨風來鑒我悲嗚呼哀哉尚饗
初七日丁巳晴　早食後訪眉老並晤閔卿楊小泉　但臥內眉老出擬請霞生
申後不果　余謂帥閽弢甫銘傳當不得詳之而過　夜眉老復來
初八日戊午晴傍晚雨　午間眉生同徐韻甫來訪
初九日己未陰雨　眉生來偕同臥內因至只安雅詠韻甫讀書晚歸
接万筤軒信送來弢甫挽聯七千千五十又
初十日庚申晴　華若汀及徐雪村之子來訪　寫詠如信即暮　下午訪徐
韻甫　陪琴西以華若汀　若汀出其家信見示知弢甫雅臺于七月廿三
日亥時之疾以痢疾下世文閱楊子勿以死于火輪舟中一舟之撒道
殺之人可悲也夫　過至霞生寓守寓兎舟到主亭同來。又至訪蔣英
研蕉之子五年未識之　寫覽齋信即暮
子偶並服壺往以為羅君似宜
霞生手　物擋川孝　訪眉生之孫鴻
接史覽齋信並寄畫紙八頁
十一日辛酉晴　寫楓亭信即日寄去並寄生轉托帥署　陸子楼信　附楓亭信　子迎信

附杞三子信　雅孫信　附杞孝信　莫子偲来久行　雲生来　寄張格

寄庭信（附陽曼信，十二日發）因陽曼信兩家勝為　同卿陸元甫来（少荃近又生子）名陶文　自滬上

楊子勉因来西帯船于七月十八開行到皖山能隔上海事甲曲暢遣

拜来載酸到晚為子勉作兩函仍為屢屬知昨信之說　徐韶甫来　金

下蔚斋来　華若汀来　少坐即去　王偉金（三）君兩到二皆去

接陽曲七月十一信　言已病狀起于六月十一　七月初八九間危險

發信內弟不言已經犯惟急家特甚因了之情

又張伴蓮記家六日初八信　之前稅事　並述叔子之孫語狼悲恒

又陽弟六日初八　七日初七信

又接蓮七六　七月內信

十二日壬戌晴　華若汀来　陸元甫来　金眉生来　謁帥辭行（玉江在遊歸全家乘此）並訪程

為斎蔣蕙孫程縣侯晚程伯旉李眉生柯小泉辭行　晤程蔣穆（又訪眉生辭行）　寄

附弟信（即日發，交滬巡捕特把轉交）　寄張蓮信（十三日發，交秋樵生）　楊小泉来訪　夜楊子勉

趙仙舫到滬来訪　同訪金眉生八畝　晤陸元甫　晤下楊余處　寄李雨

信（卯日書 交甸生每封寄狄楚生）

十三日癸亥 雨止後晴 楊小淞來 桐城馬[illegible]君恢甫 君升 江君侍園有蘭來 候馬君左浣友 衣谷公執內其譯叢爭故來訪江君炳之日中晚之張子畏先生之座中 馬君以蘆圍屏說又見示文一幀。訪眉老出晚狄楚生學耕譯喬人（四六年在常州識之） 以江村侍文書 答候馬恢甫並識令弟立甫惠甫 是日遣女子覓舟不得

十四日甲子 食馬恢甫惠甫來 寫周處士信（卯日書 交楊子初送華舟） 張子園蓮來訪以劉甦陽之信托寄 常熟蔣君再山來訪（戌 以特伯生先生之墓誌 任脚南梁如臨同和寸）（方彥聞母舅六叔女 亦識先慈遺語） 狄楚生來訪 答訪蔣再山先生不晤 訪眉翁

邵履吉奉差過皖來訪 言子過下內郵

十五日乙丑晴 夜月殊皎 遣辛來自湘見所候相見狂喜 馬君慎甫來君雨弟來候賀節 霞生 雲裔來賀節 邵履吉來訪 寫張子畏節前家信 寫信寄金子初生 辭月飯同直墅子泐章甫出西門覓舟不得 姑聽遣辛再大吾償費（船人索洗宫子以物 子所圍其尾腰以門）不得已信遣之 下午遣取月李楚母子泐章

甫去。直卿先去玉帥署，晚復出，伴我同至舟中，又偕訪雁亭、閔覺子。
覺之應弟玉叔又訪之，並識其同舟趙君。既而丹子暨復過訪。
十六日丙寅。晴。順風，夜大風，有雨。直卿卯起去，余舟辰發，午過青陽湘浦，
過東流，夜至華容縣。
十七日丁卯。晴。順風。早明舟發，已過馬當，午過小孤，晡到湖口。寫郭芸
仙訊寄信，寫金眉生函訪信（俱附直卿手寄）。寫直卿信，寫伯寅
信（附直卿信條同紙，即日寄到丁蓮山處）。泊舟于丁蓮山將戎生舟甚近，而中間寬隔，告進好否。
攜城往信，並條寄信件。
致芸仙信
閣閣下，知張甫之殉，嗟歎殊甚，足徵相與氣類自異恒儕，不勝感悟。
念其生平，慷慨負氣，遇此橫世之所有，若性度疏厚，心地光明，見識
超卓，謀慮奇偉，絕世無雙，獨立乃不揆居高，毫末禍起，針芥
蘊以至死，可為痛心疾首。元老最才，殷勤撫循，竟不能一點
除之，遂聽則所照甫大，非一人一家之事矣。△才過張甫自信為殊瀾正

同每鼎鄭歸不知死所叢擢帥書錄克敵府朝放辟入參分庭
禄容切重禄寵多建德厚至矣而愧荷之深實無分寸足以自效使
識抱異才能尸素于今日挽收債于往後則古人有行之者矣亦可以無
愧自顧楞能能不蓋讀伐檀之詩耶向閣府中有刊布書籍
之意亦思自挽錙銖以事校讎抄寫之役甚不肯世襲榮祿追以
免愧于素餐鑄廢數不羞友生苟活妻子而已閣下整此澗識或諒衷
心而遂代陳御察至以為幸
十八日戊辰早時雲午後時先順風後逆 早發湖口 [illegible]午出姑塘 候閘泊女兒
港
十九日己巳晴 守風後上岸 遊姑塘山一周 時湖水極漲 女兒港南北相
望安在中央矣 在山東面水樹竟鐵東觀望廬 直欲浮遊天地西
南從望匡廬五老諸峯追懷匡宇使我今遂之術亦日出居焉名
矣
陸氏春秋集註纂例十卷 春秋經解微義遠又文多錯誤 最難通解 啖

超超詭往往能見此大師四原書筆筆已亡幸僅存此卷第一二冊吳氏所傳

由此考訂補釋如指古之賢心耳

吳越備史于武肅王小字之諱之悅證時國亡矣之知人心之書藏也為

其臣之范坰林禹撰

另橘杞宋張處英撰 紀五代吳越興廢謬甚矣乎

二十日庚午 晴 順風 辰午未逆、 早發財港 午過青山 夜至餘風山

財岸無地停風泊舟 寫吳竹莊部謝信 廿二日發 交吳城 寫柳子枚信 廿二日發 交吳城十八

下午風微月色滿原 照北斗五星分錯落泊

劉向新序 雜錄十卷為通 在此亡而不足備數 疑未成之書

華嚴經 世主妙嚴品列某天某神 某菩薩得某解脫 似未曾精言

聖諦具體而微自意

廿一日辛未 晴 早微風 泊廬 夜大順風

華嚴如來現相品 性心性佛之旨 普賢三昧品 世界成就品

廿二日壬申 陰 夜大順風 平明開行 巳刻已到吳城 登岸到 鎔順洋

乃遣碩甫卿少譚而別 舟泊日申刻已過 棋盤風暴甚舟不
能張帆 遂泊地名王家渡 離省卅里 今歲江西水甚災 奔為江
下流 寬闊與大江無異
廿三日癸亥 陰雨狂風 舟勉行 張一葉帆 艙中器物搖盪傾倒躍動 辰刻到岸
始因寓向已歸 以後皆無蹤迹 即告也 問一家歸鄉 慘不可言 若初以雲槐
至逆旅 念大事不就 表又發不來 轉家在湘 姑少息 因卿汪幼聰來
訪 予即同至友因所助表弟汪君蓀垣 遣委金華二學來 屬製春衣及被帳各
項 俱偕汪君往 特托同鄉 作静山府。佐豐 同寫家信 即日交薪蒋舟 候發
舟歸寓 本地八三歲戴君來 談予至 下午金君來 言去許君處之議
廿五寓 屋成晴 廿七陰雨
廿四日甲子 拿家 晨候金華二學 又候許静山不遇 葉湘雯祖燮 及林方伯
桂楠令子及其友陳君來 喧予至 史生來 訪令郎同林思誠來 談 兩日後 管
同拜府批 年來 喧予至 寫菊蒋舟信 即日遣去
晚飯後酣睡

千已則語百已則病祇應悔負長才孰與先生共斯世
不可小知而可大受所痛吾儕異稟未留國業在人間
明蘧芳叩薦
廿五日乙亥 食 掌仁廿載 金李咏子昌道生等八子和向于上海識家
候蔡蒼 母念候 下午張甫家設雲張賦明 金華亭許靖山來 拜 悍 吕克臣來
士巍來晤
廿六日丙子晴 謁沈幼丹中丞以庭訓求 孫楚卿光漢來候 同鄉趙坪平約和
來訪李子壽 李咏子昌 下午華亭來 留楊晤間
廿七日丁丑晴 張甫家 沈荔農 許 六十二 西風 四十二 官麓 家及書每人二十蚨币
宴 賢近三十人 食 悍華農 呂克臣 史闻孫 許靖山 毛子寶作陪 金
華亭學汪幼聰有志
廿八日戊寅午陰 謁李節雲方伯 相共先人与先府君乙丑同年 石門 侯祚
靖山毛子寶 史闻孫 孫楚卿 薛樹農時雨 時江兵杭嘉湖道 王芸階
呂克臣 葉湘雯 悍芸華農 晤許史王呂葉悍 文玉琛之貫被除

惺甫家作東，並被二席，發人來乃內

廿九日己卯 陰。早食後，下午金華亭來。夜訪葉湘雯、陳惺甫

三十日庚辰 陰雨。再謁沈中丞，中丞復來，偏而不見客。候蔡燕生、薛

慰農制軍來候。王蔭亭親家來候。陳惺甫大令來謁。寫燕生

信，未發。沈中丞信。初一日[illegible]

再謁 鈐轅，倒閣，玉體違和，未獲一親顏色，私衷企嚮，不可名言。階前不華

絃命讀白石所藏文征天才可多勝禰閣下厚垂繾妙高論優康，雲民生業

［疑再借共子彝］

默同詳欽武，以此事擬欲與其春秀幽隱抉擇，安定貯存，慮至慈

閱許之，佳趣自在，可料收將從一向渠家借看，異之不能以附引

送已又交識甚稀，竟其擴劃，殊切佳趣。昨詢其家中有慰雕之

通一卿，市價尚值五金，以外絕無分寸長物。現今僅從了時書一精祇

堪樊褱被有好為市之者，因與細手一展，莫展亦見其才足惜矣

候來少，就擒印章，辭誰不再[illegible]趣，煩其謁，伏希為慈，高氏加之意檢

尚不勝至幸

閏八月朔日辛巳 晴 大風 沈中丞遣刺來言 擬明日前過訪 訪呂
亮臣 偕華甫名立 華甫留飯 又謁沈中丞 撥冗久談 吳潤石來
谷侯 徐嵩甫來訪 慰其喪姬 毛子容來訪 夜飯而去
初二日壬午 陰 大風細雨 沈稚丹中丞來 下碇邁而 備甫並再略之
金先生是[illegible]日 跨之奧 全二十里 雨 昨予述其過鐵不能照牙 因[illegible]有此厚
助其全人 趨往哭之 飯後到撫轅 詢其喪 尚未過 只能 寫子過信
信之 初三日交西已發
初三日癸未 陰 訪呂亮臣同至市中飲于新豐門酒樓 又游蕭湘館
下午撥晴 收訪訪 偕晚悼華甫同呂亮臣來訪
初四日甲申 陰 下午同呂悼哥全家下舟 毛子容許諸山俱來送
刺來送 毛又有贈物
初五日乙酉 晴 守風
初六日丙戌 陰 逆風 舟行數里 牽挽不動而泊 下午始過鳳城下
初七日丁亥 陰 陰 偶晚微雨 守風

初八日戊午請官信晚微雨守風飯後上岸訪舊金華府學王子容

同義又同散步稍飲市中新豐引

初九日己未晴守風

初十日庚申晴下午風微解維行二十里泊王家渡

十一日辛酉陰微雨下午後晚逆風行六七里泊不知名地

十二日壬戌晴逆風行八里至樵舍泊上岸暮見土人賽神或曰

宸濠之鬼為厲故民祀之蓋逆藩僭　下午開行約二十里泊荒地

十三日癸巳晴順風　早發巳刻過昌邑申刻抵吳城泊舟登望湖
亭遠眺水東流四面皆成巨浸風帆洲渚極目無際雄濶不亞岳陽
之景且斜日照荒園月已升尤得眺覽之時因題一聯于此

望湖亭聯

萬頃對流波濤雲四我欲挽瀾寺吞吐
一亭題往來危檣斜日不堪洒淚無近

又憶岳陽樓景亦撰一聯

憑此秋標手摘似雲蹤似霧
擎天一碧心隨鷗鷺隨波濤

十四日甲午晨狂風暴雨微日夜之雨　四故鮮推行數里舟子見天際
雲起知有暴颶遂退回浦繫纜巳蕭蕭之僵木矣

祀御亭神異

神號鎮安公明封靖江王從侍神本名巨黿明洪武之鬱與湘附舟收也神
處舟壁砂故竭療異血百年來血晴雲蒜混日賈過者覓刑

牲饗血不敢不介一字昔辛丑之年予家奉諱將度湘六
陵祭比至馬當遇狂飈柁斷為帆不可卸危在頃刻母命時曰物呼
禱于神毋使陷沙合室竟免恒念神德不忘昨到章門私祝灼
時祭論甫登舟即具牲醴致以待卑乃癸巳之夜月明在天湘水如
鏡有二神使持巨水上[illegible]夏隱隱隆隆如二土阜從湘心來撐篙舟過
聲出候風嫂氏僕女暢來窗隙皆睹之俱悚息不敢聲噫神歟
未覺吾之誠耶抑示今日風雨不可行豈覺之耶皆不可知者矣
臨之信不爽矣

十五日乙未陰風如昨

十六日丙申晴風少定仍不能行偶登理湘之學史有洋人來拔艇
入口

十七日丁酉晴下午陰逆風午刻舟行三十里泊陳磯

十八日戊戌晴順風將午舟行過湘神廟祭醉[illegible]晚泊論師塘

十九日己亥晴逆風早行[illegible]夜至姑塘閘

二十日庚子晴　順風午刻風又逆　早行到湖口　[illegible]未刻過流澌橋北岸江
夜到小孤下南岸
廿一日辛丑晴大風舟不能行　老僕李宜日時微病至此[illegible]下利
日夜數十行甚危篤矣舟不能寸進[illegible]為之焦慮　夜以書禱神相
接真不可思議矣
廿二日壬寅晴風不止
廿三日癸卯逆風　早行午抵馬當泊舟守風甫往舟李僕去世　殯殮
[illegible]一切到傍晚方了又雇一舟送至饒苗葬之
李宜御旗
李宜又名李四山西平陽府洪洞縣城南十八里同上村人住村內西首
中和堂一手端覺又名雙鰲　嫂李蔣氏子蔣年有信來言在徐州出
理
廿四日甲辰晴逆風　早行　午抵華容泊　寫李楊侄遺囑子送李宜
極光物

廿五日乙巳 晴 逆風 早行 午抵東流縣泊

廿六日丙午 晴 逆風 五鼓行 卯刻到皖城上岸 已逢好子言 幼丹芸生于六月二十四日歸於又輝 銀官先數日得疾暑死 茍鳥恒之至急詣家 見餘人無恙 稍慰 迎回姊家上岸 居內室西首之間 首陂老設几筵 展東偏 訪眉生 謂帥久出 吳竹莊都轉來 晚間至寓 過訪長譚 霽生來 受章 章甫此出 晚譚至傍晚 回過眉庵

接汪宅八月十三信二件 六言已于七月十九信一件 又七月廿一信一件

又振遠七月廿六信

又左仲敬七月廿信

又劉翊如八月十四信

又子居楊八月廿六信

又眉生本日來字

廿七日丁未 晴 常熟節君辛卿 偕竹莊之友居某同至上海 來信 答信竹

夜霞生又復莫遇爲 眉生来訪 子偲来答訪 晚飯後到眉生

處出示見懷詩五首 厚收深情一句可取

廿八日戊申晴 訪姚彤甫 向侯 亮甫稍揚去 眉老来訪 若汀来訪

王廬子来 康再卿来 眉生要飯以微恙不去

接子憲族兄 信

又吳晉英 信 閱伴收建張射杭可備不備 又言雨亭左天

津 又到恩八日廿三信

廿九日己酉晴 湯詩林 慕吳銘 来使 若汀来 陸亮甫来 申刻彤甫

卿子齡来 同至亮甫處 訂五某半樺 訪陳勇莉 同至年譜

帥 又訪幕府諸君 莫子翁来 與彤甫長談 晚飯並要

眉生霞生来 同御題斜平来訪 寫陳弓信 卿知自報 劉文相向

接報戚國日 日来信 已知彤甫山耗

錄帥語

李秀成来據金陵共罪甚多 携洋槍無數 直逼孫園方伯援壕 生平

臣在賊圍中惟幸水師可通餉道當圍者新所府為（至水陽江也）三十所平當
圍（水路）隔不無進抵二十日以之敵仗不能立營而退當圍六急艱危萬狀春滿
華州臣郵飭程桓生帶日撥隊赴援當圖未知得達否湘北被陷西寧皆
餘匪（未經唐訓方將前禁）陷撫隨即東陽二府城（豐城）臣子季承武者頗帶令
陰攜賊撲營者炸炮甚多我軍大營布在兩邊幾距河只二十餘里
退被裁數已約一百十四名由大營直至江邊江中水師梭巡以為護
餉道乃賊有水師三百餘艘屢衝攻入圍城南贛湘並通小灣
江青民江

九月庚戌朔日庚戌晴 華若汀寄札到金陵 往送之 眉生來致蔡陽老 方伸姻來候 寫陽湖信 邵卿日書 文勇生 下午同魚軒訪霞生子保 俱不遇 再訪霞生始遇之 初稿收

初二日辛亥晴 長沙許雲松（雲坤之弟）手携陳巳保春識了南京向在此時來訪 係奈時仍寓寓 湘山茗的官 因其為王君來訪 李眉生來談 趙特平來訪 陸寧甫來訪（詢自金安寓）謁帥未見 答訪許季戎 趙弄平 寫詠如信 夜同魚軒訪金眉老

初三日壬子晴 邵卿同杜香泉（江寧闈防委員應眉）來談 同魚軒訪眉生 世玉書辦 程尚齋 村小帆見訪不值 范世卿國俊來謁

接吳竹莊又八月廿八日信

初四日癸丑陰 謁帥 赴眉翁招 同座張仙舫觀察（廣安雲南籍 徽州的澗浦判監）霞生乃兼 帝嶽日霞生陪

初五日甲寅陰 下午邵卿寧卿來 同魚軒野步 眉生來暢談到二鼓去 夜四鼓有偷兒撬窗入四姊室 為婢所見大呼乃去

赴閘戶已過去

初六日乙卯 晴 詣眉生 到倪鏡帆處作書 答候湯詩林 汝俊張
仙洲 沈蓉候 范雨屏 陸壽南 訪雲龍生 不值 羅伯宣 過玉蕉湘 不
晤 又候 張亨甫 舒雲 源孝達 古山人 之昨搬家 又到周玖甫家
作書 並答 陳陵江 侍園 香蘭 江已鴻去 不值 又候葉霓軒 不值 下午
回 孟辛 復訪印子歐 又訪眉生 晚偕汶洒

接眉生來字一件

初七日丙辰 晴 曹雨亭來答訪 詣帥辭行 答訪眉生 晤高
小泉 在眉生處 識高如銘之孫 香樹先生之孫 又晤葉自泉
霓軒 又訪葉頌伯 尊 小泉 何勇 答書 湯詩林 指領 市中
回寓 丞章 雲生 雲生全叙 玉年 夜過眉生 言子章子 [illegible]
何方守夜 何賊五枝乃帥
諦帥見示 四川稿 郵傳
湘故婦何 [illegible] 馬馳 私方報軍國 庚縣時保 發穎卿縣

以剿平我軍為帥不為所動二處均陷遂由浙境竄陝國陳不克援務為調有馬隊（揚董大提督李文）五六千步賊甚為快由是即接陷隨州棗陽一帶上至孝感陷撫黃陂北郎之木蘭山意圖東犯皖境仍返德軍陸調段大喜彭萬二之常藏剿石清吉仍守廣州漢勇協防又調張（樹）聲駐守建漕中路水師朕換防黃承竄其安慶甚堪人數僅止二千五百餘無可調 金陵陳希騰擬撥地區上呈立木橋直犯清萬我軍為處不能出剿陀調蔣益澧由（桂王）會國進兵以剿平賊勢

記帥節傳語李中堂

無調陳營殷一二營由揚州至鎮江上岸赴金陵左營助九帥同異國之此項兵勇本係九帥標下前隨李赴滬九帥初不相允此項大營危急無論上海攻剿如何吃緊均須即速遣發前來青浦多劉不必急之秋兩其營到金陵解圍後即仍遣回滬決不久為節本有令其赴饒接勇之說即可令伊接齊同返也

初八日丁巳晴　到内銀號取有事收、莫偶老同路　偕詩林陸辛子
甫、金眉生來，因留食餅　下午同偶老謁帥　並至藩府立譚良久才
去　李壽蘅、眉生晤　夜少云　檢行李
接帥札，因東示命赴九江，在轉舟極、候運船搭濟金陵
初九日戊午晴　陸子芳太守來訪並晤陸甫　訪雨生　訪子偶並偶舍
眉老　作書寄李眉生　王少岩來晤陸甫　姚彤甫來晤陸甫　霞生
眉生、辛甫來送行　下午出城至辛、章甫、李揚送至城外覓舟未有
寄幫雲局　節蓋二斤　無錫人丑　收新候楽升寮幫人
初十日己未晴順風　早開舟戌至辛伯家，偕至惠興到局，同至舊樓如
宜候查如說放行　下晡到東流泊　接眉生今日信並送行詩如閏月廿一信
十一日庚申晴順風　早放舟巳刻到華陽鎮泊舟　候驗津吏不至候
又候一日　舟中有趙客處乞另助棺木
十二日辛酉晴　候驗仍不至　訪閩海晴　晤長少人　閩高慧生在此
主局務　又訪之　始得速驗　時過下午　仍泊不行

十三日壬戌晴順風甚微不過馬當午一彭山哺泊江甯小港名雲棲市距湖口尚四十餘里

十四日癸亥晴大順風（六字午前卷）早發十里至時家灣所謂舟不行收尚船到九江最刻開風高浪急船甚午過湖上哺到四風磯又行數里名數港泊

十五日甲子晴順風早發辰初卯到九江訪徐渭南並晤其友柳子枚錫徵香鄭濟東又遣安廣人從舊友蕭炳南寺寓一屋輪船在船本日適有寶泰行船華發那左此晤早卯行托蕭炳南午後同柳子枚訪蕭三炳南不遇子其弟燕堂又訪旋乃行奚文松下哺訪鄭濟東同晤寶泰行主及本船主方言亦來未吾入暝時寶泰行伙布昇初廣人同炳南來言洋人已允前事到船待半日始有船趣方銀五百兩傍若轉運始已開卯寸乃至五十兩用同布伙及船伙李姓下舟再晤船主面訂定合趣茂行李下船

接阿平八月廿四信，言階老已殯于延豐公所。

又書揆日昌信。

又鄧子枚閏月初二信。

十六日乙丑，晴。辰初舟行，午過小孤，傍晚到皖，泊舟望岸，城門已閉，叩良久門來，請令箭來去鑰，即謁揆帥，言猗達郛已去，寄家至十笼。初鼓抵家，晤孟辛、蒓要、秀仲來譚，又同訪眉生。

帥兄示吳竹莊信，金陵初七八九連得勝仗，踏破賊營數座，蕪湖以上均解，寧國亦高安云云。始知九江所傳蕪湖失守係屬訛言。帥言又聞楚北賊已折回竄。

接彬甫信。

又梲亭丈八月[illegible]信。

十七日丙寅，晴。五鼓即起，早食畢，仍出城登舟，孟辛、伯屏送我至舟。卯刻開，辰刻舟行，（中途過荻港、林港，舟行始止駛）申刻到大通，泊舟，覓米意上岸。大通在江南岸，港口寬闊，洋船亦直駛入內，望鎮市頗繁，有水師營。離安省百八十里。

十八日丁卯晴 早間開船 巳刻到荻港 在南岸 離大通九十里 繁昌縣轄境

縣舊治去此四十里山內 新治去此二十里江干 本港依山入江 市屋頗盛

在山之西 向北而過 港一二里有石磯 橫江中 名板子磯 有水師駐紮（青弋江出口處 內通涇縣太）

船泊此收卡稅 申刻到蕪湖 在南岸。離荻港九十里 縣城在水以東

城與（舜旗在石壕及東梁）水西之寨城相望 東城內一大塔 黑色 山臨一小塔 白色 對東梁磯在

湖岸臨江 但見神祠樓在地 其山形也 上一樣樓存（下浦）晚到博望山 離蕪（泊舟）

湖四十里 去策過時皆有賊壘 今空無水師 傍晚到太平府轄

博望三十里 時舟在北岸 望不了了 但見一塔 金柱閣 即在塔下 為水

陽江口內 西當涂丹陽湖（玉事撰）又通至寧國府寧國縣 即黃池河

韓詩外傳十卷 毛刻本訛字極多 後有引此羽傳者 小內典所載本書逸文一段

素讀以來書補傳 說王姓貝撰（今事甚的矣）首標惠和壇指江陵華嚴寺閣 曲徑女附壹閣風

致沈幼丹中丞書 十月初八發交萬仙舫寄

秋中獲拜 徽輝 仍勞 枉屈 旌旗 式降 閭史增榮 冀自 下章以來 循政新

猷 洋洋人口 既荷 晉接入 瞻 益粹出 觀設施 遜謙 懷心如同 辭飽私悅

愉快以為儒者為政之效固若是路、也惟念江省鄰接浙西毆般防遮而船當盤錯所宜畧同羣倜磨裂優、之美並矜巫體懸懷一時大賢竟不以為瀆耳晚南下江時突流梁以來諸防一時告警雨花臺大營被困已逾匝月賊渠名王咸萃悉力攻圍飛炮地穴上下不遑而沅帥屹然鎮定身受鎗彈意氣彌厲此亦近時之一雄也時閣連日議仗使營此將機大局將如何畧在虜中者閣下論及世事書有波瀾而圖轉瞬之速可為撫膺太息治下廣饒之地近狀安否殊深罣念。自別後阻風中途行至二十餘日之久今月十五後辭相國挈弢甫之嗣奉麾理喪扁舟行駛不日可到四會非閣下厚意令自滬在帝子閣邊望西山云朝爽未可知矣長者論交不以毀譽存殁為異豈。一人知欽佩耶弢甫著作之無甚關時議論筆記徃徃中含至理卑然名言俟寫定代再呈大教耳

十九日戊辰晴 平明舟行將至采石距江寧太平二十里天大霧泊舟不行辰刻霧解啟碇到三山在南岸距采石六十里 形近自筆架峯插江中 或云自

乘石至此已擬為賊所出沒。巳刻到大勝關，即上關，離三山約數里，南岸山下
入夾江口，可直通水西門。夾內水師船隻泊岸上，沿山築營，直至雨花臺
遙見矮山邊入東北，即重是上一營，營壘徧之，已不可辨。夾江內少東北為試
江關，對岸水師駐紮，弁約安營地，過此即賊境矣。又東北望見水西門城垛
北對儀鳳門，有山在城外，西下衝一條即下關，有賊大壘，須江壘中屯
守甚大。又東北望山下一沙直入江心，名七里洲，上有一大壘，山上又有一壘，精
枕江濱。七里洲于九洑洲尾對江[?]石壩二，距九洑洲尾內有賊壘甚多，與
此煙憑洲尾一壘以守，對江相近，水師近攻，則彼此[?]既接，故不能破。自此
以下，即李世忠兵所有。賊江面地上下十餘里，為已為七里、九洑二洲，炮將出前貲
擬我水師衝下，去年傷我四五百人。●北岸[?]江浦地，及九洑洲上，皆李世忠
營。李兩河運[?]，往大勝關對岸四口，經江浦、九洑洲之間，至黃以河出口，約
卅餘里，以達賊境。此地為由此間與[?]完，約數寸，擇而方便之。每過七里洲
為下數里為燕子磯，山下一小峯，上為烏局營者，是每過為柱露在岸相
北岸六合，以西人之，距金陵亦十里。酉刻到儀徵。老

電報去我仍幾里舟船雲集泊舟中有兵艘疑自上海來爭奪備
欲拖船出大通甚上游大通一路電報已斷大口岸往來船皆聚此以候
輪船候兵甚盛

二十日己巳晴早發石頭鎮江泊舟候驗有洋弁搭舟來本船大火回來去
到焦山領事衙批照明日始傳二時有警報人累請於　湘鄉人趙吟若
甚來日午刻行來過中間圓山晚泊請江八圍港以有廣艇十餘水勇皆廣人守長對岡
江陰以下處每舟舟形已同長龍船飾以朱黑之色內甚為地方寶
江陰君山臨江上有仙庵為名勝君山東北有山橫入江者姒子、江陰人云
此處眉山也下午五時有英國人來驗每之手拖世卿謂寶主不設至
廿宿舟

廿一日庚午晴五鼓即行辰刻到通州江面諸江下至此漸寬覺
屋溪狼山並北岸之山一起伏相連最高一山上有塔者望過此即海
矣午後過白茅申刻將至寶山見岸上東西對方焚樓煙飄盈空至
刻到上海是程出岸起寶順行訪孫雨之至其家遇之甚暇

鉢子吟。是夜即往淮安。

廿二日辛未。晨，蓉舫來，遣如子兩日。李亞峰、王錫（李海秋）、侯吉招飲。陸老偕穆卿同相距千里。寓阿子偕並傳撰帥、穆公文選去。惠州仍到湯處，偕香翁來，成（下午）同到陸老寶，提權物，程翰恩良久。勸權重傳而歸。寫李香來書，寄信蓉仙（廿三日交）。寫衣寄殷仲信（廿三日交，屬交谷多人）。華廷秋書。

上李中丞信

李昨晚與寶節四西君閩下之所調程軍務須當往以援金陵危急一綫解圍立即錄罷。尼某以攻劉前有台其深募之說，齊同逸云云，莊禮亮、碧節帝，遂陰翁。

廿三日壬申。答單玉撫軍日乾，見阿蓉，別已一年餘矣，精神勝昔，不如會之詳虛也。並晤侯錫仙、觀察秦浩如、吾施楷星，又識楊雍循（方舟先生之世一）、荊相如、陳子樾嘉軒（清江人）、劉，總發杭卿（丁未太史）、錢子瞻，黑翠（太倉人）、又逢郢君閣。午阿子蒼飯後同侯胡頫楓志章（湖北人）不晤，進城到府答家，晤姓名。人泥一，之生日，晤合乾次儀陳寶集不晤，次侯吉

昭因僕李友琴 宜興人 吳萬青
竺修人 沈僕鄭蒙園
不理次僕匪少黨 日子內款 杭州人 孟煥之 陸建甫 開乾章甫之兄 挑伊從前
子事次到寺 拱為不昭 師武城逸齋 因寺按下午來訪 並附為為記
張子畏先生下世 君子至此一倒 洞雲誠為戾東惡地矣 畏為于孤寂年相
質人 令名其股肆為雅經 文義僕書法亦死于山宗明書 存姓王名撰 存淵紹
人素有家 掇與神世事 才力甚 畏人居之以有寡論 往至 舊鄉
好為姓名入 蓋光 壬辰之際 辛卯 來本 先公相從十餘年 先公前後
其於一切事之豫構 行之不動 辛丑時 先公下世 十餘年 時有所助于
吾亦少 又苦 先公 官清 有所濕貸 貸僕之 九千金 皆不能償 以戚 尤之
初愆 賠償者 其家概從午案 支掇予 等地 食財力 薦想力謀一
其身地非其志也 十年又因選限 當 旅置之物 舊蓋一笑 飢不飽者乃死 旅櫬至
鄉什負之賞甚苦經之
廿四日 癸丑 晴 併雨 陣雨之 孝撥來訪 因孝撥至其齋 以時指 之相僕
于役也 並理朱蓋卿 庚嘉杭州人 八年湖 又得見延山 其致此 先為 覓屋

叩寓下榻汪少堂家　下午阿哥去　傍晚鄭君蓉圃六表李批霞
遂同顧到新寓　主人少堂為人居尚中寸乾甫談讀　同李批云陔
老饕有詩云　桃燈四卓業千林段卻有工夫一寸中　撚手鑑
真誥瘞鶴銘字不隨江風飄此　謂先生慧命不拖矣

廿五日甲戌　陰雨　訪李批不遇　寫康雨之信　鈍子明來　同李中丞
已至即到城外謁之相見久譚即留擁任並晚間便飯　候鈍菴
門陳子植楊蘇州　世兄鶴人藝蘇州之弟　並晤楊藝舫　是夜寓李
兄聯楊已睡而撫君至　閱訖臥乃去　是日李批秦淡如到李寓
接汪雨人和作

廿六日乙亥　雨　寫中堂聯廿四幅寄錫仙　再候徐少厓　吳江人　昨晚同席也
訪劉毅齋秦淡如　再謁中丞並晤筠仙祝賀　飯後送篇旺厝
傳汪少堂　袁仰蘇張子年來　亦欲今日從江北渡卯來訪撚手
甚喜　同整惇甫來　同至公到李批再拜　飯後同物　燕山來
上撲帥啟

奉辭後沿路探詢廿一日始至上海中丞方親勦黃渡之賊未返
命與公牘及傳白言語即日專函敬致諒廿三日晤以均仙觀察知
中丞仍營已大獲勝仗軍鋒所指莫堅不摧應邦以擊潰于人口其
日內俱特捷即有軍報矣迩日未審上游軍事何如不勝念慮十九日
過金陵遙望雨花台大營隱約可觀夾江內舟師旗幟重屯軍容甚壯
賊以船只下關十餘舟而處水陸相映決可無慮惟東壩過來賊船必
宜力挖飭使出江其牛渚鎮江至三山一帶關隘踪跡出沒設被占據
江岸狹窄設守水師不免稽梗此事須籌兵君有兵可援仍不可恃只要靈通則
令水師分幫防備庶能制之耳九洑洲所割賊壘一座四壘外有廣
艇三四艘李世忠營壘相望亦及半里其勢孤甚所以不破者以對面
下關沿江一洲名七里洲直入江心而山上洲上江邊有賊大壘三座堅峻
據險江面寬不及二里我水軍不能進攻之故若江面賊境不過十
餘里惟此一關雖過九洑洲而連北岸要為江浦縣城西南沙洲甚長
李世忠新開河匯大勝關對面入口下游至一黃天河出江即九洑洲

江浦外之間李兵沿九洑洲程岸設守並請酌派稅以上情形再申
草繪一圖奉覽藉冊則雖不能詳也查睢時余及楚北兩匪已回竄
入豫睢此斗根本之地諒可無虞怡安石危逸在用兵之際其城外如
壁情（此筆已誤）似宜以財修理結合海所創議整頓情況此在平時第
勸資戳力居民平日以協力於本城團務或用之以保其居家人戶以期屢戰
樁有皆宜持　至于四夜大眾巡邏老幼多善堂壞撤塞似可不必又
江路睢河向為津要再撐鐵此今節麾駐此尤為重地乃江濱上下十餘
里一刀難回防對達風局不著霧手此而前費難通往來雲濕陳之
船宜可在再申兵勇稽此之禁此船征事往手宜酌有損地前在九江
閱得行人之譚以船庇閑詳人並不過問稅飭行物無海不知此本楚中
作物下自從逆兒竟人在大通僑徹兩岸傳船拖帶及頂勻船上下兩岸
再賦雲集傷成於大江岸　儀徵老窯頸不識兩年時光景其拖船
之價與匪漸送大通至儀徵千石之船不過三百金蓋兒之之中平揣
宋且在費偕需而我祠不見貴至意國全戰悅不分先之在

此行前廿日十月中旬即到江北到后办张甫蔡事已少又有廿日回营
将遍处若有无矣云云　张甫胞弟附有诗云云似其慧郁不断
书函呈我家一妻
廿七日丙子阴早同陆健甫出至市上早餐遇苏州薛某同下午告假
到城内相见叙　燕山来（汪雨人来）下午到筠仙观察处不遇　候任少堂
于其寓内　回返寓收到家书阅县孝拔生日同去拜生至晚始宜
兴儒仁来　朱荣卿龚怡甫来　燕山来　胡雅枫志辜来谈
候（袁理）写魏廷信　金眉生信　孟年信　家信　廿八日（交筠仙转寄周年）
廿八日丁丑阴　孝拔来访　陈宝渠来候　到宝顺行　晴雨又存
拔（少村）同陆健甫来即同勇官回　星先访孙隆之　又访钱子密
不晤　又候阎渥士不晤　又候华延秋　又候汪龙候　又候沈子焕不晤
返寓后阅筠仙观察来函候　傅晓李手册来　少帆来　孙谷来
廿九日戊寅阴　访筠仙并阅园文王（即沐园江苏候补府即赴撰作大学）候何道寓访
孝拔不遇　吴雅枫再见候　沈子焕来　嵇调甫来　朱荣卿来　同至

卿訪蕓閣 蔭山自金陵載引之 九年在本房校閱來 衣谷來
三十日己卯晴 偕蘊李士林 偕陳頤家不晤 偕吳曉帆方伯 過校妙人 此筆謝之
不晤 偕朱叢卿不晤之 其之到衣谷寓 呼金乾 情甫皆起 偕衣谷
不甄 偕楊藐翁太守不晤 再偕吳方伯 偕蘊袁相君不晤 同貢
甫來訪 劉彥摃要其晤金乾 錄子顧來不晤 同至之叢頤 袁
汕黨來 武林陳臧伯訪仲東戴引之來 錄蕓門君儀不晤 衣
谷來 同陸乾甫錫桐筆翁 蕓晤 閔澹士 早兩寫錫信
接楔亭閩月廿四信
又六姊閏月初四信
又九月廿日家信
又李錫九月廿三信
又眉生九月廿一信
又孟星九月廿信
又季雨 信 已到 晴

左彥摃要見蒸卿照像 濯像秀
昔太宗神武開天 其狀定時人異之
長玉半倍 聖之神妙其稿可想
論耶

日記十六　能靜寫記

十月辛亥朔日庚戌晴　鄧蓉閣來　候子煥母黃夫人診疾　訪子昭　候朱小山並晤蘇晴山　候家子卿九兄並晤妙雲門蘇州人　子卿姪家留飯　過四府閱譯報　循東西候張子安來　錄楚門來　訪周子之兄　又訪李捷不遇　秦伯惠來　云谷來　陳甫來　蓮山來　李壬叔要校幾集韻　子梧遠信至　春

接子寓九月廿五信

初二日壬子晴　訪李捷　周騰之　到城外借海雨之館寄樓　又訪子卿九兄　又同訪汪犯濮　子煥來　衣谷來　數言勸招飲同席周秀甫朱篆卿　衣谷居之第　李捷主人共七人　飲甚樂　李捷歌吳人詩曰悍滑嚁腹言友相失　雖棄疑其好如君殺　則何未相識之無所無惡　余聽之耶之詩茂之　飲後夜而歸　子煥下榻予寓

初三日癸丑陰微雨　李捷來　李壬叔來訪　蓮山來　鄧蓉閣來

訪季掞 訪吉仲兼不值 季掞招城外飲 並要觀劇 臨晚歸
至其家 叔扶出書見示 匯衣谷以左 夜飯仰陶
初四日癸未 晴 同季遊琉璃廠 西江上館 飯後訪蘇仁桐君不遇 市中購物 衣
谷來 同買到岳樓 經葉軒 張仁菱姬來 子卿家已來
從侯 陸浦來 訪季壬耕 出陸 書柳楊蘊極夜人 燕山寓 戴川來
衣谷再來
初五日甲申 晴 再訪季掞 出城訪子煥 又訪朱小山兩段 上段茶候
楊蘊亭 從祖湖州八郎鶴仙慕家友 前聞泉季侯故矣 到寨水看莫
肆 偕燕山子煥周瀛士 勞玉磋同君 素洲人 朱小山來 張招到好樓飲 初
更 附觀下橋竹山家 並識其同鄉鄭 稚循來至寓不值
初六日乙酉 晴 小山勇果召段 訪滌雨 同君蘇耕 錫月川 看到南樓
與象 後遊寶慶館 候上海道黃觀不值 遊寓 燕山子
煥 勞玉磋偕左 中吃 偕谷訪周慶甫 又訪袁桐君不值 又訪寶
艷 隨遊寓見壬耕 衣谷皆在 同衣谷到季掞處 二鼓後歸

書序辨僞一卷，李拙作，四百篇書序，朱子言其僞，以爲周秦間低手人作，李拙為之考在史記後，以其序之皆依托史記，史記所無者，皆不敢辭，歷舉疏證之，張精義可喜。

初五日丙戌，陰。候黃蓉汀觀察，芳長沙人，七筆謁之，不值。到大營見吾兄，少坐，進謁中丞益陽黃昌姻提軍郭筠仙觀察徐少岩太守劉韞齋太史，又識劉仲良太史秉璋，廬江人，庚申翰林。因同飯之後，因吾兄之訪吳稚楓直守益陽郭笋卿。又到兩石舟寺，葉提軍英字水師，現有三百營，自前任先總統之，河營不容劉太守父子，謁劉霞仙，兩伯叔兩翁仙之言，四字奉甚雋。始知道佐江津楚江一帶，所用兵勇，雖為軍之外有雄勇精悍以與甚親，然至之，又在吾兄處談言久，下午回城，再候英觀察，宜興人，世号人陳若久譚。傍晚到寓，香柳椿來，不值。陳吟閣來訪，不值。

初六日丁亥，晴。黃蓉汀觀察來答候，訪李拙寓，出南門外，不值，以之後因健甫出北門偕益山衣谷子燦戴攬峰，子燦字，與人，何琴如，同其人首先到武林，四面環溪，廬江知縣

屺讀少羲之毅同遊山 偕扇子 應到李撫軍自省來燕山子
是日蜀史家飯 乃同云谷楷生夏 劉思忠來不晤
初九日戊子 晴 下午陰 訪子明 與明衡雨 雨來照象 赴小山招
同冊文書訪儒將先生
飲 以為早 往候楊藝亭 仍不晤 到小山處 同座劉曼庭 觀
察 賦江西公洋御人 史芋人 李芝君 浣亭 日寶 桃仁山太守 克丹 荊州縣陳 俞雪溪大
篆 徐州人 醉後進城 訪李撫與舉 石谷二陵陶 燕山辭 又仍
之 皆在
初十日己丑 陰雨 至之自營中至 同訪探稚循 與明 江陰 桃星乃
轄 康氏 史芋人 李芝君 同年 又為荊侯蔣松生 蘇州人 李壽臣之
又同訪李撫 偕後稚循六至 燕借還 石谷來 下午至之去 燕山
山東 袁桐君來 寫李雨信 十六日發 附扇生信內
提扇生初六日信
又寄宇初五日信 言直辛巳至金陵
十一日庚寅 雨 寫扇生信 十三日發 交東是 即送蔣閱來 寫家信 十三日發 附扇生信 燕山

來　表伯、寒來

十二日辛卯　陰　訪李拙譚，晤晉之自[illegible]來，亦至，因留飯。曹柳橋、錦子昭亦皆來，子昌來，子煥在吾家，吾兩人遂先返。晤子煥及[illegible]臧、戴擇堂同在，少刻去。候何梅庵，不晤。候郎葦卿，並晤同鄉孟仲宣。又晤劉雲樵（湘潭人，前年識之）。返寓，晉之亦已至，與子煥亦飲燕山宅。劉日升來，未談。晉之今日未返，子煥亦移[illegible]（同鄉蔣[illegible]來候，不值）

十三日壬辰　雨，午見日　張子晏來，飯後子煥及晉之來，皆去。候黃翼江方、合黃芝園，不晤。順候蘇琴山，並識翟竹之、姚松巖（江蘇[illegible]也）。訪李壬甫，不晤，又訪陳雁巖，旋返寓燕山家

又訪李拙譚，留飯，[illegible]亦至，與晉之來，飯後同返。燕山又至

錄葛松巖語

八年十月日奉桂中堂[illegible]律夷人，四長江，[illegible]潭以夷船五艘，千人皆英選，鋒車[illegible]，余全為主，以至南京下關，[illegible]炮放炮迎擊，如何不能至，將近[illegible]返擊，且行且東，轉以新已過，時[illegible]

舊管因停橋不行，昨須日平脩四柁後至城下，以五舟排列江中，堵截
賊營，賊以轉舟阻過，不慮其後近岸赤艷，實為所擊，先搶至東
砲，又利用煅營十條，屋處相統，覆賊炮中舟，炮歸如破，大者陷入如
幫，聞不能退逐，又燒烟筒一二板，擊斃一死，東兵五人，賊乃退回城，不敢
出，東兵上岸放搶，頗有斬獲，逐渡上縣，至東石，賊亦拒戰，至於夜
砲，爾殺賊甚多，欲攻城，又畏其強，焚潘山以上皆不敢，降蘇湖營賊
則接賊煙，比到其處，處有賊四面環攻，我軍奮勇又復回迎戰，著益
時我水師李法麟等已至大通，合于賊間，然處賊不得炷，案之令也下
晡到城下，戰至暮，舟已過，各住炮到陣，以賊勇蕭雅，遂初指揮
赴基子角門已申集，逐舟際乃退，聞集有兩舟燒于九江，委員彭芋為
迎之

十六日癸巳 食 舊侯蒲式之 又吾侯蒋应橙 楷 侯邵寶仙 觀望
不遲 侯吳曉帆 方伯不理 侯祝乃書 不暇 即訪雅循 弱假
侯湯小雅 少譚 侯馬子迎 錫卿 不理 再侯邵觀察 又不值 退

寫於老多揆來久譚 蘧山來 石谷來 何筱尾來 寫筠仙信
又寫蘇時山信 提李壬叔布信
十五日甲午晴 下午後至足書目二本 候吳平齋太守 雲山未晤
識不值 又候潘玉泉觀察 曾陽[redacted]
不值 候劉芝庭觀察不晤 招李壬叔鑑 石谷 蘧山 鄧蓉
閣沈子雍周貞女朱菁卿直東橋午飯 下午返寓 探稚循
來 朱菁卿來 余仲笙調甫來 蘧山來 子雍來 石谷 李壬叔來
子雍去 又同赴戢勞玉檣來
接蘇時山信
又郭筠翁第信
十六日乙未雨 候筠仙觀察 又候黃蓉門觀察臨行不值 又蘇
晴山 又候顧子山觀察不晤 又候劉松岩方伯 鄉舊太原樂人 又
訪吳平齋太守久譚 返寓 李壬叔在此相候 招蘧 楊庸帝等
姚席也
招同席 一蘇一壬一高 傅艇席 散 返寓 見 胡來新邀

山晚飯後戴川之來 寫季高信 子鐵來下榻于此 鄧鶴仙來 答候石卿 寫黃久偶松信 日卷

接平甫信

十七日丙申晴 閱丹文來 候鈞甫明 徐雨之 遺刺 候孫澄之 薛川

又候周灝士 又候朱小山 薛川 留中山處 又候應敏齋 同知直隸州 時托四人

閱存伯 閣 同知直隸州 張芝龕 又候馮景亭中允 桂芬 蘇州人

又候瑞星龍 不晤 返寓 改 陸凋如 觀察 源 來刺 阻往候之

其姪世子蘭谷司馬 赴吳平齋之招 同席李笙漁 嘉興 不門人

同知之楊衍 戴川之及子 [illegible] 又訪楊蘭漁 未之不晤

返寓 改遍山來

接何子貞書 並幅件

十八日丁酉 陰 陶如來 答候 同御謝鵬飛來 原名攖一字西卿 訪孝謙

同健甫子呂到街上買蓋碗 寄回婢及內子家 不見皮衣三年矣

返寓 飯後 出城 到 [illegible] 內王之通 他往 過到留仙處 [illegible] 又留仙到

太守 伸良譚 [illegible] 話 逢 探軍 借薛 [illegible] 觀 歷 欽使 出 因出 [illegible] 訪 談

如劉拯寬施料是銜莖門請君閱外務故事言俄國探猾

□來拜□因出觀之人與之衣服不異少異 下午至

之進署淡如翁仙立相見談晚飯後詣孫君言及俄商從日本

國翻書有冊三股許事辦新已許之又談論東情至五更

譯學館擇職官世家子弟或試仕衛負擔者傳授顯令其學

習英語英字中外交涉之事令其傳白廣東市僧將往

抑揚詞氣並撰中外之事撰書一冊見其書畫已先即奏外又閱

及川坝立江南不請查退稿事矣松鶴館撰總擬後返意原

為孫同至之訪翁仙伴歸少譚字是係蕪往 廿日茂

十九日戊戌會呂有傳意同至之候馬子遊無識候翁忠先識至之直節人

詣蘇撰軍有疾不晤候翁翰府論君蘇門候翁仙蘇門與晤鴻篆

卓中丸午飯出茶到浦江邊候黃撰軍昆姆名翼不晤又候

衣谷至人及忠饒蘇門皆不晤候袁桐君談譯逐家後見

燦至易至蕪朱蕪卿皆在同梅眉來訪同華卿來之山衆在戴行之悟

蕭敬甫回復朱蓉生文集 相君書信送行 探稚循來信送孫

譜叔時來函

繆星遹 字稚循一字公述別字莛樵 行二 道光甲午年八月十七日

吉時生 江蘇鎮江府溧陽縣民籍

曾祖國楹 妣氏呂 祖壬 妣氏狄 父樟 母氏王 兄徵藻 弟桂学

桂程 鈺中 桂生 妹一 室氏張 女二

二十日乙亥 晨 陳寅集來信送行 魯兌自營中來 得家信 即

蘷交笛仙手 寄物書箱二口 得李中垣信 即日發 又郭筱仙信 即日發

寫吳平齋信 即日發 衣瞿來 伯寅同年之 [illegible] 得稚循送帖 又得郭筱

閱不得 又得吳挽聯 世經 蓉閣 衣瞿同年之贈也 下午過衙

衣瞿來 此行所得 柳惠王經一部 畢氏續通鑑一部 姚刻文選一部

陸氏說文一部 經典釋文一部 戴氏水經注一部 廣雅疏證一部 儀

禮疏一部 蕭倉圖一部 東觀漢記一部 戴東原集一部 說

文訂一部 韓柳年譜一部 女郎詩一部 孟子趙注一部 高義

圖一部　黑手子一部　金刻黄自一部　黄刻儀禮一部　張刻禮記一部　文選人東四部　皆用英洋四元

梅蕊仙收字

又吴平齋收字

二十一日庚子　晴　夜雨　候譚同叔及令子蘭谷士藻　又答候陳吟甌　其服任蒼了（號宜夫人初附相識）　次候李友琴　黄宜夫人（次候臨安仁不值）　次候蘇鉨山並譔識　莫孫仲令即子批　次候李壬林辭則　次候楊蓉亭辭則返　廣收見稍須莫與備書之鈞也　再候請卿華卿　次訪劉松岩令姪香疇　次訪吴平齋　見所藏隋開皇本禊帖甚佳　次訪李撫不值　返寓（送劉則之燕）　卿華卿來　寫家信廿二號（交卿華卿特批吴竹莊下人帶去）　寫内箱一只　檔箱一只　又寫家信廿三號（交竹莊）　寫夕陶陵去雲一紙　寄母設捡點　則李擬明日行

接李撫來全之條並煙洋廿[illegible]元[illegible]　又交廿元等物

二十二日辛丑　陰　李撫來　鄧嘗閩來　張念乾來　宇中堂信

卯正赴花谷處 花谷來 李壬叔來 遣人騎樓 同至之誼衛所 吾又訪朱小山不遇

即余執手 到麥家撒發甚振 青樓沈雙譚語尤美 衣香足帶俯仰生塵 傾靡

至之節 留與楊家小聚 依譯至四鼓乃歸

二十三日壬寅 晴 大霧 邀小山到麥撒發 [redacted] 至其坊即去訪陸友梅 令

日登舟 同麥撒發訪崇人 到推中 同詳飲 又同到兩廠 發

飯 又同至訪五卯之蘇行 即古之 余手無行先主之久

閣相見 擔綺 今日作別 [redacted] 不禁淒然 傍晚登舟 陸老梅小儕逸至 同行 並山及共戚二人

花谷之子煥及其家四人 僕甫一人 同舟余一人 至及其坊上下五人 揚帆

僕李升一人 花谷舟文來至 四傍門吾遺去 畢新 僕陸福 并五人

王貴內眷人 又屬僕李升 李福之子 今日壬叔來 去攜至上海

病甚 [redacted] 不白儀 [redacted] 之不忍 逾二日 又名方楷 稍者方楷 中陸有 [redacted] 言人店

二十四日癸卯 雨 同到陸老霜相 登舟拔錨 出沙 攜撥到訪 雨 又訪朱小山

正小山發飯 同麥撒到寓 順行 冒雨往見之 甚喚客挑甫 又訪劉維

中取來洋鎗十根 係陸甫奉札所辦 因數不足 買補所來取者 恭為帶

徽下午過舟雨甚不能畫游 閒舟子來附舟 寄陽哥信 謝鶴仙信並稿 五哥來批信並廿卷 又寄徐雨三信 寄岡山信並卷

二十五日甲辰 晨大風 衣谷亭午下船 悟甫及衣谷令之心北遠來段 段二君去

接家批 雨三 小山 汝信

二十六日乙巳 晴大風 二房僕李貴州死于舟中 一係蓬山郡營縣事船 購果育堂棺木一具 指揮之 戴川〻插手 又[illegible]買寸棺襯衣外罩鞋子等件 下午成殮 指陞市叢葬塚安葬 有墨一抔 他時遷葬取領 戴行〻之意 泊遊山 下訪周健甫 不遇 罷

接李批 李容 問蘭亭 孝叔

二十七日丙午 晨逆風 早閒衣谷子 壞健甫直館等到市早食 下午舟行甚艱 以風太潮小不能行

二十八日丁未 早晴 下半日雲陰 晚雨雲霞 逆風 早發九里 守風守潮 泊 下午到崖蔡 下舟啟舟開 夜到高橋

二十九日戊申陰 早起寫訪鄧姻翁攷户 瞿越過高橋市去墨姪腿礮過半 市東稻定瞿氏無恙 下午雇土工詣墓督攢柏積微朽矣 亟剝植出土川至半陰 以時將暝 抵村外茶亭 擬明早落舟 遣婢子守之 更遷下舟 高橋于辛酉十二月廿二遭賊 今正廿三賊去 死載万人 舊游流連再 郡縣解及 重來惆悵 不獨人民城郭是矣

十一月壬子朔日己酉晴大風 放舟到高橋鎮一里許停泊上岸送柩
■為求去即偕諸友人暮與同午後 舍舟下舟柩回到寧郊舟以
風甚舟不發仍偕諸友上岸暮

初二日冬至庚戌雨大風舟泊不行

初三日辛亥風雨如故 舟不行

初四日壬子晴大風午後又甚 早起風尚微舟可行而舟子不知所往也
下午始過澱口泊

洞仙歌 詠被鑪 和沈子煥

鏤花範月，到酒闌燈謝，斗帳沉沉炷龍麝。玉肌溫一縷，蘭息微吹，因夢裡栩栩仙魂欲化。轉旋隨汝意，薰盡芳心，博得團窠鎮無價。不恨枉拋殘，只恨香銷，全辜了、錦衾良夜。羨寶鴨金猊伴書帷，有紅袖殷勤，碧紗窗下。

初五日癸丑停舟遇風早發高橋到吳淞口偕諸友上岸覓
寫家信寄初八日發 阿段候吳淞福山鎮總兵鞠列三 黎乾

崇明人索炮船護送獨將赴通海查巡已下舟不晤夜遣

并來見云已派二號船寫四為信（致霞白貴獨帥）

記獨營

部下約五六百人每名標營兵月餉行糧三兩（四千二十文南營係和帥奏定）坐糧米三斗本營

風失守者領無不失守者半折先江南水勇皆廣人今已盡去

只剩江南人崇明太倉最多吳平時水師船大者名大號今

已變小者名澗艘三板第不中用艄船兼設為獨及崇明實

金山（海）船除包小者名水底艄外餉皆十二兩一隻即據旋豐沙

船為有局界護有局鈎船皆係船勇為亂兵

初六日甲寅晴大風獨鎮軍遣來致饋菜布箕二物下午發舟

唁寅千總張（字慶）崇明人外委楊耀先字克裕揚州人來見遣

刺獨帥專辭行

初七日乙卯晴大風舟不行偕諸子上岸[illegible]

初八日丙辰晴風暴和同衣谷燕山子煥上岸市中食及[illegible][illegible]夜

蘇州葉詩翁舟相照門
泊東蕩華亭
每人向縣收子之 歲增至二稅 有馬隊名出豐馬 步隊回但
負撲茂地開花槍一枝 禮拜第一日放假與禮拜十二日亦係日不消
出外把門照樂之宗不過一二時 初更時東日照辯論惜人於
熟不捕不懈居中匪 中選以先開牌打頭以號大旨
烟癮若無嘆先撈撈
初九日丁巳 食後 橫順風 出吳淞口 諸舟南來者多舟行 午過
崇明宿 晡到東門港 傍晚過長安沙 初更出海門余
家港 逢小綠營舟 蘇毅號問事 蠡驗 旗號之 蘇祇隨解攬
營巡船 聯與舟相望餘 忽北來一風帆一舟至舟問之居
言是上海來 將到三江營 兒云之 謂男舟中人甘熙仔帆
蘇去不半里值蘇舟巡回詢問 共舟報道 蘇號舵 三枝桅
司橋之後帆過舟 樸出 道其一時將去至舟傳乎看之少

刻放洋行至舟山前及岸里泊 地名蘆紅港 為海門通州界
出吳淞口到長安沙 東北風一擡 過崇明沙頭到此泖 東北
風順帆脚甚開矣
初十日戊午 食雨大逆風 早發 行三十餘里至新開河口泊舟守風
寄子憲據光信 十一日發 交子呂 附吳據光信 附子憲函 擬遞信 附
子憲函內 寄鞠鍈軍信 交蔣弁帶
十一日己未 晴 逆風 行六里到營船港 距通州二十四里 泊舟 擬此登陸
令砲船撥船到請子呂益山舟交同去 派陳王二奴
侍送 餘人皆回署 巳刻 桴小舟到艦船 晤楊弁 知前日留
奴艾十三人 廣東人七 江浙人六 有砲一門 槍鳥鎗四桿 刀八把 方
捕 該 獲我舟開砲 破其舟 比相近 方欲過舟查問 該匪 持刀
過剝 傷兵勇二人 我 衆 一湧而上 始多就擒 現交張弁解
回吳淞口 其奴仍留蒞滬 外 見為首一匪 亦係鎮鍈 恐有失事
添派回川 因其舟有兵艾 故未來見 其年過舟 益山之友魏

副表寬臣麟（彭江寧人，常水師後之營本營守卡）聞其已此來要
識，由遂往晤，譚人甚朴直。又識陳蘭卿，亦水師營官，由觀
君處歸之際，改偕來十兩送其到通。未刻成行。子煥一同前往，
東七兩，又及衣食，健甫又一及。下哺過狼山。凡三山，南一山相
離遠，上有廟宇，來人云黃君山；北二山相離近，一山爲劍山，一山上有塔
則狼山也。車過二山間，望上樓殿翦翦然，船將不前通。晚到通城，扱
宿。衣食之友屢人張子哉擺宴，不納。二更畢，皖食，船去城
內東三保棧。子煥、健甫別去。

通州濱臨數島，己臨江，改以相距二十里止

餘親君禮。

其舊有寺，宗以相同，蓋港以皆食江水云。江數里中有填城內人，今以擇內河水也

五年秋，向帥遣水師官李德麟與人王美挽拖罟在丹郵三十
飛騎長龍十號，水勇二千名，從觀音門駛赴上游，進抵牛
渚一帶，抗賊來敵。時下關七里洲、九伏洲、江西有鐵鎖之寨橫斷
江流，其領兵兩岸，繞著大樹，江面無寸餘一木載建，以防鏈之
粗皆如盤，我軍二勢人斷鍊，立賞銀只二千及以上，以鋼四廿號白

募若没以檀木作椎上裝厚鐵錐水中抄起鐵鍊利斧剛斫

斷之隨即燒斷一鍊賊岸上砲沉我船之死十餘人明日又進通破之

進至兔窩磯在三山之上五山之下賊眾舟雄大擱以拖盤七艘長龍

快蟹六百餘艘迎戰我軍已至蒲頭先日楚師紮寶明日奮擊

大破之賊舟沉者半奪者半直追至蕪湖賊江中水師或盡

殲之進攻大通不僅遠絕橫梗賊中營設局抽私藏上川之稅收

今撤卡之時在彼據兵我軍不能進戰瞭上游師不至于蕪

而至恒回後賊去者皆廣勇口耳之重風有七八萬者今則盡傷楚

軍粵人則江寧人居半矣

又閱賊于今月初衛道九伏賊[redacted]漸擒李兵大潰新廟河已壞

寢未去也

十二日庚申晴　寫家信　印渠李芸階送　同至各訪叔仲于華五廟局內談

世兄鄭柏平　嘉興人　云姻仲于峽間糾劫林禪家　告

去矣過叢遠陰人之物　到某某　飯後暮　謝曉黃子壽大令

上達黃菊坡子六年丞識之上海陸子珍仲同年來晏晚飯偕寄管
往少琨送椒仲來赴飯以二皆報楊詠春知甫來四次遣要
十三日辛丑晴健甫見訪椒仲亦來同早食市上同健甫訪共旗
晚康侯于丁佛持家佛持已赴京使又同訪詠春詠老方疾
費庭久談為別又到丁寓見佛持圍人婦許氏表姊又識共
憶甫子呂陸甫子田子安詠春二子遐齡遐主赴椒仲招
婿趙同諸友程由拋一證恒惜紫宸彬勢彭台
夜趙詠春招寫寶兄信卿伯書詠春
十四日壬戌晴同衣谷椒仲早食及君訪子春少又偕午飯同飯坦師小國吳升書自若所
江瓜人與椒仲同年鄭柏峰飲散同衣谷田房又同諸君若
[redacted]
家飯甫從泰如來亞玄同語未往
十五日癸亥食雨健甫來同訪錦甫子詠春家又同君訪
椒仲于大局中那偕飯丙椒仲見毋同衣谷田房拍李舒
甫來呂陸甫來傍晚錢遠如行李赴子春招識莫世園
揚州人巨富今不名一錢閒共人盡謀不以為意飲散而歸君花送

至南門 得小婢董婉蘇州人年一十三賜名婉良

十六日甲子晴 逆風 早行 夜到姜家[illegible] 由此向北至如皋大路東北向

西御 偶小徑 踰江 武來菴 道也 二坊到楊家壩 又行數里泊

十七日乙丑晴 逆風 早行 辰刻到李家橋 傍晚到石莊港 夜到

廣來菴 此地在靖江城北 [illegible]張孫五子保 要靖江如皋分界處 距西南約百五十里

十八日丙寅晴 晨過如皋 查楊廣知已先 抵 扶此竹菴 至 十五日上岸

蓬祖時 黃時來 新甫 少刻 董燕山來 同 新甫 燕山 候 然 宜 而 年穀

本為人 李履台弟 [illegible]子 又同至 胖程師家 師母徐氏病 不見 又見族

嬸錢氏 積之六拜之妻 在母家為寡 甚姊 又候 黃詠仙 貴仰姊子 不見

下午 燕山來 寫承春信 等 十九日蘇 黃詠仙 李新甫 來 宣 寄

十九日丁卯晴 黃詠仙及宋勤甫 燕 小研來候

同至其家 並識蘇鏡心 本如人 晴 燕山 下午 同小研去看地 距鎮西

黑有田十畝 尚有形勢 問其價甚昂耳 同諸君過寓 黃詠

仙來 新甫去又來

曝書亭集文內載明初杭州湖州嘉興俱屬南直 洪武中年始隸

浙江云云

二十日戊辰晴 晨起步履菴外 晨光臺榭林樾穿映清淑之氣

歷襟一滌 下午同吳秀樓 徽州人 李新甫看地 距菴北二里 地勢

頗有結沙水明秀 三蘇氏墓也 過原慈山來詠仙來

重讀淮南鴻烈 原道 俶真 天文地形時則訓

原道訓多精語 無出老莊二氏其範圍要不能分明然無精解 天

文地形指要務以成說證驗不易施也

二十一日己巳陰 早食後即晴 同李新甫訪盤小研世暄燕山識書

藤畦 下午返家 吳升來自通州

接楊熙贊 名日福 二十日發信

錄河南來呈詞

河南省外俱無甚患 惟南陽有捻災人匪陷法被擾州為東 遂改時過時

接陝西信 息甚不佳

靖江志彙載本地舊名馬馱沙相傳漲于三國吳世　唐宋以下屬
　江北海陵明成化七年奏設縣屬常郡
淮南覽冥　精神　本經訓
二十二日庚午晴　李新甫吳秋樵來　蓋山來　鍾宜甫來答候留
午飯晚飯後去　下午宜甫之子小研同共珊國潤甫來　夜蕭訪仙
來
二十三日辛未陰早食後晴　下午蓋山來同訪（蒼又同）宜甫
二十四日壬申晴　訪仙來　飯後蓋山來為設午食　下午同訪宜甫　共識
宜甫之弟鏡人邀過訪鏡人　李新甫來在此晚飯
二十五日癸酉雨　晨雲霽　午見日　蕭訪仙來　李新甫來飯此　下午
蓋山來　夜去
淮南主術訓　此篇累數至多不失于正實盡修身治人之道
　繆稱　齊俗訓
二十六日甲戌陰　晨已間霽　午間日　新甫訪蓋山　並晚飯　鏡人同到

宜甫町下午同燕山遊　寫詠春信

接衣谷二十三日來信　伴之至斜橋町謁讀城

淮南道應訓　泛論事理證之老氏以為所引如此所驗如彼故曰道應

氾論訓　氾論物之不齊理之不可執一中為恆讀

二十七日乙亥食　濃霧成雨沾枝滴瀝　亭午日見而霽　凌曉起

食將畢鈕宜甫看地定葬期　以食雨始止乃將午抱日遊往候

堪輿人（屠安軍轄）到鳳梧下　購得玉田借直嶺因赴（同小林）所看地定穴其

地在西寓菴東（方）偏北　計田十畝　東五畝係宜甫之族人產業　西五畝係

宜甫及其兄（銘竹　穗人等）公業　今割其西五畝內之二畝　作為鄒周二姓塋地

每一畝定合塋（庚）翦界　有土墩為本地最高大之墩　立穴丙方面其地

稍西北五級宜甫祖塋　直西三里係到隗家之紫竹庵（庵僧名蔣浩）乃勿

尋覓　今擬其圖于下　過家晚　燕山來　夜晚飯頃　丹如同彥和西周學

蹝（孫雷　孫升）劉伴蓍（彥家　立昇）來同城商晚為位穴寫　寫鵬仲信（二十八日發　交燕山）

接衣谷二十六日信　交之動城　讀淮南詮言訓

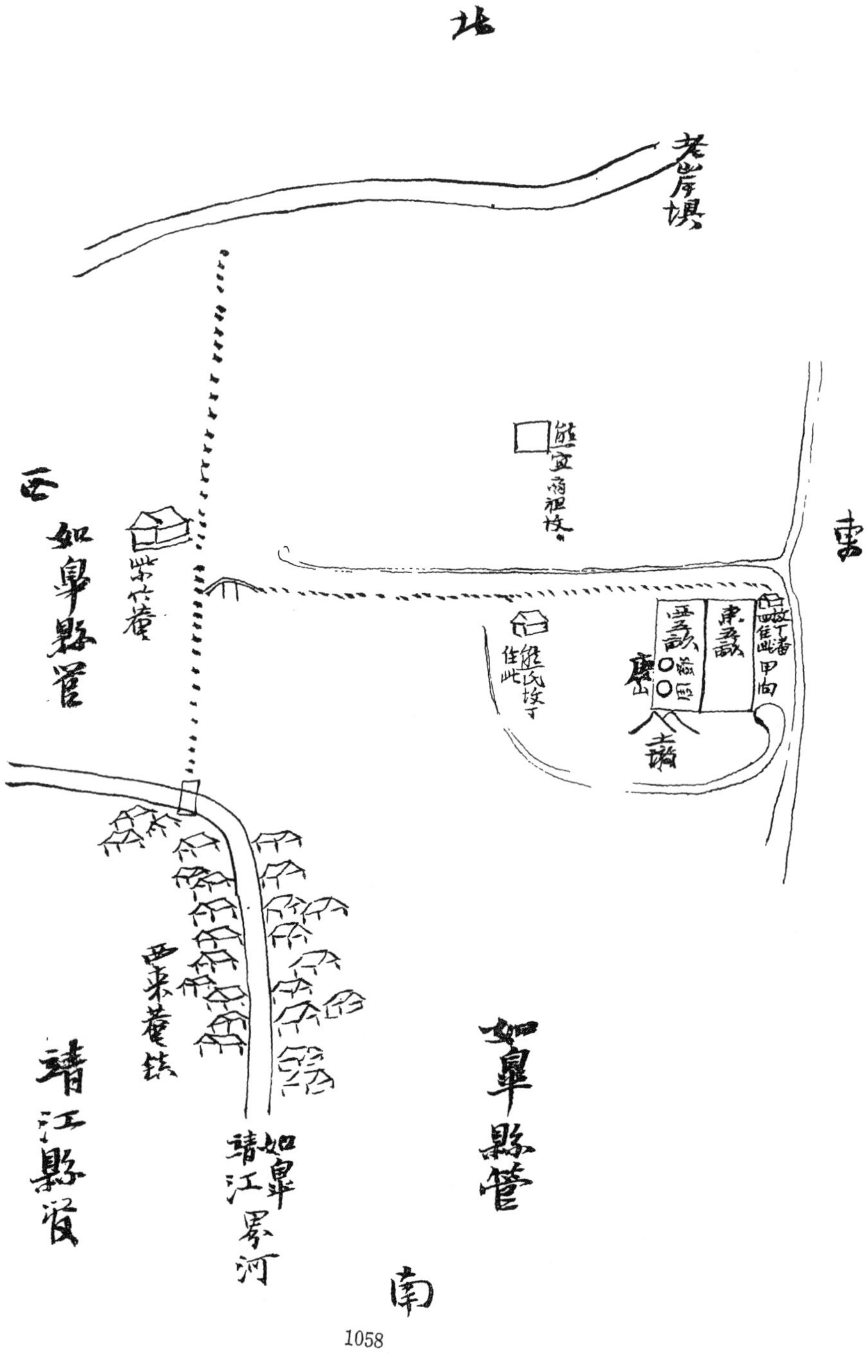
北
老岸垻
熊宜甫祖坟
西
東
如皋縣管
紫竹菴
熊氏坟丁住此
西五畝
東五畝
坟丁潘甲向住此
土墩
西來菴鎮
靖江縣管
如皋靖江界河
如皋縣管
南

二十八日丙子舊曆 寫何梅生信 式彥來為彥宣寄扇到松岑手 早飯後同
丹文晏潛劉仲蕃去彥嘉湧此處目即往厲上 彥午訪小研即
登舟赴靖城 [illegible] 宜與不來見 托好今日行 丹時已作 [illegible] 视通如來此
轄大小兩船子又多為野船 下午行八里至黃家市 泊岸 [illegible]
舟子下掃舟猶遲寸許 蕃遞傳僅湘 因思人世通塞 得意失意 豈有
定見 嘗行江中 順風張帆 日三百里 心若未厭 遭逆為失 狀韋舟即許
動不及寸 則負快然 夫以玄遑之志 行之江中 亦豈往而不
是哉 晡紫湖至丹行 傳晚掠 [illegible] 季家市 初館到廣陵館 市頗
繁 距城者十八里 泊行凡三十餘里
二十九日丁丑雨 辰發 衝雨廿餘里 到靖城 巳午錫彥 遣如子覓孔
谷 下晡 丹文同訪孔谷 與畢慈來 登岸偕良 于寓中閒行
亦來 晚至城內 赴丹文之請 飲甫 [illegible] 未日通 如知余至 道乘
覓廿食館 因與孔谷訪眾友 朱植之 兆楓 靖江人 寄寓中 與之好
湧楊其家 靖江口三音橋佛江會 雜樣數里即同揚州桐鎮

十二月癸丑朔日戊寅 蔣篤有日 夜雪 早同永谷訪子寬之因
餞食益菴丹文桂三星壺聽 陸蟾雲 吳士開公玉 識江蓮陔子懷
識吉 菴穀封子寬之題 芝年 含之媽 以時南昇出候家
孫少山 錦平浙人江蘇候補佐雜 二齋騷錦甫 在鎮 日本新解 林通令 說
栽軒 寶鑲平湖人 道衙候補府主席揚 [redacted]齋之二弟大石 王樹生景
鄴會稽人 其弟松生 又朱戟麟 炳璋 會稽人 齋大令尊相聽 說太
守之疾 皆不足之說之子 燮甫 過子寬 為談甚美 有核 傍晚
赴朱植之之招 其為六物 因席子寬 右欲其雪 奉揖子豐
寫律 潤甫 鄭蘭崇 郁子枝 公信[redacted] 交錦甫[redacted]
初二日己卯 薄陰有日 晨起偕子寬之朱植三 周景蘧 早會
又偕子識陸子豐 同人 吳木聽 錦甫[redacted] 又獨訪丹文 午同植三又
與錢相敘 王樹生來答訪 共邀晚同食 下午訪子寬 原少吉 同齊令
君兩至余舟一至子見為相候 夜赴樹生之招 尾拔甚村
初三日庚辰 雪雨間作 晨為王樹生臨帖作綾 又為其弟小巡題詩 二紀留過

栩生玉并郵去 字黃頭披信 寄丹文君之介挨也 寫掃葉師信並
丹文覓佛毖 赴同景醵早飲之約 邑人吳倍之及劉伴耋吳士甲吳
星垣懸同丹文子憲兄已先在 石谷桂三栩生与素亭午一再儀倪哉
軒太守送玉子憲之每少些四畫 倪哉軒來答候 周景鏇
素 吳星垣懸素子憲兄素 初鼓時下船返鄉寄石谷燈于泰州
初四日辛巳雨 早發鄉雨雨行 午到廣陵歸 寫石谷信交信局帶
去 午後到季純家市肆 夜到西亭墨琴出所得宣爐下楊共觀
與論書畫 揀來汲古閣印禮記一部 黃刻周禮儀禮各一部 明刻小本
文選一部 明刻鹽鐵論一部 孔子家語一部 畢刻釋名疏證一部
翁校閣本集歐內地圖一部 邊石谷 均是直迺妙 以文秋直盈考 換得其價
揆千文 又秦刻九經一部 四書一部 又五內
讀家詩卷一玉卷五 搨是書挑者皆客物之隨手 其駁者日無棄之
倣西王蜀賢撰甘露
初五日壬午晴大風 早塞飯過紫竹菴寓 詠仙帖 夜住四四 早仍設

接董笠医行箴鹿 诣宜齋 写子寓光信 又示岱信 附寓光信内即甲叢示宜為書匾

初六日癸未晴 晨起具饌奠安多卿先生並再哭 強老交誼告擾擾

府背痛 宜為及英之館竹子小研東坡蒔君並奠卿為黄謝

仙因本地司官[illegible]彥蒸 家藏佛像之弟有為子本地人謝少卿

柔[illegible]帝甦甫 晚夕至場設祖奠 夜二鼓子寓光來自城李敦甫贈

壽 是夕通宵不寢

初七日甲申 接王懸溪銀函 素信

劉子卿先生祭文

年月日女壻𧦅謹以清酌庶羞奠告于故山西吉州知州外

舅劉公子卿之靈曰 昔公元女降于金家 公親送之 時余幼冲 因所

知錯 公固為之輿直諾 雖之緣陳自定州借舟于彥元鐙衡之借

一食不甘 越是為通橋[illegible]于[illegible]舟上風炘侵下溼 是遥以困于[illegible]身

[illegible]公用恕之訟[illegible]元女汝妥那 負恃不負于汝 身生恨

余聞之 師圖能止 乃公固悴勞橋房 雲疾臨之 不若以卑公身時

叫[redacted]賊競渡公彿先陟柩于海隅于今三年余心若痗彿歸靡余敎以[redacted]公柩[redacted]東集于此方將以詢君之責貫[redacted]般宴居往卽躡寔豈旅之阮脩日延于昔作土稽封畫異于往居余思在遠拂粟于[redacted]公家以從公寓性公鑒宥于余衷是佳事見之享以禱[redacted]于子孫嗚呼哀哉謹告

再祭弢甫先生文

年月日鼓文謹以清酌庶羞再祭于皇例授承德郎姊夫周君弢甫先生之靈曰昔人有言生者時也死者順也以吾歲匪之慕君畏哀于君之之高見達情適有生如土苴而吾方爲道而悍他靈之有知將以爲愚然得屬不二宿桑下穩自少至壯肝膈之奇者乎莫里先公作宦豫章不棄卽世孤露室是君寔左右之以免于大戾迨余成人君之萬處遍于昆弟誘掖獎勸使夢陽無志論議反覆以嗣余心使進之于學其間幽顯艱苦拂挹感德厚施以至于有今日嗚呼死生之事數矣頃吾一日[redacted]未須朔而敢忘君乎熟今歲仲秋卯閏君疾

余惟殓事之怖最悽也君玉猶章寧亦宝家陀喙于皖遂皆亦孤
以迎君遺櫬君昔之言眷于此土君生时向余言西奉華之佳殁他日居之不图返里埋識且後日之易将尔
孤隴用卜兆以安靈蜺俾朋友之情于斯告終畢于荒涼無有覿
鳴呼雖委順于道其能已耶其能已耶吾又聞之君子能勇于去而不能安
自其禍不思其能而不能必免其禍以君之哀可質于鬼神而終不宥于
烽舊之日以君視之亦適然耳而卒罹之窮至此已極嗚呼何其顛倒
錯亂之甚也余旅邸無聊丁酉諸害招動厥心以奉君諸君之贈所可以道
遥于九天矣亦以發殯之始奠餘于君神明之遇不可更攔惟羣望
之以院於照嗚呼哀哉尚饗

初七日甲申晴黎明起阿已刻到塋[redacted]子如[redacted]先生振即时入壙[redacted]阿兩侯振
来初入壙掩土後拜辭而返已晡时矣即[redacted]節至楊雲渠立主是
日送者吳香樓盤小衍趙子寔黃詠仙李新甫趙宣寶巳生嗣子
随後進至者蘇抃和汪益山合早惟一學禪訓先杜塋破土相候者無宜商能水
衍来痊同五宝意之赴宣商之擾即論其厚意種之

初八日乙丑 晴 天氣甚燠 偕君印赴 寫棖之信 即日發致子寓 又函黃子春信 發致子憲為之求
李君梅信 黃詠仙來 同送白寰之行 又訪宜甫寺 購地契 乃周地及壹藏價
九十千 鮑錦衍出君 鮑宜甫執筆 金及蕉山井和作中 其地段係白峯
臣甫鄉 石莊司地保 黃字以歸 地保鮑長保 訪蕉山 又至井程師家 族嬸錢氏
族弟巳生與周氏二家 從李新甫黃詠仙吳香樓家辭行 送詩
寫黃子春大令信 為子求館 新甫為 又李陸觀察信 為子求差 黃詠仙 又子卿之信
交僕陳福 為子求差 遣去僕人陳福 巳刻 發舟赴如自半 作書 相送者鮑
氏父子 蘇拜和 黃詠仙 李新甫 蕉山子昌 午刻 子昌姻如皋 水淺甚 阻前路
居民起堰蓄水以行 急不能他擁 姑勉強前進 推挽至鹿甫三里餘 到黃
家圩 不得進 候舟來者 衆尾 因相率以木板于下流障水 頃刻水起
得行 又移板至前 如是二里餘 出至太平港口 水滿無阻矣 先行時憂
有堰之難行 今及以作堰為白蓮 因知 [redacted] 窮達有自如之數 九意識所能卜度
也
初九日丙戌 晴 早發 晨到石莊 西距西來其水路廿四里 北至如皋九十

里午到吳家窯[illegible]三十里傍晚到磨頭三十里初更時到萬里橋
十里距城為二十里泊靖江御土貨稽民困于指又流為者多以衆技塞
之令時人皆不能放為實窮之本吾家中前晚被竊一篋衣昨被竊大旗
及拖舟為足行備及細微之物以見民生之難矣各城團防諸局皆布
為益究橫行請城初十一日有人出殺楊氏文廟匠容飽食為之如城初三百數
賊入城掠質庫傷人居民閉戶需丁搞逼逃莫能誰但為政如此殊為
浚民膏血不知何如之何哉
初十日丁亥晴　早發頃刻到雉皋城泊東門登山岸到城內一川亭
午下船早晡過東城二十里至過丁堰地甚[illegible]四十里市[illegible]到林梓　以地產梓樹名
五十七里登山岸略眺仲明橋共[illegible]宿內
讀淮南兵略訓　多引用古人之言義理不精　說山訓　說林
諸篇以掇拾自外不美潔而矜博雜湊
十一日戊子晴同船仲過沈氏園亭沼幽幽而有假山之致主人指[illegible]
家丞坐貿仕過賊不時恩為者甚寸樹屬屬速雲野賊之

如獬(?)屣(?)因于福蔭(?)寫已

十二日己丑　晴　午後寫陶漁(?)信　致般仲兄收　寫般仲第人子田先生信交般仲　寫陸龍甫信　托帶藥料(?)　交般仲　晤般仲之尉(?)鄭楓坪竹坪

十三日庚寅　陰　早起　魏李二氏過　三代帖　約明春到皖匯(?)要　訪鄭楓坪不晤　在(?)般(?)收到般仲下(?)般仲以回時封函以其差(?)本已撤(?)也　四鼓泊東城

謁(?)鄭楓坪談

鹽引現在十包（此從前未(?)行(?)盡(?)之）每包八十六斤（十二包一引）　鹽可運鹽保赴泰如順道(?)售(?)局擬價領鹽　鹽(?)鹽出　鹽價赴局完官費　不如民(?)肩皆爲私鹽　鹽本(?)　[redacted]厘　每引二兩六錢(?)　楊屬文物(?)食鹽其本(?)總(?)計何(?)子華所辦

江甘儀爲實五岸　每岸派引五千爲實　清(?)每岸多至二万　何(?)通泰官局一處(?)輛運四五次　穀(?)射(?)騾(?)難(?)莫能完　清(?)邀又圍(?)認(?)請江一岸(?)撥其地　應(?)江入城之鹽　其不經由清(?)總(?)甚大　其利不貲故也

十四日辛卯 陰 璧臣偕黎仲明舟行到阜城 碧山岸同蘇加薛安林晨飲 下午同市中購物 遣奴採買物件于本地人吳香山家 知有書至 寫宜甫信（十五日發 交董櫟生） 又王禹侯信 附宜甫信內

十五日壬辰 風雨 自初七至今 晴和如仲春 今日冒寒 子呂賜同董櫟生世講來 因請江櫟生仲明子仲明陪杭思信 子呂（櫟生為外甥）遇之 請江旅同來相見 極手（不覺之）熟 談如潘 諸其家禍 脈未又為移勸久 仲明天性負抗 因空一切見人輒 奴隸之 獨吝之及輿 牀至交曰里中有不知自身第三人也 今歲休思信其死必矣 遺嫁文弱吝思擬詹館助為之 安傍、、 專午登山岸 候本榮 令張燧甫 肆並の川東原人 因 閩卯 露綴框 案上陳其境 屋為諭地保照應 又候沈後甫 同到馬（前鳴 八年所識）人 又到子呂櫟生家 門少立下船 子呂東原去 仍有須到東坡 依烟于泰州相假

接張肆直大令本日信

十六日癸巳 風雨 早飯後登岸 同子呂櫟生 屬識本地人 吳麋山又

晤思人縉介眉　丁惠叔　四到呂樹生家女士　訪沈俊甫司馬

接馥同扈田徐藻周譚怡齋陳　乃至呂　下午下船易俊甫

雜談船赴秦遺郵縣送樹妃回請　沈俊甫答候久談　張集甫

來答候未見　呂葉　薛安林未同行

錄沈俊甫談鹽務

每引十包每包八十斤一引一千〇八十斤　現在淮南綱鹽俱歸何子

華名銑招與人俾守以出身以開鋪店於咸豐元二年以前第一人包課淮（西華每場各處守候次第包輪）

南六十場俱設公堆垣守收鹽不准私買如有偷漏由中攔截索守

摺京後接收此場何垣何人之鹽赴儀徵出口堆棧擇地而何于其

中每包取機費十八文輪派之先後又改上下其手故行之二年皆病商役

總數臣商運因累其人包課之總希圖省事乾淨其實淮鹽有（此說不甚足信白去）

此二十萬引上下之消路非何之力也（津官船）　淮南以銷百餘萬引每引四百斤

現在二十萬引每引千斤核計當有倍半之遙其實場下私販接濟

何止能禁皆自名之垣守而不能禁無窮之水客匡通海諸一帶出江

河西者帆樯相望亦有也前有人立條陈通海一带设立盐厂運
日以为不可[illegible]拍其厂卒九吁而乃可禁止一以拍其厂使着官盐畅销正
课而止 数遭三载 [illegible]缘之以及 年之前俱办就盐微课 票商引准俱
令其赴盐官衙门领运引照领官工本请数精往垣中捆盐其向
灶户买盐亦准带课按东放私盐极今甚少 [illegible] 现在每引回课及盐
厘指其微向岸平价故二两七钱五分 旧制每引四百斤 [illegible]三两六钱 又指備部
盐费归乃七文 每引 前后他卡照票费每包五文 往山卡照票费每包 [illegible]
乃文不等或竟不与 通江关卡 即新開口以李世忠设 每包三十五分 有抽
頭六七折不等大约五分 騐艙勇丁私费俱每包起折 備微物指每包三分
江宣府指每包五分 此俱归于该府该处摇费 现在写帮办奏请留
指八万官指二万读于十万作为盐本運盐獲利充餉
又請營務
江北都帅 写帮办 扰带陸师 约三万余人 俱扎揚州五台山三叉河一带
每月正餉 飭支该十二[illegible]万上下 黄遇扰 斌现查已奏派委擬去接吴全美统

帶水師紅單廣艇炮船約三百係幫（人數每幫）每艇中船數人數不等

有船二幫均係一幫者每日正餉雜支五萬餘　以上共約十八萬

江南馮督辦（子才廣人不堪撫帥為招募者）替撫帶陸師不及三萬人俱守鎮江每月

正餉雜支錢只七萬兩　江北陸師口糧支應均江北糧台　江南陸

師及沿江水師（口糧支應）僅江南糧台　水師除炮艇外共紅單及舢舨俱不論人

數只論船數每船或三百二百金不等　南北糧台各策慎募餉局一

手募撥撫收撫放（彼此通融均已經）自募餉局撥收仍分兩台有台許沒書　長

少人　北台許撫仲道身撫辦人　現在江都將軍吳漕台秦請南

台係併北台許撫仲一人彷彿募餉局之係麾矣南

北兩係各數仍不許牽混然則併台之弊可省僅一總司傳上新

隨台各處（由委員辦）墊撥已不知能意所在　去歲募餉總局奏明水師

撫領將各水師自設厘卡撤消俱收（局）兼各處（經領）微收舊制水師餉歉

支該管糧總局定為每五十日一放始水師疑之嗣自總局墊發

仍將各上下局稅共征稅報常抵餉其間仍有奸弊守民累累豈

窮乏餉欵盡地情實々矣　江北糧台支部第十二万　江南糧台支

水師五万　馮蘭營五万　馮營每月用七万有 上海津贴每日二万　共二十餘万　每年讓二百六十万

抚計各指借及釐課不敷足三分之一　運司止有鹽課 徵收入庫僅撥 見軍餉一切

概不撥手

十七日甲午晴　立春　逆風夜換順風　晨發下晡甫到安慶　距早四十五

里　昔甲寅之春曾侍至此　忽々十年　鮮民之久　村樹無恙　終世驛石

夜行過順　寬帆六十里宿華陽

錄薛要林語　金陵城事

買賣街七條僅在城外　熱鬧不亞蘇州中市　城內舊有菜地耕田

被中拿獲我軍奸細一日之間盡將各鋪面拆　城內巡查甚嚴夜行

如無口號立斬不貸　城門俱設堅柵　僅容一騎　並無刻城陷坑之說

城內舊有五十餘王　各偽目無不極富　一館內箱櫳總不下萬餘件

員賣御極為做洋館鋪戶　備閑四人城中甚多　俱穿長毛綢緞衣

常洋館及各種炮械在彼　備值有輪船　並不設泊　僅鳳儀門外專做

此等生意洪仲亡年　城内兄弟每日領米一斤柴火菜蔬自備往往
断糧　出入城门俱有火烧印牌　無者即作奸細論　無庶城上各館
俱支更　街上設柵　各條目婦女俱騎馬入市中買物服飾鮮華極
每人藥煙俱男女不准交譚　街内巡查極多　煙僅禁最嚴　間有私
賣旱烟者亦不敢明吃　水烟雅片者一人俱斬　戲班甚興　唱戲貴人歸
往之多至百金　廢銅每斤錢十文　不准出城之内收銅錢鑄錢面文曰太平天
國　幕文曰聖寶　其蘇州仍在寶蘇局内鑄乾隆通寶錢　初亦鑄偽
錢　不久改鑄國家年號　金陵開鑄　蘇俱帶開民金陵　于辛亥八月中
夜間有賊兵穿城出入三夜　俱係東關燈籠　人馬言係守城　情節見之
蘇州府前一帶　夜之恐見賊向禁城捉醜謝
十八日乙未　晴　順風　晨發　午後到泰州　距姜堰六十里　寫吳平南親
家書　復信十二月廿六日　又函春伯大令　復信十二月廿六日　下晡登陸　候魯萼儕
柳鐙　松年　山西人　其尊人与先公乙酉同年　不值
十九日丙申　晴　早飯後同安林上岸　直出北門外　尋邨笛仙寓所

季雨之弟 逢甲人湯潤之 午後候金力甫、桂棠甫生之妣 不值
候國佐先生 作弔其第八外甥日下世也 並晤其弟集生廿生 訪湯
潤之 為郡稍來等候不值
二十日丁酉晴 再候金力甫並晤其之度筠姪 訪桂生 候劉近
蕃先生 治劉星煒之文 並晤其弟 棣蕃先生 治誠之 留飯 譚
至下午 先君忌執事者僮者 至年僅三十 日前斷為晚輩
一日執子弟之禮 勸餞東 惟自視鮮覽悵然無聊
下晡候沈子燒見煙其祖 乾庵先生詩 一再訪佑生 侍晚下再
知金谿君力甫 招晚飯 韓之為 階翠崖 順以為郡野叙
談出 後起金府 因帝孫君及李君成甫之 抱 調卿
接盾生十一日十五日信 言體有年傷 大陡可恐速失九發甚
以卯之最過極云云 觀此不能無悲於胸 什欲不及急使爾知也
廿一日戊戌陰 冒雨催侍伊送 候湯小秋生之子 蓉綬 道湯八 幼秋先
西行晚飯 出城食糊辦麵 不嘗此味十年矣 寄達蘭 來自西來庵 山間館

及晨到鄧匡仙一歷夜内步出 寫鄧熙之信（卯日發） 赴劉樸菴
先生之招 下午赴浙小秋處之招 以明日再邀余往衍以
伊有函言晚向來已訪枚先之女壼屢贈許勝件觀覽 從人故
傾請先生作先公兩成讀若老師 久譚別 偕至小秋寓飲
同席陸小圃廣海人 鄧伯瑛（杭州人） 二枝 鄭甫畊舟
自道經來道日泊通譚
接蘇於信卯日信
二十二日己亥晴 寫眉生信（廿三日發 交力甫） 寫吳晉壬信（卯日發 交湯潤之） 衣谷東自
請壽興來自東苑 候小秋不晤 候許勝伸觀察久譚 候
許信臣中丞 乃劍濤先生之弟 不晤 返舟 亭午時燕山東之有
直隸諸司於臣大令 調元原名汝梅本籍廣西 閔余於吉誠招飯伊
為介招再三強余往 [redacted] [redacted] 以合當年先訪予
煙少譚予煖煙擧癸巳數稿一部 討古秘本刊一部 讀書辨疑一
部 陳考地理志校一部 其祖乾翁隨筆集一部 又詞一本 赴諸履

石打臣之摺 席蔭段 訪小秋 見雅儒段 伊還摺之 伊贈段嫂贐四十兩 是夜復留小秋夢飲 初鼓時散 許豫仲來 不俟不值

接卅一日初六日家信 知元徽先生及開生已回皖住至底

又阿平十月十八日信

又子寬本月十九信

又摺底本日十七信

又徐生本日信

二十三日庚子 晴 寫曾雅儒信（卯日發 交小秋） 吳壽年來 候許豫仲久譚 候立菴 挽菴二姊歸日南陵徽意 候福石打臣不晤 訪子煥 候小秋歸 則返舟已換江船 撲珠子頤寬廠 下晡小牡台候退舟後 送合稻傍晚去 孫勇佳偕孫猪（小名喜歌）宜興人 來候

吳嵩年李婦宜來 寫許豫仲信（卯日發 交小秋） 寫殷仲信（卯日發 交小秋） 寫樹生信（廿六發 附子寬信）

接金二嫂君方甫東信 言眉生不日到家

錄許豫仲詩

咸豐三年賊至鹽事決裂，運使劉良駒被參去，來接者郭雨山

接手後惟實為勸場商捐課，每石三百文，不論引數。時各場稟鹽山（泥）

積垣商俱以江路不通，減價爭售，每石賤至二百餘文，課大于價

商遂任其以十石作一石，每石止納三十文，如是一年，收至（亦）七八萬千文

而小販競作，莫可稽詰，納官者不及十分之半。運使以為患，許時官

泰州于是創為公棧之法，各場鹽不准售賣，（俱運至泰州入棧，抽課後方准轉售）行准下場私

販，澈錢利路一孔，其鹽價增官定成本，劃一，每船每包斤重

之數，以七六五四三石作為一石課，數錯亂，又改石為引，先是鹽引本以

四百斤為額，陸制府改票之時，每石壇運使謂加斤六百斤十

斤以示體恤，而皆係每引為一大包，（徹）方改為五十斤小包

場內屯船俱有定制，尺寸一如倉載，（若干包使買若干引）計而知，不必驗數（用大包）

用江船之有大小，且封岸須驗大包，不便，故用小包。其時至泰買鹽

之船，是下河小船，船不能用大包之制，因以每引六百斤，分

為十二包，每包五十三斤，而暗加三十斤以恤商，實每包八十四斤

每引一千另八斤四大引之帰起此事五六年間怡制軍手内詳
定了来有奏案如是辦理者歷年其鹽皆去江南東楚鄂外江諸
消去餘頗暢每年廿餘万引上下七年為後倚素任運司歐秀峯
任運司幇辦于是有總商包課之議每年不問商販之多寡俱以
十六万引為應繳不敷則總商湊墊其總商皆係羽年老商充當
官引一切皆付其手攜據（必須棧商自運）春入棧後運商来買皆須由其手内納課
請引方能出江即運商自赴攜下而鹽到春亦必向之請引坐收三
分成利壟斷居奇官利其包課之虛名其實有此情弊伊之力
即不敷繳墊而伊彌之手段有倖之術又為老商窮窘無此本不能收
鹽又不許外幇（直赴）自辦以是有貨者之商如去年庵中（官商之鄂）湊足百万引
春秋團辦鹽總以不甘受總商拿手控而去其小販本難母所有微利尽
被春商佔去大半所獲甚少惟見佛家商攜下不能出鹽不納去
為之私販即洶闖卡之官兵官商瞠目莫如之何是以前江東尚消至廿
四万引今則十六万尚不到國家無此利權（盡歸商手）年之虧之是為一嚼

現在正課每引一兩零八分 雜費三錢五分 共成一兩四錢三分 內河厘每引
一千文 此二項在口岸總局手內完清 外江鹽厘每引二兩七錢 歸口岸厘局繳
內

二十四日辛丑 晴 順風 早發 午後到宜陵 六十里 晡後到孔家函子 二十四里
再七里到仙女廟 地極繁盛 都營糧台支應在此 來者之所集
市南有攔江堤 舟須捷西行數里 近二里橋泊
二十五日壬寅 晴 順風 早發仙女廟 前行十二里到万福橋 德帥大營駐此（橋毀 咸豐三四年）
在運河東岸 芒稻河閘 阻水爲隄 上游高寶水由閘壩下泄 故水勢
甚溜 又前行十里到五台山 都帥大營距万福橋至此 營寨相望俱
在東岸 老營牆甚峻 河內有水師炮船停泊 又前行數里到揚
州城 在西岸 以促不及登 昔年壬子夏游此三日 蜀岡平山皆游所及
草草十二年 遂經此浩劫（咸豐三年） 頹爲廢地 遠之慨矣 下午過匯、廣儲
晚到瓜洲口 炮船甚多 寫中堂信（廿六發 交焦山文報局） 李中丞信 同上 郭筠
仙初家信 同上 阿哥信 同上 內子信 同上 子憲兄信 同上

二十六日癸卯雨 移舟七濠 左依然積下數里緊對京口 聞金眉老已到岸
京口遣王惕生見之 傍晚刺小舟迎其叔至吾舟同住 譚徹夜 上
將作息已鬆 初門失守 次日即收 甲兵 次震蕩 家甚患費 內子猶慧
二二 寫揚州亭信 即晨 袁芝根僅少未報局事
接李惕廿一日信 知查辛已至 晚往晤 問揚出日 之家屬何日
二十七日甲辰陰 清晨眉生來訪 張表到泰州過年 不得已應之 亭午
移小舟到扬州 眉老為具一舟同行 訪徐東園 雲甲泰州人 八年署門謝之 東園善繪
作扇以贈 左眉生處識舒芷汀 依蘊非循之子 遙秦侯 不署人 楊公 侯選之 下午易舟 二表 初伯如子嫡
內艱 世獨快 安豐頭艙 亥刻舟行 初鼓時到三叉河 二十里 夜宿
眉生舟遂同由 過舟譚 至四鼓 舟到寶塔灣 即筆英灣 泊 頗順 宿 然宜前往 瓜洲三十六 西三十里
二十八日乙巳晴 晨過到揚州 眉生舟 行至午到仙女鎮 晡到宜陵 三鼓到界
溝 吾舟不至 遂楊眉生別舟 豈產極荼
錄眉生江謁事
泄鹽礬札 從左泊四岸 設局 官為權清 定價 江北岸 令 ... 本 定價

三十四金一引則官厘可以不減，而有本作自無虧，在引地則處處流
私不得減，入此數以內而為有人所成本第一擬項，官場鹽價因不許增
長，其運鹽如集，莫妙于在上游從船至焦山設局定收價，則有人於
利所來，瞭然自然之局，路隨在厘卡處需為寄時之規費盡去，又應
時有人辦為運條，其贊皆出之鹽為今時實人，皆止國捆之微利，故決
其可行，至于淮南之老有把持未留，但無關緊要也。所言酒鹽之
客岸如鹽價每引長至四十金，其三十四金以外皆歸官，其有分取四
十金以外則盡歸官

二十九日丙午　陰　百生清晨去，至福佳其寓，晚赴其招，並陪方蘭樓剎（世錯快晶富甚厰）
史恬膜杭州人，八年春識之　袁蔚生孫佳　海寧先生孫　寺蘭樓話舊甚暢，主人有
孫矣

接百生本日信

三十日丁未　陰　寫百生信，並撰煙詩，即發　下午百生來，久譚薄暮
守歲看饌燈燭　日兩收題詩志一部，又百生投煩粹宋詞二本　共跋

能宜齋作並錄三十六兩家百生壽言之一
題金眉生都轉方蘭樓刺史詩六首並序
壬戌冬蕃自屠投旗隱金君眉生方君蘭樓共飲鄧日陰多也序
舟次聊懷去春集小隊寸長甫家村飲武昌黃鶴樓悅然不
知陶陶之形焉去年李星並與眉老包小飲令時來讀陶
集不携共坪但日共拱是之一以為也
今夕揚江津。去年荊江湄。僕與兩友近。僕與僕友離。今令山之天
命。更生亦安之。性意苟不違。其此常何嗣。
發帆度東出。之廣不可涘。風濤時世識有。[redacted]係忽邑自處。暖豈更覓
東送。大要立敵陣。相對意不畏。況已識生死。寸心並送一往。誰能
屈撓此。
全僕風不識。三見稱素心。云我知汝爾。總在異炳衿。而我亦平衷。忽
若值遠林。今年睆江頭。來此更相尋。何以共陶陶。開匜葉日侵。
方君秉篤素。今法世稀少。昔年一握手。至今道我好。雲樓共明

燭。相對似宵寐。神如飛蕣已。秋者釋怪僧。歸身詩君志。流涕不知曉。

嗟哀我好友。神氣負天圓。於期誠日月。慷慨任玉公。生死本常矣。有志願未絕。怨焉不知往。淚淚沸世窮。

今夕復何夕。新好倏相隣。悠悠見未來。何以慰故吾。家居共耕鋤。日丹鮮愚魯。市沽不足辭。乞食向君屋。歸舟畫一詩。臨別又遺言。去去不復辭。好子無合圍。

簡眉老

舟中無事憶昨君謂我詩喜輒投裁有顏愚官於梨風雞或昨蠶字佳繪渊古作梨兄誰有鴻並若士卷龜壳而含於梨並不足云若士亦復不及垂覽殺焉驚西田事博一天

能靜日记

同治二年太歲昭陽大淵獻

正月甲寅朔旦戊申晴東南風 晨起拜 天拜 先師

孔子拜 釋迦如來普禮十方拜 先祖父母 敬占流年得

風火家人

卯空	巳原神	未	亥	丑	卯空
、	應	、、	、	、世	、
兄	子	財	父	財	兄

其繇曰王命赤烏與君徼期征伐無道誅其君傲居止何憂

辰刻眉生來丹賀歲並示余前帖久謀刻之（字眉生作畫如子遠詩帖之）下午金力甫來賀歲（侍御易丹卿子封伯）

接眉生來字並以湯貞愍戴文節（五十名題）便面屬題

金安清號眉生門二浙江嘉善人 官務順天嘉慶丙子十一月廿九日生

曾祖燠 妣氏閔 祖昀 妣氏朱 考銓 妣氏王午 子邑之慶澗（字小雲） 妻師氏

女七子一 詠跋下

初二日乙卯晴（順風）三十二歲降日晨起拜 天拜先祖父母 西眉生跋

往並覲宮　原剎舟行午到蘇溝三十里中到白塔閣二十七里出此
向南出中閘三江營江馬向東西七里宜陵鎮又十五里樓家匯
子又八里孔家莊子又七里仙女廟時已暮仙舟自泰州至仙女廟為
鹽河自仙女廟至六閘為芒稻河水平時達鹽孔道也

梅眉生奉往
覲湯五臺戴文節嵩庵乃金眉生之座師作即用其韻
大雅遺風鐵網樹人詞學已。珍豐雅降室。爐燼秋才比。良詞翰墨貴。遺蘇
重歡然。誰下再賢招。應見九原起。

初三日辰戌時遂風是發十二里到灣頭芒稻河運河交會處六閘在其
北約三十里其上游即為寶應湖積水平時鹽舟或出六閘或出灣頭
前此灾年不容灣頭出口處有二橋曰壁晃橋皆廢二船載大炮守
北橋下向西岸出口後南行十里五台山大營有浮橋又二里楊州
城東關有浮橋泊舟登陸到城由步行因兵燹之後只此一段市井繁
從樓華遂返舟行來剎舟改進十里寶塔灣河形變曲又十里三

汊河夕南到仪州西到仪徵于此分岔昔盐舟赴仪徵所出江此孔道也香詹援西程播字龙轩学宜此（均三年人）因下有得杨樣下泊舟向仪徵县水城已撤矣

初四日辛亥晴顺风 晨发 辰刻到仪州觅见原坐船往焦山知子吕在谷先上焦舟 伴将直此见待 又柳姓仆小八亦来附舟 各候柳在河杨边断又候萧亮甫观察 萧不在（仰古香之子直君中识之伊托杨旋之陈三匠余将往候）祭並河未 午刻舟行赴焦山 未刻到彼 候赵吟樵观察 因游山访林海定慧寺 观周新方丈 廑有琢品二块为贼取去 此寺及山上观音崖已于三年为贼毁 此山贼来住一月 依寺守僧 此一寺不存 馀供鲜极不可说 此间代露见矣 赵吟樵来答候 子吕惕自七归来其舟为来了于仪州知余至也 写吟樵信谢其赠。

初五日壬子晴顺风（夜大风及雨）早发焦山 由南岸行 经镇城甚近 燬于城北 惟外城在北面沿江包北固山在内 直抵至南门 长十余里 官兵今守护城恃此为固 辰刻到七歸 觅见子吕惕舟 即往谈（其卿舟）登岸 午刻遇椒椒你镝钧

子中艙閣鋪甚寬敞 申刻過子呂舟 偶不意中跌入水艙底深六七尺
皆暈 適時幸衆友扶挈搓揉 久而始甦 腦右七厘敷[illegible]一撮 拔過舟 作
底 要腰痛 俯仰不得 屢言幾生死 倏忽得[illegible]之 遠近左右 祗幸可
畏也夫 是夜暗宿 移搏粮舟左側 子呂舟 精所相接 名[illegible]刻日本
初六日癸丑晴 船剗舟行 廿艘繫七舟 申刻行六千里 過儀徵西眼[illegible]
有李世忠水師把卡 查船鹽厘 本舟所帶[illegible]箱有二艘 所載係洋人貨
本未完鹽厘 盖[illegible]衙卡而過 李兵凡十餘艇出港攔截 洋船開炮
李始回擊 不中 倏忽已落後 竟不能追 例載洋人不准收[illegible] 乃明
目張膽 為之中國[illegible]事 並措不得一處[illegible]之用 可笑可謂 是日又行
二十餘里 泊不知名 腰痛未瘳 力疾寫家信 [illegible] 交子呂攜至金陵
予少甲 又字于子呂
初七日甲寅晴 人日 早發 五故卯 辰刻到梅霞 未 申刻過下關 七里洲 九洑洲 賊營
官營皆如城 巳刻到大勝關 過北岸泊 見有糧船一艘 旗上書試
如糧未泊此 欲由此習岸遊 燕山安林梓舟往探 二鼓書過蘇

如張子厚 戴揚志 夏同隨甫到皖 暮之此安慶厘 因來知訊如已赴省其
眷屬已再出在南岸 伊向與匡山相識 知其係故來見 渠因寺匡山安於
因下游舟赴其卡 而子屠在谷先行 三枝到岸 子厚避舍相
欵 其卡地在西江口緊對大勝關寺 新開河（新開河口在其下廿里）新開河通商船行 新開河首皆由此入口
初八日乙卯（穀日）雨 晨起 張子厚以炮船送至到南岸 伊亦同行 訪山家
其船泊夾江內 對面江心城大勝關 江閘地也 旺訪山長子康來 字作山
三子慶序來 字子廉來 約至下關其舟 飯後到子厚局內 識金陵
馬蔚堂 下午應同至安慶四宮船 便甚虛 船甚美 名小雨
江杠 晚飯後移舟中 [illegible]
初九日丙辰晴 船到刻過匡山 進城（撫帥中軍）在安慶門 距江口十六七里 自登岸 極
從土堤一道 到營守卜以二十隻糧船 後午刻到營 進謁沅圃撫帥 方有
慈扮余便服 至楊翁執手問訊 譚至良久 留飯 以余偕洋人遠觀 出營為
曉諭之計 晤人薛方齋炳煒（在營管務） 閱見上畫人在帥營下相候 遂
往候之 并指匡山來因到營 步門外 看金陵城 其遠觀甚佳 時此雨花台

賊壘三層相隔甚近約無六里營仍壕墻四面俱有三層碉樓守禦甚固城上更旋幟守兵城內居民稠密偽天王府黃墻寬約三四里大殿三重高亭金頂翁羨蓋在其內懷後半正日登五和帥大營望鍾山龍脖子見其府內殿後有亭三今止見一亭之頂蓋彼時從后（似）寬看故全見今從（正）雨對看屋高蔽其六也又城內亭甚繁巷是王府更東北望城外者陵園墻及和帥時所挖長濠龍脖子上之東砲台屆之俱在六年之內西觀賊莊一座北望南一座南望北遙遙相向賊阻兵不休而吾遊蹤嚴（回首安）天也城西南隅一大樹秀娘家方（似）園在其下登昔懷抱之今枝幹如故劫中不壞殆靈物矣撫帥全軍約及二万人今調去來千四十餘營每營分一壘二壘以次排營外環以長濠頭敵最前者守雨花臺陽僅一里日夕之望為在高岡故瞭望甚晰傳晚帥遣招晚飯席其幕中沈情哉（麓文延如八在旋官見之）相信並屬為余設榻飯後大帥傳孟二枝辭出

錄益膝方亭記

亥秋閏八月十七日偕忠逆率撲賊六十萬至營外十九日進攻環圍八晝

賊不收隊分作二層輪次進攻時我軍病卧者十成之八咸力疾堵鬥
甚死賊甫過兩邊開地洞伏爲出擲一火彈放一鎗以助聲勢賊竟無如之何遂收隊
復撲各營倖未失西至山脚賊又設地雷轟陷某營濠墻我軍死止數
十人立時以土囊堵塞賊鎗炮不及以火彈擲之擲下一時用去五十担賊受
死千餘人竟不能逞先是我軍以捷勇扎於濠外八營賊以全力來攻中炮下山兩
營中無物無一事僅覺兩傷人獨於九月初旬帥檄我以糧營為
賊館中腥穢血流自是之後從巡墻不止統帥之弟事恒司馬發炮轟賊
賊知之某炮出相向左右或使兩隨甫起立為樣破如是者我擇五向十月
初五日賊力竭遁

初十日丁巳晴 偕燕山謁帥 允為差委並指同飯仍居沈處見陸 飯後
首幕府 訪溫卿（禧臣兄）趙霽臣 馮詠陵（旌德人）（壬沂）鍾寶先 陳芷軒（歙縣人）黃策生
廖筱原（沅州人）陳筆農（武昌人）袁（懷慶）執情張（登彤人）又等揚
羅茂堂（桂陽人）趙馮 陳 廖陳吉沈（筱人）謁帥辭之帥未識陂
小閣余言其鄰賀壽炳嘉厚可嘉特甚 遣于燕山話別 偕訪其友

胡蔚堂 少云蓮門 午刻拖舟 到佑山世講寓同訪子厚局內 傍晚
同訪王雨軒紫詮廣文人銀錢所李少山之帑房
王雨軒來答訪
十一日戊午晴 道風 舟早發 數里到大勝關泊 下午有調回揚州之都草
兵寄其五年春來此剿援賊東調回揚 在此對渡大勝民船開及官
船來者三十條 人向余求借船送之過江 會見岸上人數及千 不整肅
許之擠必一隊留上用 隨開船 且作到西江岸有木局砲船待接
蓮卿應允 傍晚 船到北岸 該局兩炮船 情官湯某王某來見 寫
張子厚信 附上海李世忠回頭 歷年書稿手又江蘇行 擬信附炮
艇共設送到蕪湖 十二日書於蕪湖下人
記逃民情形
江南有沅帥撥金收師招資接濟 凡採米數千石 業經著歸接濟十萬
人 先其每人三日一升 至其不捨 改為三日五合 能活達者眾 而充
腹不足 沿江野地 到圃挑掘野菜草根 佐食者一飯 皆是鳩形
鵠面 良殊戰散 隨楚之狀 目不忍視 而江北一帶 俱為李世忠管轄

下至儀六上抵滁和隱蔽數千里一草一木皆有稅取民至水側抵

蒲柘易舍搜奪其錢劉以為私盜官物其盡積有盜本勢權群

集者往往另其兵勇浣宣詭稱所有一室民生之根誠不虞北水大

嘆寧李和一諭耳少逢日月之交化為諭耳何是責可喜軍之時

識唐安泰皆成其功累資至帑加權指揮家至萬十万地至千里慄

國挾民脈族誅不足以塞責特得安然為去以蕭李二大逆姑之除

人其內室之首哉

十二日己未晴逆風 風不甚大而不發擇泊上游僅咪自三山以上南

北岸往往有賊非有順風群船不可放行仍不行

接張子序本日信知以炮船已護行(俾以本卡有公事又上游之兩月為)諭之

十三日庚申晴逆風連日暗無二三日時

十四日辛酉陰夜雨大順風 晨發辰刻過口堤李世忠長龍(在北岸有地名太…)查哨 則行

為未撐獵獺巳刻過烏江(江中流尸相屬)有楊軍門水營駐此未刻到(中刻過太平府)(牛渚磯)府

風甚好舟物盡倒余方合眼睡覺天阿祝至刻到西梁山有

吉字副後營駐守有水師分幫又金柱關分卡亦在此在山下泊舟是日共行三十餘里本地居民性悍甚無房屋俱居土穴茅蓋其上而已

十五日壬戌（元宵）大風雨嚴寒泊舟山灣浪來磕舟幾碎聞離此十里白淺灣有營和卿爲勇所撤

十六日癸亥風雨如故嚴寒

十七日甲子食順風（下午微雨）早發博望辰過裕溪口在江北岸平地無山江中有卿江東山名（四合山）和名彭少司馬水師全營在北岸口門兼有陸師以扼和含之賊水師分幫駐江中卿余擬到北岸候謁爲風利[redacted][redacted]日暮時不得泊午刻到蕪湖（去蟂磯山四十里）（去東梁山二十里）佳舟遇好子問知果爲都特從莊在此遂往候之從莊爲便晤談適據劉郡陪太令來作陪飯罷已暮營距吾舟數里歸隴甚夜不及復從莊詢見伊所繪地圖蕪湖老城在水口南岸進口博塔下名寶塔灣湘軍守之對岸團防營從莊所統共三千餘人其水發源涇邑即（青弋）陽江直通涇縣黃池宣國高淳東壩諸處金寶圩在邑東南其地民團守

十年為寧國太平金陵諸富家大族所萃于古臘中自共陷

死樁無餘周圍數百里內去年皆有收自賊去盡棄蓋藏為之草木

蕪地者不下數十萬哀鴻遍野莫可賑恤現在賊營數此近者二三

十里據高阜可望見

十八日乙丑晨順風早飯後別吳竹翁下舟卯發晡昌過三山此係蔡昌牧三山名上三山金陵三山名下三山傍晚到白茅灘泊在江北岸江水隈曲處去蕪湖四十里三山

十五里過蕪湖見沿途居民異常窮苦有負升斗趁市者

十九日丙寅晴順風甚利早發辰到繁昌舊縣治三十里在江南山岸縣移荻港

城有山甚高不知名到荻港板子磯二十里磯在江南不甚山岸甚

山陂可以舟有屋局陡坎內舟艘鱗櫛過荻港江流大灣曲山色

繞南岸青儼一千萬晡到丁家洲彷彿十一齡時奉諱過此守風

于此十日風景悅我心目因誤以為銅陵縣其實非也傍晚乃至銅治

距大通尚三十里在德泊舟荻港到大通向云一站詢之土人則云至此已九十

里不得其實以今日風勢約計水程殆六七十里不為過也 寫竹莊信交安林

二十四日丁卯雨順風 昨夜銅陵民打龍燈來舟次旋舞頗有平靖時景
象此邑遺黎殆視下游少瘳矣 晨發三十里辰刻到大通路過某軍
從營封民舟嚴江面下不遺一葉 軍差緊急涉水不能無船而行之處
有大舟欲為營士所即有軍務公幹万不能載兵之所不能指其進退刀槳船兩
載不過十人立為不能坐既使遺民不安其業將來必難矣愚意欲飭
每營定制連夫兼為六七百人試以人數計之每人所佔地寬七尺長五尺（一船連夫十二）
便是（造）中等船長三四丈寬七八尺者一舟可裝五棚中上層卧人下層載米
人川米零物一營有十餘舟寬然有餘其軍需文房與其公夫之等類自
有兵丁官坐船不在此數（數隻）至扎營即將此舟泊相近水次酌留長夫守之一旦
拔營洗足上船軍便而民不擾計造船之費每舟二百金一營三千金而已
總之費歲不過三萬金營官皆能任之或嫌太繁小則兩營共一幫或三四營
共一幫有調遣時或軍通融濟用更使糧物餘蓄為此人運致照料
不必別為每營之要耳 大通在南岸有小山連綿山下河以通青陽縣
四十里對面江中一洲名和悅洲離山岸不及二里洲上近為鹽艘所集

如密林岸上民舍稠密亦有匪居為安者近日晨舉國露（有匪居投此）矣因舟人
有事泊此竟日
廿一日戊辰食雨午後霽（逆風甚微）遣舟林赴蕪湖 辰刻解維挽縴至晡僅三十里
泊舟處名王家套小河深曲未知通何處有炮船守之
廿二日己巳晴風微 晨發挽縴至晡以為至樅陽矣問之尚三十里又行許時
泊於更十里土人之新集港
廿三日庚午晴風微夜雨 晨發巳刻抵樅陽夾口在江北岸街市在口內
高十里有山不甚近 平路愜意 山岸柳陀稀春睇盡綠一望至故鄉
畧畫也 南岸汲江山亦小一峰出水中 舟子曰此太子磯 過樅陽後順行稍
速 午刻過李陽 日在南岸 申末泊舟鮑家窑距家二十里
廿四日辛未雨逆風 晨起督舟夫冒雨行 巳刻到安慶東門 即登岸
到家 時聞先生垂年霧雨衣冠及郡堂方會食 入內見室物及內子內
子有急川床條外莫慈 未刻謁帥 久談（間） 去冬以歡在保叙余見
申謝帥之保候恐致人言不得不從 微未而記 廣不改 人例間甚聯之

此處如此可感。凡余因陳卿作書並仕宦之志，極為大將軍撫安岬笑頷之。候滔方元徵表兄先生及表姪子可，皆不晤。初來寓處食咏物左邊天寧寺。下午元徵先生見過，于是別隔十四年矣，譚至二鼓始去。是日往還凡百二十六日四千二百餘里

二十五日壬申。大風雨，薇寶夜有雪。早飯後，候莫善徵其壽房，已出，並見其猶子仲武、其子科兒。候雲倦生不見。候子偲，並晤其長子伯鬯。吳翊候華蓀、徐雲村、李次韓皆晤之。候程尚齋、蔣寅昉、李眉生、錢子密、柯小泉、程伯敷。伯敷已還新安，柯泉錫不在，晤程穎芬、蔣勉宇、並晤魏庭、甫元、屠蒙。莫善徵來，直山談良久乃去

接六姊去年十月初一信

又楞亭閏八月初十二信　十月初一信

又汪並山五月十三信

又鄧季雨八月初五日信

又才韓十二月初五信　言已就粵撫蔣聘

又幼靜　月　日信

又孝揆閏月十四信

又卿仲同日信

又問漁八月十九信

又姚彥嘉十月十三信

又楊子勤九月二十九信內勤如公事信二件

又眉生本日初七信二件又抄稿一件

又子西壬戌中秋信　哀訃

二十六日癸丑陰甚　偕紹同閒生孟辛玉元翁嵩元弟同二君詣相吾寓

子可姪譚子可青年積學考訂漢地理志郡名增一圖地名星玉爽若

眉列可敦可佩　渴詩林來候（元石同閒孟未）霍生泰谷候　留中設酒飯命余撰

上相國根云書（二十四日晚京寀　二十七日愈進）又諂曝條陳九條

上相國里

某謹言

二十七日甲戌晴 早辰赴楚府朝謁相國進昨書首條三條極以為然次
條亦今諸帥已漸釋嫌忌所陳且可不必鹽務策吾臨出時乃進之未面隱
可否又言明日出巡為蕪湖江寧察看情形有撫師之意吾亦力贊之
返寓 馬積南東侯 飯後 姜徽來 同閻生孟 二千 詣 姜徽 元翁及同至市中買得漆合硃杯四枚來
劉同民夜來候十年來未識
二十八日乙亥晴 莫偲翁偕方元翁來 劉伯甫 子西族弟 來候之 陸至甫
來候未晤之
梅瀚卿信 宅仁兄祖郡老先生初時卒業 十月廿三日信 托寄金三兩二千錢十兩已至滬
二十九日丙子晴 候穰卿 盧慶堂錫人來候 李眉生來 呂侯 方元翁
撰至一方來 霍生來 三鼓乃去
讀淮南說林訓 人間訓

日記十七

能靜居記

二月乙卯朔日丁丑晴　家人以余久在外許願從佛社禳解　令早設齋禮謝諸佛菩薩　同直卿亦谷季雨亭元徵師寫久譚　下午檢點書籍

初二日戊寅晴　朱春航觀察來候　方恒持周金鐘人字季足及陸老相識　午刻祀路神以遠行例也　檢點藏畫以母舅彥聞先生隸書八幅贈元徵師

初三日己卯晴　寫眉生信（初四日發 [redacted]交季姓）　寫安吳泰信（初四日發 交善徵）　春分合祀先祖　下午[redacted]子偲善徵[redacted]霞生偕訪林元徵師　子可聞於直卿季雨亭谷飲　劉開氏過來邀往去　二林作報　男人劉（鍾玉煌 謝琴坐擡）來候未晤

初四日庚辰晴　檢點藏帖　寫翊如信（初四日發 交霞生）　寫蓮如信（附翊如發）　同閒撫直卿亦谷詣元徵師

接阮弟正月十三信

又詠如去秋九月十八信　由上海轉來

又陸建甫十二月初五信

又族弟任卿十二月初八信

初五日辛巳晴夜雨　寄歐洲曉岑信寄洋第二條洋及一分 即日發交孟華　梲

亭信寄還小女蘧生原聘銀一隻金鐲一支　仙姊信寄洋布一匹 即日發交孟華

芋坡信寄紫嫜一題 附姪倬子兒信 即日發交孟華　稚庚信 即日發交孟華　黃菊坡信 即日發交孟華　晡

候姜徵遠出則時對卯門也

初六日壬午陰食後雨　劉梧甫東在此午飯　陸季甫來訪　夜姜懋來

讀淮南修務訓　泰族訓　要略 如序傳之言

全書博而不精可爲今學要言者老莊之緒餘駁者譔而之要華以侈文人

取材美矣美閱其則多未知

初七日癸未　陰食後狂風自東北至屋瓦皆飛 風日甚作岳如鹿角地方覆舟千餘死者無算 渦加戧　君因開生孟辛千往送其

徵之則川矣　元徵師開生孟興嫂爲孟辛千錢作飯甚歡

讀晉書列傳四十　后妃　明世家　甘卓 元世武臣 欲討王敦而沒依首鼠　鄧騫 元世儒臣 宜附謝王承傳

卞壼 盛世忠節 死王敦蘇峻之亂　卞敦 衰世忠節 可于東海王越傳附案語　劉超 成世忠節 死峻難　鍾雅 成世忠節 死峻難

列傳四十一　孫惠 惠世篤儒 宜長沙王冏傳內附案語　熊遠 元世諫臣　王鑒 元世諫臣　陳頵 元世諫臣　高崧 哀世諫臣

遠論殺華軼優有理致 空疎浮泛之比

遠疏言選官用人不料實德 惟在白望不求才幹 義不經世黜浮以虛勝 否則此俗未可得而變也 按此切中晉時之弊而後世往往蹈之

鑒勸討杜弢疏 謂諫者以大軍後動人不可擾 鑒謂暫擾以制敵命 于放敵為常擾也 按此實為遠之而不許之論

初八日甲申 陰 大風甚寒如冬 喉疾甚劇 下午李壬叔華若汀 徐雪村拾鉄不甚 在李雨亭為五年後則與不往出

列傳四十二　郭璞 明世處節　葛洪 隱逸

初九日乙酉 晴 喉疾如故 元徽師來 霞生來 洪琴西向伯常來候以疾不見 眠 程尚齋來候以疾不晤 霞生按次不到 寄仲弢信 交壺一件

平壤錄五卷　明諸葛元聲撰　紀隆萬二朝討倭之事　首卷倭寇叛服次

二卷都蠻　四川事萬曆平之　張江陵主其事　地在川貴之間與文如箭篇　三卷哱拜　明寧夏將立功至大官因怡叛撫寧夏

四卷朝鮮　平秀吉破朝鮮中國救之　五卷播州　楊應龍自唐末爲土官李化龍督剿平之地即貴州遵義府

初十日丙戌晴　露生詩林來　晏同直幸欲行返湘以風不果

續資治通鑑卷一至七宋太祖　畢沅撰　徐氏本就（照）薛王二氏本增刪　此本又經徐

氏本所出

十一日丁亥晴大風　寫畢沅國方伯信　即日發交王芝圃　又寄莊臺信四卷

接筠生正月　信

又鮐翁正月十二信並前寄呈三十六兩已到

又都孝亭壬戌臘月廿一信

十二日戊子晴大風　允翁寄釋來　直幸饋以明刻文選一部　明拓圭峰碑一

冊送之

十三日己丑晴風沙蔽日　疾少放　[redacted]

[redacted]

[redacted]

十四日庚寅[redacted]晴

十五日辛卯 昨夜雨 下午霞生偕林森二詩去

十六日壬辰 陰雲 巳刻方元翁為梓素 寫阿哥信 十七日交文報局發 孝拱信

金範信 稚循信 袁桐君信 汪振壹信 張大林信 以上附阿哥同發

晚到元翁寓

十七日癸巳 晴 寒甚 晨出候客 首至王少岩處 次答候劉同民 並識其同鄉

吳子讓 袁廣 又至翠亞弟 次候厲識瑩 托寄上海信 次答候劉抱甫

並識其本家錫五 燦瑩 次候范雲民 並答候陸幸甫 陸石曉 次

答候侯德卿 世勳 周榜雲 李久升 徐雪村 華若汀 次候王蓬圃
鄭璟 次答候向仰衡 陳琴西 陳不明 次答侯儀卿 子嶸 世恨 陸章甫
過袁少頌同閱孫瑞書 讀樹外狂壇以為桃也 就視乃為杜一夭物
夜與向如談甚美
接汪益山　月　日信
十八日甲午 陰晴明 早設香案東向遙拜故墓 早飯後元翁來約同
赴外家飲 在座者元翁 為樟 關生 李雨亭 谷伯房 董興 [redacted]汀 侯德卿
蔗穀同訪霖生詩稿 並以次同向生直與誤訪劉錫玉 [redacted]陸三甫來
補昨王步岩信
江西地漕全徵不過二百餘萬 從前連地漕釐金每月均解 饒營十一二萬
全省釐口五萬 金炭等歲出者在省 撥徵去年有積 四十萬千 欠未
厘金每月 旺時十餘萬千 大通一卡 暨厘雜貨 均艾每月二萬餘千暨
屆十成 上次七 全年勇糧臺局房十月
十九日乙未 雨 午後方元翁鳥樟來

二十日丙申 黎明時大風 日間薄晴 王少岩來答訪 候鄧蓋亭 次答候

朱春舫觀察不值 次候蕭寬軒廉訪不值 蔣壽卿太守來訪 以

鄧相會示松江知府方傳書請減江蘇漕糧禀 命以轉及余 之弟

閱兩會批 先以蔣撫批來見示 時余會銜詞稿來 值蔣壽卿訪之 留余飯知

圍玉元夕蕃日值 即用蔣稿來改 遂囑元安多擇 陸彥甫來在此

晚飯後 沈悟式來候 劉錫玉來訪

接李少荃中丞 月 日信

二十一日丁酉 陰晴 夜雨 元益來 鄧逸庵來答候 出候李申甫觀察

于丈軍中 次答候王雲甫大令不值 寫杭靜信 致元和處

接何生二月十二日信 廿件

子吳竹莊 月 日信

二十二日戊戌雨 萬蒼軒來答候不值 方元徵來 因赴其寓 飲飯後

晚方歸

二十三日己亥 陰雨 寫生右星信 附交王升巷館 附子姓信內 趙展甫信 因附 徐子姓信

發五壽金眉生信 廿日發 寄吉林使 張振遠信 親姆伴信附 均附譽信內 下午

交 霽倩來二坡去

二十四日庚子 陰大風

二十五日辛丑 薄晴 下午同甫招飲 否到元翁處偕晚飯 夜霞生來 二鼓

時去

二十六日壬寅 陰 微雨 方元翁來 飯後同君訪蔣莼瞑 不晤 又訪程尚甫 方仲

嫡弟子雲珊 訪不晤 又訪向仰聲 陸琴西 又訪李眉生于其家 不晤

錄尚齋誼

美國格督偽婦 來函 節相于蕪湖 言金陵陵陵 述節相不日過此

謠傳以婦見共如何 尚無書告明文

二十七日癸卯 晨陰 雨 楊詠春來自江北返信

二十八日甲辰 雨 節相赴金陵

二十九日乙巳 晴 午後陰 傍晚驟雨 同仰蘧方立亭來 下午同甫招至元翁寓 寫戚徒生

信寄閑生公 送呂十四 即日發交 金眉生本人

接曾沅圃方伯二十一日信
又焦山文招尙壽兔楊焰亭信
三十日丙午雨 元翁來因元翁開仲謁相度 出答侯薛方亭 又
偕開仲答侯楊訒春 次詣訪霞生詩林 次侯周僖雲侍御 次答
侯沈慎齋 並侯陳子昉
錄節相稿
英提督梯姆佛哩來見于裕溪輪 若中國帶兵開導請設營常
練將十哨 每月俸薪所須五万金 兵精生外其兵仍另募華人一二
常勝軍之制 募成色打蘇杭金陵 節相辭以常
勝軍屢叛不足恃而對之道慨但為言
晉書四十三 庾亮 成帝執政 子彬 羲 龢 亮弟懌 外戚 冰 成帝執政 子希 亮弟條
外戚 翼 成帝藩帥
亮讓中書監疏曰 姻婭之私羣情不免 是以疏附則信姻進則疑 疑積于百姓
之心則禍成于重闈之內矣 此皆自古所戒 言寬其實亦有至理 是以君子長慮

~~十朝[illegible]~~嫌疑

执政而当心及于雍白谓可以積其细已甚亮〻为此以中伉之素意而伉

行〻可笑矣

窃觀平生行己有恥不可污於自好〻之士而輕躁妄動事不思難亦隱甚

矣知外戚〻不可枋國乃辭〻昭世而愛〻國朝則先〻陳讓為當試乎要

結乎台峻〻紀幸以不死甫露重鉄五門起觸中朝要褐外國才弱植

營得一舉輒敗卒以為悦而死其謀為何五耶

翼〻〻雄武而有幹才庾氏〻白眉也

三月丙辰朔日丁未雨 訪洪琴西無晤 莫子偲因過書坊看書

[redacted]易略例一卷 [redacted]闡釋易經文條例井然學者[redacted]此得見取象之

蒙[redacted]撰 膠(?)宗恩 何憲綸遂以祀宋儒得澄立說祀大易為卜筮之書者不可通

且計其輔嗣[redacted]學尚老莊說多玄虛以人為正實 實 易道之所不該 始亦通之一體

特未盡其大耳 何足病哉

晉自安平 曰桓彝 以世忠節 子雲 豁 孝武世將帥 豁子石虔 孝武世健將 石虔子

振 安世逆臣 豁子石秀 石民 孝武世健將 石生 石綏 石康 皆從玄亂 彝子

祕 沖孝武世將帥 沖子嗣 嗣子胤 從玄亂 沖子謙 修 皆亂臣 徐宗

孫宗中全立 桓彝傳矣 宗安世事實載之 何為全刪

桓氏一門 賢不肖大殊 豈可攏(?)撓一傳 豁沖皆疆埸名臣 沖尤溫(?)以力諫

權勢 尤為難能 冠世忠節 不愧彝子 皆宜別傳 石虔石民 宜另(?)附 儒以(?)

應隨宜附見 秘子石秀 不失素範 宜呈入合(?)傳 皆叻(?)亂有事跡者 可附置

玄篇首 列晉之方也

初二日戊申晴 午後雨 方元翁焉樣來 旗(?)方來 寫汪進山信 方亭

下午同蘭孫至市中　蘭孫買閩中石五方　潘聚垣洪琴西來答候

初三日己酉　陰　細雨　偕隱同蘭孫至元翁處　偕隱帥

接眉生二月十六信

晉傳四十五　王湛　惠世名流　子承　元世名流　承子述　穆世輔臣　述子坦之　孝武世社稷臣

坦之子愷　愉　國寶　孝武世亂臣　忱　愉子綏　承族子嶠　袁悅之　祖台之

荀崧　元世忠節　子蕤　蕤無納忠　羨　穆世將帥　范汪　孝武世忠節　汪

子寧　孝武世儒臣　汪封父堅　成世理官　劉惔　孝武世名士　張憑　韓伯　簡文世

儒臣

袁悅之祖台之全刪

荀崧逼王敦而上中宗之歸　蘇峻又附　又隨付成帝　宣其忠節　所以著之

元世者以在峻時隨眾屬也　因未有能抗節違之　事不如遠　故意專數之　新也

范寧慝目張湛謂之　此類只可載之說林稗也

張憑憑世來賓于惔待其附其說世矣

初四日庚戌　陰　華若汀來　方元翁　高梓來　同鄉陸小豐　鼎　徵　安徽知縣　稟

候 下午同閒游市中

初五日辛亥 陰雨 方元翁來 同鄉姚彥侍來 彥侍名?弟 方元翁皆來 華若汀來 周揚請食餛飩 故造諸君 下午同元翁閒步 如游廠 霞生 茵 借與元翁

初六

初六日壬子 陰 午後晴 過相 久坐 又以公子勤岡 地律 文見示 前為評隲 又出馮某亭校卯 盧初齊相示 訪南生 又訪錢子密吏部 傍晚方元翁為樣捷來

初七日癸丑 晴 天氣爽朗 時久不開霽者 寄沅浦撫帥 綴信 初六日書 寄甘肅 函 望閱 公子文託送還 相署 并呈同陽文一首

梅阿爾 二月十九日信云已 梅姑氏 出 尾

又劉彤階大令太夫人訃信

初八日甲寅 晴 大風 方子可來 元宰 撞來 同子可 季雨 華 黃人 刊 長 社 園 竟

初九日乙卯 陰雨 大風 寒 陳徵臣 應 訪 告 燕 湖南桂陽州人 拔貢 小京官 居撫江蘇臬司 養 作 家中來 知縣 林 來 自

來候　方元翁易樟來　出此午倉　与子芬步於江園

接撰帥本日手教　為陳處請介紹書稟

十日丙辰雨　大風寒　雨竟日　与李雨農長江圖竟

十一日丁巳晴　下午出　修設因聞如元翁登候　陳修臣處訪　雖陽楊太史

李眉生郎書　次晉候陸小豐太令　次候楊詠春太守　次候霞生賀壽

其眷屬臣何書也　陸秉甫來　下午方元翁易樟來

接伊弟三月初二信　寄來小照一冊　筆廿支

十二日戊午　陰雨

覆傳單云　王舒（華庭弟）成世方鉞　子允之　盛世將帥　王廣（華庭弟）明世僅見　廣弟彬元明世忠節

彬子彪之　孝感世杜稷臣　彬從弟棱元明世忠節　震濤成世方鉉　濤姪嗣文

明世祀臣濤之子駿　駿孫成世將帥　張闓元帝世明德續變

廣奏中興疏乞恩之言耳　何足載

彪之論司部不當赦　曰郊祀必赦此愚人輩生心僥倖　此實至理

論官當久任　曰民知其族　聚賢者之才　寡才寡于世而官多于朝　焉得不賢鄙

共貴清涂因宦定列顯爲顯要則還遷前後去來更相代補惟厲於耳職
事之修在于省官朝風之壞在于冗職官省則選清而得人職簡則吏簡而俗靜
選清則勝人久于其事事久則中才猶足有成按請求吏仍不如此法
桓溫廢海西公篡亂之謀國爲將遷爲人臣者當力以圖其盜鋒其亦深探誘
范寧其哀慟而乃興此莊於事神乎驕於朝服端彰之忠臣不應責心至此
譏鑑甚明而史載之若對以爲美譚其識安擬日仲甚矣
又曰孝武帝即位太皇太后詔令桓溫居攝周公之事封還令中書爲不可按王坦之
傳云孝簡文臨崩詔桓坦之毁之而止不容孝武即位之際何有是事
此必誤後
晉傳四十七　陸曄　成世忠節　弟玩　成世宰輔　玩子納　孝武世清直　何充　穆世忠
臣　褚翜　成世忠節　蔡謨　成世禮臣　諸葛恢　元世吳牧　殷浩　穆世重臣
顧悅之
何充處事令加左將軍充以內外統任宜相什正事綜一人故課對分擱
此皆顧官分職之義

何充奪庾爰之荊州亡庾氏衰矣為桓氏逆亂於方鎮推世必稱之遂奪之甚

豈若溫之叛晉政不綱致之豈充所能逆睹耶

漢世司宗廟大祭為遺忘神主不設晉政之不舉可笑乃爾

石季龍死中國大亂謨以為將昭王室之慶四夫能順天而舉時屬之會于此時矣非

上者必由英豪度德量力此時賢所及必將度人以遂志才不副意罕不稱心財

第力謀智勇俱屈此韓盧東郭所以甚斃也　摠此實有道也

漢遷佗年司徒陳謨一年穆帝時軒徵謨使者十餘反而謨不至殷浩奏

免爲庶人南史江彪官會稽王命書謙讓死拔晉翰車上之憐自武世已於為南

遷之後元盛于王導之世漢尋也此能規矩之去意躍履之分強智保據以不可

責之一人於殷浩此舉自有過體

浩雲華之士而當時原諸期之彼時輕浮之習可見既清未出屢冀致中即擬

之王衍不可謂罕無遠無所識

蔡謨不必載

讀商頌　小序以為大夫正考父得商頌十二篇于周太師　編以祀其先王　朱子亦非

說商頌有頌詩句音節累贅 魯頌相近 周頌則遠不如古奧 然周以前之文字 蓋宋用天子禮樂祀其先王因作為頌詩頌之 皆以頌祖德 於宋何以天子禮樂祀宋王 不得以天子禮樂祀宋公 故祀遠祖有頌 為祀近世則無之 故傳也 其皆於正考父商王之辭 遂謂以為商頌 本有師之相承 數以傳 深通其實 可以考之耳 不可隨之為古 可一證者也

十三日己未 雨

讀馮景亭學士校邠廬初稿上卷

第一條公黜陟 京外官皆責成衆人公推 此弊法也

第二條汰冗員 省漕以裁衙門 減塩政改為大使 又減司道各員 裁東宮官 減科道為四十員 編撰二十員 減內外武職之半 此論甚通 昔人屢言之

第三條免迴避 此論通 亦昔人屢言之

第四條厚養廉 京官翰林部曹需千金 遞加至一品需萬金 外官視此 牧令十倍 道府以上五倍四倍 督撫三倍 此論通 亦昔人言 但加亦宜節

第五條許自陳 京外官才力未副不相宜許自陳改注 甚通

第六條　修御職　諸副董均各家　正董倡千家　俱修井新水　有事董先勸
理不悛者送官　不得用刑罰罰之　若劉董以諸生充之　此條應改之論
第七條　易胥吏　先開刪律例　或以生員為幕職代書吏
第八條　省刑例　此即前幕分之
第九條　杜虧空　外官貴徵稅之責者　出入皆分榜于堂　日榜刊清冊分送上司　俾
民　此論未妥　今之虧空　雖多然皆の事　除亦必據實申報　但輸有不有る寛或不
相符耳　而上司且不能稽查列榜示民　民何能稽查之乎　且榜日報　繁不勝之
法日密而弊日滋　總其大者而已
第十條　更指例　除指實職一途　民入貲者才民壽許世俗貴教次及才如抗禮
以格律之　捐民壽今之職銜而已　今之指生本常得貴且如抗禮　均凡有錢者皆
能得之　旌官美侯胥書　此作者若心孤論稱出於履指列己去實亦仍留聊其孰來耶
第十一條　繪地圖　下五縣　每里經橫三百六十步　戶部尺五尺為步　三百六十步為一圖　之方二尺　間方四百
步　每一步廣　合垣灑畢共　五千　之地　畝立石柱四　城門側亦立石柱一
用則遠近程測尺丈　用則高下　此條甚善　但恐今世不能行耳

第十二條均賦稅 按畢宜敵數以一物之土地數一物之朴科 按畝均徵為以宋制

五等定賦分山地高田平田低田荒地之法為則畫一州高下為十則名目 此論亦甚善

但既如此自當一王之制既能均田豈能均賦為一物一物守往日貴輕賤重之制耶

第十三條務旱潦 以安農居植桑則旱潦之減笑可多

第十四條興水利 欲興北方水田以抵南漕 此亦疏濬中國清運宜濬之意 按北

方水利 無由未為輕議

第十五條改河道 于此舊河南三省則留旱之地貫通一條通渠以達于海 此中國

事為萬人不發此論 想見其遠亦之今之事耶

第十六條勸樹桑 于京師城外曠寬地開播種部曹中之熱個人舉家

以城外 但返其種桑育蠶絲五年後按土之肥瘠 此頭目其意以東人亦亦

利 非廣之天下 蓋爲賞甚為輕不如此但之 作者之意于京卸織發 當該 美國亦有由此

第十七條折南漕 於漕運者乃一母四錢 辦京充餉 為于各道 用之發 抵可運糧

蓋亦殊本可參作之為未不同作者有名耳

免門閘稅並禁剝船 此帶免他稅之 宜出運糧若干石准免他稅若干 此論

至通余與之辯釋運不如指實之便要婦以填的抵價徵照閩中之法于通各縣
引一舉而場灶得三大利皆無(妙)作者果能留心但未推及場耳
第十八條利灶鹺 以索法而產通之 案二子目四一請實記詞于三江營設局以稽出
場畫册上開報徵收地糧諸擊弊之制 此前之江運者耳 每引例當墨何作處
一平賦則刊冊課則行稅 刊册部利於價之頂之一通場各詳之場如按
守候愛為于今岸墨倉以免再值之一造稿耳 按場務賣價票首及去上
開改田之制寸平賦則用靜此當今之則之必當議
第十九條改土貢 凡方物為各師所有者畫册之實責者如出其地此物不令入
都官律便辦
第二十條羅開化 請羅開祀暫為應指 似未當意味
十二日庚申 晴(?)雲 卯初之刻南昌 鑄人分曉舉一子女 體魁碩 啼聲甚
洪八字 癸亥 丙辰 庚申 己卯 聞此實而推其造甚佳 元宵為擇吉
對俺甫來賀 雲孫詩林來賀 送還馮景亭校邠廬初稿
交邠廬之稿下卷

第廿一条 籌國用　請樹藝閑曠　芸精叢湊為之

第廿二条 節經費　宗祿請給庄田　蘇糧免屯田歸都　此皆英人説

第廿三条 重征酤　厘捐重權酒稅取之分之二十　此英法能通行

第廿四条 稽户口　民戶皆給照冊紙行鈐印備查造冊

第廿五条 一權量　部頒鐵尺鐵斛鐵升

第廿六条 化民　立義塾定以收孤惰　化良局以收娼妓　皆官廩給　為教導之要務善堂　作者自言仿英法　但英地狹人寡　總其全國不過中國一省小域之邦耳　故能行此　中國人衆　法行不能制民之奢　使自食其力而能養贍之　其可援手惠而不知為政之道也

第廿七条 采陳詩　郡縣擇舉貢生監有學行者　許採訪詩詞新樂府之屬　以達于學政　上之天子　以知天下利病　此論非深斷不可　援古之采風以知民之風俗耳　不問使之干政也　一開此端　所好欲揚　所惡排擠　諂諛權主　人民怨望上　謗言文字之獄將不可止　大亂之道也　且天下是非何常之有　就使作者皆無私心　而好惡不明觀聽不實　一犬吠影　群犬吠聲　若采擇之　此害彼疾　不能即皆　將使何以為政

天下有道則庶人不議觀其收文不使諸生上書之說亦知此意而前言之不思則
好古好議之過也
第廿八條 收宗法 推古義倉之制而古宗法以助官長教化 此可姑存備
第廿九條 重儒官 令書院學校為之 令本地鄉選生徒公舉鄉先生一人為師與大吏
抗禮 此前恒言之
第三十條 改科舉 以經解為頭場宋儒傳不宗者停小學釋字附 以策問為二場以
古文辭為三場 此可
第三十一條 改會試 會試試分于各直省鄉試後舉行 此為塞士法費款免於跋
涉者則如會試矣不如徑廢會試不愈耶
第三十二條 廣取士 鄉薦臣副各舉士一人上司擇尤列薦諸生貢舉人舉人薦貢
士 取士為貢鄉薦仍復上司擇別則此一舉者今之廩生保結而已
第三十三條 崇節儉 王公以下一概衣布然禁為求亂 今之奢皆在小民且愛美
以雜羊毛織成使繡越可矣安用此條不中禮之為式
第三十四條 停武試 強武有力者差其等為武生員舉人貢士不分省不宜戰

否則取其劉習，令試者以充練兵　此甚通論
第三十五條　減兵額　天下之兵百萬，官弁以下曾無只半，而僥倖餉　此意亦師東
第三十六條　薪俸課　諸處不穫，穢識禁錮，請俸者殺其教　此意亦師東，然不必效
第三十七條　重考射　擇有口辯膽氣之人充閱通外國之使　第一切務
第三十八條　采西學　設翻譯書院，選十五以下之童入院肄業，聘內地師課，擇英聘
東師教外國語言文字　第一切務
第三十九條　製器練器　聘東人教，召格內地善運思者，使專其法，特設一科以待能
者，果有譯製者，即賞舉人，出其上者賞給進士　此論亦從東法來，然亦可行
第四十條　善馭東　言東人未嘗不要挾中國，特列國多伺，彼此牽制而能
暢行其意耳，中國宜乘此急求自強之術　此事精論不刊
總論全書精當，多以師東法爲參用中國前人之說，然讀者亦已不如法東也　以其
論馭東尤善
十五日辛酉　陰　寄阿布信　即日發　交摺差　寄楊旭亭信　即日發　交摺差　訪薛德卿　方伯縈
十六日壬戌　陰　小女生三日　冀告　先祖父母安　霽生訪林元海、寄祥　對德甫開

孫季雨陸彥甫來餞
十七日癸亥 晴 程伯勇來候路過 同訪孫玉樓詠春盈卦究指也 訪詩林
十八日甲子 晴 元石來 同螯候姚彥侍 雲生來 喫飯後去
十九日乙丑 晴 立夏天氣和煦衣夾行綿衣 謁相 訪潤甫隣 王芝圃 識蓮叢盤善甫 應邑上書言事者
孫蔭甫叢書告遣 寄蘇晴山信 卅日發 交駐京門 另一過地 秋穡生來訪 方元翁爲祥
來 李壬舟來訪 陸彥甫來訪 程伯勇來訪
接五章 二月三十日信
二十日丙寅 陰大風 辰午晴 新生小子雙瞳清炯 生之日即能四顧 家人以爲異
昔 先公作蒙兒詩云 來成依阿母 清曬故世臣 來求依阿爺 求抱猶有嬉
東成 爲之說 來求者 余名也 吾家取名向多用施按 兒時讀書 待之諱改
三四世 從恕升 從典 故擬名以弗 取經 爲 語名此子 清曬 取其智慧成人 如伯
父也 寫門等信 卯日發 交駐京門 下午元石來
五侍四十八 孔愉 成世清直 愉子汪 安國 愉弟祗 愉侄子坦 成世鮮直 嚴 憲世禮臣
愉侄弟君平 君平子沉 丁潭 成世忠節 張茂 陶回 成世賢守

成帝委政王導 坦發憤以國事爲己憂 連□敢輔之 庾氏親密拔擢之
專政朝士畏不側目 其實導不爲負國 諸君自喜好之耳 庾亮至欲興兵
入朝 坦弼賢之 使世郗鑒阻遏其事 皆成禍亂 以是知國家之安必賴重臣也

晉傳四十九 謝尚 孫世侍御 謝安 孝武世大臣 安子琰 孝武世侍御 琰子混
安兄奕 孝武世相逸 奕子玄 孝武世侍御 安弟萬 孝武世相逸 安從子朗 安
萬石 孝武世侍御 安從子邈

續通鑑卷八十六 太祖 太宗
雍熙元年九月 以李繼捧姓趙名保忠 授夏州刺史 定難節度使 以討繼遷 夏銀
宥五州 端拱元年五月 以云李繼遷不肯降 趙普建議委李繼捧以夏台
綏地全國之 授定難節度使 賜國姓改名保忠 兩夏之 銀夏宥靜四州等世
賜之 據此一事 兩也不知作何解 果爲何耶 抑未利耶

二十一日丁卯晴 寫郵件信致程川 即日發 姚彥泛來 館稼某大人之來侯之疾
診 劉純甫來 方元海來

晉傳五十 王羲之 孝武世明字 子徽之 相逸 徽之子楨之 羲之子操之 獻之

許邁

羲之遺謝萬書曰以君邁往不屑之韻。而俯同群辟。誠難為意也。然所謂通識正自

當隨事行藏。乃為遠耳。又曰濟否所由。實在積小以致高大。推此君論可以理

雲谷之士

晉傳五十一 王遜 元世方鎮 蔡豹 羊鑒 劉胤 元世明叔 桓宣 成世僑帥 桓伊 孝

武世僑帥 朱伺 元世猾將 毛寶 成世驍將 子穆之 簡文世僑帥 穆之子璩 安世

忠臣 寶子安之 康武世名家 毛德祖 安世僑帥 劉裕部曲 劉遐 元世義旅 鄧嶽 成世僑校

嶽子遐 簡文世驍將 朱序 孝武世驍忠

蔡豹先為羊鑒所抑弁及朱伺並一遇賊輒奔北 是死有其罪也 傳一惜何為

羊鑒傳亦無聊

二十二日戊辰 陰 微雨 芳元弟來同過市中 喜從同過飲開生處

接才伯二月初一日信 已到粵省 言粵省西地糜爛 軍餉匱乏 那向此間借用

粵省匪會

晉傳五十二 陳壽 史官 王長文 隱逸 虞溥 元世循吏 司馬彪 史官 王隱 史官

虞預 成世某官 孫盛 文學 子放 干寶 元世某官 鄧粲 隱逸 謝沈 穆世某官

習鑿齒 文學 徐廣 忠臣

壽于武侯揚之至矣為時人不敢少文殊其過二丁輕薄之少離間人骨肉者不足信

乃作書誣妄之說蓋壽于魏晉之際載筆為微辭可以完其劉直為要人得

說遊渾壙之博達作詩事如是耳

鑿齒立論雅意亦鈍捷徑其辭過不直孫不足靡聞

二十三日己巳雨 寫本科信 此信未發 傍晚霽朱來

接查年二月二十一日信 查武昌悉

晉傳五十三 顧和 穆世雅臣 袁瓌 成世雅臣 子喬 哀世儒校 喬孫山松 瓌弟猷 猷

祖濬 濬孫耽 耽子質 質子湛 韶 江逌 穆世諫臣 從弟灌 哀世書郎灌

子績 安世忠臣 車胤 安世忠直 殷顗 孝武世忠節 王雅 孝武世諫臣

袁喬寄褚裒 某某世聊目州

車胤議郊廟明堂之事曰明堂之制既甚難詳且樂主于和禮主于敬故質

文不同音器亦殊既茅茨廣廈不一其度何必守其形以範而不弘本順時此言

通人之交

晉傳五十四　王恭　安世私臣　庾楷　安世私臣　劉牢之　安世私臣　子敬宣　安世將校

殷仲堪　安世私臣　楊佺期　安世私臣

二十四日庚午　晴　華若汀來　偕段周將軍來答候

二十五日辛未　陰　答候程伯芻　又訪李眉生　薛尊的　程尚齋　無晤　訪子密　又訪

向伯常　下午回寓　擬作詩定稿

錄內中所陳述事

我軍在廬江以後　偽忠王（是偽干王）李秀成　言　窺北岸（節相硃筆批：偽守防馬千總萬德）數以上動前岸官兵使前岸之賊進攻以

順手誘之進攻北　攻南　又言　雖天京朴令甚力　非直臣英雄之武　（又批：已調皖太守孫蓋一帶並約希帥派營助）季和　莫先左後

爲指　另募人馬（又批：水路何日粗遣）水陸齊下　又言　伊上川收官兵必攻和含巢　（又批：賊所畏者此一層耳）無為一帶　但以募之與守

（又批：糧料由不稽）米糧餘我必不足　此乘攻城之時　即有之　又鋒芒（又批：賊若野戰我之利也）　苗沛霖因皖救已破壽春

遠地官無攻壽　如又接之廬中必收師二三營　粵逆賊寇來者大約馬騎和同（陶）

（補：又投同）又據問色錦相閱據賊已於四月扼四一帶　粵逆則至廬江之東來大股至

二十六日壬申　陰　改撰才料信（廿六日發）　交程尚齋　寄八弟信（附寄初一發　家內同往衙門）　寄孟辛信（初一日發）

（宋内已訪下）程尚齋之尊人一　來候　希轍　寫吳竹莊信（昨日交程尚齋文卷函）

二十七日癸酉晴　元爲來同元爲向孫答候程封君　又候楊達庭濬找　又同訪霞生詩舟不遇　又同訪楊詠春華岩汀洲雲村李介人外一　霞生詩舟來訪　劉桃甫來訪

二十八日甲戌晴　候劉彤階弔其太夫人之喪致贈二金　謁相　訪程尚齋楊少嵐李康生　下午莫偲翁偕其戚黎蓴齋庶昌來候

錄日府報閱見

（帥元宗）李忠逆去歲十一月僞諭會城目協守蘇州者原守蘇之撫慕二王和意忠濟不可整存意之云云　又見示陳其控毛中丞信云近來餉項之拙爲歷年來所無二月分除本省厘金之外竟不名一錢景狀萬分竭蹶（秋也亦深為可慮）云云全部七萬餘人其餉為可數從前所呼嗟可待哺于湘東及兩屆倉穀借撥三四萬石交東征局收負解營以濟急需　侯秋冬之際新穀登場由東征局解款內籌買償補　又擬奏調金逸亭為以風俗官嚴勤各之人　又寸東茆之帥屬為渠請免首逸亭不使徑川撤李立寶寅此意甚屬

其以包假匪黑常州人為石順過金陵至沅甫處據伊奏請廬州府舒城以城
孫[illegible]無寺李申甫信言忠逆自十七日至為解圍後賊忽云上廿一已過桃舒城
現在霍山已破六安霍山其自舒桐以下陳巢含和撤守外援楚一帶大股甚多
正犯楚北而楚北兵以大受挫期甚患其時不受害現擬派成大吉一軍回援
隨管駐黃州以李希帥留防鄂省而調水師二營至今日復調蕭毛二軍拔隊
赴援（此蕭毛本調守霍山舒城之兵）仍赴鄂省岸由沅溪太湖英山堪為全李軍自石牌度江剿
辦事如此意西之帥意欲而幕府諸君均恐根本空虛不宜遠發調出帥
六向至至之賊甚在武漢此為全星攻假之計使之分念上流失守其實不在
至安省省城桐城舒城等軍未不患其不撲即使有撲亦不能為害自在
照此調度
接沅甫弟本日二十日信言蒲石等十七日解圍以勝回本
二十九日乙亥　雨　寫沅弟信（初四日發家信由）寄俾使知
閱賊目總黃張令會攻六安甚急起[illegible]
三十日丙子　陰　方元徵來　陸章甫來

槎陽軍正月廿三日夜

錄問按詳

舒州城（陳南近前城）皆水泥塗難以（性虜方偏北當陸路）故守甚易，安州城界高埔難守（東首城大以湖米立墻 城外山勢高陸要 守城必須選擇）

續鑑十七 太宗 淳化四年閏三月併鹽鐵度支分天下州軍為十道以京東為左計京西為右計 總以為左計使 判度支為右計使 中分十道以隸兩計 道別置判官以領其事 按此 分道為分賦入計以轄鹽鐵也 宋春兵家帥雷令甚假 最重 故郡縣皆以轄運使總之為以天下分隸計臣亦設官之一意也

十八 太宗 至道元年 陳堯叟梁鼎上言 請於陳許鄧潁暨蔡宿亳至于壽春大開公田以通水利 發江淮下軍散卒及募民以充役 每屯十人 給牛一頭 治田五十畝 畝ㄟ收三斛

又 治田萬頃 收米三百萬石 如水旱蠲租 未盡不及數 是歲亦五百千万石

十九 太宗至道二年 司天上言 請于新曆六十甲子外更置六十年 帝曰 支干相承 止于六十 但兩周甲子共成上壽之數 使期頤之人得見所生之歲 不亦善乎 按此 周甲開載甲子二巡之始

至道三年 真宗初王禹偁疏言開寶中設官至少 一州止有刺史一人司戶一人 自後有團練推官一人又有通判副使判官推官而監庫監倉權稅務又增四員曹官之外更益司理

又 景祐初天下無事至紀

二十 真宗恒 咸平元年田錫上疏 言李繼遷不令與夏州又不令與人爲節度 以臣愚慮料彼虔詐必不肯久束手 又言密院公事宰相不得與聞中書政事樞密不得與議 故兵謀不精 國計未善

四月丁巳朔日丁丑晴

華岩訪來 方丁可喜 偕彼訪洪琴西向仰韋濤翁垣

世兄莫子偲識鄧伯昭 陸永如 孫琴西 廣如人 又晤陳穀甫子受

又訪薛叔世兄柏心家程子函 又謁方伯未時不遇

録向翰子函語

訪省施匯如于張衡州府人語及詭者雜讀張肆 孫葵心 劉天駿 等皆陶陳

二府人也 [illegible] 近冤如字如君陳大芳賈假 訴省東境城巳踰過 蕃過言意要把河南易而境以圖

作色 何後其在本境皆藥團出爭要春秋二季天業私燒之際即便生變 識之肆旗

捻匪別稱打稍 其出輕師散為西北自開封南至汝宁皆其踪跡所及 初時皆安官軍阻于寧安之

向不為匪逼為泉春起援借春之軍救于寧拜如以達志於河南之當亦被賊

其師川然把律 出則呼嘯 歸則捆載 要為而業械甚少 城邑不甚攻 必見以

馬隊牽城為輜重以安外 其要官軍相報之放任之為土民截奪亦不甚

殺土人語之打二稍 夏邑 永城 柘城 寧陵 太康 鹿邑 沈邱 項城 以及睢省之賴亳

一帶處處皆團結 民團賊團不可分別 團家以在[illegible] 睢州等三城堅固

特甚 民食取給物地者必以睢[illegible]諸團為安物 錢糧不收指解 官民國皆輸

者皆大官囊橐故人先不肯赴任迫後有羨之者

黃沛林堅跨類如薊城（太和）一事　周回約六百里其中境轄田畝如毅其後日耕耕耕

探女以充妻眾所得者以為一國內傳之據家為婦其夜令之從以充軍仍向寸據其孫

愛心思深仇相逼必打刻以孫探奪其弟兩妻撫也而寺薪如孫氏姑姪（災）孫家盡於中

狀元黃時佳貧而物不納故也

山東教匪張某東昌人　寡婦詩華殺人初起甚弱官兵不能捕眾亦散廣通

破冤城朝城至河北之漕濟涉　寡改降勝僞閔令兩敗

長館會起于南城如改亦降勝條令俗敗

直隸山東交界處滄景一事　騎馬賊御馬之類

江南豐沛蕭碭之邊形勢甚險甚因其改探北至山東全卻魚臺賊至靈壁一事

錦府朝南兒

賊改六安戕軍飽營勢狀　黃撫令兩路一攻歸城一攻蘄州一攻鳳陽一攻臨

淮一據臨淮收錢及以時勝一事回撫降將郭立勳

晉傳五十五　劉毅　安世將帥

毅之道　安世忠義

諸葛長民　安世將帥

何無忌

安世忠家　檀憑之　安世忠即　魏詠之　安世宜鎮

顏上獨錢豫章　疏曰牧寧以忠務爲大　武昊以儒東爲先　萬氏代之　蓋出于檀李

云之雖托言以玄庚恱於自有隱　且顏之福謀宋人之之字未必盡信也

晉傳五十六　張軌　軌子寔　寔弟茂　寔子駿　駿子重華　重華子曜靈　駿子

祚　重華子玄靚　重華少子天錫　宜作世家

茂城姑臧　別駕吳紹諫　茂答曰　今事未靖　不可拘繫常言　以太平之理責人于

匹區之世　此不爲不識時務者針砭

初二日戊寅晴　同閣謁元甫　每因借謁相賀介弟浣圃先生撫浙之喜　君五儀

萬筠軒賀其弟蘇藩之喜　步亦陪　下午霍生來　元甫同楊詠南來

楊蕙南觀察三月初八信

府朝陶見

李希帥出赴皖　引至其本縣即病　金逸亭既隨李氏昆季立功八年　援賓

度之役　師過鄞　金之年祀法楚督宜張蔭徽之　李希帥強祖之　金因免往

悞爲因事賞隙後宜當事張侍金攻觀禮之　金急前來不之拒　李益大然以

金為元志集至今傳之其實如書之病也 賊攻六安六安留大帥所轄二營

駐守方賊攻時城故蔽(塌)崩去十許守者旋堵築賊不得乘 雖整無石潤

堞解圍時賊竄至盛家橋相去五十里雖不之擊而賊過剡江南避歷江北每

東扎追北岸之賊後由廣北于桐磨岸生過(戰)半月除日之賊之地八日

是士卒為之激

晉傳五十七 涼武昭王暠 處代之先人 子歆

暠手令誡其諸子曰 動念寬恕審而後舉眾之所惡勿輕承信 勿伐善施勞逆詐億必以示己明廣加諮詢無自專用曰鄉

黨婚親相連至于公理時有小小頗迴為當隨宜斟酌 掩瑕藏疾滌除疵垢 于

新舊本任 公平坦然 初不容懷 有所損益 云云 誡子孫名此理不可不讀

暠當時立業相剛河右為雅容體讓習士風君子風勤誡敦識斂實至

允足風誡

晉傳五十八 孝友 李密 盛彥 夏方 王裒 許孜 庾袞 孫晷 顏含

劉殷 王延 王談 桑虞 何琦 吳逵

張華問孔明言教何碎密曰昔舜禹皋陶相與語故得簡雅大誥與

凡人之爲碑記，明乎其旨已難，言簡是以碑耳，於此知作事者之甘苦。

初六日乙卯，晴，甚暖。寫黃甫坡龍窟信，（鄉可盤表與術所）。劉捷甫來，方子可來。

接劉子迎三月初十日信。

又談如　日　日信

晉書五十九　忠義　嵇紹　從子含（惠世方鎮）　王豹（惠世勤忠）　劉沈　麴允　焦嵩　賈渾

王育　韋忠　辛勉　劉敏元　周該　桓雄　韓階　周崎　易雄

樂道融　虞悝　沈勁　吉挹　王諒　宋矩　車濟　丁穆　辛恭靖

羅企生　張禕

嵇含之忠義事殊不比傳，似宜爲其事實附見於傳爲合。

王粹圖莊周于室，含作文曰人倫伐李宴風挺穀野無誼屈之者，朝有宰衡之誤，上下相凌，長幼失貴，雖有信之實，以物引以法以自便，豈書之一言人之重者爲之尼職，而由來此乃獨能爲之。

王育降劉淵而要之以忠義，似不可。

韋忠（中傳乃）不可奪之志，然觀其言之于張華之碑之辭疾不就，人問其故，忠曰

蔭先華不貪榮祿，終為世獄，我以從儒為吳縣儒學，此可臨尾閭為範沃

焦狀　此士君子出處所當體念師法

忠出為甚寒，從為功曹，以身殉捍府君，亦臣子之極節。於府主則甚死相報

王朝則為之奉使，出為劉聰所殺，以入晉書忠義傳，豈不也哉

辛賓宜特傳

此為宜出之可附晉書者也

晉傳六十　良吏　魯芝　胡威　杜軫　竇允　王宏　曹攄　潘京　范晷

丁紹　喬智明　鄧攸　吳隱之

魯芝擬此良吏未審

初四日庚辰雨　方元仲為擇棗此後下午去

晉傳六十一　儒林　范平　文立　陳邵　虞喜　劉兆　氾毓　徐苗　崔遊　范隆

杜夷　董景道　續咸　徐邈　孔衍　范宣　韋謏　范弘之　王歡

韋謏則終仕於偽朝之晉者

王歡亦不可入晉書

晉傳六十二　文苑　應貞　成公綏　左思　趙至　鄒湛　棗據　褚陶　王沉　張翰

庾闡 曹毗 李充 袁宏 伏滔 羅含 顧愷之 郭澄之

成公綏作天地賦 世人以爲長于卌

王沈釋時論以輕措其意於文字時之嚮

張翰當入高逸流

初五日辛巳 陰 下午同閩卿訪元翁年丈 並遇

初六日壬午 晴 同卿蔣璧如 慶穀 麗侍來候 元翁多梓 姚彤甫來 陳亨甫來未晤 劉同民來訪久坐

初七日癸未 晴 午前同閩楊直夫 蔡侯 黎尊甫 蘇英德爲家 次回訪袁生詩林 隨次答候蔣璧如 慶穀 于楊詠春家 隨毛霍生處 午後有甚勞憊 次回訪華若汀 沈雲村 李壬叔 次回答候劉同民不晤 次回訪方元翁所留 陸章甫來招此

接吳竹莊三日 信 又初十接二月十六信 又左孟辛二月十八日信

晉書九十三外戚 羊琇 王恂 弟愷 楊文宗 羊玄之 虞豫 子胤 庾琛 杜乂 褚裒 何準 王濛 子脩 王遐 王蘊 褚爽

高傳六十四隱逸　孫登　董京　夏統　朱沖　范粲　子喬　魯勝　董養　霍原

郭琦（此可入隱逸）　伍朝　魯褒　氾騰（此可入隱逸）　任旭　郭文　龔壯　孟陋　韓績

譙秀　翟湯　子莊　郭翻　辛謐（此宜入忠義）　劉驎之　索襲　楊軻　公孫鳳　公孫永

張忠　石垣　宋纖　郭荷　郭瑀　祈嘉　瞿硎先生　謝敷　戴逵　龔玄之　陶

淡　陶潛　　此在異國者皆不得入晉書

初八日甲申晴　方元谷來　葉湘夏雯文李侯

初九日乙酉　午前陰午後晴　方元谷與桂來　下午同季甫至元谷處　逢霍生

詩承雅正年　薦同胸　元谷云　同攜付刻

錄聞見近事

雲南省城于正月十六日為西匪所陷　匪首馬榮自稱平南王　杜汶秀稱征南大

元帥　總督潘鐸以下至微秩皆死　巡撫徐之銘　布政司陳錫蕃降賊　出示安

民（言提督）副元帥代巡撫民之意　巴將省城交與劉岳一書云　係之銘已降從海成機

六西軍奏摺內中大將沈自怡　曾佛林竟克公安伯宗　備出兵之功

積不能錄　用德卿黃矜夏康阿國階株京無獻　將其之死地　曾國圍守臣

節惠昭侍尾大眾不昭公號蕭兵云〻自稱我姜光弟稱帝為兩宿黃字
兩山也讖圖陽為國殘賊陽按蕭如其意　粵逆李秀成攻大安不克鬼把唐
如不設能下因乃打罷〻安

初十日丙戌陰　答侯葉湘雯
晉書卷九十五　陳訓　戴洋　韓友　淳于智　步熊　杜不愆　嚴卿　隗炤　卜珝　鮑靚
吳猛　幸靈　佛圖澄　麻襦　單道開　黃泓　索紞　孟欽　王嘉　僧涉　郭黁
鳩摩羅什　曇霍　臺產　仙釋紀氏並鄭一卷大宜刪削
晉書卷九十六　列女
羊耽妻辛氏　杜有道妻嚴氏　王渾妻鍾氏　鄭袤妻曹氏　愍懷
太子妃王氏　鄭休妻石氏　陶侃母湛氏　賈渾妻宗氏　梁緯妻辛氏　許延妻
杜氏　虞潭母孫氏　周顗母李氏　張茂妻陸氏　尹虞二女　荀崧小女灌　王凝之妻
謝氏　劉臻妻陳氏　皮京妻龍氏　孟昶妻周氏　何無忌母劉氏　劉聰妻劉氏　王廣女
陝婦人　靳康女　韋逞母宋氏　張天錫妾閻氏薛氏　苻堅妾張氏　竇滔
妻蘇氏　苻登妻毛氏　慕容垂妻段氏　段豐妻慕容氏　呂纂妻楊氏
李玄盛妻尹氏　卷帙太隘〻人才晉代才　餘人當另為識

十一日丁亥雨　写贺沅圃中丞信作此贺鄂撫之命　附寄子成嵭书
晋侍六十七回贲　语为详叙不齐状妙此入载记此亦不必稽也
晋侍六十八　王敦　九世耕臣　洄亮　钦尧　柏澄　海云世耕臣　重嘉　澄寧佑
接昆甫初四日信
十二日戊子晴　卯刻四婶举一孙娩娩安善　因闻独亭雨伯杨书杨玉元为贺
同子育兹　因同叙季雨访徐雪村华若汀李壬叔　因闻独访杨詠春及
霞仙诗妹　左霞仙生女饭　霞仙请来贺喜　欧阳晓岑自湘来之候　王
子雲（衡山人）来候
十三日己丑晴　答候晓岑　晓岑为痛以　先慕毅自以官书见赐装戴书量
答候王子雲　出访程伯旉方伯　晤　访子密　谒相国面知沅帅将致劾某揆
前函讨之沅帅为屡函来说相国致之意但斟以戕性疏拙不谙世务为陆梁祥为
生平志事但求一枝之安以安恩读书为世人向功业实未敢涉足　相国亦甚
以五法因以援之尤为辞而　下午同闲谈访之为闻书恩也
接郭筠仙初三日信

又汪燕山信

十四日庚寅晴 写昆甫信（廿六日寄御史亭） 莫子偲兄访 清臞孙月心姊家 么子三朝贺

宾叶湘云王霞生汤诗林下午归 相国遣召晚午饭

接眉生三月十七日信

又刘绳庵相州三月十三日信

十五日辛卯阴 午后晴 杜小舫观察文澜 秀水八指和尚 见寄札到楚信等（官塘 萧眉生带信寄王梅寿）

来候 访鲸晓岑 遂应相国之召 同席元甫西翁嘘庵程 李少荃

甫 下午归寓

接孟辛三月廿七日信 已到家矣

十六日壬辰晴 答候杜小舫 遂入城门 下午回寓 下午 晓岑来访 昨言达

意相国辞金陵之行 相国使来相霞且请一行 到后告以侍候或程还而为

命不可云云 势且徒辞之还 写安行之信（卯日发 交布置寄古局） 柳小枚信（卯日发 交文报局）

十七日癸巳雨甚寒 如二月时

十八日甲午晴 访晓岑不见 访方仲旸 兼过耳耕云山 访李眉生

方子可來 下午同閩抵訪霞生 晚飯後返
接公執壬戌十二月廿三日信 又今正十一日信
又稚蘇二月廿三日信 方元若來
十九日乙未晨微雨 早飯後訪曉岑 同訪其同鄉張君節相營參者
府朝陽見
忠逆由廬州竄回巢縣柘皋一帶 李世忠自稱八年八月物營於
勝帥挑留一萬八千人 自彼時至九年六月俱自備兵餉報効 收破六合又於
收降二千人 以李春帥派官每日給餉營一萬包 近來全撤即使全領之
不勇領項矣
二十日丙申晴 本家伏生大兄來 又字子息 現住睢甯西里邑既 子憲堂弟 同鄉管樹亭來訪
候貽藻 其先字雨亭 係 里弓完 霞生來 寫眉生信 廿三日發 交袁姓 又蔭伯信 一附弢甫信 一附眉生信
接濤子亭二月廿六信 又弢甫信 廿二日發 交安慶局
錄管樹亭詩
三月十七過石陽閣 是日黃蓮已作札發過閣時往訪其隊主某又遣騎

送之二十里又見苗逆所調之團練勇至者皆出包英関之團多不肯從
逆而又畏之故應之人亮數云渠隨身親兵不過二万人有火器能戰係皆
然也

廿一日丁丑雨 方元仲來

廿二日戊寅雨 方元仲來 下午楊詠春來 又診疾 晚請霞生詩林

接汪章甫初十日信

又汪少堂三月十七日信

廿三日己卯雨 方元仲來 寫槐亭信 即日發 托內粮餉所

晉傳六十九 桓玄 卞範之 殷仲文

晉傳七十 列傳後 王彌 張昌 陳敏 王如 杜曾 杜弢 王機 之鉉 祖約

蘇峻 孫恩 盧循 譙縱

晉附叛賊而藝傳家或乃世胄舊為世之所無風俗之不講使然亦雪

馬相繼不許去之故材呈耳

廿四日庚辰 食 訪曉岑 謁相 經公使 答樹亭 曉岑來 到楊

詠春家看病 訪吾生詞來

接沈帥十九日信

又吳平齋四月十　日信

府親同也

崑山于十四日收復 賊死三萬餘人 我軍分三支進攻蘇垣 一支程學

啟統率由崑山正路 一支李季荃 少荃弟也 即三 提督由江陰無

錫剿賊沿路 一支水師由平望攻吳江 剿賊有路

廿五日辛丑 晴 元弟來 飯後同[illegible] 又論若何等

廿六日壬寅 晴 候葉湘雯賀其嫁妹之喜 方元徵來 劉純甫來 陸心[illegible]

來 寄曾沈帥信 廿七日發 寄曉岑

廿七日癸卯 晴 因冒雨訪曉岑 寸心華若何寄多事 到楊詠春家

看病 杜小舫來候不值 下午方元徵來 候楊[illegible]來 四人宛君仲君季君[illegible]宿寓

廿八日甲辰 晴 答候杜小舫於其母作 順訪鄧逸亭 赴葉湘雯之招

同席張鍾渠 鳳高[illegible]江西南昌武寧縣人 宗官城 江西人 又周李二

螺

廿九日乙巳 陰雨（下午大） 方元翁寄樣筆卷付來 餘俟刻元翁寄

五月戊午朔日丙午 晴 葉湘雲又來 訪曉岑 又訪向伯常 又訪霞生 訪林雲雨先生在向孫處去 又回向孫 訪詠春 蓋陶 寫吳申甫信 附印晝曉岑

初二日丁未 晴 莫偶齋來

接六姊四月十五日信 言近日病已癒 甚為慰

又梘亭三月十九信 四月十四信

又壽辛四月初九日信

又仲嫂同日信

初三日戊申 [illegible] 訪蔣蒓卿 程尚齋相小叙 程伯旉 並晤錢子密

又訪曉岑不晤

府[illegible]

第[illegible]和偃徵官軍即造亂之狀 聞華陽已于三月十八在蘇殉難

初四日己酉 雨 方元翁魯梓來 寫周生信 附印晝寄文其偕君 張鍊

漢案來候 霞生來

接自生四月十五信

初五日壬戌庚 薄陰 下午大雨 霞生待 林來賀節 元留飯 子由來賀節 閱帥署

止菴〻〻不往 餘客一概遣刺 寫槐亭六姊信 初十日發 交內記錢行 子由辛年 寄士英辛高信 仲姊信 附入槐信

穀成信同附 劉子迎信同附

初六日癸亥辛 大雨 陸章甫來 下午撰路史一籍

初七日甲子壬 陰 午後見日 本日係破日 農諺壬子破如大水 河工最忌之 謂相

驛赴秣陵 訪程尚齋 錢子密 楊小泉 薛花畦 程伯旉 驛行 訪李眉生未

晤 訪曉岑 答候張鍾泉觀察 下午招曉岑 霞生 周如 元徵及汶

琴 西河伯 常濤 鄧垣 王少岩飲 汶濤未至

府報閱見

金陵已克雨花台北岸第一壘和星復

初八日癸丑 薄陰 方元徵來 金子壽來見訪 攜送筆葉四匣 墨二四匣 錢子

密來訪 靳蘭友大令來候 並言小山東館陶人 郭送陸恆孫 薦幕友子孫局 寫才姊信

寄黃氏醫書一部 初十日發 交程尚齋

初九日甲寅 晴 方元徵來 王雲西來訪 久坐 同周弢甫訪王荃圃 擬托奴

子彭處事來晤 訪歐陽曉岑 並晤莫子偲及虞卿戴君緩笙 偕子偲謁相國 答訪方伸財 訪劉同氏見雲麾將軍李思訓碑 或于宋搨 訪華若汀陳雲村 候孫卿 李壬叔 訪楊詠春 訪張嘯山詩林 訪莫子偲黎蓴齋 並觀馬季侯及鄭所臨徐鼎甫見莫所藏晚唐人寫本說文木部殘字卷 字畫訓釋多異今本 有米友仁跋 答訪金子香來晤

錄王君函語

湘省造鎗炮係包工 由劈山砲每尊十二千 抬鎗每枝四千三百 小鎗每支一千二百 鐵炭在內 今年此處開局為起湘省 自為募鐵工 雇寧鄉匠五十名閩來工價則用點工 合計劈山砲二十千四百 抬鎗六千 小鎗二千 方較本局計猶太貴 又從湘工請來包工 因冀造劈山計價十五千六百 抬鎗四千三百 小鎗一千五百 然校點工輕減甚多 而視湘省實價為寬數百至一倍 然造之俗見鐵百斤用煤炭二百斤 謂之一鐵二炭 即已寬裕 若不節省鐵三炭者

初十日壬申

府知會見 今日直詣相國小營，四葛帳，似小布夾被，草簟而已，旁有二小箱，几上陳設紙筆

外此一件陰物呼呼可異哉

陳臣匠有信也之四匠匠出報賊之悟而退張某現在□帥左東旅居

經接他日如一帶已行而今境無食米每石至二十餘千 四川[illegible]接米接

急須[illegible]之川糧運上來候但已五千餘[illegible]貫 相國恐以方為言

因述之語李少荃中丞訪問洋米候自[illegible]僕搖洋[illegible][redacted]相國[redacted]

少荃安[illegible]哉為之天長六合揭如一帶告警之都帥處[redacted]忠都下

相國稱其人堅忠實耐勞於任[illegible]勇而[illegible]少決然大將之才

兵氣智札此者意外 湘如鎮軍買死于蘇州家居宗郎 相國

以不治城年餘疑其事以之問[illegible]以人臣[illegible]宜[illegible] 但此不任

以世清議重於國家二張[illegible][illegible]家[illegible]養守

城二年之久終之以死 請[illegible]臣長[redacted]

則語臣[illegible]守城[illegible]不[illegible]

傳此中是因防務無遇害等陳[illegible]被出[illegible]朝廷師

洪[illegible]

謹初無向之相國皆之

初十日乙卯晴　訪金子香（華菴未晤，莫仲華來）下午赴陸翠西壽雨姬之約　伯常、杜舟、同席湘如、
楊見山、𡵠、承如、邵伯晤（瑶）、曾蔚、蔡葆甫、楊少岑、吳伯鶴及閩生　訪吳撫臣
金子香來
十一日丙辰晴　楊見山來訪（華卿來候送行）　答候楊見山畢晤，又候沐韻甫均不晤　答候
王雲甫、曲侯、龔春海之棠，福建人　答候葉卿文不晤　候邵伯晤答
候靳蘭友　薑玉露農生、蔣芝佚、機庠田庄、歐陽曉岑、邵玉軍、閩
生討來　物金日曉岑訪楊蓮庭　遣人詣帥署請派炮舟　吳子健來晤
接毛子雲五月初二信　李壬叔、吳雪村、華若汀來未晤
十二日丁巳晴　龔春海來答候　炮船哨官劉霖岫副將　玉春長少人來
候　沐韻甫來答訪未晤　方元徵、丁樟來　祀行神　露生討來送候
行　伍成遣炳楊押行李先下舟　下午成行　順訪金子香　甫來　到舟即
開帆　行十里至李陽河泊左江南岸
接邵伯晤本日信
十三日戊午晴順風　辰過程陽　午過大通　申過荻港　亥抵魯港泊瓦

程二百里矣

十四日己未　晴　順風　卯過蕪湖至荻港口　將謁彭宮保聞進攻九洑不在遂

發至止石邑雨冒山已過太平采石　午過上下三山　未末抵大勝關糧

臺收帆泊舟過候李少山乃談語雷營糧臺李少儀薦夏少卿已（計程二百里矣）（兼總關淮時）

舟梅川約青步乃到邑候李少山王雨軒程月坡（程君子南）致訪此印

在李舟飯　梅川李佐李新宅　訪之未談去之故

歸本舟過事

雨花台營內廿七夜後營官李臣典率親兵四十人乘賊不備而入殺

賊無算我兵死亡止二人遂獲十餘年未得之要隘洵奇功也　江浦浦口賊

皆遁李世忠兵先進城（南岸水師）進攻中關已日陣亡數百（手）北岸於橋

二帥及太湖水師李帥會攻九洑洲已三日鏖戰陣亡三人尚未得

十五日庚申　晴　以目疾不出門　訪如寿　劉霖峰來　命李暢作寓書付之

下午李少山閒後晴　劉霖峰來　程子俊來　寶山子與安硯交負

十六日辛酉　晴　下午訪李少山未　洗帥捐資發船　訪之　因無事

錄詠如信
九伏洲賊堅守數日我軍偽退燒賊巢而賊心慌甚遂請於湘水師納降
餘賊數萬人皆逃至江北者有渡管之舊庵之半焚者死者不可
勝計
十七日壬戌晴 寫李雨蒼信 帥田芸安 劉尚官 詠如來
十八日癸亥晴 阮帥遣問目疾 修書璧(?)謝遣與馬來丞謝之 允以後日
赴營 程寶山來 詠如來 馮灣卿來訪 邦棟衡湘人本府原今委員
十九日甲子晴 訪李少山不遇 答訪程寶山 答訪馮灣卿
二十日乙丑晴 早起詠如偕伴驛川無遇李少山 王雨軒來送行 赴馮灣卿
之格同席 丁蹈亭軍門 楊士炳長沙人於江水師任副將營總 楊春舫總戎
副將營官 丁與吾同年同月同日同時生 亭午操小舟渡至棉花地
登陸赴與汪逸偕冠相坐可為發異午刻到營上謁中丞無識其營
務盤彭君國南 毓橋長沙人 易君醇意良禿 因共飯之後中丞
指入新屋下榻 遂候 [redacted] 彭次卿 楷年長沙人 知府 [redacted] 益營務 [redacted]

附錄來書 王惕夫 輿龍 湘鄉人 中丞乙榜 劉文楠 倚楨 江寧人 黃
小泉 生 仁普 善化人 陳芝岑 江寧人 朱星鑑 式雲 湘鄉人 廖昆元
野塘人 陳芝軒 麟 湘鄉人 盛仁仙 湘鄉人中丞乙戚 曾厚甫 湘鄉人
楊伯韜 善化人 胡籍霞 馮允梅 至浙江寧人 陸仰韓 趙升臣 照 善化人 主簿
帳房 羅筱堂 蔡森 長沙人 彭季三 志遲 湘鄉人 李晉之 湘鄉人 朱
花翁 黃陽夏 知縣
霞軒 黃寓 陳陽亭 棣 江寧人 同知銜 黃侯 黃子湘 文涵 澧州人 江蘇候補中丞 昆來
此來 未差
下午 諸君皆來答候
二十一日丙寅晴 昨日中丞興門十餘里 目疾 萬劇 黎明時中丞來答候 故不
能閱 目中略極 內伍寸 彭次卿備
二十二日丁卯晴 中丞委陳同黃子湘 劉文楠 羅筱堂 彭次卿
二十三日戊辰晴 赴中丞請造曾捐 發接難民資生代賑 並請發派員
發書兵部催事
接雲生十六日信
二十四日己巳晴 劉崑 □□統領黃少崑 潤昌 湘潭人 來拜 代中丞接安

民韵吾弟

二十五日庚午晴 中丞命擬收城後蔡[琪]兵勇滋事各條 均批示 彭楊鮑劉
帥會奏奉旨 是時南路中丞全軍由屯札前敵 已直逼聚寶門壘也
東路分札鍾山 東北由鮑帥廣江札幕府山 鄧星任務 擾札孝陵衛 斷城
東要道 西北水師從江都彭 洋人由寧至城下 接水師幫 已 城中接濟甚少 升
米千六百文 蘇首收兵至為患 蓋補築土城協守 連日停閣 大股援賊已到句
容高淳一帶 為要路信

二十六日辛未晴 見中堂商務 連寄廣東厘金不准截留 為全數分解
皖浙江西洋税每年九江楊海解三万 黄南坡已准來江南辦理釐政

二十七日壬申晴

二十八日癸酉晴 炳暢來營 江寧府楊子木鐘謨 江西臨江人 來候 寫信 卯日發 交楊子木

接問第[illegible]初一信

又六弟二月廿九信 三月三日信

又紀澤二月廿二信

又雯栩廿一日信
又南當君廿一日信
又季雨信
又孟辛三月十五信
又閔稚珠三月初十日信
又陸琴西、向伯常、濤衆頓廿日信
又眉生信
二十九日甲戌晴　中丞招陪楊子木仿　鮑帥來晤中丞
三十日乙亥晴

八月己未朔日丙子大雷雨　黎明赴□□尊星宋上謁中丞并至各處賀
各營官來賀者絡繹至午不絕　復母誦如李少山馮湘卿來
往營次先款傳中丞飯後附同伴諸君大合右甲另嬰寸　黃子湘
甲叔貴
初二日丁丑晴　中丞請鮑帥楊帥宴　寫諸公信（帥日發　文寫畢）　羅茂堂來譚
初三日戊寅晴　前途並四千斤大砲至雨花台前營今日中丞往看炮開放
~~[illegible]~~
[illegible]以
初四日己卯晴　中丞來自鮑營鮑已至營壘存山賊皆不出　左季高制府
有信來中丞命擬復　是日擬收城十二諭成
撰諭公信
初五日庚辰晴　羅茂堂來譚我軍前敵已挪地道數處南門瀛應宮過　高資衆營
初六日辛巳晴　擬左帥復信稿成　劉友楠四秦娘
撰閣生五月廿九信之　今日初十日　復來此
初七日壬午晴　寫家信　雲陽信　帥日發　寄沈怡翁　中丞來譚良久允出資全刻

王叔山遣書 寄諭勞曉岑行營知中丞刊書之說據此事須費四千
金曉岑屬余纂恩中丞篇之倡乃中丞不獨能獨力舉辦無許多金
千金為家工精刻之費其好學樂善如此 即日發交王協青
初八日癸未晴大暑節天氣殊熱 王協青來返湘早遣君行 下午城中有
洋人出降中丞命繩從同出城據云美立利人因其長毛身執不令長
毛賊殺之故來吶云城內米甚少大家吃草馬犬肉度活偽天王已
死此蘇叛逆眾甚怯遂又自言羞放炮在此効力不回上海中丞
賊殺之余意返至頭敢城下令其放炮以亂間城內洋人與之不可
遂允留之 連日城內射出偽諭偽示勸降其辭語書理謟戳情
狀大將洋人所作不必畫謎為我軍太半不能力攻鮑帥全營逞狂悖染疫死
者[redacted]已三千餘人被其將山一擧殲何不能往札餘如別營不堪之矣
失此機會殊覺可惜 蕭軍門孚泗字杏卿提督黃馬褂湘鄉人來訪
初九日甲申晴下午復雨 覓蒞山來譚談 下午陳芳仙湛湘鄉人西營營務現統帶
吉段六營統帶來訪 晚間安葉楊伯昂因新來之劉韻笙來訪岳州人

初十日乙酉晴 下午有物正人來說 賊中米少 城外居民赴大營鬧一常販
米漏匝每斗千三百文 賊中饑餓者每斗千五百文 近因官軍嚴拿匪徒
數人為之省悟少

廿一日丙戌晴 中丞來譯少時 命擬諭恩摺稿 予言及鮑軍疾疫甚
盛 予因言洋人之法于疾疫盛處聚草焚之 使火燄上騰可以散鬱
遷之策 中丞甚然其說 訪陳桂秋 湘鄉人 善醫 寫中堂信 十二日發 交中丞奏差

廿二日丁亥晴 下午雨 連日鬱熱 下午必有雷電 雷聲与炮聲終日
轟轟不可辨別 中丞來譯之久 擬摺稿成 下午送 余請寫成後中堂核定 請中丞閱 少改即
發 寫家信 即日發 交中丞奏差 又致曉西信 附中堂函
接五月二十八日家信 即日批註寄回
又雲甥二十七日信 即日批註寄回
又槐亭五月八日信
又六姊三月九日信 四月十五日信

十三日戊子晴 傍晚大風雷雨徹夜 目疾少瘳 晨起以遠鏡窺四野 直牛

首黃峰正對窗南形若了髻山迎廟寺形跡尚在三山灣江一帶之可數大江來此正中青碧歧近州三叉河即在千外帆檣鱗集其下將北首至三山門即水西門外寺秦淮與合下流於為三叉形二一出江東橋一出石城門即旱西門外之石城橋流物大江秦淮自天印山即方山來近城分二流一入東水關橫穿城前從通濟諸水出西水關一州繞城南至城西角寶工橋下折而北流俱至三叉河會皆

請不見

十一日寫已丑晝時 中丞寺看摺帥事文江蘇之松太三府州屬錢漕會摺委員開局核計擬減額俟開徵之第即係案摺具及紳戶包漕官墊民欠名色 壽州于本月初五日被苗逆攻陷賊黨直逼臨淮札調伊總兵率所部全軍由三山一帶度江至鳳陽縣會同臨淮援剿 又調水師楊彭各派船板船由依州進口運河洪澤湖馳赴協剿與援壽之成大吉一軍迅札三日矣 蔣凝學一軍巴郡圍守穎州 毛有銘周寬世俱守六安 下午謁中丞敘兄摺帥來信言壽郡不忠兩淮恐頹之不守何為患甚至猶強之不暇前被巡撫意見均同將來羽楚楚人不能以搭亦不

會粵和尚資世以力若云云又云自陸華僕 等仙到倫敦作料理 寫

雯翊信 卯日發 交溫善夫 又附子信 卯日發 全上 識廣東人溫鳳樓 係江蘇善員 云

廣東高要府屬二梅土生後事 擬批鄧親嬪為章程七条

接才料 五月廿七信

又金子香六月十一信 寫春潯來稿已

十五日庚寅 陰 晨雨 中堂召 屢不見客 訪陳桂秋 黃少坤 觀定中東事

譚 彭鳳南 函訪來久譚

接雯翊初四日信

又自生五月內信

十六日辛卯 陰 入內中堂 病未見 訪陳桂秋 寫金子香信 卯日發 交鄧人

十七日壬辰 晴 入內中堂病 見示李少泉中堂信 云倭軍已破江蓋常毀

之向賊 距七十里 直抵江省城下 又寫東新聞紙三摺 內云日東國十七年彼

之英美各國 欽差不和 土耳其亂 美國欽差搬上兵船 美國才之治我已見矣 又云外國人皆笑其

自云我將洋槍書卷長毛皆七分五厘利息 人因說我不正 我想大英容

府代中國辦事所以華律稿本國兩信十分我舊利之心相同其分別者不
過英兵係由國照諭我係自為若照律例兩邊均不應幫助也又云李泰國代
買輪船一名北京一名中國二舟裝兵一名廈門作小炮船內河可行該三船已開去
本地另有百數舟在美國監造又有小輪船在廣東監造其炮船雖不能裝
上等大炮於係可合用此事均奧士本於理又云我要碼信云南京城鄉當
不均被燒燬燒其不樂然既在奧士本既來中國應由南條先奪其要隘
應派船直達中國矣富有益也又云實德來信浙撫在高陽並不攻打並毛看
來若並無人教練之兵幫助雖係于克後又英法德兵不和擾兩國教練之兵
均為法德兵管理英德兵不服然路紧制
接扇生六日十七日信　以下至七月十五皆以日廣東記
日補撫寫此
十八日癸巳
接評山本日信
十九日甲午晴　寫扇生後信　湖南自蔵 李字
接扇生本日來信知已到任平

二十日乙未晴 發新局告示 下楊子湘房內
二十一日丙申 中亞招讌局晚飯 接川督信 石逆開犯境 皆官軍擊敗 逃至紫打地 土目生擒梟之
二十二日丁酉
二十三日戊戌
二十四日己亥 立秋晴
二十五日庚子 楊厚菴軍門來營中亞處陪午飯 安慶寄回楊穆門（中亞）日抄發
二十六日辛丑 見李少荃中丞信已于十四日克復吳江縣城 又程學啟信東南已薛文固撤
二十七日壬寅 逗常勝軍前事甚報 城中事去男子二十餘人 携有大炮炸炮 甚為賊已劫為
二十八日癸卯 桂玉云云
接許如本呂信
二十九日甲辰
接周錫三二十三日信

七月庚申朔日乙巳晴　中元招飲以家忌辭之

接卿季兩前月信

初二日丙午晴下午雨　葉湘石剡川迎來始　甬生中剡川同去　寫周惕復信（初三日發家諭如）

接昀孚六月初二信

又周惕六月十八信

又魏桓仲五月初九信

又盛法生三月十四信

初三日丁未　寫諭如復信交番足

接眉昨日今日二信　並寄周安邦五十兩　即日轉寄交諭如

又諭如即日信

初四日戊申　寫昆甫復信交諭春　諭春復信　初六發附家信

接周惕初一日信

又昆甫拜六月十七信　托覓丈夫節死之城賊中者列之名條寄嵩燾爲要　並托長堅探之

又諭春初一日信

初五日己酉　寫元翁閣部、云舫公信　初八發附家信

初六日庚戌　寫寄生信附家信　寫六家信十月娣　即日發家　文吉勇邦居士　寫家信

寄陸仁信　即日發　寄子京　楊子木

初七日辛亥　大雨　中丞命擬保舉人才一摺　共五人　郭嵩燾　嘯城　此人　周開錫　藝山

甘晉　成果堂　靜高幽善化人　以上三人送部引見　易孔昭　八　曾樂　才堪造人

以上二員調營　又一片專保黃冕　南坡　當日擬成送入　是早攻破印子山大石

壘守賊偽佩王馮真林[illegible]敗潰　或云已死　得其印木　太平門餘為僅二小壘未破　先是賊攻下

關陸營甚急　得用開花大砲子重三十餘斤者　駐守之將為劉南雲　嘉詩名　捷營

戰[illegible]不已　故我軍攻印子山以制其勢云

初八日壬子　陰　復詠如信　家事人　中丞開難婦局　事兒以女居爲所收　每日給二百千文爲用

攝詠如本日來信

又眉生初四日信

又楊子木初六日信

初九日癸丑　陰　前日得印子山　爲餘二小壘未破　城賊收拾大隊來爭好地　我軍亦出萬餘

人辭之姊大殮二小靈亦同並軼仍柳王綬榮發信楷子木信十一號 又諭兒信 交壽人

接稚如本日信

初十日甲寅　安慶來錫洋炸炮委員丁仲文記察來訪焉　慶來人　晤錫炸陳用本日甚利

接柳子枚六月十四信

又鄭隣泰同日信

又廖再卿太夫人訃信

十一日乙卯　中堂房陰丁親察餘　又以崇揚兄弟壇路蒲路添入本營內保舉七人

達捷彭毓橘陳湜皆有一陣之才易良虎羅萱林森彭椿年皆長於勸之

文可備顧問之選　堅辭擇余薦十二餘員云云余以淡當人太多且裁又懇讓重恐初次臺

奏不宜為余異名特甚崇榮相國特保及專人均相嫌忌家頗懇府公不敢依為

派仍若以力辭申函堅執不允且云此獨寶務君為重余重可請奏請特辭之並戒命為

之適已辭向封奏遂來下署某之敬　余又切囑不致無益如何　寫眉生家信印

日前舊子楊子布來基　寫家信交勤壽昆

接眉生初九日信又附季妹

又子延六日內信

十二日丙辰 卅陰昨接延內又屬於粹卿代辭 仍未見允

十三日丁巳 晴 同鄉毛子容來 復附延江口舟中將赴浙也 傍晚中丞以懇請吾擬允

見示並覓之外又添全安清李翰章二人 寡仍長夫見大云云 命為潤色 眉生極

為中丞知責 中丞並屬為此說 眉生笑已為服所懼甚 迷竟不可 中丞甚才也切

不能待之日後 余亦勸 但其事不允

接閔錫六日 二十三日信

十四日戊午

十五日己未 晴 晨赴上謁 出 候同年文君子 詩如同其姊子雲 筆壽 戴月峰 故人

來 復附安去 寫吳士良信 孫雅青信 鄉日叢 毛子容 攜趙姊婦與安 召望懷陵

章程國先生之母本士兵屬為借始

接毛子容本日信

又楊子木十二日信

十六日庚申 晴 中丞來以指軍情 接精屋為删潤 龍芝生太史 湛霖 長沙人 來訪

中丞屬陳龍君丁君飯 坐中丞為識劉南雲方伯 連捷 短小精悍年甫逾三
十英武勇往為一軍所服 左手受傷已成銅疾 說是生之者撫賊仲丁中
丞中丞知其熟識屬為羅致
十七日辛酉 詣中丞拜候未晤 寫吳竹莊信 即日中丞日發 又寫撫賊仲信
即日發 寫詠如弟信 交卿甲發 寫眉生信 十八日交中丞發
接詠如弟本日信
又黃子湘初四日信
又眉生十四日信
十八日壬戌 晴下午大雨 移西門外營寄二摺一片又二片 一為買馬免稅一請此江湖前勅捐 凡中丞代江
西已屬浙江帝請軍進剿皖南 又此間京餉每月籌四万 大捐四万大此除六十六万中丞允撥每月
籌三万餘四万 下午見安慶來新安府御史王區塘奏 此次非華君生不能指揮 江西軍事傑
華臣即宜此華黃文豆均須出具切實者語 若幕友仍前退宿仍不能指揮 若幕府宜令三月內奏方 又臨川來
咨尚未得運出出商陸路今路由水路匯能已全復匯全陸走路塘分作二截
十九日癸亥 陰大雨 儀擬撥卿局告示及禁搶奪禁止破城後擄掠婦女條示 寫衰

生信廿二日發附家信內　寫聞生信廿三日發附家信內　陳惺齋甸晚來訪

接霞生初十日信

又云各初八日信亦即將返居

又沈植初七日信

記丁仲文語

粵東事務自壬寅年後即安議定某年為和約當許以　年二月二十七日入城以後准令出入不禁之文然其年　以前每時耆英為廣督恐紳民不肯遵議請遂脫身徙之者為徐廣縉乃葉名琛為巡撫因是春夷人先有文書通知有葉通某又老首之且回某事為宦之兵侍食耳去此則不能其患為居葬其居忽然遂寔日後老夜文老官府官然許之為以民為解彼必不敢則紳團自守之我不煩官也為某孫之也氣方國洋行札岸數十里禁止買賣日用之物如是者數日夷大恐出示請退兵稱不進城眾索取豆光年廣督撫捨　中言許入城之說乃退草豆寢深叢入奏並叙　前言某故　宣宗大喜因有世爵之賞

咸豐七年春時紅匪已平二年粵東係先直入香港夷地兼恃洋船　者積名官不敢捕匪者藏匿恒　護有用

船收裝載違禁貨物 蓋私販買或以告之官 時葉名琛已為廣督 經命往捕其船
其一舟之中六人 五人已就縛 其一攀檣而上 捕者群以戈戟鉤檣 人墮而得洋旗亦降 巴夏
里者 固駐粵領事云 謂葉私執粵婦生者 時為領事 因以國旗失事 用文來索所捕之人 葉
已誅之 巴夏里忿 且以鳴旗之故 巴夏里尋釁 日日叩城 欲見葉督論理 葉督不可 又于城外造屋作公所 請葉督往
詣之 亦不許 遂于是年九月辛丑 師入珠江 縱火燒城外十三洋行 盡燬洋行 皆中
國人開而為外國之貨入口者 為英吉利院 燬外商之屋 亦來年 但覺葉督出示云 能來世
仇役營造者用兵 其所燒之物 外國均有向彼所償 中國不能 於是向外國直其說
詔已之 既不得志于中國 皆為外商所怨 不得已罷兵去 為其怨懟也 是時一年之中 置造兵船炸炮
操練兵卒 詭言印度有事 用兵征剿 其實思專力內犯 而中國不知也 八年
七月 突入珠江 據江心砲臺之下 列艇數十 其地在城西南里餘 俯視城內了了 擲炸
炮至臺上 逐記時着施放 不一日燬之 時城中兵勇能戰者 操標兵及林
葉帶兵勇市之勇共五千餘人 皆年壯 中有驍戰之士 其城外鄉兵至者數萬人 其中
有九十六鄉者 即城南人于三元里之眾 尤稱勁悍 而葉督懼 信亂語 謂過七日十五日
即當平 堅持不許戰 傳令城上開砲者立斬 又諭日日以全家捏四城上及先

於御兵之火藥子彈內外守具盡撤，我以俟敵人之轟擊，夷人遂以火攻
北御兵營壘，御兵大潰，踐殺而驕，防兵先是夷人焚粵城之西於內城地也。十四日
早皆據夷人旗幟，其操標寸文勇之守粵南隅者，競奔而往，夷人以竹梯乘虛撤
入粵城，遂陷。雖為不敢下城，沿城牆向東至於正五層樓及粵秀山要地，扼守粵城中
大亂。葉、諸四出藏匿。十七日早，夷人以轎數乘舁葉、諸及迎撫將軍穆克
德訥至五層樓，已而夷責數之，皆唯唯之。是日遣巡撫將軍皆返而西，葉不遣。二十一日，舁
之下舟，以洋艇數人押送，城中無敢動者。夷兵撤下城，守撫各門，出入搜掠搶劫
粵城北民房多被燬，小家婦女為夷所弄，而高門大屋則不敢入。加以土匪附和
作亂，藩署前歸德門者有附官宦者偏盡，時刻最準銅缸壺大皆徑丈，色皆亦被敵
鑒淨盡，以從城為賊據，已勞崇光背粵夷人甚悅之，乃不俟嬉僕兵黃總得為
先以城爲中國城內，惟而以本處人爲己。葉諸下舟，以已遣其副手阿者里律之送至
印度，日令朝衣冠於花園中，衆觀者塞，已皆接錄爲許入。至九年死於印度
度。夷人以藥其屍爲古，其體載歸廣，棄改斂為不腐云
粵省癸丑年以前，至甲寅五月東莞紅巾賊起，言從之亮，往福鄉里

眾作之攸亂繼之者為佛山鎮在省西六十里眾幾有十萬業皆守省垣日出五層槍對截粵東於樣兵素最精勁抗擄五百捍禦卒不中竹度敗賊至乙卯四月道平之而是年肇慶陷首土客之爭客民多素應如人其人負不畏死而勦流客肇慶為土民拒地忠相安並無（帳錄有欠租押還但率客民即以為怨）已扛中財起假團練為名聚眾抗租土民收租者多被毆殺於是土民募土勇客民募客勇日以械鬥為事官不能禁至今不決高明股匪陸金剛勢本廣西另股八年竄入粵省擾信宜等縣廣東為肅清後勢亦不能云其粵西老匪逆帥石達開圍股于九年經汀州竄入粵境旋分二股一經南雄至江西一股竄至湖南信宜于湖南寶慶被官軍擊敗退回廣西

二十日甲子雨　寫星北甫信廿三日發（交陳鴻亭）　姜春甫信廿五日發（交陳鴻亭）　許仙山信廿四日發（附家信）　子迎信廿三日發（附家信）

家信廿二日發（交陵信偕寄）　孟錫信廿二日發　夜寫季雨洪信廿一日發（交李人）　馮琛卿信廿一日發（交陳惺齋）

接季雨蘇州十日信已擊子業全蒼擬此

二十一日乙丑晴　寫張楳亭信廿四發（交陳惺齋）

接眉生十五日信

又子湘十六日信

二十二日丙寅晴（夜雨）　寫家信（即刻發　交中興李集）　寫眉生信（即刻發　交來足）　寫劉文楙信（即刻發　交原足）　見笑

潘仲信知山東淄川已收國任卿赴到鄉將定達池執匪又聞蒙城解圍中丞來譚良久李雨蒼信以返丹金葆首題歸為事已豊敵中西画丸其壽序

許鴻卿信四湘傷歿挖陳陽亭已結

接馮卿本日信

又謝如本日信

寄爾吾六月十七日信

廿三日丁卯陰雨 中丞奉諭以眉生擬請加參贊畫及請將我巡按之權(以區見)來廉勤隨摸之

見中堂諮左制府洗中丞江省將領屠殺其江郎李席三軍跟路追到將事即作兩

浮饒池徽寧五府收歸楚師不易守城池六名須八下級云云 寫蔣拖卿信廿四日發交陳慎齋

昨琴函向伊索滿報堪信廿四日發交陳慎齋 鄭在東都子植信寫送寄帖二張廿四日發交陳慎齋 壬戌書

西怡帖交廣齋

五卯

函寄日花軸 幅

錄丁仲文信

粵省水師嘗係廣艇首帆甚髒川沙牛芭宜世出然則似廣艇稍長首縣甚高

杠平艇者形製亦與廣艇彷彿向在珠江裝載川鹽出上海之閩快其出入如

于粵海關領扛草瓷撈均有其名其實非師船也粵中凡能出海之船必有炮位

板之可打仗其船本身必值數千金(水手二三十名)戴之大營水師所用之廣艇扛草皆係廣省封

來每日止(定价)須四十金船戶十分不願均不能得力 廣艇炮位皆無五千斤者在查勝打仗

炮火不能十分得力全恃小(艇)槍頭之人于賊船近時拋擲火罐火攏糞桶三則蓋上戰

四中置燒炭以灰瓷之為上用鐵錠砲穿外以布袋盛之袋外用繩繫以手持擲飛過

可及三十餘丈之遠 福建水師操節之兵甚勤惟數亦少較之陸路大隊即粵省水師

亦万不能及為此船名曰艚船上係篷則不如廣船其世廣省水師營數萬十分不

過三四成而已

廣東兵讀為有兵米所駐防旗糧所領南米是也今者計(七十餘州縣)每年約徵萬石大將[illegible]可不敷

米千餘徵收折色每石約七八兩徵收改(紹解每石二三兩不等)後將軍府經事征收銀(此項為二州縣折色) 福建有寨則將

多因知道判收將帥無五千兩之一石為經解本色至將軍府不能隨事催手御史浙江也

有田米御前則止甚多一府有田米交劃歸將軍府

廣內(有不肯)民人每年虧錯一律全清餘徵收之有不生窮者必須實為墊解擾征係擬

過難免年程官墊已係為民久全免則地方官無款可償然至才係任不清無之經

上司調停作為分攤之數，故上屆虧空之半為下屆攤指名色，至職此相沿，如巾淵矣。

況民欠于之，起而始終[illegible]轉此虧空，然缺較前為甚。福建則自私肥厚，甚（本省民欠）

甚通省六十餘州縣無年無虧，已少還款，四十餘處。且其[illegible]向[illegible]回通其缺，為甚美（加以兩省地丁共欠該接征解之省中，而按民上完耗於不少故）（其第名人）

地運，則因[illegible]諸地，皆居兵來，沿海居民則指海為生，洋煙孳殖為利息，每船二隻一年

換手一次，二三萬元不等，近則無本無兵，捕魚為生，不過三千之數，夜（亦）徹不能出海如出

洋盜亦少，故亦皆大減云。

粵省鹽場共十場，皆大場及諸小場，每年額引八十餘萬，額課四十餘萬，今因沿海地廣

為私梟所占，鹽務甚苦，為課不充，於中途設一卡，徵厘金充文（近奴）

額課百四十萬，本之出川，割去者多，所以（咸豐九年江西開了地方，鹽無增，鹽票任所南省於本）福省鹽務，每年額引

均差不甚細帖[illegible]逸元之為，另指[illegible]收，誤其人之兼運於九州，富戶（時鹽運使奏定鹽務鹽人）（不得已）

至派充商，不堪其擾，控御史[illegible]劾[illegible]，為因盜[illegible]各情（後因官辦六年不移回）

廿四日丙戌，陰雨。有英船來至大滕關，自稱係是兵頭，欲進城去看，並問我們（下午香信來此去矣）

盤九在伍家云云。如常鎮道詳道府來衙，言近日報事來西關內務有巡捕洋人，該從入內（我等）

添捕巡人五七員於地方，稱水師捕阻，並有英洋拿盜鏡洋銃等件云云，中丞命其擬批

當為擬批送入前段之和約第九款載明不准于通商地方挨手將居批送該領事矣

昌時又與時作如此等事查一樣但念中外情形甚為所失了將不為難英官為佔僕接

以除暗礙云云 又城賊仍有二張一葉諒之戲亂軍心內云天京宮寄各城外府縣稱此為

親樣之計與國之弟婦等不得拜其慌一日之久城人之寳寫不可全賞賤五丈府內領本州

十千為度信末以二石為度以作血本小本生意及販鬻小米度限一年內置之云云此等差患

逆賊所想苦中人心惶惶[illegible]婦女孩之逃避及貧民不服情形或能生出患故

早得相城未可定耳　寫王揚信 印刻發 交陳恆甫　寫王少岩信 印刻發 交陸陛亭　寫史士良信 印刻發 交和慶遠出其指局

廿五日 巳巳金中丞來談良久　寫沅弟信 印刻發 交益州　晤客兩客 眉生 蓀翁 金調卿 元焜

申刻中間內 中丞來談良久 見中丞報有李少翁諮復信 中丞報撰伯安月四

萬兩少翁意似為難之 催軍並北兩路師已五二月之 師費信來云 中丞故

信云屆軍餉止芾文 皖軍尤為支拙之 屆軍蕭為有欲九成八成 傅事有少

四万八万皖軍即經瓊因万六支不能發放已六成 又水師黃昌岐少荃意欲酌減之 申堂素見

寫沅弟信 印刻發 由驛遞其告指局　寫眉生信 印刻發 交四便　寫楊子木信 印刻發 交四便

接郡近之本日信

又元與十八日信
又閏如十八日信
又眉生十九日信
廿六日庚午陰夜雨　擬請兩新嘉坡舟出洋捕盜摺稿　季雨是日下舟料理出京
眉生川中　馮御卿來
二十七日辛未陰雨　中丞來譯良久　寫椒亭信（仰日嵩寄家中付家人六常往）　六姊信同上　查勘信（仰日嵩寄鄧五）　陳陽亭恕相送行　下午至丁仲文處久譚　中丞題鄧處燈金三十兩
入辭不可言者次卿之兄相待（為八幕僚府主）平常者最好太尊般之如雖美然程君亦一流
太尊自揣無以招徠其心中忐忑直君寢饋難安之處中丞郵卿代達之意也
識力稍差此又添我一件心事矣　寫季雨信（廿八發交益山）
錄丁仲文語
道光十三四年朱幹臣先生撫粵制府以盧李鴻賓協揆也東人稟呈制府海關之
洋行商上他要埠頭求准於江邊造石碑一座[illegible]則燒岸万全制府允之陞職長
約十餘丈橫插江心船行不便但諸撫台朱初不之問為茲奏之言英制東人不准上

岸令許逃埠，如只求盡所欲，恩遇將不可收拾矣。查 旋立即將利特米院奏
命風戒撫標兵二千人於石埠屯為防，劄府出關出城[illegible]祛讀 上諭，令洋商傳
諭元特諭洋人於埠洋人交朱謀，伍開閘罷市，伍及洋人皆大懼，如命，朱因此
洋人將貨不行代換之，使自任其役，皆惟之聽，劃設畫，粵人大快，諸洋人轉更增服
因此健吏不可犯，至今三十餘年，洋人之老者，尚有言之嘖嘖云
阮文達帥粵凡十年，而于道光癸未甲申之間，乃從任時為議甚於其事，阮公竊美人
心性禁鴉片為來害中國，[illegible]耗費甚多，不可不知，將吾事嘗見之某地若輝記中[illegible]示
年久中外諱之不詳，未嘗以考之也。其任後防禁為而以年來便為最有益于此之，至今
竊之不論，先是廣東米價石值銀五兩，四五兩外洋米不至，有洋船進口納貨船隻一切者
每船載四千金，皆歸劃發，阮下令能載米至者，免其船貨隻例，非于載來之外，無以
二船載則貨于洋米而至者頗眾，以二分上下，後洋商記並雜貨為不獨此，惟於洋米
之而逆民認取以為是，粵有販歐洲米者，叫三五者
道光十七八年，黃爵滋奏禁鴉片事起，鄧廉訪乃藉時任　　以為不可，東首家
見者，哲地米豫，林文忠公曾嘉慶力之，而禁煙以于奏，提查煙痕表粉內，批廣其說

肄甚切　宜應嚴以為領善後既抵粵查禁洋人運烟入口既抵粵則令總商諭
洋人繳土許每箱價值二百元洋人不可惜之以致且與請總商預為設可收烟土每
箱價已二千金其初意共運到中國者已多至千箱宜以二百元一箱值之不過數万
元洋人既收價業辭[illegible]又使之懲創不得再來計良自及既繳則有三万箱之
為計須價值六百万元先又未奏以其事乃大寃不得已具摺請解京消燬其美
朝廷已其安實其為或可揚為弥補之　上諭但令就地焚燬不必解京之[illegible]洋人來通
是必計慕其所出或致東詩[illegible]于各商奉之取其半給以山場應價不能
取利則為万金可得六万箱以二箱余賠一箱土再免其出口稅其餘應之三百元不
適為相抵其大數許之使勤總商比從論事又再三再度可為與取其則此為万金係其
出數其不至往回為洋人口夜懷隱商討索該商不遂并迫其商之措攪求墊等值
則皆以其奏禁不敢担任和柱不决尚書局兩邑令恐致大吏情事決裂推而推諉之計
在林尋退辦茶葉出數出則為小箱不及尺中容稍鬆鋪等葉不及三四
兩送之洋與洋人見箱以已無發視若大怒洛争責總商对伍謝免于繳烟之所知且
有事托事先告之得全了伍總業承替伍總業事少不知利害且無不直屈

所為亦無與相累[redacted]乃回官艦燬其夜次年洋船載兵來索值萬兩以我燒之之
煙也洋人皆遲往去甫下舟即戰艤旋驟至以外間炮及鼓搶天津 琦善為
直督為具奏林逆辦理不善慕以為懷柔 命往其役專主和議許六百萬元
始不能償雖為鶴慶之矣蓋洋兵既六年已二十年攘及浙江陸路逼向 命奕山為靖
逆將軍隆文楊芳為參贊至粵主剿又 命奕經為揚威將軍至浙 洋人于
林在時無不敢入江至是窺中國之不足畏以逆圍攻省城奪據城北四方炮台炮日
夜不絕奕山大懼又請和先以饒庫銀六百萬兩畀之乃令伍崇曜五百萬與洋酋
入城許盟卑[redacted]洋事城外民兵突起圍殺外國兵頭某于三元里進攻四方炮台洋兵大
止三千餘人已殺七百餘據其旗至城請責官以和議既成按照令散民團兩粵合請
之津姍不殺其後乃遣首府余保純往許以楊芳再三婉勸諭始去城中自將軍以下皆
派兵廿二千人之護洋酋下舟首府亦因其役既[illegible]年已定矣洋酋攻浙省寧波
兵費三千萬串作棘奕山奕經亦旋被譴至二十二年夏洋人入長江抵江寧城下
牛鑑以為和好既定為粵者先芳作兵万餘初次請和所即令雜造軍器
皆未撤出由是盜風大熾及耆英為粵督捕之甚力時西撫為鄭祖琛則稍許

流毒皆以粵東為淵藪先別從根源截斷法逮亂天下為之糜爛推原其本
者以為皆由于英咭唎之鴉烟為好事其功種種遺毒云
粵省洋商和皆蓋名虛設如擅自之割裂有十三家後二家承於此剩十一家
洋船至中國若皆不入口但以貨予交易向議之法主照時價批售其與洋商報價
則以紅單船出洋裝貨到時其販帶回之貨亦向本行代辦每將價值賬本行指帳亦有
有低色貨物或發貨目斤兩不合均可退換其粘關一切均由行辦是以商船至粵商主所
開伏家不過數人用以世者每年近船五日掃數全開業船八日掃數全開亦無有差錯
之事洋人世守之及交關事定改立和約粵商總仍係伍氏歷困商務景象行情已衰為
萬不能求退遂致貴人請雅洋行按之洋行不合用度皆報外國洋行自出專為為此
洋行一起洋利不齊諸羨矣洋人從之請諸與英美以是請入義約于是洋人此時
又有之事竟為交易行之每年不便退出廿七年改稱無行立洋商為伍氏之退出
人數為之事不果至今事自外口者必先買地造屋其代貨入貨皆須請人經理
務即在一洋行開設數十人洋人開本派與各中國人貨皆由洋行指事若無擔保償
不可百貨出納之法時洋行代辦不費信從為貨中外之為正本交加

入用度者比法时为贵者均撤中國洋行洋人不必盡利 老其事者猶以為悔
而中國之物價不能齊心以設抵制及關稅之偏而轉業局勢之由是故知若能知
此此未定日未嘗不可從容也

二十八日壬申晴 晨正居官陪一眺 並訪益山陳桂秋 陳桂秋來 丁仲文來 中丞召
問金桂關卡負出鉄路料 李雨農亦同至 余以其爲人鈍材上品 分條陳點進 將田但歸
維穩擇我令其贊理家其勝任才可再定可也 寫李雨農信 即寄益山 寫扇生信
即日發 李雨農來送札 即日赴金桂關局 見芸仙信 言少荃已接本業稿及吳淞深
寄足 立二卡為中丞商月納四万之款 見丁汝昌信 已于本月廿一日到滬 滬十二日由滬駛赴上
游 午軍之小蜂埠萬道于南岸宋家嘴 北岸桃園城中沙洲上 僅立道壘 南岸小港
改為炮划 可係其水陸挾塞營軍至懷遠 道線 十三日閒伏奪划 蔡部下沉三十條
改如上游屋未破 頗有傷亡 十四日亦未同 十五日賊于城中深設鐵鎖 揚花橋等
數營軍未能往進云云
接吳竹莊二十三日信

二十九日癸酉晴 擬請加系官奏處奏稿成 中丞來 談良久

接眉生二十四日信廿三件不歸同郭芸仙鈔寄

三十日甲戌晴 讀韓蘇文課 寫吳竹莊信 即刻發 驛遞 寫眉生信 八月初一發 交李集 傍晚中丞來同至內晚飯後以下月便送饒一書許く

接眉生二十六日信廿二件

又李雨二十九日信二件 本日信一件

又論石民本日信一件

又頤當德學二十三日信一件

能靜居記

日記十八

八月辛未朔日乙亥晴 晨起賀朔 丁仲文觀察來譚 蕭信卿軍門來譚
並答其晤未見 因薛子芳學使視萱姊之困 馮竹儒來 傍晚中丞見召
示以保舉人才之摺尾 批回及同時（日業）已（奉）所保各員均交軍機處存記候
旨擇用 其為督撫者二人 非調楚 黃昌岐已非毛鴻賓調赴廣東 今安得不非調用
保但照所請行 寫家信（初五日發 排單遞）
接七月廿三廿五日家信
又惠甥同日廿四日信
又閣甥同日信
又衣谷同日信
初二日丙子晴 中丞來譚良久 集敘述則不遠 並人將還之為陝運以歡 寫惠
甥信（初五日發 交排單遞） 寫閣生信（附惠甥信內） 衣谷信同 寫殷譜經學使信（交） 中丞
召示 晚復延與譚 夏二故畫返 余引黃郴生來同筆札中 即令接

初三日丁丑晴　諭中丞毋少讓　余調仰之　解(?)俾(?)自出(?)調(?)之　言某(?)雅只筆
下仍用中堂(祖培)所擬回奏(?)　准(?)信在(?)師共(?)奧(?)據也　自生來此抱多之寔
世故先叢以創之　心情隱然皆　寫皇信(即日寄中堂李勇(?))　寫某樹(?)生北信同屆書(?)之
從(?)中來信一款(?)擬　控(?)撫兵三百名以節靡費一城(?)　官統(?)青陽　固守世(?)是守　侍者品隆
求援　防江李帝(?)之軍　赴荊解圍　一面攻石太目及頤點一押兵營一　准(?)　廣東來(?)咨
為如逆匪鴟張、但宜久攻不下、今官軍已克化州羅定陽春等州縣、程(?)將(?)寬(?)壽
荷(?)法剿辦、而糈餉頭(?)百計撥給、如克服(?)城(?)、肇慶土匪不靖、直隸新會之廣海寨
高明吳其(?)壽　進攻亦難藏事、兩(?)兵日久　積欠五年口糧已一百數十萬　只在各路月餉
或二十萬兩、藩庫地丁正款、從未不敷、與年來(?)糧捐撥鹽課四五十萬接濟、又
改(?)礮臺(?)軍需撫卹一款、運庫鹽課奏銷、逐年匿(?)借(?)、司(?)庫協撥藩庫借
領款已久已二百四千五萬、近年課銀僅解各餉、兩(?)成(?)留(?)省(?)撥、又海關稅銀自洋人
把(?)關以後、又失城為年餉催提尤巨、其撥藩庫之款、已二三年未能匹撥、他如
粘(?)匪案(?)、鹽捐自(?)經(?)支、捐輸兩收、僅解各省來信、如當世所需(?)、各軍餉欵
不得不(?)指撥(?)捐(?)、即(?)為整(?)撥、與此難(?)籌、惟請將所收厘金、劃(?)以八成撥濟皖(?)浙(?)以

四川西江粵省共核計（軍餉）經費不過七八万两，四川僅得二三万两，云ㄴ 中堂允以三成

西粵ㄴ 劉吉南 秦侯 候祥 黃安人 張小山來 秦鈞 徐卿人 中西合示都

三十日 伯作西粵 諫廿憲合譯 至二鼓止

（接方帥七月初二信 初四日發 又公執五月廿六信）

初四日 戊寅 大風 寫李雨亭信 字未揆 見鄂撫 希庵 鄱陽 施 西粵

封ㄴ 見黃昌岐軍門來信 七月初三 淮揚水師 親兵右營前營由江全城（近已）

於黃田港口初六見西陸師在城東北三營 城遂出 據水師通近口助戰 已獲勝仗 為

該逆向出別路 來岸要截 陶路營官賴 殺黃克飛 麟陣亡 本軍未失 帥取云ㄴ ㄴ 見

廣中曾來信 逆匪于江洞宋家渡等處 沉舟三柵 并用鐵鏈橫截江面 以斷

我軍前敵（左） 袁遠者十 餘路 我軍文指不過 不得已 全（萬石士無）前軍整隊突圍 遂于七月

廿二日 張 宋 九鎮從北岸衛下 陸 及水師 及清江九營 在岸 除歸其由全陸全向

鏡縣回岸衛下向鎮 抵新克郡城 馬步 黃開榜 丁汝奎 王 等水師在下游

接左季高信 至師至歙 現今勿札風陽府 楊清江口 王彪 要隱其撤 ㄴ 帥暫駐

以云ㄴ

初五日 己卯 晴 寫李竹仙信 ... 刻 寫左公執信 向 ... 下午中西要入內少譚 寫李

兩信即刻發 家來勇 寫李少荃中丞信 初六早發 交輪船去后 因蘇常郡賊民立四鄉為盡燬惡處
來往者甚多今年窮年懈逸遁賊犯狼抗拒足于九鄉業務民不[illegible]已無比如之從
遊但輕度江一機生路為水師所為援搭勤來之本江金沈不復有方向隨和黃民勸
沈江中如上援移孫壁並楊贊奏勝兩縣不極直要免大憲但批准[illegible]所無變
無實力辦事 楊西沈軍時稱遷都無阿發來新都扶此機延遲川表番函詳識
中來函好擬南此江防吃緊之時豈可容其滋踞之事情集 首沈令業項對江不能
事往向以之後二郎難民來手並歸不下數十萬其情實可憫是以先專人赴奉府沈令
奉命後中丞批准暫借西來米呈作主催趕將石漕急速買楊舟即逕上海並先以函知
少帥具奏之處稱請 寫阿函信 初七早由家輪船去便
接姜樹生函五月廿八來信
又鄂李雨初四日信
又眉生初二初三日信
致李少荃中丞書
四月內接奉鈞還時因目疾甫劇且有秣陵之行擬到營後再為肅啓詎途中暑風所

襲數月未能獲瘳是以稽誤至此思之悚愳無地春間夏逆今豐閣軍威丕振旌旗所向
披之無不如志三吳子遺應有骨肉之望可勝歡忭以向敬恭溼江已於本月初二攻復尤切快慰惟
徽郡雖民間有脫逃至此者述悉大軍神武無敵四鄉餘民聞之無不同聲禱祀以求速脫虎口重
見天日而該逆固知利害者欲奮其螳臂抗拒天討自今春以來城逆及各路逃竄賊徒四面擄脅
良民為之助力而各民先因該逆止占城池鄉下尚不十分蹂躪貧苦之人貪戀本鄉微產恐一離
故土即成餓莩是以未能早為移徙及至勢逼不得不逃十分之中已被害及半起先蒙江陰縣
沈公奉吾大憲之仁意來施拯濟民人得以全免者頗為有之乃于夏間忽爾封江不許一舟北
渡聞係總有奸細夾雜之故設為厲禁自此以後直如釜魚阱獸供其塗毒各鄉死者不下數十
萬困圍數月盡成焦土傷心慘目不可名言伏念常郡之民荷此恭維遠從之故實屬真情而此
次都御奏請禁江亦為慎重江防起見但逆賊如果大股過江既有水師可以防範其形象亦與難
民迥別至于一二奸細混雜又何難責令各團為切實盤詰且難民所恃祇此一線生路餘俱前
敵受戰之所別無他途可從目下大軍止有數萬南控吳會北制江無錫及二三百里不得不慎
重行師深恐該逆尚得苟延因多而難民必至淨盡而後已然雖倖免浩劫然聞此苦逼之情
不啻痛如身受恭維爵公志在拯民力拯水火三吳被患之所已將及半僅餘常郡一隅尚為

机上之肉我公閣之亦必憐然不忍並為桑梓之事呼號所向如公更將誰屬因亦不揣冒昧瀝陳迎悃倘荷垂鑒痛追之恍大賜回天之力于使中陳奏（乞准維民）俯許其北渡使垂死之人復登生籍並微末一身不足云報而故鄉指日平定或尚餘一二父老當相與刊勒貞珉以紀大德使百世之後知明公有此盛舉聊以舒忱如是而已倒懸待解急不擇音不勝迫切待命之至專此肅請台安伏維

崇鑒

讀維摩詰經雜卷

讀墨子親士第一　修身第二　所染第三　法儀第四　七患第五

非無安居也我無安心也非無足財也我無足心也

君子進不敗其志內不究其情雖雜庸民終無怨心彼有自信者也

比干之殪其抗也孟賁之殺其勇也西施之沉其美也吳起之裂其事也故彼人者寡不死其所長　以上親士篇

置本不安者無務豐末近者不親無務來遠親戚不附無務外交事無終始無務多業舉物而闇無務博聞

善無主于心者不留行莫辯于身者不立

君子以身戴行者也 恩利尋焉 忘名忽焉 可以為士於天下者未嘗有也 修身
此猶國有策也 士亦有粱 其在常好仁義 清理畏令 則家日益月以安 名曰業為官
日其陋矣 其在常好務奢侈 創作此用 則家日換 身日危 名曰尊為官 先史陋矣 取字
初六日庚辰 晴 暑甚 下午作陣 雨不雨而有雷 擬請江蘇司[redacted]准姓本營林韻尾
咸 摺帥告子勛剛 紀澤來信 彼陵各保吾公子 擬請撥兩閩粵二關羨稅以抵議
荷協餉摺 寫官生信 即郭意誠 文季呈 已申黨妻因韻臨 湘發之調鮑帥赴援
搖有生七日二十九日信 並為郵丹次
初七日辛巳 晴 世極大霧 對室小山隱不見 定敘後雨 翌公子以軍旅連陳十五 思而文華
咽喉可致 下午中丞來 譚已久 余請此次恭摺不可太多 至多一摺二片 然後静如也
凌之摺末一片附陳 此事[redacted] 最為得宜 中丞允之 並云江蘇司庫 欲於常平 撥借之 片已擬
不憂 中丞因鮑帥北去 問可否留 但其本 又以[redacted]下閩陰帥太平時 稍緩舊
札其仰請以守要地 中丞亦以為然 其擬鮑法相度 問鮑夏以六十六七月帳齊
械以至遲日久 笑不利辦 兵勇病者十四人中四五人 且於此地務試 情細全不
知此次北行 遊擊 印 兵士如特遞報 其蓋手事也 [redacted] 如事勢計之 於撥張

■蒂不守主与不及与淮請一節恐其震搖可以免除了意乎

讀墨子辭過第六　三辯第七　此篇乃爲其他　尚賢上第八　尚賢中第九　尚賢下第十　中下三篇辭旨文指原文必如此此与其篇之意則將是為諸子所為之　尚同上第十一　尚同中第十二

上中篇是上篇之稍出者　尚同下第十三　三篇中第稍之篇而為可说判精

貪于政者不能分人以事　厚于位者不能分人以祿　尚賢中篇

初八日壬午　晴大風　寫歐陽曉岑信　初十發　批閱古今五翁文字　寫詠蔭信　初九日發　子蘭

接才升七月初十日信

初九日癸未　晴　見申堂來　談其到左賴文逆渠寧一帶下關各營改調鮑軍仍為守陵縣大勝關近九洑洲雨花台即小山一帶協力圍守　俟楊賊掃清　再相機進剿孝陵衛　申甫來稟　少休其晚　勸剛未中　由左勸剛為譚良人　馮卿卿來　見懷山信　不逢向錢光孝遂平浙江清入閩窺伺鄞湘邊境　已(湘南)設防　永穩龍山　保護一帶　前見春湘春信言施前督驛赴任　此後　夜見李少荃信云　江浙自于初二克復嘉興　又收復蘇州　此間一時則蘇州咽喉之斷　觀其地勢　城圍一時陽境　陸路止三四里　已為程學啟把守　共二(吳江　崑山縣)　將來圍攻之勢　只時用水師四面繞

札斷其梅隆不可用陸師造城現在東人兒戲年內勢必隱逆窮蹙意與前來公函同屬以來深悉地勢遼遠之區造城京畿謁蔡卿處李泰國輪船入江一說亦造京方能阻彼關門商議不為定遠城防其餘不能城防雖甚貴本也云云又因中堂五日來飭回方及調黃翼升水師赴淞意甚不平
東報宋驛開孫兩當東門黃犬其可以平之諸縣兔涵勳

接詠如初日信

又李雨初七日信

初十日甲申晴 寫詠如信即山農一函又李雨農信即劉叔及擬擬指軍情片稿 戚下午請中丞尋久談至晚飯後又往劫刪存稿識者輪生城識之其人湘六六松江府

王叶亭 湯來之系 見李中甫信書陽城圍不能解以後不通為先現七日城中

信云函及出來周之外走暴陳不免

接雨生初四日信寄

十一日乙酉晴 中丞赴江北浦以會郭帥并宗仙命僧 寫意惕信十五日蕭安伴

至酉時 辰刻百里

閱偕中丞候詠山廣典偕李少山、王雨軒、馮澍卿來。刻舟行，逆風，已後過江心洲，洲頭於西南東岸。刻過桐江磯，中閣跌蹀讀之了了。雲刻到九洑洲營前小泊，視橫時刻浦口寶塔下流。汝敷置酒，遣艇來迎郭帥。夜月甚皎，十年往登鍚首眺望，久之。遊子（硯）相隔一坎。憶壬子歲與偕吾兄識同出此，十二年矣，爲之惘然。

十二日丙戌，晴。中丞來（吾舟早飯），觀譚以撰帥送古文二篇見示，皆以經史領款，雜及史漢（凡侍如）宋大家文。辰刻，張觀察（寶年，字屺堂，仁和人）舟先至，謁中丞。巳刻，眉生舟至，即來余舟。午刻，郭帥舟至，楊太守（子木）舟亦至。張觀察來候，楊太守來候，謁候筠仙中丞，答候眉生、楊子木、張屺堂。晨至中丞處陪郭帥飯，冰師姚[?]。叢宦瓊如錢[?]楚僚來言江東橋已于今早克復。寫子才弟信（即日發，交筠帥），寫阿舅信（即日發，交筠帥）。夜，楊太守餞二帥，余爲作陪。眉生兄頌張太常集一部。

十三日丁亥，晴。夜雨，汝有月，大風。眉生早來余舟。辰刻，郭帥來同飯。下午中丞爲郭帥餞行，余陪座。傍晚，郭帥返下游，同送出行。張屺堂、楊子木隨往。眉生留同返。營（山）礙昨早解推（侯矣）遂東北風，鈔舟人詩同中丞夜

留生哈道，余舟舉帆而西，明月在天，清風習習，譯眺正樂，倏雲起（未識里數），風亦漸大，
舟過九洑洲（後三汊河岸口），枕桂而行，頃刻飄至中流，試看舟行不及半里，時中頭留生座
船及護送砲船已穿而行，急鴻金收了半晌，百一呼吸間，轉而東降之，壹戈
乘還北岸，下碇後，浮九洑洲守局砲船來迎，舟旁中恐留生及余分載二舟，
各泊而晌，片刻，離九洑洲，子刻，進江心洲北頭口門，距擴江砲船營不一里之口門
內有師船守之，又五六里許，為北河口，河夾洲下流出江之所，又八九里至梅花地，宰
營船旁晚即抵，重集，中途在船，望江心洲南頭通到，留生船先出江心洲北
頭口門候之，砲船進口，乃知余等已至，與隨行之下，是夜余與留生舟中同榻
十四日戊子，竟風雨，辰刻，中丞遣營中差官押兜轎來迎，以天將雨，急起晨官
元凱河門，原書在軍中，四四有來人，河東兵收，寫孟楊信（十五日發，交中丞另專處），霞生信
附孟楊信內，晚芍信，未發，夜中與中丞談至二鼓
接孟楊初五日信 第十三號
又季雨初八日信，言子嘉夫人自銅陵被擄，衣履一空，幸人未受傷，罪逆之毒之
㩦已至不憐之

又楓亭廿六日信
又張鍾集初五日信
又宗卿文初九日信
又劉文楷 日信
十五日己丑 陰 中秋賞月 飲記詞賀中丞及同寓諸君 寫家信 附卯與蔭 子中廿四日書
午刻中丞招飲 同席呂晉伯大令 樾恒來信
接七月三十日 今月初五日家信
又詠如十四日信
十六日庚寅 陰 夜有月 巳刻中丞來譚 張甫之妃信 徐西坪來 元鑑 尚櫛
至寓 夜中丞來譚至二鼓 同眉生言[redacted]仲池子煥[redacted]論世[redacted]子煥美
接寓兩十三日信 十二歸 頭[redacted]足傷痛
又眉生初七初九日信
讀金庵劉刻四文錄十二字 朧生蘭 捲袖紈 款呼觀 煙寸囊 錢仿古體如穩錦
翠筆波空 偃蹇遙 對其容 醉面儂

十七日辛卯 晴 見中堂來洽詢鮑帥徑赴上游攝荊青陽知事 又中堂奏定茶葉產地稅，稅之茶葉各戶而不稅之關卡，以杜商人一稅之後不准再加之說（定）定每〔茶〕每百斤一兩四錢，日以錢〔茶〕每百斤一兩二本零 西井遇大勝關寓劉曉山太令 斯直隸人號安齋來候 後訪勒剛久譚為作函 勒剛後過來譚

接吳竹莊初十日信

十八日壬辰 陰雨 寫宗湘文信（即日發 交子湘） 劉文楠信（仝上） 黃琳生信 並四十兩（仝上） 呂寫了信（即日發 交由湘） 宋生秀峯應（號錦字 露蓀 玉山 祁陽人）來候

接方存之初七日信

又蔣尊源初三日信

又陳寄舫信 賀節

十九日癸巳 晴 寫兩來日會稿閱 朱煥文保齋（鴻章 嘉興人） 武楚臣司馬明 姜來候（附日出巡已十幾日） 何宥田 何俊生 筆 入內頭說 並請中丞飲 湯擢村來候（王少岩 本地人 記載）

接王少岩 信

二十日甲午晴 晨起詣中丞處稱觴 李少山馮譽卿諸君來 中丞命

下秋優戲來要同看 下午至劼剛處少譚 易仲潛 孔昭沅妙題常八來 以旗官字哥

候 上中丞壽聯 伯氏吹壎 仲氏吹篪 實維爾元師 惠此中國 俾熾而昌 俾耆而艾 天錫公純嘏 保佑東方

二十一日乙未 晴 中丞答客同座有子湘丁仲文陳舫仙 本擬今日下舟返

皖 中丞再留數日 擬廿四五啟行 黃翼生返湘來候辭行 鮑帥來答造

別候 閒答候黃翼孫易仲潛湯曙村 並送黃子湘下舟 答劼剛返館

來辭行 陸返

接方蘭檻初八日信

二十二日丙申 陰 候彭盛南方伯楊厚庵孫共蕭信卿軍門 晤彭

楊 張巴堂 楊子木 黃子春來 黃見候 寄方蘭檻信 附曲書交屋生

二十三日丁酉 陰雨 巳刻隨侍偕同生赴江東橋候陳舫仙 祝壽出卡

西行繞城西南角 相距不半里 中隔一水 城上開砲見賊過閘砲

遠擊 午刻到慈本 係賊壘 今日廿二甫得 壞堞 世堅在江東橋上來

岸 賊於江東門及橋為民壘多處 機潤 望江東門一帶至城下為三里

臨村水西門城中清涼山四望徽亭及楊北英慈湖傑世臣 少刻中
丞至 是日觀筵二席傳魏甚設 正刻辭陶陳君錫觀軍六千
人詣道入卡 中丞乘馬先行 隨道姚秉逐初謂隨撫中軍
二十四日戊辰 食後遣姚楊撫行李先行下舟 寫西安信 河刻
見仰撫勝乾保馬李 而鶴苑而名甲三六先叔詢李二人收羽下証矣
接查平六月十九信
二十五日己巳 晴 飯後 見中丞談 後送寄撫姻李世忠協攻廬圩 巳刻赴
中丞處辭行 隨後出營 正刻過長岡見村市童子背挾書自塾歸
者近況撫辞 知民為番狄食菊完之家為之欣喜 出
市稍覓渡 道逢因卿簰絡商宜與人左右字少蒼 川又舉筆刻歐閑
登舟吾丘自閒新董來往皆由此時水退始不須二度 先已詠山居詠
山候未處方聽未見訪李少山處隨唯船相將回帆舟訪馮澍卿
借炮艇護行 入暮詠山久談 澍卿未回訪 又至少山處
二十六日庚午 雨 逆風 辰刻炮艇帶官張姓來見 巳刻赴馮澍卿之

檢飯畢下舟卯刻半開行候風仍泊

二十七日辛丑 陰午後陰順風 早發 東五里到大勝關小泊 晚行廿里下三山 十五里慈姥磯（上方江干山南有水江） 十五里烈山 山下有村 仍泊江中 斜對北岸烏江口 又十餘里上（三山亦在南岸 又十餘里過望夫磯 已乘在山下小港泊 約九十里）

二十八日壬寅 晴 逆風阻舟 聞土人知小港亦通金柱關 相隔廿里 遂亦同為 舟人憚勞不肯行 望采石在咫尺 不以目睹 未免不孤負風景 眺矚了 躑躅

张太岳集卷十八雜著

世遠患鮮 鮮字乃古字通用 按此甚確

又論漢祚雖衰及世國強則動固不衰國弱則動固不出二条 漢以年隱

說多不錄

卷四三奏疏

看詳戶部進呈揭帖疏云 國家財賦正供之數 總計一歲輸之太倉銀

庫者不過四百三十餘萬 而每歲支放 給班價 選度 騰等項 嘗屢過忽

此盖其中矣 又云 万曆五年 歲入四百三十五万兩九千四百餘兩 而六年所

入僅三百五十五万九千八百餘兩 是比舊少進八十餘万兩矣 五年歲出三

百四十九万四千二百餘兩 而六年所出乃至三百八十八万八千四百餘兩 是比舊多

用四十万餘矣、 按此出入之數 較今十分之一[illegible]盡

二十九日癸卯 晴 逆風 涇 采石山渡[illegible]水河[illegible]金柱閘 辰刻 富渡鄉

信 即日 家季雨 發 宿生信 附書 采石有小鄉市 瓦屋甚稠 此處渡所布兒也

約十餘里 見岸側居民 鳩比堤坡 其後無業之家 郭另乙 欣七哥 午刻

金柱閘 在江干 塔下去 東北 太平府五六里 府城數千瓦 居民無一家 城側小山上宮閣

又名徐五山 列峯有新寧真其上

塔 又東北四五里 黃山 內一塔 水陽江 在閘及府城之間 由通宣國入南串訪 季

雨 云 已東黑山 分袂 恨其在程子駿處 遣人往探季雨 奧下午同子駿步江

津 瀨上 舟 維近舟中 子駿來 譚此子年甫二十而作事如之可鼓也 有二

鼓 季雨來

張太岳集二十一尺牘

與漕撫檢史論 段於云 瀨省陵於清抹三萬議郎 殿本色 宗以為 [illegible] 本色

出入既費不少，擬每年運芽撥而所收本色不過三萬石，況東軍月
糧正不足抵並支，則除抵外難以為挪借云云。按此知運米來石自古係著
文之中，往為煩重也。
卷二十四 蕭據澤山 重翼 見云：僕以寡昧謬有專寄，別無他長。但性耐煩耳。此
語頗旨
二十日甲辰 晴 偏順風 辰刻同李兩僧行至東梁山，午刻別李兩僧行
申刻到西合山江中之書館灣泊。是日行五十里，去燕湖為廿里
張太岳集二十五 計劃都督書云：對帥 最顯 軍前賞功著士之體一月有餘
何與其曠日遲久，不若暫賞速罷之為愈也。 按此名論，不刊所謂語也
又一云：般石汀 正茂 云：兵機呼吸之間，便有變態，安可預度於大率遙妹奸究
惟有懷柔之威，寧干流表柔之德。

九月朔壬戌 朔日乙巳時順風，旁晚加驟，狂吹徹旦。早發，書貽謝君振燕湘，寫致次卿信（卯刻交吳森）。飯已上岸訪吳親家，竹莊不晤，閱青陽廿四鮮圍跡之下。審城防兵，騎費無所得，境上以防之。晤鄉人姚彥深。巳刻下舟，解維過孫夫人祠，已非舊矣。午入三山夾，夾口民居瓦屋鱗鱗，頗存榆柳蓊郁，上下樹影，亦樂土。三山在南岸，去蕪湖約四十里，非遠過此卻載者也。鮑沖朱椒樓青青圍解後調渡寧一帶要賊路，其兵舟在此，而未登岸，卻兵火已置，無所用，隨而去，自江寧沿江而上，涉江為之一掃，軍之叢犯，終為桐國右捷之累。方謂及是一艇兵來接余舟，此為去之下浦，由節高春號鎮。見天色雲魆黯，日下知有風，至命舟人擇小港泊，旋將往荻港，收繚迄未須臾，風大作，若前行殆矣。昨見江豚出首，今日果北風甚厲，舟謡農諺未甞不信。

初二日丙午 晴，順風。早發，過荻港，午到銕家灣，在江之東，中本向西南流，忽一曲北流，約三里復西南流，舟人在此卸帆，牽纜達黃子春以赴，晚遂過。余舟從澤串過丁家洲，下浦過銅陵，由泉又十餘里泊新灣頭，是日約行百餘

里至大通百十餘里

讀張太嶽集廿六至三十

初三日丁未 晴 順風 早發辰刻至大通泊舟羊山(荷葉洲)岸 一觀市廛甚盛 碇埠而后出

巳刻下舟 寫馮樂卿信(卯刻發 又拋外) 以前皖通判遺之 隨所及精十三千 盡還貲了

春慶所不足 午刻行 過荷葉洲 左江心大洲 通沿江小山及南岸沙洲 作

圜形抱之 洲有一洲最甚 外風氣收聚 宜為富土 未申間風大盛 遂泊於

岸羅目江口(內通江湖曰貴池河 俗名王家大套)

初四日戊申 晴 順風 早發 午過藏山 在北岸 桐城界也 近北岸一洲中斷為國二 南

岸洲稍長 四十餘里 池洲在其內 逶迤之 左山下則郡城 是池口 居民廛頗夥

城為出入夾江 夾江(收)本寬 近淤淺 大舟不行 過藏山十餘里 江(為)右磯小赤

山 在江又十餘里為樅陽 下江又十餘里 樅陽上口 望見(山甚高)大龍山 在其西 與對

岸 西周岸洲盡處稍上 不及十里 太子磯 出江岸 一小阜也 舟過 望於

驗向南 過李陽河(口) 見桐江磯 土山在東岸 其下皆石 橫插至江心 便林傍西

岸 里餘可通舟 皆履行 視為重險 又南[illegible]江甚寬 約十里 抵白石

為長風夾江中一洲即長風沙土人呼之軋洲對岸山下則黃盆市也過此時已申末復行十餘里泊馬家窩距正日中過此所泊之魏家窩五里到家廿五里

初五日己酉晴風微早發過寧屯任家店十里對岸長風沙大鎮也又十餘里到皖城時已巳刻 寄沅浦中丞信（即日發交川差） 登岸訪聞孫彝生詩林聞好新移至季仲農蓀子春宅一日至六查 午刻抵家 元微師同余至東訪謁相國詢穩當事甚悉 出候皖岑及至劫剛皆不晤 又候李眉生蔣蓴卿

接余子香七月望日信

上曾中丞書

叩辭侍帝風 奉見九月初一過蕪湖初三過大通今日抵皖仰托鴻庇征程甚慰 公紀居安否馳東不自似前月託汝一疏收京否何容意出人所料于地方軍務皆異猶任所空言議論燎炎非宜今月奏事似有力援或竟一二月不補疏來為曠處也接侍以來仰窺用心不畏難不避怨亦作興事

務求成績苟利社稷不難毀己以濟人破家以為國稱始穆之淵浩之
為不顧識人臣事君之極節千千百年中求之蓋如鳳麟之稀世一見夫天
下不患無智患無志耳以公之秉心不撓上蒼時降倚之方將賴之孰
不大用于世孰不如得其施之利不貴其剝厓斷崖而貴其盤屈僂指松柏
之貞不移其方春之欣而移其凌霜之鬱剛之是用而柔之是貴據也棠
之為美為庠之見於時也故詩有之曰渥之萎人如集於木惕之小心如臨于
谷古人所不樂行而志使然之苟仰視俯察知其未可必保之焉垂其身
以俟世蓄其力以待時此大易贊隨時之義為仲尼所以為聖之時也公
明智絕人豈以不察為忠焉之至愚無及顧功多則忌叢實為禍始底
蓋郡嫩用為象也苟其之表至深知之之志至密而為相人貼息之說以撓
公之獨往之忠告之許耶天下將之亂靡定屆一二公職念國之大臣
寶將民肝腦塗髓之所仰而為視時世之安危庇蔭之驥策此也似因從
故不得遂其志也茲蓋三月夢厚非常下士受知祿中士受禮遇上士受
意氣也毋下士耳而公所施則兼三者信將素容數之所難推說

懶先生以祿之之言以瀆禍逸先生之懷歸臨事懷切罪辭以謝而責益

警伏惟亮鑒

初六日庚戌晴　歐陽曉峯來訪久譚　下午莫偲翁來　陳雪樵來　晏霍生

閔拯元徵師約谷陽詩林蘭子春來食餛飩　初更時散　陸琴西來候之

初七日辛亥晴　程柳生松江人陳惺齋來候　陳惺齋來訪　飯後出答候程

柳生陳惺齋並候閻墨東孟臺　又候王少巖　又候陸琴西向伯常濡家

垣　又候王芝圃楊勇山不晤　又候程尚齋相小泉錢子密程伯旉二程

不晤　又候歐陽曉岑方伴棠俱不晤　又候陳雪村侯綬卿李太姆並

候張筱山文元松江人　又候楊詠春　又候莫子偲黎蓴齋不晤　又候

霍生閔生忝谷也先權並晤蔡子春譚良傍晚　閔黃南坡方伯子

春佳省霍生亦同去余首閔拯譚良二鼓始　葉湘雯來候

接眉生九月初二信

初八日壬子晴　訪元徵師　張筱山來答候　李太姆來答候　因訪元師之猶

同席陳雲村儲樵生劉佑甫閔拯及余與太姆　飲至下午始散

初九日癸丑晴 候黃南坡觀察 又候杜小舫觀察 筆南坡之子子壽 又候
萬蔥軒方伯 又候葉湘雯 又至震生寓 寫沅浦中丞信 錫山發 方方伯 又寫
角生信 卯日發 交專人 程尚齋桂小泉來答候
接子迎七月杪信
初十日甲寅晴 杜小舫來答候 程伯敷 錫子 寄來答候 張仙舫觀察處
安未候 楊詠春來答候 陸小雲來候
十一日乙卯雨 下午悅岑來 萬蔥軒方伯來答候不晤
接六妹五月初九信 第八妹歸
~~十十日甲~~ 又槐亭七月廿一廿四信
又玉辛七月十三日信
又角生八月廿七日信
十二日丙辰晴 下午訪頤翁悅岑 閱沅帥前摺批回 輪船事交總理衙門
妥議具奏 又軍務既內批回 又某某未到浙江巡撫之任 副以軍務寸楊
某彭某一律治罪 著某某奏報 毋庸再行具奏云云 渴相國命余速

至金陵 蓋恐沅帥幫抑 余以主持船之稿而此[未但]次奏报軍情中心覺
有愧歉 擬辭不往 再訪曉岑並晤劼剛 曉岑以丁元公達摩象見贈
十三日丁巳 晴 霍生来 芝子春来在此飯 寫沅浦中丞信 即日發寄曉岑 寫枕亭信
即日發寄叻銀錢所 夜到閑生 霍生處
接眉生初五日信
又彭次卿初六日信
~~十四日戊午 晴 黄南坡来 書儀~~
上官中堂書
昨邑友人閲前奏忽奉嚴旨遂謁相君示悉一切殊爲驚愕天下事
患變遭至多不見諒此類殆是顧行不行時也篤斐自精[請]必忱何損毫末耶
公告相君言△曾勸公弗奏事公止言此用心良厚然△在左右充上賓稟厚
祿雖微弗知猶將有愧況探[操]毫素其間得云無過耶公滋厚△滋愧[怩]矣
相君念公甚命△月中趨侍譚燕△惟事機乖迕賢者或難釋然亦思
奮飛而至一窺顏色繼再圖維公今代健者含深心以奉斯世曾拓稚

涕淚之不即，係此懷並不順而俟之，筆硯稿竟釋為哉，且世事变幻浮

雲蒼狗，荒苑枯涸，豈安可逆覓。公識慎以周，雖則困心横慮，但法而施蔭

所遺倉元所施，盈晃在公趣之而已。之叢歌遍公自揣不測，以痛衆為

被國士之知，冒於居之而不護，攘之素心，方切頑於居，向此事深惧愧于

公所料，公之地勢劾之羅肝心，以候異日，恨之之情筆之不能罄。知我如公，亮

苟鑒原耳。

十四日戊午　晴　黃東坡觀察來答候，又至公館　歐陽曉峯同李集仙士□集四川人大令來訪　李屏生來答候　於楊詠春　李冬軒　陳雪村　及元師　閣部衣餐飲

十五日　晴暖　下午南翔來　館稱臺李屏侯　王壽帆大令來訪

接浣浦申正十二日信

又劍生初九日信

十六日庚申　晴　于西宮謁別擬小屋昱早搭點心以搭入內寄晚楊居

寫眉生信　即仰月發　交□重便

接眉生八月廿五信

又耕生兄八月十四信已寄仲明出閲

十七日辛酉晴　寫郵具保命狀　寫阿多信廿二日發 交華卷付　復仲信　全上　寄搏信　全上

接阿多八月廿一信

又照仲八月十五信

又春搏八月十五信　又王廣臣七月廿九信

十八日壬戌陰　答侯張仙舫觀察　又侯李峯仙大令　又侯劉純甫明府　又侯佐儒稼生大令　又侯王春帆大令　又侯陸小堂大令　又侯何丹臣刺史　又邵野秋生　寄母　霞生　閏翁　皆他去　為子臣在彼候余步至眉生已至鄧遜翁之旅館　畧談少刻　後訪閏翁　存之假下午偕遜翁眉老來飲　寫沅甫中丞信　十九日發 交晚步

十九日癸亥細雨　閏翁同劉純甫來　少時亦來　下午霞生來　遜翁眉生來共飲

接筱莊十六日信　又沅甫中丞十五日信

二十日甲子雨　陳雲樹招飲未赴　傍晚到眉生處　初談[illegible]

二十一日乙丑雨　同玄谷訪元徵師　又同訪味雪材華君汀李人斛　又同訪周老

操雲　又同訪霽生　又拾　偕晚飯散又訪眉老　黃子壽瑜來候未晤

二十二日丙寅雨風　候榛卿來　眉生來　謁相國　訪曉岑已遷至出門赴外　同往劉

後兵備陳來候未晤　寫薛安花信　卅三發私若汀　偕晚曉岑來　以午途中霜未熔

之

二十三日丁卯陰雨　眉生凌晨來訪　元徵師來　候黃翁舫並為其子子壽

子春晤萍城及子春母霽生開生送至開生未見

梅眉生即日來字

二十四日戊辰陰大風　開孫來　元徵師來　劉雲阜遲有來候　添獻善化人

候眉生退不晤　遂到開霽　五下午偕同往留飯　李眉生錦子密

回來二枚畫匣

二十五日己巳雨　眉生來辭　即下舟　寫阮浦中丞信　印文刻者楊芳山

梅眉生本日信並詩

二十六日庚午陰大風　眉生候輪舟來至雲　余至坐舟　飯後遭信　張仙舫

亦至少刻首輪舟過麐石坡之自生乘小舟去蘇迎伯　劉雲皐來

二十七日辛未陰大風有雨　闓抑來同玉元師安因留共飲　序家侯植卿亦至　闓抑及伯房孟輿　寫致淑卿信（即日寄　又致倪稷帆）　誠如信　附致信姊

二十八日壬申陰　蒲南坡招飲　因同江蓮川方伯（忠濤　新寧人）　方虎軒方伯　何小宋觀察（璟　廣州人）及蔣霞生　席散後因霞生至其家少坐　偶闓抑來至家　譚至二鼓去　杜小舫來辭行　未晤

二十九日癸酉晴　遣（方元翁事）伯房孟輿至桐城買路票　訪歐陽曉岑久譚　寫蔣子湘信　寄李生濤十六行（即日寄　又致杜小舫）　闓抑來二鼓後去

接陽臣九月十五日信

又接稚循九月初七日信

又淑兩人七月廿六日信

十月癸亥朔日甲戌晴 晨起設香案遙拜墳墓 黃崗堰觀察招飲
往赴之即送世兄同慶李和甫 辛卯李少荃中弟 韓譜臣 程雲由孟畫
懷安人 韓年 又杜小舫鎮子盤 偕汪生子春孟塵 開好香生詩林
皆至生詩字人 又候杜小舫樹送世兄 並晤何小宋觀察 謁相國梅賀
其家眉西也 相國謝客不晤 訪善階眉生仲勇王子雲
接棣庵九月初八日信
初二日乙亥晴 方元甫來 候撫卿來辭行赴大勝關難民局 寫詠如
信李雨亭 又金子香信寄還洋布銀十四兩 即日寄撫卿 同前合子長竟婦
赴雲生招飲其夫人壽日也 並晤詠春 同開好訪莫子偲 賀其壽而又
訪曉岑不遇
初三日丙子 芬館 下午開好來 譯至二鼓後去
初四日丁丑晴 誤作前準提 開好來 朱游擊連勝字勉臣湘鄉人湘四石營官來候
歐陽曉岑來 雲生來 二鼓後同開好去
接孟輿初二日 初三日二信

又省生九月廿七信

初五日戊寅 晴 寄省生信（即日發交方翁鑑軒） 寄炳雲二甥復信（即日發交琢三）

讀大金弔伐錄 四卷 不著撰人名氏 大氐金人撰集以見兩次伐汴誓九自

已後無壞奪之天下論 後將不論曲直 字識不信 始終許割以北 收燬其部

先從畀其父兄子弟 誘之過就 燈卹捕悍本為求利 其張拒戰 即其若退兵

退皆敗其求利之本心而已 詞之有慈讓之行 嗟愧為後笑 不然鄉過

此一面之辭 金人且安微鏃每事謝表刊本情形 叹笑與惡矣 是惡是

信從 中有金人十月北兵嘲辭 劉令民剃髮左衽 想其時之古今蓋同之

初六日己卯 晴 晨讀香信生西其為人誕 日合家紀也 因元師聞生到此

甫到詠春 再又茶飲 夜在詠春家 記霞生招之談 到蕭秋敷 穆相城 人來訪

接昆甫八月十四日信

初七日庚辰 晴 元師來飯 因同元師亦答訪蕭秋敷 不值 又訪楊見山

不值 又訪沐韻甫 並值楊見山 傍晚訪槎南之子人杞濱轅 又訪曉

寄見圃阮帥寸牘 信季任 相國亦托向門胡

初八日辛巳晴 同衣谷至元帥壽並晤陸小豐 蕭踰予又來訪 程棣濱來答訪 閑坐去

初九日壬午晴 楊見山來訪 相國見召午刻後 方元翁來同到曉岑處

閑話少選 遂偕趨相召 順候相國夫人節 相國戲歐 勞茲參差 賀

并晤壽識程石洲 衎生布之弟 是日同席者元師 [illegible]生 曉岑及余四人外

又晤許仙屏廉訪 稚江西人 相云此詩多余淺 則余以日後來累謝不

枚事 餘同元帥閑話孫慕欣 下午游[illegible]園 同[illegible]城 程小園 方坦卿

促人來候

接沅帥初一日信

初十日癸未晴 黎玉暉從共宴中湘鄉人 王小亭從戎 王柱臺軍門子 表叔相潭人 來候

寫沅帥信 鄂撫促總[illegible] 姚彥潭來未晤 訪曉岑及程棣濱 赴詩林

招同席元帥閑話 衣谷 葉湘雲 雲生來談為詠春

十一日甲申晴 爲元師寫釋來 許仙屏來候 下午到元師壽並晤 紫相文

接全調卿九月初四日初五日信

十二日乙酉晴 相國枉駕來談 謙稱時去 候王柱臺軍門 晚山相潭人 駝侍也 左帥岑[illegible]識之 並

答芝子王小亭總戎其卿侍黎西峰總戎到雲舉總兵朱建勳游擊劉鍾來

晤　次候孫琴西太守衣言過而匆匆安人　風雅士相國處言之明年往晤　詣相國爲萬步逢元

師楊子可以往合相國處交來晤　答候許仙屏並晤吳子儁黎蒓齋

候方仲昉　答候陳小圃不晤　答候廖再卿不晤　訪霞仙閣如世晤楊

見山　陳小圃　因聞生諸君赴黄湘雲振同寓元帥公子閣霞衣詩　二鼓

歸

十三日丙戌晴　寫張鍾岳信　即日發　交倪鏡帆　方子可來　王子雲來答訪

十四日丁亥晴　寫幼静信　廿三日發　附摺差遞　下午聞孫詩林露生來二鼓後去

接眉生初七日信

十五日戊子晴　万寬軒約今日飯以嗽疾辭之　寫湯小秋信即日發　交詩林　寄孫

雨子信附柳信　柳子牧信　發　致李雲中堂對子一付　王小亭總戎要

明日午飯辭之　孫琴西太守來答候以疾未晤

十六日己丑陰　嗽甚失血　下午聞孫來要至小宅視疾處方

十七日庚寅陰　王小亭黎玉峰來候辭以未晤遣回刺送之　寫歐晚岑信

交甌生墊務條陳去
接甌生初十日信
十八日辛卯 陰 劉彤階來自楚北見候以疾未晤 楊蓮庭來視府瘡 下
午亞霞生來訪
十九日壬辰 陰 大風 夜雨 下午閩叔霞生詩林來未晤
接櫻亭初二日信 十九歸
又金調卿初十日信
二十日癸巳 晴 方元徵師來視余疾 要已小愈 少坐 葉湘雲來不晤 歐陽
曉岑來 寫甌生信 鄒卿賻刻慶 文貝作 陳雲村來 莫子偲娶媳 擬以疾辭
接阿哥初八初九十七日信 知姪女細園強 第二十六號
又馮潔卿十三日信
廿一日甲午 晴 遣刺賀莫偲翁 湯詩林來 霞生來 寫阿哥信 鄒卿 日
示文 擬乃
接甌生初八日信 詩四首

廿二日乙未晴　湘橋來　洪琴西來祝余庚辰　寄陶子方信　卯刻發 交湘橋附伊信去　晚雨

伯兄書　興之信　卯刻發 交雅樂

接傑續卿初八日信

閱黎蒓齋京卿奏案陳　第一條內載東屬中寧為吉林所屬屯其城堡分為中左右三大屯　三屯之中通為百廿屯　每屯鑿井之井給民十八丹　每戶留柳民四丹　每丁給三十晌　先開耕二十晌　五年後繳科二十石　移駐京旗　以日撥給聯地十五晌　荒地五晌　通二十晌　餘十晌荒稅各半　給屯丁為恆產　每屯之丁三十戶　京旗二十戶　三大屯議移駐京旗三千戶　每屯移二百戶　移屯十日相知次年正月起程　每戶給帑裝民三十兩　本旗保火民十五兩　車馬耕牛農具籽種各給　到屯後每戶給房屋四間　官為建　計一戶不過五二百金　道光中行之已有成效　後因屢其法于伯都訥圍場松□

詩閱卷什牧及大凌河牧廠似不宜行

廿三日丙申晴　午後出回應□元帥每　葦湘雲已移彼同居　又同至園□二君　偶晚坐

廿四日丁酉晴 莫子偲來候 同至容屯元師處 並晤開姪 劉純甫 下午
同開姪過傳曉吉 伯府吾粵內自桐城
廿五日戊戌晴 候秋杖崖 崖聯緣吾人乙卯副貢 擬為先君誦讀 未晤 詣相國乞題先君墓
碣文 並辭赴金陵 候芑劬刚 錢子密 蔣薌泉 相索李眉生 程伯旉
王子原 小泉 不晤 其后子密 謁馬仲山 徽麟 本昌人 晤候劉開陽 此琴居
並候汪伯常瀛 聚垣 晤瀛聚垣 候曉岑 並晤李子昇 仙晴 容留飲
同尹老劬刚 眉生 子禾 仙舫 自坿飲 候莫子偲 松年 候楊誦春 同
到問先生 手作子密 並晤先師 侍曉吶
接杜小舫 回信
廿六日己亥陰 秋杖崖來寒舍
府朝問見
相君見示所奏片 述有 外國總理衙門 奏大略云 函于外洋 豫置輪船 李泰國原議十三條 俱駁改五
條處 室月知外省 詎李泰國竟不遵奉 仍照伊十三條原議 嘗阻遂從
自 函議 特派船隊外國 員 奏 特此船 沿海巡查 以代水師 李

契亦之此事之不妥本衙門當美國公使卜魯士尋議將此船擬退
該國該公使允許所買輪船原價本衙門又許以所退揀費中
國孫寸難責賠恐亦難一可辦該公使亦孫國撤其李泰國素性狡惡貪
利甚巨應時挫黜猶可撤退今赫德拔眼挂云云

卅日己亥晴　拱枝峯來留便訂于四日開館　候張仙舫辭行　次候李
竹仙　次候方元仲軍機　次候苦庭　次候万覺軒　李小如　万不晤
赴晚峯之招　同座黃子懇　李竹仙　李眉生　黎筆翁　喬勤剛　諸君　飲至
爲余餞行也　下午始閒　孫雲史　詩林湘雲均在此　不飲　亦二鼓罷
接眉生十七日信　第六十號

廿七日庚子雲　楊達庭樹翻來　視瘡疾（至脛一瘡尚在膝地）　寫椒亭岳師信　與石先昌　曼請
聘之媼女洗音爲婦　聘物金一椁之事　囑佩一事　佩係方洲人物
元師及王郎生爲媒　廿八日發　又一函　回覆　王郎生信　回覆

二十八日辛丑晴　已刻椒先生來開館　卒克岱安業二人拜見　午刻因先兄
日賭設奠　先考妣　但拈瘡日禮　下午觴椒翁　邀元師劉

挹甫作陪　黎挹禹　黄子偲　李莘仙　张仙舫先后来候送　嵇来晤

二十九日壬寅　食后大风　陈阶平来久谈　写鸿墨信十一月初发　三文来足　何镜海　后祺　长沙人　李侯闻孙来　又写陈雨人信　附阎信

三十日癸卯　晴　夜雨　接路川李

接六姊初十日信

阅吴振臣宁古塔纪略　康熙时罗刹国入犯黑龙江　两用大炮于数里外轰放　适至营为营　按罗刹即俄罗斯　大炮即炸炮

阅蕉轩随录　袁汉田以军论　每军当内地十一亩零　缴粮八石八斗　是粮较内地为重

十一月甲子朔旦甲辰 陰寒大風 楊詠春來訪 楊蓬庵來診瘧疾 元(?)
師曾(?)、葉湘雲(?)來訪 李伯生(?)養信(?)送行 楊蓬庵送眼鏡(?)[illegible]
檢點出門書籍(?)

蜀(?)石(?)篆孔穎達序 蜀一名三篆簡易 音異 不易 音亦 變易 亦 因著代於文(?)
云周著之意 此類為佛家詮釋字句一字衆義之所本

初二日乙巳 晴 楊蓬庵來診瘧疾 檢點出世(?)事畢 [illegible]討(?)福(?)

初三日丙午 晴 吳(?)[illegible]來[illegible] 下午晏(?)元師 [illegible] 生詩 林湘文(?) 言吾子可 [illegible] 與
作少頃合話別 之師母(?)子湘文(?)先去 餘人亦散(?)

聞見近事
蘇州於前日廿五收復 其收時情形尚未探悉 撫帥(?)應調赴(?)
攝(?) 軍門[illegible]與[illegible]不和 僅(?)札(?)飭(?)十三次 而李少荃輕其危 奏爲撥帥(?)世(?)恩(?)
[redacted]其奈(?)華(?)職(?)隨之質(?)焉 雖不能爲蘇事 陸(?)宗(?)少(?)有(?)善(?)遣(?)已(?)隨(?)楊(?)矣(?)
宗(?)陽(?)是信爲止 [redacted]
[redacted]

[redacted]

[redacted] 沈中丞幼丹參革知府黃際昌 揆帥周之 沈請陵 谅言

用意至善者 遂言調解兩偏重歸向

初四日丁未晴 曉峰來 同一卿僚人張[redacted]壽五來候 張金摺請滬帥

下午赴雲生兩生訪林人積 回 靡曉庵之師衣箔二段歸

初五日戊申晴 接曉峰 相國候 砲船相送 劉抱甫來送行 [redacted]子

子卿來送行 之師來送行 接來晤 閬如來送行 姚彥嘉來同往拜 又請

夜同閬如到之師處 為作書六封 二段物 砲船管官參將周國才來見

接曉峰本日信 第五號

初六日己酉晴 元師來 姚彥嘉來 下晡理舟事 寫與子青信 申刻發

蘇寄相 寫至降與林信 與卿與家書

接振遠初六日信

又陸生八月廿六信

初七日庚戌晴 逆風舟行數里 仍泊 午刻返寓 雙樹生 姚于今早去

晚下午開船霧生細文鳩來 傍晚湘文去 詠春來二接付款
接孫葉富方要 月 日信 寄滬中秋信 孫鼎等
又到白屯十月十八信
初八日辛亥 晴 逆風 發明下舟開至盛家屯泊 寄家信 即刻寄禾安女人 傍
晚舟行二接付至李昌河泊
初九日壬子 晴 逆風 早發 后過權搭 晡過嘉馬河口 西刻到大通泊 上燈
時 行二接至土橋灣內泊
初十日癸丑 晴 逆風 下午風微順 夜雨 午後過荻港 晡過鹹舊縣 寄維生信 十兩 續衡侯
三接舟至蕪湖泊
和肩生郊村別墅韻并序
肩生以浦口夜泊見贈去歲詩一首和余 余不能詩 久不能和 詞源君投贈
多矣 然篇不報 以其爾雅 殊非用也 而懶 以志怅惘 古人云 愧之視今
當今之視昔 安哉 不斷 此非陳迹耶 積所為思 不知隔之何遠矣
也予 亂離之感 相與流 將應時事之類 乳多非伏 爲所得言也 故不

綴云

楓橋霜照春叢華館開尊憶昔游（庚申四月同陳甫過君楓橋八月館生飲之數日何干雪酒不敢過）春餌

惡聞流俗說靈蛇早識紀綱亂（君示余春秋策論其利害今皆見之時）世推重余及陳甫以志事不敢為屬我月為監（？）買山思憩

嗟卑許趙莽為情讓祖劉（君期余出為陳甫曰此逸士也君目笑之君及陳甫論時事甚為己任余與軒渠不已久）至竟奔馳同

一轍君堪啼笑話吾儕

危釜一髮壁遊鼎為亂裡行行已暮月照（是夏賊陷蘇郡同人多走避余者半載）北去深心為解攘

東來注宅托從攸（君遷江北計江北利源甚意以為大軍糧精余及陳甫居海居客凶者年餘）極生論就人初違

（越策事也又君以淮鹺事見陷余遂為君西行謁湘鄉相國）鮑搸討成民旅調（君是秋嘗館江北尼之者衆恙不自得賦柳四章語筆哀怨末）

（識可攜大獄君昨策貽余此詩以為爭機之先云）世事起評任書輩嬰桃誰拿此生何

汝南雄辯御風文獨欠君言萬異聞（陳甫方君詳最久）同譜為因二論世（陳甫丁辛要丟）

（乾隆湘鄉公世程之遇者鑒飢已以頭車挂白簡）匡時撫合責從軍（君嘗佩蒼吏論中言按之急奔走臨淮從甚掛漢若還策）刺天

憐驚飢淮何極止棘蹌營亦太行等是幽憂等卅年最傷生死

一時分（君及陳甫同年策一時被謗為陳甫急辛）

驥足康莊道本寬甘居人後亦何疑君從別後迷前局我已今看視

進一竿怵目湍流翻駭，驚心曲。慨者豈登覽發澤雨

事。祇是難忘玉宇寒。

十一日甲寅。逆風早起，棹小舟便渡吳竹莊，訪家營假譚也。將午下舟邑了

姚彥渠送余過夕刻，因風逆，仍回泊口內。寫家信，寄吳竹莊。卯刻發安

寫竹莊信。卯刻發，傍晚風順，舟行月色甚皎。二鼓過東西梁山泊舟

訪李雨不值。舟行風轉逆濤，抵暮微夜不寐，黎明抵上三山

姜白石用東坡韻

念奴嬌

再追憶月明如畫。畫却舊撫今思古內史

一轄團鐵把，亂闕更聞，江鑄聲。倒風多長

衛霞裏豁，此是英雄多情佳事，羞煞舊當年青。對此無恨江山那地

亂帆理征途情致，雲浪長空天際白，許種陰風千頃，良夜如何俺漁人

清也，回首風景，羞進心，料應今夕同醒。

十二日乙卯。晴。逆風甚寒，夜雪。黎明過上三山，舟中老著不知經歷之已

過大勝關，告之不情，因至夜乃就對橫礙，風益甚佳舟

十三日丙辰。大雪，逆風，午過下三山。寫眉生信。十四日發，致侯棣卿。午刻抵大勝關泊

岸云該如每日該亦痞疾已愈 並識孫莘畬 又訪李少山陳月波王雨山

又訪馮渫卿並晤宋粤三 寫中堂信（十四發 交周哨官） 李少山馮渫卿來

十四日丁巳 晴 寫家信（即日發 交周哨官） 赴馮渫卿〻招 因座晤兆芳（錫侯杭州人） 食後同李壽貞

李少山王雨山邀至烟坊飲酒 命輿進營 半途逢周哨官營中回云

沅帥已赴孝陵衛撤前軍札營 距城太近 被賊陷炮也 未刻已營 晤

蓮山 趙壽臣王省韋彭次卿並與葉諸君幕中 新吃湯子鎮（守壹兵少人本）

左沅帥 零之久 葉易 中明恐都人（程柳堂桂南陽人） 彭次卿幽為撓作 餘大男九來改 金調卿導

至營回屋室 掃屋下楊方煙茶 與沅帥同自孝陵衛卷之 諂晤即改

赴績克熾金楊軍門 約明日細譚 星 回日飲食皆左調卿家

接才林九日初八信

十五日戊午 晴 在幕中諸君同答候 寫吳竹莊（即日發 交錢義居） 寫張錦溪信（附吳信）

初段時申丞正營要入久譚 偶以甫帥中無政已立譚良程而去 寫伯研

揚信（十六日發 交季壽）

接伯研揚卅日信

又陶作舟□月　日信

十六日巳未晴　次卿來訪　張壽田五日陸桂秋來　遣張謂中函　寄惲次山中

函信□因控卸局薪務事（仰甫日發　交黃壽臣）　劉子迎親家　全上　史士良親家信　全上

昆甫妹信（二十日廿發　交家中）　許瑞山信　同右二函事（二十日發　交家中）　水師丁鴻亭軍門　汜濱　彭

紀南軍門楚僑　羅耀堂（心存）軍門　進賢　來訪　彭盛有方伯　陸游仙親家來

訪　因閬山直刺　悅修（梧）與人（來此少刻署）來候　仲屏惕來署　晚飯時中丞來少刻

俟其因閬山（六）來、譯函二件去

接孟辛六月三十日信　寄函道謝　常鈞又函寄謝部

又仲穀日日信

又壽雨本月十三日信

十七日庚申晴

接惲次山中丞信

叨同案樟殊以未拜德輝為悵　恭聞握節南中　彰施遐邇　彼士之幸　吾邑之榮

魏卿旌門可勝忭舞　烈素筆自諾恒在楚軍　今夏游往林營　見城中脫出

難婦甚多其中下江人居十之七流徙失所可為痛哭雷沅浦中丞大垂愷澤概許
收留一時見者皆樂與知其事屬到擬撰公啓章程糾集義資以襄盛舉曾交友人
星達一紙諒蒙垂鑒日昨由皖重至秣陵順訪局務計數日來所收難婦及本夫
父母完聚者百餘人遞回原籍取有地方官印收者二百餘人現存局內尚有二百餘人無
衣無食被事事不易全賴沅帥公款支持惟目下功告蕆城中應撫何止萬計不給之
勢定在旦夕到揚意江蘇當為諸省倡常郡當為蘇省倡所同鄉諸公如士良觀
察所以次難均欲為竭力湊集聚一時尚未寄到殊為進懸久仰吾先生能與為眾
慈風善俠必不忍匹成之舉復玹停轂務於登高一呼以來眾和南望泥首感非言
罄矣專肅冒瀆敬請台安不勝待命之至

十七日庚申晴 答候閻閣山直刺 中丞請入內譚話乃示中堂致李少荃信又
與沈幼丹函密信 李信內告以其弟雀齋李季荃及遊貞鼎新 聲名之劣處及戒飭
沈信四則因蔡道錦青到旋詩以九江關洋稅分三成二成解江席二軍一成解皖
中堂之之為蘇事求知四捷又健如厘卡毒奪拱擾之王佐鑑忠率防屯撥沈
頗不平 因為詩之殊物謝函函挽為沈四信及隨理而控孫方向長綏傳均

葬三忌家人姪之石誦

十八日辛酉會 中迺招飲 人世界葉之翁 閔石塔 秦壽 九月向迺泰二十塲

共世存嫿七万大引 十月向共招過石岸万三千餘小引 外任張師彭紀 南雲 湘鄉

人廣東陵州鎮總兵統帶 丁陽亭 四濱長沙人 統帶 李干卿 永讓 人 正布官李恩

爲濟清 人 副都中舞 羅心齋 統賢 人 新寧營 楊極山 占鰲 人 記名總兵 許雨

青雲巷 人 秦候田李干卿部下三板在迺河集之李世忠部下陳世之檢 副將

奪城後陳與三委炮傷身死其妻兵控擢擢帥查办放來求中迺爲之排解道

中迺趁家陵州丁軍門与至同年月同生存相識並借銀余叔少太尉

爲特達中迺再三致飽丁紀家寒微由張師薦此記名提督 歲

丁外艱 歲丁內艱世說其長日爲侍奉日日爲爲 兄弟四人死其三子僅一

身三兄弟四人生死殆半 有一姊之死三有五姊爲存之生子女死之爲皆死之

子二女三爲死一女生一柳石殿亟一境尤不類年有之從本房三花柳 于此而見之

而旋附中迺三函蓋信兄爲李益等道古迺中迺已行求中迺矣

讀墨子兼書上 弟子陳 俱是佛氏經義即聖人從義理 並兼書中 第十五 兼書下第十

六 非攻上第十七 非攻中第十八 非攻下第十九

亂何自起ゝ不相愛 兼愛上

愛人者人必從而愛之 利人者人必從而利之 惡人者人必從而惡之 害人者人必從而害之 兼愛中

非人者必有以易之 若非人而無以易之 譬之由以火救火也 兼愛下

十九日壬戌 晴 大風寒甚 湯爾和來訪 陳六笙太守璚 廣寧人 道銜浙江知府 向在蔣香泉尋幕文書 為伊卿薦至此 松泉峰 晤 旗人袁宗 果庵姜之子 來候 答候陳松泉 中丞來 拿方飯迺 支少劉又來 譯稿付去 已無中央信 李少荃 內云 自本月廿五改蘇省後 飛令與民紙已遍撥各國 解 又言 倭將須批准已出 處甚矣 娼奏之難 庶幾也 又云 吳運書撥各軍 我軍宜為客為主 堅守不出戰云云 中丞言 蘇省作戰 屯聚諸佬錢莽 窮為數萬 日內來戰 患莫力動搖 見蘇集奔宸咄 道不允 並難竭 自出城 先有犯金柱閣之說 又將已運平壽法一布觀 何況京畿邊界 以昏皆城死戰之說 不知究其何意 公孫華 命任 廿七 拆書

墨子 節用上第二十 節用中第二十一 節用下第二十二 節葬上第二十三 節葬中

中第二十四 以上三篇闕 節葬下第二十五 天志上第二十六 天志中第二十七 天志下第二十八 明鬼上第二十九 明鬼中第三十 以上二篇缺 明鬼下第三十一 非樂上第三十二

節用節葬非樂皆確切時君奢淫用意未嘗不善而辭意過偏矯枉失正其究遂敝擾而叛道矣 天志明鬼二篇神道設教之意 較諸以尊崇祭祀立言不稽即陋

二十日癸亥晴 寫家信 即日發交中亞郵遞 寫四姊信 托爲物色胡氏所輯 寫悉物信 附家信內 寫季雨信 即日寄孟山 下陽度軍門來 候壽川赴皖 邑興寶大令來 候家迎春仲先生次子今任高淳縣 閏山來譯局人 庭詢中西交涉 仇隨亦來 己李推潛姓隱修門更文 所購輪船未能全用 現已全數撤回 仿照英國發價撤退 並將所用中國旗幟全數撤銷 又悍擅營兵間郭秀新募鄉勇 二十七營 計需銀猶撥有省吏侵蝕弊名爲鄉丁餘万兩 同下百務 鄉勇與官狼不暇 已先行發過四万兩之 李撫院 十月十九二十等日 攻燬蘇城外長城石壘一座 二十四五 並過門 等日 城賊衝戈內應官軍入城克復蘇州

墨子非樂中第三十三　非樂下第三十四　二篇缺　非命上第三十五　非命中第三十六

非命下第三十七　三篇雖稱非命疑後人所增　非儒上第三十八缺　非儒下第三十九　辭

世見地所拔尤釋安

尚書仲虺曰先不著惟天民不而葆既防凶心天加之咎不悛厥德天命焉葆　非命

下按此疑大誓之文

二十一日甲子晴　中丞及丁仲文僕力枯陰　代擬沈幼丹中丞寄信稿一件　張稚燮

來訪　匡江北來恐有誤如塩卦大通已過　至此午飯後去　寫劉雲樵觀

察信　信寄楷卿局中廿二發　因人稍遲候補道　丁仲文　寫厚菴信　廿二發　陳鏘仙來訪　候

看丁仲文僕疾　初始以中丞來謀良久　見總理衙門覆函　卯節月廿五　相國見示　述

接誦如南日信　並楷卿局員董情

又孫筆翁南日信

又季雨十七日信　已有信往　嵩保全枉奧　保仍由楷卿局

二十二日乙丑晴　大風和燠　見寄楷信本月初二克復吳世錫　見中丞諮函便御奏

稿及中丞本年十一月廿六日　擒剿嘉興將城卯狀并一律論

平是晚茁蓮讌身侑酒吾讓祁杞叔悵然王万清手毅 本月初奉追旨鎮上

函當寓鄰如索送下不祭老不出揚函送妻子五人 又見男信寫如服函於秋送

前陳金剛高如已畢 又見郵信陳如城回之號兄東窯鄉峰墳上 寫家信內田老丞

陳隨亭

殷曉隨寄信 附家信 還欠項卅二兩 沈卿來 僑德即丁仲文泰中止之

閻相國奏咨稟卷起十年五月初五

[illegible]

[illegible]
[illegible]
十一日[illegible]
讀墨子　經上第四十　經下第四十一　經説上第四十二　經説下第四十三
經上類爾雅之釋詁　經下類論語　經[illegible]序曰倚旁讀開其頭尾故不可解
畢氏注引宋潛溪諸子辯云[illegible]卷七篇號曰經中卷下卷六篇號曰論上卷七
七篇則自親士至三辯也此反不在其數然本中固有經詞二篇在宋公人
稱其篇第歟
二十三日丙寅晴　寫家信附外信　送丁仲文陳階平行　傍晚代擬劉松岩
信一件又雜抄等零落書本件　同史悛甫及薩芳亭孫益山家　益山來
久坐
閱相國公牘第一歸說倍十年九日廿里
二十四日丁卯晴　寫陶晉信　卽日蕎麥　寫根孫信附段生寄信內　王惕甫來茶步
崑來　傍晚程琮同閱閱名宸久坐

閻相國公牘十年九月訖十二月 廿二

二十五日戊辰晴 中丞來少譚 閱李希菴中丞（十日廿八）下當見致中堂函遞信 中丞

邀飲 同座陸太守周閬山等 晚至沈恬叔處敘坐 携宮中堂等信稿本

閻相國公牘訖十一年二月

二十六日己巳晴 同沈恬叔訪趙次卿于其寓久譚始返 湯子鏡宋生秀來譚

晚至沈恬叔處夜坐小譚

閻相國奏牘至十一年四月

二十七日庚午晴 黃翼坡來自泰州 中丞家母已故 中丞于（相）陛之（建日未返）蘇國公附劄候之見

李中堂來信及李少荃中丞事信 又上（十日三十日）總理衙門書內云 蘇城逆首偽納王

郜雲官偽比王伍貴文偽康王汪安均偽寧王周文佳偽天將范起發張

大洲汪有為等因官軍圍攻緊急乞降 于二十四夜席刺殺偽

慕王譚紹洸 官軍于二十五日入城 二十六日郜雲官等來言城內降人精壯者

約二十餘万 須依住西南（半）城 其東北半城讓與官住 並要總兵副將官職 作

立二十營云云 是午傳令郜雲官等八人來見 李中丞諭令解散降眾 該

逆不免疑逆，理時將該逆解散，勒兵入城，剿洗降衆二十餘万，一時解殺為
洋酋戈登忽生異言云：鄙置官等是伊好友，官軍不該殺害，即欲攻打
官軍，（為撫臣所阻）經諭勸退，始欲從實書之，業控揭入都陳論。李中丞作函云其言出
城不為逆黨兵之兼千，此乃係逆黨矣，年產二人自為撫輯，惟二三万才送回籍不解
逃，又謀竄江西云云。卿猶此事戈登雖洋人，性情狡猾，若因此事不干己之事
驟離官兵，開伏似非情理，昨據解伯官奏稱，實情係才程學啟爭
城中財物，借此為發難云云。　城賊由何處竄出，攔援漂收前隊昌
入城，惟防將士不許入圍剿，殘之城得不陷。　寫撫生作，即刻發　中丞來講
少刻
接撫批來函信已抵此干
又吳竹莊二十三日信
閱
中堂公牘度正十一年十月
二十八日辛未晴　閱邸抄十月十三起十一月初一止　上諭因山陵未安，停止万壽
節，戲遊及另辦筵宴，（奉）又諭咸豐十年所傳民籍人等（即內閣學園）永遠停止　代擬李

中丞吳漕帥信稿 庠 李祥雲軍門來訪 敷陳胸次 係鎮江兵條議
恩稿 臣選部男人 先館吉中作字草至要 董小舫李侯因閩山來 見馮背亦嘗書道及
蘇州克復 餘匪如羣川之赴壑 蘇城首當其衝 馮兵力實不敷防守 即
調營分與協防 而使金陵勁旅 合國荃欲而使鎮城有恃矣云云 竊意蘇鎮之
地 揚州為大江界限 兩江咽喉 大匪即採官團民故 必不能分兵經度 自治江城
陸即從之說 渡江撓意圖 我富庶經為一收所以隔鎮世而 都興阿
一軍二万人 直達江北 馮子材一軍万八千人 藏逗江南 因見上游之金陵都興阿
處之 我撤勁意 亦不能無悔且恐由朝廷見責 逗毫任我寇二字 時時惆悵
勝之臣 聞風但覺心傷之軍為長城 世心中這年正是此二字 躊躇打算
保他興窮之李南材賊之臣情情安寧才爵猶之家的所仰等之所想望
都興阿之奏遏其才為此本年奏請禁止難民渡江亦藉此二字為要挾
之地 其實因江北未有由年吃此微臨之令 清軍難民死者數万 去年
為國家全法之恩 見難推安 令遇賊又稍詢奏摺 遇臣之變 其思全不其輕重 檢衛
相設之不 所於臣

二十九日壬申晴　代李祥雲擬謝恩稿一件　寫李中堂信賀收蘇州賞宮
保黃馬褂即日發又致彥臣代中堂擬方冕軒籌信稿畢。　次卿事　見李中堂咨
李蘇撫奏稿　寫阿哥信即日發附李中丞信　寫孟辛信

十二月乙丑朔日癸丑晴 晏起 詣中丞處賀朔 因伍交賀 見中丞次遠郵
錫蓀月初二攜官軍克復城邑 湘五黃子謙公子皆生禽 殺賊數千
又悍中丞咨奏 擬出境剿賊 男為李次獻全假回湘 寫家信 初二發
又才林信 附錫蓀 廿號 李祥雲黃少崑來 彭次卿彭毅甫來 鄭伯居 謝新
發濂 蘭溪人 上元令 安徽三 志連 湘鄉人 江寧令 來 李少山馮卿來 中丞來
送山左與晚飯 見李少荃十一月初五函 宿尾內待降逆鄰官等 轉與三營於是
同生見 伯住同之日豐齋四門于街 並有炮石置卡 隘營樹敵 堅不能
之二十萬 垂保億兵刑將 指揮相前 作住 作復合該酋等 未葉留見為方
開之于萬芸辭殺該酋等 堅不應允 誠是何生他意 不得已將該酋等辭誅
派程學啟入城擒捕逆黨 于是降眾二十萬 踔鄰軍萬 乞就遣散 下于二
十九日入城駐守 營帶賓帥 分頭撥卯人 以大變不得走釋 因從先調書
勝軍 四駐省北山 未日入城 得揮探息 生異議 彭稍呼帥 告勝軍方官軍
開將撥近爲澧南陣 總兵季 恒蘇 初止 乃可援玄 納逆黨于鄰 鎮鑑降一
久退蘇城之廣東人千餘名 主恩孫匹洲 又從恩吳提督何郎揭律

梅輝立來蘇，謂伊派臣面陳錯誤，據稱伊請公使與總理衙門論

定爲將常勝軍作爲一國，其意欲扶該軍與我爲難。值此時事多艱

中外和好，臣斷不能稍涉固執，致壞大局。惟洋人性情反覆，因知東鄰

如臣構嫌，總難駕馭，宜設法使其總理衙門通于争執，惟當論

方將臣教諭，決派以折服其心云云。又十一月十四日上相國及內務侍郎初二日

來蘇，始不見擢，謂其代英國君主官守衆人，與我說理，要其備文認

錯。已笑謝之，此中國軍務與外國並不能無誤認，錯一處而去總

理衙門業予此公案，極取事相違之罰，不能開導人之昧，惟閣伯郎

四夷材商及國使事尚有彼此會洋商則多以殺傷官爲是。常勝軍除

炸炮外，攻剿不若我軍，屢經討伐，迭來動手，亡其請將，無世不懼怯也

降首無稱悉遂歸由官國家常玉山剋江西，進湖北而擾連偽扶王陳得

才來，知果否做到云云。于力翁來候。金陵人宮慧幫辦魏鳳之來候。銘部學人

候中旗兩秘宝　觀中慧幫辦　晚飯後，中丞來久譚

接張鐵集十一月十四日信，已閱，指揮部局經理戰船六百餘隻

初六日甲戌晴 遣奴子往迎梱姬 寫答南垣信爲探卯局事 卯刻發 周岡山 寫諭
女信 卯刻發 交梱姬來差挑夫 梱生妃來 寫家信 卯刻發 交鎲看來差 寫查物信 全發 代當
答沙擬訴恩稿 下午諳中四身 黃守寅於沙卿處 巳城南地道攻城 即日將
黃先是四月中 根守業官羅達元以築營羅宗門 二[illegible]廬 已近共所帶兵
萬語意開掘之 拔鄭于豐明動手 從本基開入直下七八丈 通達呈河底也
十日杪到達城下 城道業已知之 亦于城內開入 兩軍遂于地下相持竟日 我軍
用辣椒莨烟風箱吹風以熏之 賊[illegible]不支 爲遂收 亦用糞汁和水由穴口灌。
入以灌我 我軍以被等出四千床堵之 [illegible] 另于旁側分支另開一穴 晝夜
運藥填滿 遂于十一月初六第二一發 城似裂丈 時有四枝 我軍神之 模糊未審
以爲手地不能攻 而賊羅因而工甚一區不甚察之 仍于原穴更挖 凡廿餘日後
抵城下 賊率未知 故連日搬運火藥 四更燃初六日轟又轟 峯城牆崩
實不能接 轉中迎後 爲共事 又城中來探云 本月初十四爲賊之 十二月初十 係
首逆洪秀全生日 又因工擬遂此日於官軍開仗云云 遣梱姬往諸中
迎

接內子十一月初十信
又五弟十一月十一、十二信
又眉生十一月初七信 年一件
又蔡子湘十月十五信
初三日乙亥 晴 同梅姊候諸南人 道中遇田旗軍金傳（昆甫之妙）高陷賊中訪通
飭文其子為意 并送恩撫入城訪問 寄黃少崑行 為書卒 鄭劉山蘇 並前信
卿軍門來談 新授福建陸路提督 聞賊于城濠下流築壩壕登渫濠
以飭小營紫色石臨時填河
初四日丙子 晴 見李季荃（鶴章）來信 十一月初六猶牢不返 並述均為常郡
十四日外札營 日薄城邊 未及旬日 西北東三面五十餘壘次第攻克 並
村投降凡萬餘人 尚餘分任賊壘逼圍城根扼治 後（陳坤書）二逆始
求降 萬以家口所拘 失志死守 鶴章阻調周盛波一軍進圍大南門 拔
郭松林率隊進圍小南門以扼宜興之路 作孤注不合之勢 以奔牛各
賊壘全降 鶴章即撤陸三營助之 遂克五牧風城 并克奚墩兩城壘

該逆見營中勢已危，遂運金寶丹藏，皆有人等降。欸城均批飭，藉資固守
以待援。昨見偽將佐為部屬來，知有營中一處原本日早刻馬玉堂（沅帥遣往說降者）
自小河橋撥令所部三四百人降，現因無援，逆調撥有左城內省右左西南門及營
外五里所等語。已將黑旗見其白旗紅字為降，兵三千圍令其移至門，張錦桂
並營中相機密示，能率伊開門內應為妙。但度賊情是否能不可求
餘心甚設法已無能為役，係於是內炸炮全家東軒，數十次，有為我軍暗應
者先行設法逃出云云。 黄雨香（李侯） 傅芳（沅帥所派人） 不得不兩處並訪
紙以先。 代擬李季荃、吳士良、吳鶴汀信，計三件。 寫周生信（即日發，附鄉下人）
寫吳子卿信（仝上） 寫黄子春信（仝上） 寫馮深卿信（李善） 即刻發 寫孫幼作（仝上）
中西來譯稿到。見中營以便即將咨內載便即原咨乃抄粘李世忠咨
呈全件撥便卿咨稱，查昭關所擬兵陳國瑞進兩下蔡等處，酌撥該總兵宋務巳
將芷家老巢下蔡暮城一律收復，惟稱十一日初更時收復城，初三日有李世忠舊
部大隊進城即報守門，原勇丁五名接我軍迎敵，將該隊逐出城外，擒獲五十餘
名，內有權精務立斬一名。又稱三日李世忠督兵圍攻下蔡，以宋慶不肯（陳國瑞即將）協

於潁陽攻打宋慶將其擊退云云　據李世忠咨呈稱春如正當下蔡較上游
方面伊所派田守鑄書及守備姚指陳說明作伊軍一到即便兼程殺城前
錦副將伊攻十月二十九日收復下蔡生禽苗逆妻子人數三十日收回陽郭下訖
名張兵宋慶副將帶領錦安市苗逆隨出官兵為至東正下蔡
日稱偽王即正仁積逆將下蔡圩謀寸並逆妻子等一并交付宋帶二人旋將苗逆
妻子一并用縛尾當毒死及自縊者十餘人　初一日自往下蔡受降　伊派提督李顯壽往兵
李顯安行正該逆圩內即殺絕朱株剩該提督等於四正晚仍積四正伊舊姚
應抵下蔡圩內放出多餘人用伊旗號於不知伊意　其春如一城守城李万春久
李保舊乞降伊平派提督朱元與杜宣燦帶兵比搖　城拒
庫宗等派苗景開帶兵點比從景開許皆李万春之人將宋杜二將迎入城
內殺死并將伊造對正陽開指降之提督二將立功于路過春如時另稱朱
元與之人請蔣入城生禽百押其蔣立功之後隨李顯壽李顯安正春如內
信於四正云云　又經卯咨內稱初九日收撫陳國平指宋慶蔣俘正陽已經
丁好安民派全帶錦文內駐守有楚師道員蔣凝学帶同陽四等物

未奏功該道等遂飭相機並開砲轟傷伊兵云云」中堂回咨將李世忠原文
錄送備印寺中堂查明奏办蔣凝学在正陽関鎗奪札該道被白字波旁
咨部撥隊云云」又左帥咨金壽昆一件因中堂奏稱湘兵不宜調甘奉旨飭令
酌撥湘撫實香陪送來陝」又咨送金寶一件內係蔣益灃一軍八月十四日江石
速破杭州城卯刻收卡通過鳳山清波之門躍入蕭等統杭之速破為牌檄書
來」又奏中堂擬上諭楊岳斌軍門係忠清克保此世有記光貴人參四兩」在此諸
我並擇話
接詠如本日信
又馮卿本日信
初五日丁丑　晴　晨起日出如血　代蕭軍門擬奉中堂本四稿　代中丞擬奏摺
丞次中丞奏信四件　初設時見貴衙火砲頃刻延燒里許風勢甚猛火
燃竹木瓦屑頃空　中軍相去僅數十步距在下風兩營皆本營益失
為本營為世為危險萬狀幸達勇丁皆立屋上伺派表頂衙
馬隊甚防護幸衛屋蓋皆草所蓋易燃而不耐久燒風勢

由西北轉正北火徹向南至衙署焚而止二鼓盡休焰始盡熄共焚宅
百家大半本地貧民小本貿易一夕蕩然哭聲震野　閻邀山及趙彝居
藩署等處火未盡時見衙傍拋火彈未燃至第二次始拋遂作無衙銜
奸細兩面城及前後有埋伏嘯呼順字營卡上共搜出惡兵者立斬決之是
異聽云　中丞來久譚余請軍市立保甲並禁軍中放爆竹
接毛子容十日廿日信
初六日戊寅晴　同沈鏡堂詣昨失火處一看偕汝文同至營後高岡眺望萬軍
門上來謁　周閬山來　晚黃溪子鎮王惕甫來寄生秀生俱請來少坐　晚邀山書
接眉生十二月廿五信　六之一
閱中堂奏牘元年五月止
初七日己卯晴　見左帥咨奉廷寄前因侍郎薛煥奏請直隸練兵四萬名直
隸省餉需因本軍餉調撥毛鴻賓奏直隸練兵需餉實忖形撥諭令劉長佑
妥籌實係兼撥劉長佑奏請抽練營兵酌募勇丁此項軍餉擬于廣東厘捐項下每
月提銀一萬江蘇江西福建湖南湖北山東山西四川河南各省每月提銀各五千兩共年

語著兩該報館捐自兵餉募撥云云　閏閬山書　寫眉生信即日發交佃卯寄　中

丞壽譚半湖　代擬李少荃（書中附）中堂及眉生信　併　顧子蘧庄書（頃藩人頭品頂戴，最書因刊去年）

入直半丞壽少譚　中丞來　晚查閬閬山發閬話閬山言郎中公牘奏請

一功日歲計二十餘萬件（逐）日數擬摺稿並懸摺奏世兩　外省早異藉路芳積數

條舉京察條陳功日封進封奏摘封日下廈奉旨飭　如月中亦　逐日辦

料凡六七料功司稿單六六七單　每料單兩二提稿餘路寫有名者幾乃人　時（擬課攬六）充閏丞

年（經）叙其勞績兩閏以池逐外省之授得　撥丞第一閏者還授班錄出于其中

御筆補路寫皆併授班撥募其所語名錄其餘者異云云

擬歐陽譽十一日廿六信

初八日庚辰晴　吳竹莊作老婦行以諷全皖戍事代擬老婦行以前此　崔

于前此二夜以三更出城行跪于城上死拒官軍僧黨幾二萬人至今日天明據續滿城以火

皂噴前其辦（御臣保寧擬一件）攜掌撫來兩次下城據以若收驟出（已）垛被衛乃殺逸耕臥功　中

丞壽少譚甚以為然　代擬歐陽譽信二件　讞如來傍晚方去　寫暁

譽信（即日發交中丞信內）　龍半湖　書

初九日辛巳。食後中丞見示以內廷密寄（十一月十八、二十日）內云：著 保奏李世忠免改 一摺，已准其開

復提督矣，著 其奏時似尚未知李世忠在壽州下蔡被虜情形，本應撥僧林沁奏稱云云。又

吳棠奏淮北防兵一摺內稱李世忠盤踞滁六一帶，奸淫擄掠，甚于盜賊，又淮北鹽（[illegible]隔絕）被扣者

千餘包，種種不法，著僧王、吳棠密商妥籌，[illegible]該提督劉[illegible]勤令[illegible]出讓地

其部下丁勇挑選歸曾某等節制，[illegible]其餘來自遣散，[illegible]之後[illegible]該[illegible]交陳

段，交還卡，如有不遵，即秉公 之具近在淮北，著蒯隨[illegible]淮北鹽法，著[illegible]傳諭[illegible]

松年查照（著）辦理，無如以鄉紳協濟公云云。寫沛州信，即劉莊 代擬王如達（軒）

鹿座人王雨軒之 等信七件。寫外姑時宜人信（即刻發）排遞

饒刻亦府

初十日壬午。雨。見沈中丞，覆奏內言：我軍年間兼援九江府所隨楚臣辦事，以述[illegible]

為楚臣所許，近以宣府應從上游，楚臣[illegible]，免於[illegible]，以其一切調度皆以臣不悖其意，[illegible]楚臣

[illegible]

番禺來議，楚臣亦不盡以為非，今秋病不能支，致誤國事，楚臣迭次函問，勉以力疾從公，

楚臣于臣有知遇之撼者，楚臣之說以學術實一代偉人，臣雖不能，則微聞緒論。

其（協）[illegible]何一事，物議紛紜，皆臣募請[illegible]方所致。臣已力疾視事，惟有以道諭痛

陳[illegible]進彼此互商，務求一是，至于所屬事務之類，亦不敢雷同附和云云。又李少荃來

信內云：傳道田拒絕軍于寧郡[illegible]當[illegible]應[illegible]節節不利，著以陳[illegible]致其

不由東撫乃留廣信守國一事甫去知已信乃有微辭稿鮑軍攻壽信武札諭知

為寒連年即中丞一軍挖壕堅矣常州兩粵悍黨拚死守城不下若宮

未可撥該尚難克州奏捷[illegible]平湖乍浦海鹽（方急于廿二日收復平望）嘉善等次第撥誠云云中丞

來函譯　代擬致彭雪琴許次蘇張兆棠等信稿七件　閱閩山集　撰日賦于

城內不前探看以防地道轉以我兵進攻了所設守燈及保稿疏中丞擬稿前

畢

接茅少春　日　日信

十一日癸未雨（夜大霧）寫方元翁閣生信　雲生信　石客信　狀狀崖信　四姊信（均附家信內）

家信（附日記寄欽爵臣附抄送）　寫順卿信代寫安石二件收到此（附刻書寺送）　代擬為

將軍等信稿四件　寫杜少府信（附刻書附中丞抄寫信內）　寫茅子春信（附刻書寄李筱）

擬順卿前日信

十二日甲申陰大風　閏十一月初二至十一鈔抄　有書藍世英英種琳于我三十年

城隍左過姪孫煥奏卿（李）四次田生與星白請撤鋪卿典此事確新矣　鄭

宇恬來候　茅少春雨來候（託其代辦）　答候張中丞鄭宇恬及茅少春雨

見中堂咨開十一月廿三 逢字內云我近日動靜若何隨時探報現在國事務至大陸向
該國公使開導仍著李鴻章悉心會商妥爲籌辦欽此云云 又十一月廿二日奉寄廣
昀等奏寧夏府城內亂張集馨延麟奏報寧夏雲南相繼失陷甘省四面皆匪
熾現在寧隴兩處堅壁壘陽保固拿辦陝南賊勢較猖劉蓉尚在入陝清匪
至張總愚一股竄擾漸川山內並著透出山陽窺伺豫西並陝省軍務方殷而甘省
平固來路寧夏孫奶又陷該回手東北萎靡比窺雍大路可直趨入陝西之北
寧延常計惟多隆阿之兵尚近足以調往而多隆阿既須援甘又須防陝非由多致
猖兵赴陝而隆阿上難分兵兼顧淅陽逕一股久踞不拒一日不了則陝西北路之看
皆不可無把握著張集退直進剿並長於即飛咨僧格林沁調馬隊進剿楚
省麻城英霍黃一帶防兵著趕緊截剿 並著嚴飭各陝光伏誅餘者張總愚
蔣凝學及大吏該年隨同鎮撫就急赴陝進剿寧陝劉典等會同多隆
阿一意調遣以便多隆阿得專力剿平固官回及被陝省兩北路迅緊 倚僧格
林沁大軍一俟後前兩清寶結即著移扎豫境云云 又楚撫探得張總愚
擾淅川之板橋川而西竄鄭口西薦二股已過商南寬向鄂西犯境 該有多明撫

邑抖合票近豫光寧作陽如距崑山之三國僅二三千里云云　趙次卿來　寄詠如信
十二日發李差寫醇陳學信　十三日發托禮之並寄壽銀二十兩　杜少耕來候
十三日乙酉　晴陰　朱　張德泰來（性堂卿仰人　未字春崇）　見李少荃十一月十七日函　言常勝軍現駐崑山自作者
接總署鈔洋七月廿五日安靜戈登接去運據廣東人閩口遣鄂將軍美提督伯郎四尾併集之
國領事派孫蘇如翰函王一年閱英國官亦不貴以為然　但郎已告戈登駐崑山以俾戈登何至
幫中國常勝軍　俟其收安再行定見　戈登之勢駐崑山接轉不得臣調遣　其兵力可勦防剿之
其照該軍協助　惟伊慶自倘靜候總理衙門告美公使如何定議　如准戈登去區　須令將該
軍常隊外國兵一萬數千名悉為撤回　該軍遣次歸英外國孫位及外國軍火全行交出
非再為服中國節制大員接管　約定所携　庶不致滋鬧　如不得已仍交英官管帶事件
與大局則該軍人數及一切俾費均須大加裁減　仍須撫節制並可漸漸遣撤云云　劉吉甫
來候　趙靜臣來　唐周閣山來譚
十四日丙戌　雪　中丞招飲同席　曹經蘅　龐寶卿及周閣山等　蔡樓卿直甫
詠如來　校先公詩集說稿和陶集入後集附於續集後　閩中安云昨晚有大
球墜入偽天王府　為軍門南即于山頂目擊　又今日為獻生日之期城中懸樹旗幟

稀庵云

十五日丁亥　提才抑十月廿六日信并丸藥一包　晴夜雨。食後居鄉賀謙代擬毛霽芸郭芝仙侶稱序　黃少宣來久

譚　下午陳研仙孫鳳南孫次卿及一孫姪來訪　李中山偕游卿來候　而以三更

新泉來候　劉吉甫鄭守恬來拜　行後往返　傍晚蓮山遣下人來云有

衛疾　居敬術東少刻伊自來　言向得異疾　則云早晨覺頭痛　此刻忧悶作吐痰　即邀出

令弟等同之　胸次覺有物作梗[illegible]哽　以痲藥與服[illegible]呼　令劉頭直手為按摩之　稍愈

余與[illegible]（與盡室哭讀）答詩　程貴君往伊亦全壽上間　與詩不若所傲　那伊時寓幸與余蒼

以棚梯來時寓到　伊書問言　候我余魚息至酒[illegible]飯那世隔余[illegible]守之不言去

扶起視之　牙關已閉　因通關散等吹之　竟不醒　中惡及諸同人皆已驚惶

某院先生痛哭之　言是接路有法　時籌之已晚　遂不可救　甚中白人死之就昇

出營外　竪立帳篷入殮　中丞不忍前　且致中間凡內余及沈恪張壽伴之已

晚　[illegible]蓮山性嗜默　介自幼（志節過人）喜武　凝鍊秉正　恒數千夕不寐　能力能勝[illegible]乃千斤　江湖

豪士莫不服佩向之　以傳者行假冒尺寸之疏　誠實家多貧　不為已貸于人　去等已交往

快絕不以生也　性柔佞諂　中丞法繳為之常勇彪悍　大識恒以少鄙寡勝　每此喪之　乃而以余尤為

高峻不群挂其左右，寔是保及鍾吉任意與人翻之。薛中四煥閣其名于李祝家處蹊
難使爲將帥數千人以書生統兵軍可不飭實忘償寔堅論不惟時已差貧三邦鐵吳武非之不能
李 尊旋霞收人時復之辛要爲手將翌晚何以胸臆殘（生平）於上游楚軍中之事翻覆之相國（相國不之爲力語竟不）
何以問之 晚之上海遊借李中堂中丞家史遇題鞭之甚學在此一年上下皆畏之也保撰且與衡湘江
尔捐館（死以）命下竟不及來爲年其命之寒爲傳痛其家妻妾又一子二人 [redacted] 兄弟親
感相從者千餘人予其一以之儲中丞恩予（特）對亦爲謀養贍之資于既遊山之不
及治喪中丞之爲義謂送其妻婦語江家中並爲料理假寄中中丞許之情挽
照顧同行均係孫以免回家下　爲中丞代擬並如此文
十六日戊子　雨夜雪　未刻爲蓮山小殮　酉刻穉山出梅句　戌刻棺木至遂殮　送者余及嵇坡
（竹房）宋生香朱伯詩仇涵翁吳補墨張玉山　二人皆蓮山友　八人　予及嵇坡設祭　撰楹一聯爲過
謂論中丞中丞許以三百金又棺木四金柩歸日資皆據公項并許于含墓堅費處
余命之生息以贍其家
擬之自生初五日後以十三歸
十七日己丑　大雪　寫李雨亭信　即刻發（亦人）　鄭理卿來　寫張鍾溪信　即日發（交杭州臣）　又吳竹莊

仍寫畫桃花扇二本十八張又李少山 寫扇牌五葉合信 又卯日書 至步挽觀兹山讀 寫五
與惕信寄出 先函封蔡二本世德錄五本塘佐廿八本四書集程一本十八張又李少山 假汝寸情式眺
雲一碧十條里直下江干重霞鬱鬱之下蜿蜒異色誠一壯觀 傍晚在周閒山寓中坐
十八日庚寅雲 接劉月知 以蒼中丞于虎阜石澗 解圍克役 特以米糧全山和州江浦東南銅陵南雨花台
即子山上方橋江李梅九狀如久城隨集內以三品閱澤調度李佐賓房尤為出力宜樣保
舉免送本班以知州留于皖江補用 全田中丞及信 中丞李中丞于十月十二日具奏二十
日奏言允准 復中丞及謝函 寫祁山信 內附刻書人 至日早文藍臺賀 因賀其與鷹
煩為之復 寫眉生信 卯日發 至李兰
接祁山本日信
又復卿本信
又寄二閒楼十一日信
又張楼渠初二日信
十九日辛卯雲止大風寒甚 周閒山來久談 中丞往米蓝山至昔機局接待
詢其又詩代謝 留看其信 附件信由包關回龍案 寫 中丞信

英山看保衛屯命畫要同商為等廿餘條，飯畢又閱譯已晚。見李少荃中丞咨

十一月十三寇守可蘇偽降以戕穆王之首來獻，予隨誅其三王。乃戈登忽以該撫誅

殺郜等為非，洋人不服事隆，憤為構拔，（佳）之不能戈登助剿出力向各該不

加之辭，值此等厚敵不值與之評辯。李鴻章知閱世為允協，敢必將各讓我之隆方

籌辦機宜之時，必能定為外國人摯將來美公使如合總理衙門謀及此事

咨總理衙門稿作之文

又十一月廿日家信

又至條目信　廿八信

一十日壬辰（初三寄）代擬安竹莊等信三件　寫中堂賀年並謝保舉稟（初十發都排遞）

寫家信（初四發交驛遞）　至楊信　全上

接寬宇　日信（初一發）和全椿信

又十一月廿八日家信　常來勇營碑及竹紙等

十一日癸巳晴　寫季雨信（初八發交驛遞）　福山信　侯楨卿信　馮卿信　全上　家

信寄恂九弟南北貨　交許山　又一函（廿三交驛遞）　請申送通書文卷事

接季雨本日信，已已大勝閩

閱相國處奏摺已元年十二月止

廿二日甲午晴 雪後連日酷寒，今早稍減 多善官書詢伴事順，俱相候已着落

之 季雨來 詠山同李少山、馮瀛卿、王雨軒及少山之弟樹卿作霖（辛酉舉人）來談

中西各人，內亦以中堂書信來稿備，已旋復擬唐中丞降保議，又上諭，外間特

保之各人，但處法江蘇，以知物用命亦在內，已見忘，念為蘇人矣。詠山下午去

（唐撫之降保，和為留後改勃，但保保之另長如友馬板乃暴議，相國函云提另之）

季雨前此（力世大為上不世為允云之捷黃卿所改擇子之錄送）侍俺中丞書譯

廿三日乙未晴 寫家信，告知自諳決于廿五啟行 兩刻者（至諸府作送） 詠年西處 寫

臥前作家書遣稿示 襲 侍俺同閱山比情形詩，中丞飲酒，余作陪

廿四日丙申晴 早飯後同龍卿到李靜山、季雨同飛至左小山頂，過鼎山看花（寄信後抽提說序）

地頗四五畝，特嘆舊遊在此，撥局步法皇嗚 論年西處 代擬延寄電

郭筠仙等稿三件，又陳金藩摺信一件 下午謁中丞並及同人飲

辭策 廿五日風後以今日為小寒也 中丞摺寫 寄振鐵卿、陳湘仙、彭雪郎

廿五少談信

接滬津初十日六信

廿五日丁酉晴 接無錫李 字爵信 雨針發 請中丞及各處辭行何人承

送 又致劉霞仙信 劉霞仙信并挂 偕與無庸騎驛到 此間初八日撥楊允為遂

陳子方 又將中丞信天津米價三兩三四米漕運一層 似未能行之 已到因快

報 乘馬出芋馬芳地方 申刻言即颺開候 本過請正無限筆多一席 晚因字守怯

至詠無為欲候中丞 時遊之臺下 即下江偕東之字母煩從為楊 予未能如見

接安士六日信 並燕郵局本段三頁

又茀振季十日十五信

廿六日戊戌晴風微 卯刻發大勝關 午過儀徵 風順燒岸 因川師如容之申刻泊

口瓜洲鎮下 正抵通江集 仕李葉 通江寅已拔

廿七日己亥晴 風微 巳刻至通江集 巳刻抵焦詠猶楊山之頂 風微楊 山被悅遙 歲人

午過東海 申刻抵 寫看朱信 抑著楊子木 申刻抄帽洲 候楊子木兩信 劉小

山少謀 晚抵私鹽 為大偕 二三里 今為鹽船所集 市居頗盛 楊太

守偕理于此 抄帽洲則金陵大營設局及江北糧臺 楊局晴 查楊仕公

畢已返，達來拜，便同李雨樵往訪，并識楊子彝、子蘇二孫，返舟

答杜少卿十二日信

又杜小木 日信

廿八日庚子晴。午前無風，午後風順。昨本擬由僑去小河出楊灣，以水小不通，

仍出外江以行。晨發，午後過瓜洲口，申過三汊河，酉刻抵揚州，去勝壽

憶自生旅，是日早過揚，今第八次回，一日已此，皆非意料所及，人生蹤跡

已不能逆覩，庵作主可乃，信了可矣

廿九日辛丑晴。順風。早發錢江，不過硯宮橋，七年前由此達仙女廟，以今案正桑

堤塊，由小閘進口，將午已入閘，距仙女廟止二里，因放舟，各物一游，余生平未

至此，又蓬涵已上，自此以北已皆安時，未被兵燹，樹倚雖不可，不一眺也

憶李雨樵招我，至岸，已從倒後，水鐵牛，鉅鑄工首，在廟前有銘，但難全

越，木三官樓角，街樹作佳，勝境，堤即名作堤，乃名寶讀，仰之卿春夏

湖收，正遠水寫苦甚，相傳水勝是鐵，兩年兩星高，極佳此，前以為歎賺

中有物，照全湖歷蘗，□申剝刻，仰舟，下午李雨樵已市，東玉皇閣未

雀寺一游蘭若莊嚴萬象屋迴廊曲道頗異境識金陵人孫道人

號補堂皆書畫友 傍晚余先與李楨鈍如話飲

三十日壬寅晴 早發邵伯 在剝取仙女鎮泊舟在此處暇因游戲

登岸游歷市廛似郎仰尤盛廣開人世焉 得因傳德之生晉(?)

一部 下午偕李二人去觀[redacted]女市余甚不比 晚讀書畫國書畫里(?)

在新之篇異異在侯今字士人殊勤里不安可以述新里皆起(?)

馬上皆能文字 乖記諸家篇篇之嘆[redacted]常不已乎